红店文学系列

鄱阳湖传

瓷源

李志川◎著

江西高校出版社

图书在版编目（CIP）数据

瓷源：鄱阳湖传 /李志川著. — 南昌：江西高校出版社,2016.5

（红店文学系列）

ISBN 978-7-5493-4311-9

Ⅰ.①瓷… Ⅱ.①李… Ⅲ.①散文—中国—当代 Ⅳ.①I267

中国版本图书馆 CIP 数据核字（2016）第 112090 号

出 版 发 行	江西高校出版社
社 址	江西省南昌市洪都北大道 96 号
总编室电话	（0791）88504319
销 售 电 话	（0791）88517295
网 址	www.juacp.com
印 刷	南昌市光华印刷有限责任公司
经 销	全国新华书店
开 本	787mm×1092mm 1/16
印 张	23.75
字 数	420 千字
版 次	2016 年 6 月第 1 版
	2016 年 10 月第 1 次印刷
书 号	ISBN 978-7-5493-4311-9
定 价	58.00 元

赣版权登字-07-2016-305

Mulu 目录
瓷源

瓷源

序篇　鄱阳湖日出

雾渐渐地散淡而了无，视野随之遥远了起来，穷尽双目，四处皆是清亮亮的水，银子样漫铺向远方，无边无际，洋洋洒洒，渺渺茫茫，前不见陆地，后不见坡岸，头顶一片青天，湖水里也映有一片青天……鄱阳湖的春水，总是带着这样一种丰腴饱满的写意形态，给人以女性雍容华美的浪漫感觉。

这里是鄱阳湖面最宽阔的水域——吴城至周溪的南湖主体区。

20世纪80年代最后一年的春天，我从吴城求得一位老渔民，乘坐一条小划子船，在淡淡的晨雾中再一次走进了鄱阳湖，也走进了我一辈子也挥之不去的梦境。

我这是第三次来吴城了。

历史曾把吴城一度推向繁华的巅峰，又几乎是在瞬间压入了衰败的低谷，这就有着与鄱阳湖"洪水一片，枯水一线"相同的意味了，盈溢枯竭的反差都到了极致。徘徊在早已颓败的六坊八大码头、九垅十八巷的遗址，只能在街心残剩的几块青石板光滑而深长的凹痕里，想象着当年吴城镇车水马龙、摩肩接踵的喧腾景象；只能在诸多会馆商行的断壁残垣间，倾听着往昔岸边湖上迎宾送客、渔鼓排号的沸腾余音。枯滩淤泥，断苇衰草，给衰老的吴城镇笼罩上一派英雄末路、风光不再的寂寥，远处沙洲湖滩上传来阵阵的鹤雁鸣叫声，更给这个封闭在湖水中央的千年古镇骤添了几分没落的凄凉。那也许是在此过冬的最后一批候鸟吧，随着天气的转暖，它们也将离吴城而去了，投奔广阔茂盛、水草肥美的北方大草原去了。

是鄱阳湖造就了吴城，也是鄱阳湖遗弃了吴城，这也就犹如是水运造就了鄱阳湖，也是水运遗弃了鄱阳湖一样。

鄱阳湖是吴城镇的宿命，吴城镇是鄱阳湖的印证。

那就到鄱阳湖最宽阔的水面上去看一看吧。

因太早，湖上几乎还没有船只行走，悠悠湖面，风平浪静，一叶扁舟，桨声欸乃，越发地衬出晨湖的空旷静谧。我人也为之恍惚与惊悚了起来：这是我以往了解和熟悉的鄱阳湖吗？

我出生在鄱阳湖口石钟山脚下的小县城里，那是鄱阳湖流入长江的出口地。我以前到过最大的水面只是鞋山湖，离湖口仅九公里水程。鞋山湖面够宽阔的了，站在湖中的孤岛——鞋山岛上，举目四眺，东南西三面的湖岸只现一线，北面的庐山黛黑如云。"茫茫彭蠡口，隐隐鄱阳岑。地涌三辰动，江连九派深。"仅从明人徐桢卿这首《彭蠡湖》诗中，就能感觉出鄱阳湖的浩瀚来。可在这个春天的早晨，吴城湖面的鄱阳湖水给我的感觉却是一种恢宏与博大，一种宁静与平和，一种朴素与慈祥。它流淌得舒缓，行走得从容，铺展得大气。"茫茫彭蠡杳无地，白浪春风湿天际。"文学大家王安石只用了一个"湿"字，就道尽了鄱阳湖春天的全部风韵。置身于这片湿漉漉的水域之中，平静的湖面绿绸样似能拂拭人的身心，清澈的湖水明镜般像能照亮人的魂灵。人仿佛不敢思想杂念，心好像无法生出龌龊，一时竟也单纯、纯粹了起来。

然而，更让我震惊的是鄱阳湖的日出。

相对于大海的日出，鄱阳湖的日出好像没有太多的铺垫，来得是那么突然那么直接，既没有云蒸霞蔚，也没有雾气翻腾，太阳只是像湖上岸边巧手女儿铰剪出来的一张圆圆的红剪纸，那碧绿平滑的湖面就是农屋或船篷的窗户，大自然就是粘贴窗花之手了。先是慢慢地朝上举起，在湖面上出现一个极小极浅的红弧，接着缓缓地扩开拉大，红的颜色也在加深，然后是半圆。湖面很静，没有一丝风浪，那水上的半圆就在湖镜里也投下一个半圆，水上的半圆和水下的半圆合成一个整圆了。这圆本是有晕的，可竟然被湖水吸纳消融了，周围干干净净的，水天一色，蔚蓝的空间里只有这大大的红圆。这就有着童话般的情景了，给人一种不甚真实的惊喜。当然这圆是变化着的，水上的圆仍在提升，水里的圆自然也在扩大，就不像一个圆了，而成为一块呈长条式变形的椭圆，红得也鲜活了许多，上升得却是滞涩了，仿佛是被湖镜黏连住了，又像是湖镜舍不得圆的离开，紧紧把圆拉住不放手似的，这圆就提扯得有些费劲，也因挣力而显得更加绯红。终于，湖的不舍还是没能拉住圆的上升，那一轮硕大的红圆到底挣脱了湖水的黏连，猛地跳跃出水面来了，刚才还平滑如镜的湖面一下子就被照耀得光彩明亮了，突地就有了数不清的红色浪花，如同数不清的红色小精灵，朝着湖水上空升起的那轮鲜红的太阳跳跃簇拥了起来……

我的心也猛然地战栗起来，在船头情不自禁地跪下了。

我这是在向着太阳顶礼，我这是在向鄱阳湖膜拜。

这一刹那间的辉煌感动着我的一生。

这就是我的母亲湖——鄱阳湖。

和我同时痴呆了的是那位老渔民，他肃立在船尾，面对红日、面对湖水，眼含老泪，喃喃自语："一湖好水啊，养天、养地、养人家哪！"

是的，一湖好水啊！

鄱阳湖也曾有过义无反顾、纵横捭阖的豪迈壮举。南北朝期间（约公元421年），古彭蠡湖受赣江水系的排挤，果断地将赣江入海右水道让给了长江，自己则向南开辟着新的疆域，一路劈开挡道阻流的丘陵山麓，席卷了辽阔的鄡阳平原，占领了富庶的湖汉平原南部，才有了"弥茫浩渺、与天无际"的鄱阳湖。但在漫长的岁月里，鄱阳湖更多的只是敞开所有的通道，尽情地接纳着赣江、抚河、信江、饶河、修河五大河流和博阳河、漳田河、清丰山溪、潼津河等河流以及周边沿岸数不清的大港小湾、溪流洞水，从而形成了今天拥有南北长 173 千米，东西最宽处达 74 千米，平均宽 16.9 千米，湖岸线长达 1200 千米，湖泊正常水位情况下面积 3960 平方千米，容积约 276 亿立方米的中国第一大淡水湖。鄱阳湖属季节性、吞吐型湖泊，具有天然调节水量、蓄洪的功能：涨水时收纳积蓄，枯水时补给泻出，再由湖口注入我国第一大河——长江，奔流直下东海而去。这就有着中国传统家庭的老式做派了，老祖母总喜欢把儿孙们拥拢在一个屋檐下，四世同堂，含辛茹苦地哺育培养孩子们长大成人，然后再抹着泪水把他们一个个地送出家门，走向社会，走向他们各自的人生。

鄱阳湖也曾有过风云激荡、波澜壮阔的悲烈记忆。三国时周瑜在鄱阳湖操练水师，点将台上的周郎雄姿英发，令字旗下东吴精兵的声声呐喊，早早地就迸溅起了火烧赤壁的点点火星。元朝末年，朱元璋与陈友谅大战鄱阳湖，最后以羽箭破湖贯穿陈友谅眼颅而告终，无数将士的尸体堆积起通往大明王朝的登基台阶，满湖的血水为朱元璋铺就了走向皇帝宝座的猩红地毯。清咸丰年间，湘军与太平军在鄱阳湖展开了长达十年的拉锯战，两位中国近代史上的重量级人物、晚清中兴重臣曾国藩、太平天国翼王石达开以大湖大水为舞台，联袂演出了一场惊心动魄的战争情景剧，也把鄱阳湖区的战争历史推向了最高潮。但在悠久的历史中，鄱阳湖更多的只是用它清澈纯净、流淌不尽的湖水，环绕着湖区东起湖口、都昌、鄱阳，南为余干、进贤、南昌、新建，西属星子、德安、永修，西北至九江市等市、县（区），默默地灌溉田园、养育生灵、承载舟舸、通达八方。用湖区民众的安居乐业、丰衣足食唱响出"鱼米之乡"的美誉；用江南的稻米，景德镇的瓷器，樟树的药材以及江西、安徽南部的茶叶，炫耀出景德、樟树、吴城、河口"江西四大名镇"的闪亮，隆重地把九江推进到全国"四大米市""三大茶市"的行列，把南昌繁华成中国东南部的一个历史文化名城、重要省会。赣闽的竹木、麻布、纸张、蔗糖、鱼苗顺流而下，两淮的食盐、海产、丝绸、百货溯湖而上，船队逶迤、帆篷如林、纤索横空，拽拉起鄱阳湖周边无数个码头港湾、村镇集市"来商纳贾，舟楫连樯，交易繁盛"的景象。这就有如一轴农耕时代的长幅画卷，从南至北缓缓地铺展开来，一幅幅都是山水田园、饮食人家、男欢女爱、子孙绵长，把中国农业文明的世俗社会描绘得丝缕毕现、意趣盎然。

鄱阳湖也曾有过惊心动魄、美丽动人的传奇故事。"中国百慕大"老爷庙水域诡异神秘，古往今来，无数的颠舟覆船消失在这"魔鬼三角"，无数渔夫水手的尸身骸骨构筑着这难解之谜。美貌聪慧的娄妃玉贞，因丈夫陈友谅一个愚蠢的玩笑而绝望投湖自尽，尸体逆水上溯三十里，空留下一座望夫亭望湖千年叹息。湛氏教子，陶侃为官，江万里投"止水"，彭玉麟写"三梦"，绣鞋山、英雄石、落星墩、江猪与白鳍……举凡鄱阳湖区的山和水、人和物皆是故事和传说，史载口传，亦真亦幻，经年历岁，长盛不衰。但在世俗的人生中，鄱阳湖更多只是平凡人、普通事、真心情、实在意，是生存和处世的现实生活。篙撑三江口，船行八面风，湖上九大帮派有激烈竞争更有互相帮衬，争码头抢货源你死我活，大打出手；闹元宵赛龙舟又你追我赶，欢聚一堂。稻谷黄了种棉花，棉花白了过年忙。湖区人家日出而作日落而息，春播秋收，夏晒冬藏，一壶老酒，二碗鱼鲜，三餐茶饭，四季衣裳。打鱼的青年娶了种田的姑娘，卖柴的妹子嫁了撑船的汉子，岸上造间新屋，水里打条新船，新人三跪九拜，吹吹打打，上花船，进洞房，烛影摇红，夫妻恩爱，地久天长。又柔又刚、又坚又韧的鄱阳湖人，总是把生活过得有模有样、有滋有味。这就有如鄱阳湖水一样，尽管在水底下流得磕磕碰碰、百折千回，漩涡四起，但表面上呈现于世的却永远是坦坦荡荡、宽宽展展、稳稳当当。

鄱阳湖也曾有过群星灿烂、姹紫嫣红的文化景象。王勃与苏轼，跨越唐宋两个朝代的空间，在湖头湖尾用《滕王阁序》和《石钟山记》两篇华美文章，在鄱阳湖上空架起了炫亮中国文学的两道绚丽彩虹。李白与白居易，仅相隔不到二十年的时间，就用《望庐山瀑布》和《琵琶行》两首传世绝唱，在鄱阳湖里矗立起浪漫主义和现实主义诗歌创作的两座完美山峰。自魏晋南北朝开始，无数的文人墨客、学者名士或泛舟中流，或结庐筑屋，纷纷走进鄱阳湖区，留下了难以数计的描写湖光山色、感悟人生的诗词文赋和丹青墨迹，在卷帙浩繁的中国文化史上张扬起鄱阳湖文化的一片鲜明风帆。但在绵延的传承中，鄱阳湖文化更多的却是钟情山水，寄意田园，崇尚自然，强调自我，寻求着一种独立于世的文化风骨。"隐逸诗人之宗"陶渊明固守寒庐，超凡脱俗的人生哲学是后世文化人的精神象征，他的田园诗体系开创了我国古典诗歌的新境界。以黄庭坚为中心的"江西诗派"，在诗歌理论上"夺胎换骨""点铁成金"，在创作实践中"以故为新""自成一体"，成为宋代最有影响的诗歌流派，影响一直延及至近代。八大山人朱耷的"怪鸟山水"、汤显祖的"临川四梦"无一不显示着作者的独特人格和浪漫情怀，而植根于鄱阳湖区所特有的山水、渔耕、商埠、人文等鄱阳湖文化体系，形成了湖区特有的文化氛围。这就有如鄱阳湖区的语言一样，"五里不同音，十里不同调"，在五彩斑斓之中，各自呈现出独树一帜的特殊魅力。

日升月落，夏盈冬枯，几千年来，鄱阳湖就这样一如既往地流淌着，流走了湖区的盛世风华，也流来了湖区的平常光景，荣辱不惊，安详淡定。就像湖岸上下、周边城乡的湖区人一样，富贵人家也罢，清贫百姓也罢，日子总归都是要过下去的。千帆竞发、百舸争流、画舫箫鼓、弦歌嘈杂是一种生活；孤帆远影、一叶飘零、渔舟唱晚、芦笛呜咽也是一种生活；金戈铁马、壮烈悲歌、"丈夫志四海，我愿不知老"是一种人生；明月清风、简约淡泊、"采菊东篱下，悠然见南山"也是一种人生。鄱阳湖既有着气吞万象、汇纳千川百流的伟岸丈夫心胸，也有润物无声、滋养芸芸众生的慈爱母亲情怀。鲜活是它的生命，灵动是它的性情，而流淌不息则是它安身立命的根本。

该为鄱阳湖写点什么了。

我是写过鄱阳湖的。举凡鄱阳湖水上岸上的九大帮派：排帮、粮船帮、盐船帮、瓷船帮、渔船帮、茶叶船帮、柴炭草船帮、湖盗芦席帮，以及岸上为水帮人服务的各杂小帮派统称为岸帮，在我的鄱阳湖系列的长、中、短篇小说作品中都有涉及，写排帮的小说被改编拍成了电影，写盐帮的七场大戏也被黄梅戏剧团搬上了舞台。但这些作品却犹如湖风吹溅起来的几片小飞沫般，转眼间就淹没在鄱阳湖文学满湖沸腾的浪花中了。

写一部全面反映鄱阳湖的作品，这是我在吴城湖面看鄱阳湖日出时心中产生的决定。

这是一个很冲动的决定，也是一个很奢侈的决定。

自吴城回来后，我开始了准备，在之后的几年时间内，利用小说创作之余抽时间陆续跑了鄱阳湖周边的大部分县市，寻找了些资料，也做了些采访，本待再把剩下的几个县跑了，然后就可以动笔了，谁知却发生了变化。1997 年，我调来无锡工作了。46 岁的我离开了生活大半辈子的家乡，既没有英雄少年闯荡世界的潇洒与豪放，也没有烈士暮年壮心不已的悲壮和苍凉，有的只是一份人到中年，上下两难的无奈和尴尬：本是为着近拢女儿的亲情，却又远离母亲的亲情了，我当是一个不孝之子。而对鄱阳湖来说，我还是一个背信弃义、说话不算话的不肖儿孙。新的生活、新的工作，也就有了新的创作任务，写鄱阳湖的计划被搁置了，而且一搁置就是十多年。身处异地他乡，常常于写作之余伫窗远眺，或夜半难眠在床上辗转反侧时，想起了家乡，想起了年迈的母亲，想起了鄱阳湖，心中总是有一阵阵苦涩的疼痛。

2011 年夏秋，我两次回了家乡鄱阳湖口，又再一次地去了都昌县的老爷庙、庐山脚下的牯塘旧海关、湖口的屏峰湾。故地重游，风景旧曾谙。可当年是个枯水年，鄱阳湖消瘦得令人心疼。五月初的老爷庙门前本该是春水荡漾，时下却竟然在湖水中袒露出一块湖滩来，就像一张发锈的巨大犁头，把以往"水势澎湃、直当博射、横衡风触而起则波涛不时"的水域犁割成了两股浅浅而窄小的湖道，黄浊浊的流也流不动了。十一月初是夏水尚未完全消退的时节，可在屏峰湾令公庙门前原先水世界的湖床上却长满了近一人高的黎蒿草，迎风摇曳着一片弥撒的青绿；在牯塘关前本是北湖区最宽阔的鞋山湖面中间，却升起了一派茵茵的红晕，远远望去像是一抹绯霞映在水中，近前了才看明白，那是湖心干枯显现的滩涂上盛开的一滩红花草，肆无忌惮地漫向了天边。这些情景好看是好看了，但绝对不是鄱阳湖该有的景观啊！联想起当时的新闻报道：鄱阳湖变成绿草原；江西出现罕见春夏干旱，鄱阳湖水域面积萎缩至不足 200 平方公里……。有些骇人听闻，但又千真万确，是我从没听说过也没看见过的残酷事实。

在湖口老家的老屋里，我又一次地失眠了，内疚就如窗外日渐萧瑟的秋风，一阵一阵地呼啸在我的心头。当然知道月有盈亏，水有涨落的道理，鄱阳湖遭遇如此的干旱自有它的原因，那是科学家们要研究的事情。但是，我们却不能不把这份深重的灾难看作是对人类违背大自然规律、践踏生存环境的警示。中年离家老不归，转眼我就六十花甲了。多年来，我未能为鄱阳湖做点什么，对鄱阳湖的承诺也没有兑现，尽管这个承诺是我在心中暗下的，但承诺就是承诺，是承诺就必须兑现。拿当下流行的那句很"帮派"的话来说就是：出来混，是要还的。宽厚仁慈的鄱阳湖根本就没把我的承诺当回事，可我却不能永远背负心中沉重的内疚蹒跚前行。我不能对不起鄱阳湖，更主要的是不能对不起自己。为着当年的那份冲动，我要重拾起那份奢侈，用我类似于圣徒朝拜般的虔诚，一步一叩首，三步一匍匐，登上历史的台阶，一级级地浏览鄱阳湖的无限风光，站在我力所能及的最高境界处，用已经干涩沙哑了的喉咙，为我的母亲湖再吟唱一曲生命的颂歌。

只是鄱阳湖太浩瀚深邃了，包括她的源头水系在内，流域几近囊括了江西省全境，其内容犹如满天星空，令人仰望烂漫璀璨却难数其详；其精髓更是好似日行中天，普照大地光芒万丈却难以直视。斟酌再三，只好拟以1911年清王朝结束为鄱阳湖水运兴衰交接点，从此点往前推至历史最深远处。决心既然下定，那就趁着退休后的无所拘束，舍弃其他没有完成的写作计划，用卸下了世俗重负的放松心情，学一学当年吴城镇的那位老渔民，驾着一叶文字的轻舟，荡起写实与想象的两柄船桨，缓悠悠地驶向鄱阳湖，走进那养天、养地、养人家的一湖好水……

第一章 源流篇

第一节
引子：江湖大势

江南多山，江南多水，有山有水就有了江南的江河湖。

北方江河湖的水源来自于雪山，冰雪融化了，雪水流了下来，流成了江，流成了河，流成了湖，最后流成了一条中华民族的母亲河——黄河。

和北方不同，江南的雪少，江南江河湖的水源是雨下下来的。

在江南，雨是缠绵和多情的代名词。雨中船、雾里桥，湿润花柳、水色青山，滑漉漉的石板小巷、迷蒙蒙的黛瓦粉墙，撑油纸伞的姑娘、披蓑衣戴斗笠的农夫，散不开的炊烟、飘不走的酒香……江南城乡的雨，给了生活太多的意趣，不经意间铺排了太多的生命情调；也给了文人太多的想象，无缘由地赋予了太多的诗词意境。

然而，江南山里的雨却是不同的。

起先只是一阵雾气，在南方起起伏伏的大山丘陵间飘荡、树枝叶片草尖上缭绕，一如少女撒娇呵出的气息，在情郎的面庞上轻轻抚拂着。渐渐地那气重了沉了凝结了，青枝绿叶就蒙上了一层淡淡的白霜。也有如情郎经受不了少女多情的诱惑一样，枝叶草也都有些把持不住了，一枝枝一片片一条条地弯下了腰身低下了头脸垂下了眼眉，那上面的凝霜也跟着动摇了起来，在枝叶草尖上滚动、碰撞，霜融成了珠，珠合成了滴，亮晶晶地在顶端悬挂着，到底是挂不住的，纷纷从枝条叶片草尖上跌落下地了。地早被水湿润浸淫久了，饱和了，再也融不下吸不进了，水滴只好在地下的绿苔草苦间你拥我抱着，汇成了一股股的小水流，情不自禁地往下流去。这时候的雨大了，密密匝匝的绵雾变成了淅淅沥沥的小雨，又变成了哗哗啦啦的大雨了，电也闪了雷也响了，轰隆隆地闹得天地间一派欢腾。那流淌着的小水流变成了大水流，在雷电中欢呼着呐喊着朝下奔去，跌撞进山涧的溪流。两座山峰就有一条山涧，无数座山峰也就有了无数座山涧，无数座山涧的溪流又互相交汇着、集合着，变成了更大的涧水了，流量也就更大了，咆哮着朝下奔涌而去，那轰隆隆的声音都盖过天上的雷电，满山只有一派震耳欲聋的水的响声。雨下得更大了，山里的水流也就更大了，汇聚到大的山涧里，就有些势不可挡了，有石头挡着推开，有树根拦着冲走，烂泥腐叶更是还未触及就不见踪影了。就是碰到了悬崖峭壁，它们也毫无畏惧，纵身一跃就跳了下去，把自己坠落成一道道白亮亮的瀑布，跌入到下面的深潭中，又赶紧爬了起来，再朝下奔去。有时要连跳几座悬崖，一波三叠，九曲连环，那跌宕的声音空谷共鸣，声震寰宇。要是连着些时日的大雨，这水就变成山洪了。山洪是极具危害的，是有着移山搬崖成泥石流的破坏性。奔涌的水流一直到了山下，流进宽宽泛泛的水港小河，才把那一泻无羁的步伐放慢了些。抽空回头看了看身后起起伏伏的山峦，回顾一路奔腾跳跃的历程，咂巴咂巴那动人心魄的惊险刺激味儿，然后才舒缓了心情，再随着大的水流缓缓地流入了前面更大的水流，更大的水流再汇入更大的水流，就流成了江，流成了河，流成了湖，最后流成了中国最长的一条大江——长江。

"犹如一只巨大的宝葫芦系在万里长江的腰带上"，这是几乎所有的资料文章里对鄱阳湖的描述。

鄱阳湖是输入长江最大水量的湖泊，每年流入长江的水量超过黄、淮、海三河水量的总和。

站在鄱阳湖口，返身面向鄱阳湖，放开无极限的眼光，我们可以看到：赣江、抚河、信江、饶河、修河五大河流从南、东、西三个方向朝着鄱阳湖热情扑来，而在它们远远的身后，则是东有闽浙的武夷山，南有广东的大庾岭，西有三湘的罗霄山，东北有怀玉山，西北有幕阜山，巍巍崇山峻岭，座座峰峦峡谷，它们是五大河流的出生地，源源不断地给鄱阳湖提供着永不竭尽的生命之水。三面山屏障，五大水汇流，一湖口而出，地质史上的燕山运动断裂而形成的地堑性湖盆，造就了赣中北部一片广阔的冲积平原，形成了鄱阳湖盆地，造就了鄱阳湖，也造就了鄱阳湖人指点群山，招纳百川，天地山水奔我而来的豪迈感觉。

鄱阳湖更像是悬挂在赣中大地的心脏，那连通八方的大小河流、数不清的港湾溪流就是它的经络血脉。经脉贲张跳动、血液汩汩流淌，生气勃勃的鄱阳湖盈实活动了整个江西省。

鄱阳湖历史上的称谓很多，有彭蠡、彭泽、彭湖、宫庭湖、扬澜等，都有着地理位置和形象的特征。彭蠡，是很古的泽薮名，《汉书·地理志》"豫章郡彭泽"条载："彭蠡泽在西"；另一种说法："彭者大也，蠡者，瓠瓢也。"则是形容鄱阳湖如大瓢一样；宫庭湖、鄱阳湖也都是因为处地而得名。唯有扬澜湖却来得有些儿别样了，竟是因诗而得名。唐李纲《彭蠡》诗："世传扬澜并左蠡，无风白浪如山起。"宋余靖《扬澜》诗："彭蠡古来险，汤汤贯侯卫。源长云共浮，望极天无际。传闻五月交，兹时一阴至。飓风生海隅，馀力千里噎。万窍争怒号，惊涛得狂势。奔雷鸣大车，连鼓声初厉……"这些因亲身经历过鄱阳湖风涛险恶的文人骚客即兴写下的诗作，有意无意地给鄱阳湖留下了一个别名，浪漫是浪漫了，却毫无特点和个性，风涛险恶在别的江河湖泊或大海都是有的，岂可都谓扬澜？

对"彭蠡"这个名称，历史和现代的一些地理和湖泊研究专家有着不同的看法，一曰"彭蠡"汉代时是指巢湖，早期湖大域广，洪荒严重，大禹曾受命来治，立下殊功，专记大禹行迹的《尚书·禹贡》即有两处记载。东汉班固撰《汉书》时为了附会《禹贡》彭蠡之说，把江南的湖口断陷水域误指为《禹贡》的彭蠡泽。二曰江南湖口断陷水域就是被称为彭蠡泽也和今天的鄱阳湖没关系，古彭蠡泽其范围约为当今长江北岸鄂东的源湖，皖西的龙感湖、大官湖及泊湖等滨江诸湖区，离现在的鄱阳湖都远着呢。不管在历史上有过什么错乱和误解，时至今天，彭蠡泽就是鄱阳湖的古称，鄱阳湖就是过去的彭蠡湖，存在就是合理，习惯就成自然，约定俗成也就是实事求是。何况"彭蠡"这个名称从字面上看起来是那么寓有古意，意思上又那么富于想象力，鄱阳湖是不会放弃的。

鄱阳湖从来都是不排斥想象力的。

江南的雨借助江南的山，把滴水想象成了大湖；江南的山凭靠江南的雨，把峰峦想象成了湖源。山、水、湖就这样相生相伴、相依相恋、相亲相爱，在鄱阳湖达到了高度统一的和谐与完美。

如果用一条线连接起来，我们可以看到，从湖口——星子县宫庭山——都昌松门山——鄱阳县，鄱阳湖名称变化的历史其实就是鄱阳湖不断南侵扩张发展的历史，也是作为一座湖艰难生存和拼搏奋斗的见证。

鄱阳湖的历史变迁也和中国社会史有着惊人的巧合。

西汉是继秦朝之后中国大一统的朝代，此时也正是长江发育成熟的过程，到西汉后期，长江完成了江湖的分离，所有分汊水系已"皆东合为大江"。新彭蠡泽则完全挣脱了古彭蠡泽的束缚，从湖口往南开辟自己的疆域去了。三国时期诸侯割据，新彭蠡湖也独成一体，把水域推进到今星子县宫庭庙附近，被称为宫庭湖。南北朝是个分裂时期，脱离长江水道的古彭蠡泽，最后也被切割成若干小湖泽，散而分之了。刘宋永初二年（421年），随着南昌——湖口断层下陷自北而南的发展和河网交错的平原逐渐向沼泽化发展，新彭蠡湖果断地抓住机遇，一夜之间"沉鄡阳海昏，起都昌吴城"，实现了它的湖身蜕变。至北魏郦道元著《水经注》时，新彭蠡湖水域到了今都昌县松门山下。隋代对中国又一次地实现大一统，隋朝也被一些历史学家认为是中国南方的真正形成时期。此时的隋炀帝完成了对江南运河的开挖，大运河南北全线贯通了。似乎是为了配合长江与大运河的连通，实现中国南北水运交通的对接，长江中下游的新彭蠡湖也扩张到了今鄱阳县附近，构建成了它的完整辐聚水系，亮出了鄱阳湖的大名。此后，历经唐、宋、元明诸朝代，鄱阳湖仍在不断扩展，大体上奠定了今天鄱阳湖的范围和形态。至清初新王朝生气蓬勃之时，松门山以南的陆地也相继被水沦没，鄱阳湖的发展至此达到鼎盛。而伴随着清末国运走向衰势，鄱阳湖区的地质构造总趋势也由下沉转为上升，鄱阳湖面积也就停止了扩展并有所萎缩了。

江湖大势、国家大运，历史的线装书给后人留下了太多的思索。

"西江众流汇彭蠡，一色弥漫天接水。云消极浦镜光平，风卷雪涛雪山峙。春流拍空浩渺茫，气吞七泽含三湘。"从明代江西状元曾棨舟过彭蠡湖时所吟的这首诗中，大体上是可以看出鄱阳湖盛时之貌的。

第二节
赣 江

一、章贡汇流

一群疲惫不堪的中原汉人，携家带口，扶老携幼，跋山涉水，肩挑背驮着简单的行李，那是他们全部的家当。一路过来也不知走了多少天，走了多少月，有的甚至走了多少年；更不知经历过了多少危难困苦、担惊受怕，避战乱，躲灾害、保性命，求生存，辗转由北南迁，终于走进这"环山多石，耸峙如城"的赣南石城了。他们停了下来，歇歇脚，喘喘气，喝几口溪涧里的泉水，用几块石头支起炉灶煮点吃食。他们都知道，这里是南迁的最后一站，是通往闽粤的咽喉之地，素有"闽粤通衢"之称，再往前走，翻越前面绵延的武夷山，就是福建和广东了，那是他们的目的地。随后，他们咬咬牙，毅然地再朝前走了过去，一批又一批地走了过去，走得义无反顾，毫不留恋。中原的连年战乱和自然灾害让他们吃尽了苦头，求平安、过安定生活现在是他们最低也是唯一的要求。他们走进了一直被北方人认为的蛮荒之地、瘴疫之地的中国最南方，走成了一个新的汉族民系——客家人。

这大约是西晋末年至唐宋时期发生的事情。

也有人没有再继续走下去，他们看中了脚下的一曲溪流，这水好清好甜，让人喜欢。他们沿着溪流往上寻找到了尽头，眼前的景色更让他们喜出望外：两峡相峙之中，绿树环绕掩映，碣石崖壁之上，一挂瀑布飞流直下，下面有一眼碧潭承接，溅珠泻玉，溢水流泉，就是最干旱的年月，瀑水也不会断流。他们放心了，这里有山有水，就能安家过日子。于是，他们就在离瀑布不远的一个山洼里留了下来，用干打垒的方式筑屋造房，建成了一个典型客家式的小山村。村民们开垦山地，引来山泉水，学着种植适应南方生长的水稻。又以后山的竹子为原材料，生产出来了一种横江重纸，以"明如玉，质如扣"闻名于世，远销香港、澳门及东南亚各地，在清乾隆时期，曾被誉为"天然国宝"，列为贡品。他们当然不会忘记自己是中原移民，为了让子孙后代记住自己的祖宗，就在村中造起一座有着镂空石窗和精美木雕的福广公祠，四时祭典，香火不断。在这个地方住得久了，他们还发现了一个绝妙之处：整个村落夏天无一只蚊子。在三伏天的夜晚，村民在家门口仰卧在用山竹做的躺椅上，泡一壶自己炒制的山茶，没有山风也自有山谷的阴凉，因无蚊虫的叮咬也自然免了蒿草的薰呛，虽然头顶上山峰间的那方夜空没有北方的空旷宽广，月亮也因有了山的遮挡，刚露了一会儿脸转眼就不见了，但这里再也没有那种战火纷飞、灾荒连年的惊恐与饥饿了。长长地舒出一口气，村民心中的那份惬意是由衷的。有这么好的地方，他们也就"乐不思蜀"，再也不走了，在此生存繁衍，代代相传。

这些被称为七岭村的先祖们怎么也没有想到，他们寻找到的那挂瀑布那眼碧潭竟然会是江西最大河流赣江的发源地——石寮崬，他们建成的那座小山村竟然会成为了"赣江源头第一村"。

横亘在赣闽之间的武夷山脉的山水形成了石城县境内的武夷山南段石寮崬的瀑布泉水，是赣江的源头，而赣江又是鄱阳湖最大的源流。把一座湖泊的生命源头追溯到了极点，这有着认祖归宗的特殊意义了。就像客家先民源自中原，中原大地以河洛为中心，河洛大地以洛阳为中心，洛阳作为客家人宗祖地有着不可动摇的历史渊源一样。

实际上，石寮崬只是赣江的源头之一，它是赣江东源贡水的源头，被认定为赣江正源，贡水由绵水和湘水汇合而成。赣江的另一源头是西源章水，它出自广东省毗连江西南部的大庾岭。章水西来，不知是男是女？贡水东来，也不知是女是男？知道的是这两股大山的精灵之水要在处于东南沿海地区向中部内地延伸的过渡地带融汇结合了，这是自然之水的一件美好姻缘。犹如男女结婚合并为一家子了一样，章贡之水在赣州老城区北端汇合，章贡二字合为一个赣字，二水合流成为赣江；也为汇流的这座江西最南部城市组合成一个名字：赣州；还为江西省留下一个简称：赣。

如此一来，章贡合流就具有浓郁的文化意味了。

更具有重要意义的是：章江和贡江在此之前仅仅只是以水流的形式存在，而汇流后，赣州以下的赣江可以通航了，流动、滋润、走舟舸，遂成为一条完全意义上的江河。此后自唐开元年间张九龄开辟大庾岭新路至 1936 年粤汉铁路通车之前，赣江一直是联系长江和珠江两大流域最主要的通道。

赣江就要远行了。

这不是一次一般的远行，不同于男儿出外闯荡天下，大丈夫虽然志在四方，四海为家，中国人的传统却终是要叶落归根，告老还乡，最后还是要回归故土；也不同于女儿出嫁，虽然嫁为他人妇，生儿育女，操劳忙碌一生，最后也妻随夫去，葬于夫家的祖坟，但"八十岁不断娘家路"，嫁出的女儿总归是经常要回娘家。可是赣江的远行将是千里万里，将是一往无前，将是永不回头。在它的前头，鄱阳湖已经敞开了怀抱，等待着它的到来。鄱阳湖是赣江的投身地，却不是终极目标，鄱阳湖前头还有长江的殷切邀请，更远更远的前头还有大海的深情呼唤。"奔流到海不复回"，赣江的这种远行就有着一份壮士一去不回头的慷慨激昂了。

为着赣江远行的这份慷慨激昂，作为夫家兼娘家的赣州，也就把为赣江的送行操办得格外地隆重了。

赣江沿岸，被古代称之为虔州的赣州以建春门、龟角尾、涌金门等为代表的古码头应运而生。码头水边，官家的运输船都是大船，高而坚固，那些要转输运往京师的贡品漕粮，竹箭、木材、麻丝、布绮、粳粟以及金银、香茶、犀象等货物，都在忙碌地装船，等待着扬帆远航；民间商贩的运输船只虽然小，却有小的好处，如过江之鲫般见缝插针地挤钻游弋在官船的空隙之中。水运带来了造船业的兴起，资料载宋代赣州的造船业在全国独占鳌头，最高年产量达 650 艘之多。船多人更多，为码头业服务的商业、手工业等也如雨后春笋般涌现，使得赣州街市繁荣，百业兴旺，人口剧增。"广南金银香药、犀角、百货，陆运至虔州而后水运"，"当岭表咽喉之冲，广南纲运，公私货物所聚"，"商贾如云，货物如雨"，"自汉高祖六年（公元前 201 年）设置县治以来，赣州自古以来就是沟通赣、湘、闽、粤的江南重镇。"翻开赣州的历史书，这一类的记载处处可见。特别是在宋代，赣州已经成为名扬天下的江南名城。

赣江水运的繁荣带来了赣州城的繁荣，这是水运交通一统天下历史时期的又一次有力证明。

对赣州人，古往今来的文人墨客曾有称道。苏轼曾以"亢志厉节"概括，李太初用"劲健尚义"赞叹；而文天祥则形容得更为深刻具体："山川之绸缪，人物之亢健，大概去南渐近，得天地之海，不可以形威慑，而可以礼义动。"但感到颇为遗憾的却是赣州一直没能得到历史文化的有力描述。在赣州文学史上，鲜见历史文学名家赞颂赣州的激情作品，多见的却是描写贬黜的感伤诗词，从唐代李商隐的《哭虔州杨侍郎》，白居易的《清明日送韦侍御贬虔州》到宋代苏轼的《虔州八境图》《郁孤台》《赠虔州术士谢君》，文天祥的《郁孤台》，当然还有南宋爱国大词人辛弃疾于淳熙二年（1175）在赣州就任江西提点刑狱时写下的名词《菩萨蛮·书江西造口壁》："郁孤台下清江水，中间多少行人泪。西北望长安，可怜无数山。青山遮不住，毕竟东流去。江晚正愁余，山深闻鹧鸪。"这首词被后人誉为"横绝六合，扫空万古"，也使赣州城西北部贺兰山顶上郁然孤峙的郁孤台闻名于世，却仍然和其他名家的诗歌一样，充满了无奈离愁、忧伤满怀和悲愤之情。就连出生在赣州的南宋诗人曾几，他的学生陆游替他作《墓志铭》，称他"治经学道之余，发于文章，雅正纯粹，而诗尤工。"后人将其列入江西诗派，《四库全书》中留有他的《茶山集》8卷，也几乎看不到他直接描写家乡美好的诗篇。只从一首《积翠楼》"少日便怀丘壑情，看山看水饱曾经。如今积翠楼头望，看尽江南未了情。"诗中，多少可以寻觅到诗人与家乡山水割不断的渊源。

020

　　细究起来，造成古代文人对赣州激情的集体缺席与失语的原因，除了历史上儒家文化的重农轻商思想、少有文章诗作去描写商业经济外，主要的还与赣州是历代贬黜官员士大夫们流放迁徙必经之地有关。作为中国古代四大流放地：新疆伊犁、东北的宁古塔、岭南、海南岛之一的岭南，赣州是到达岭南目的地的前一站，那些因罢黜受贬而流放的官员士大夫，一路吃尽千辛万苦来到赣州，想想再往前走就是"南夷蛮荒"地，一步迈出去，吉凶未卜、前途迷惘，返乡更不知是何年哪月，心情可以说是郁闷到了极点，对于眼前再繁荣的赣江再繁华的赣州也高兴不起来，反倒更是旧愁未了添新愁，无法排遣，只好在诗词里面发泄发泄；而他们的亲友以及后来的被流放人员，出于对贬黜者的惋惜同情还有同病相怜，自然不忍也不敢作高兴状，既然"眼前有景道不得"，那还是写伤感诗吧。

　　历史上的岭南，是指南方的五岭之南的地区，相当于现在广东、广西、海南全境，以及湖南、江西等省的部分地区。从内地去岭南，赣州是必经之地也是最后一站。想那梅关古驿道是多么的有幸，从它的隘口狭关攀缘而过蹒跚前行的竟然是中国文化史上一连串的耀眼明星：刘禹锡、秦观、韩愈、苏东坡、柳宗元、汤显祖……唯有文天祥是个例外，他是作为俘虏反方向逆道从广州过梅岭到赣州，再被元兵经赣江过鄱阳湖押解到新建的元朝大都（今北京）的。

　　历代流人贬官的流放，对提高岭南各地文化素质与文化水平，或多或少出过力，其中名人士大夫更起到了促进的作用，在蛮荒之地开创了灿烂的文明。别的不说，仅仅那些彼此酬唱的伤感诗词文章就创立出来了一种中国式的贬官文学了。

不过，不管是伤感诗词还是贬官文学，那毕竟是少数贬黜官员文人的事情，他们可以面对赣州的繁华盛世而漠然置之独自感伤，可世俗的官家商客老百姓却不以为然，他们在为赣江新生可走水行船而欢呼雀跃，在为赣州崛起带来诸多活路而奔走相告，他们用江上如林的篷帆搭起了彩门，用两岸堆积如山的货物作为贺礼，更有无数的舵工水手撑佬以及旅客商贾押解官兵作为陪伴同行，点燃起土铳、放响了鞭炮、在沿岸万众的欢呼声中，打一声响亮而悠长的船工号子，霎那时，千帆竞发，百舸争流……

赣江出发了！

二、赣江十八滩

两岸山崖嶙峋，石壁陡峭，中间夹一河道急湍弯曲，激流浪涛訇然，水滩中礁石星罗棋布，怪石林立。有古文《水中石记》曰："石多如牛者，如狗马者，如龙蛇而狞欲飞走者，如猿而上下其臂，或蹲以啼者，皆激水声闻百里。……舟行无不动心，稍不慎必啮之而碎。"又有诗云："滩声嘈杂如轰雷，顽石参差拨不开。行客尽言滩路险，谁教君向险中来？"

这就是有名的赣江十八滩。

从赣州出发的赣江不是一帆风顺，迎接它的首行段就是惊心动魄、你死我活。从赣州到万安，赣江在百公里的航道上有九曲二十四个滩，最险恶的是十八处急流险滩，"赣江十八滩，滩滩鬼门关，竹篙点水心胆寒，十船过滩九船翻。"最著名的当属临近万安的惶恐滩，原名黄公滩，后因苏轼诗："七千里外二毛人，十八滩头一叶身。山忆喜欢劳远梦，地名惶恐泣孤臣。"而改名惶恐滩。此后，文天祥的绝唱："惶恐滩头说惶恐，零丁洋里叹零丁。人生自古谁无死，留取丹心照汗青。"成就了文天祥的千古节气英名，在中华民族的精神史上涂抹上了一道耀眼的亮色，也使惶恐滩在中国文学史上留了一个痛苦的烙印。这一点，也许是苏东坡当初写诗时完全没有预料到的。

赣江十八滩不好过，要过滩，除了要点香烛供三牲拜河神祈求平安外，下水要请滩师，上水要请纤夫。

滩师是赣江十八滩才有的一种水上职业，其实是熟悉十八滩水性与礁石，上船护舟引航出滩的人。滩师一般是本地人，祖传的职业，对十八滩水道就如自己手上的掌纹一般了然于胸。虽然花了几个钱，但由滩师驾船把舵走十八滩，过往船家才敢放心。滩师也只在十八滩赚钱，领船过了十八滩危险的地方，他们就会下船辞别而去。

纤夫倒是常见的，有江有河有湖有水有船的地方就有纤夫。在赣江十八滩上逆水行船，纤夫就是风，就是力，就是桨橹篙，就是那一船船货物的存在价值、就是一船船人的生命依托。那拽起过江长索、弯腰背纤努力向前的纤夫雕塑般身影就是赣江生命意识的鲜明体现。

不常见的是赣江十八滩上有一帮拉纤的妇女，人称背纤妇。

赣江十八滩上的背纤妇都是一群来历不明的女人，都是受过无法诉说的苦难、有着难以告人的隐秘却谁也不肯透露身世底细的女人，都是为着活命生存才来到赣江十八滩背纤的。她们只控制了十八滩上几处最险恶滩崖的背纤权，所有的上水船只来到这里只能请她们背纤，也只有她们能在这里背纤。几十米长的纤绳从江船桅杆上牵到岸边，由背纤妇背在胸前拽在背后，背纤妇们身穿背纤服，打着赤脚，弯腰驼背，纤板紧紧把胸脯压得板平，纤绳深深陷进肩头，头低垂、身前拱，一绺湿发咬在嘴角，身子如壁虎般地贴在峭壁悬崖上，下面是湍急的江水，布满旋涡暗礁，掉下去会连尸体也找不到。她们手扒足蹬着石尖岩缝处只有她们自己才知道的纤道，哪走左脚哪迈右腿都有一定之规，错了一步就会别住卡住走不过去，一步一喘息、一步一流汗，沉重的纤号哼着亘古不变的歌：嘿哟……嘿的呀啦、嘿嗬哇！嘿的呀嘞、哟、嘿呀嗬，嘿嗬……紧绷的纤索横空拽起了背纤妇们血和泪的人生，拉起了江上流不尽的苦难。

背纤服是赣江背纤妇发明的衣服：像长袍无袖，像短褂太长，只不过是用一块土蓝布拦中一折，挖一个洞穿过头，再用线把两侧缝牢了，留两个伸胳膊的洞，算是无袖短长袍。穿起来人宽宽展展地无线条，直筒筒地活动方便；下摆未齐膝，站立着成个体统，俯下腰撅起屁股却齐屁股根刚遮个女人羞处。背纤妇们裸露的腿脚、手臂上，都油黑黑的糙得如礁石，斑斑驳驳地全是伤疤血痕，那都是在崖石上挂擦碰伤的，旧的未愈又添新痕，层层叠叠地垒着就见不到一寸好肉了。令人惊讶的是一双脚，皆天足，宽大厚粗，五指成扇形叉开，岩石上一站如一块吸盘，稳稳当当屹立，大风大浪打不动，尖刺锐石戳不穿，遇上个碗大的石块一脚踢去，石块儿滚了老远脚尖儿连个白茬也不显一下。这一双脚似乎从来未穿过鞋，大热天如此，大冷天亦如此，"背纤妇穿鞋——死了该埋！"对于赣江十八滩背纤的女人来说，穿鞋是个忌讳。

十八滩的背纤妇太不像女人了。

十八滩的背纤妇又太有女人味了。

都是那件背纤服罩的，把个女人样遮住了，也把个女人味藏住了。只是外面仅一层布罩着，里面却无拘无束，不像岸上船上女人那般紧裹着，那藏不住的女人味总冷不防地泄露出来：丰腴的自然前有峰后有峦，大奶肥臀把一层土蓝布顶翘得凸凹有致、山摇水荡，一走动前面颤颤巍巍、后面风流万千。都知道背纤妇里面是不穿衣服也不穿内裤的，怕的是水湿了擦裆会伤皮肤得湿疹。俯腰拉纤，于大腿极处屁股根下时不时地露出一丝白皙，就够船上撑佬水手们遐想无限了，恨不得用垂涎的眼光去把那层布往上多卷一寸，把那丝白皙拉开一分，却总是不能够。也有瘦俏、小巧的，藏在背纤服里不显山不露水，空荡荡的不见了婀娜，却给男人们生出怜惜心来。男人的怜惜是嫌这背纤服里面太空了，是应该让他们的目光充填才是。于是偶尔一阵风一个趔趄一个闪失都能给远远关注她们的岸边船上男人以希望、以想象。特别是过山崖抬纤时，会有背纤妇吊在纤索上滑下崖来，下坠的急速让风钻了空子，乘隙掀开了她们筒裙似的背纤服，把个白皙的屁股腰肢暴露在光天化日之下，如一道银白的闪电刹那间眩晕了远远张望着的男人们。可这刺激却只是一瞬间，背纤妇一落到崖底人下地衣也罩体了。猛然间一声尖锐的吆喝"喔……嗯！"崖上崖下的背纤妇齐声呼应："喔……嗯！"刚抛过崖壁的纤绳又带紧了，抬纤成功了，背纤妇又在山崖的另一边河滩上背起了纤索……

023

背纤妇是十八滩的一大风景，是赣江上一大风光，是江上水帮人的一大风情。

就是有了滩师有了背纤人，赣江十八滩仍有一些滩头船只不敢硬闯，如最危险的天柱滩河面乌石林立，极其危险，在这里撞沉的船最多，货船一般到了这里都要将货物卸下，请挑夫沿江走约10公里的旱路，避开极其危险的天柱滩、狗脚滩等险礁在大湖洲再上船。而上水的船则反向之，特别有些运输淮盐的官船，船大货重，是非得用人过驳不可。

从赣州到万安的百多里水路也是赣江最暴烈最勇猛的时段。它犹如一匹雄健的骏马，刚走出厩圈正想扬蹄狂奔，就遇到了阻碍和拦截，这岂不使它生气使它发威。一时间江水咆哮如雷，波涛顿起，湍急的流水奋力向前，左冲右突、推移挤压、百折千回，硬是在两岸层层挟持着的坚硬崖壁间拼出一条血路来；愤怒的浪头一路不顾一切地碰撞搏击着埋在水里、露出水面的暗礁巨石，一波冲击被坚固的礁石抵顶得水沫纷飞，如雪粉般漫天四溅，浪头粉身碎骨，浪流也晕头转向了，引发了礁石旁的一圈圈明里暗里的乱流旋涡。而赣江却是仍然不放弃，它连气也不喘一口，重新聚集起一股股水流浪波，再次发起一波波的冲击，再被粉碎再次冲击再被粉碎，屡败屡战却仍搏击不止，一滩九滩十八滩，一里十里再百里……赣江到底还是闯了过来流了出来。从赣州到万安的近百里水路，是赣江最为艰难拼搏的百里水程，也是赣江不屈不死的百里征程，更是赣江最为壮烈瑰丽的百里生命航程。

经历了与十八滩的百般厮杀，见识了十八滩滩师与纤夫纤妇的异样风采，最后走出惶恐滩，猛然间抬头，赣江大喜：万安到了！

三、一江风情

赣江自万安以下，河流进入吉泰盆地，经过泰和、吉安、吉水、峡江、到达新干，沿途收容接纳了孤江、遂川江、蜀水、禾水、泷水等较大支流汇入，水量大增；再下清江，走丰城，到南昌，两岸山势渐退，江面逐渐开阔，水流平缓，带有了恣肆汪洋的浩大气象。舟船往来，桅樯如林，帆篷被风鼓胀得好像展翼的蝴蝶，在天地间饱满扩张，任蓝天白云在上面缓缓移动着，有着目空一切、闲庭信步的悠然。两岸的风光景色斑斓彩艳，田园阡陌错落有致，凡青树翠竹掩映下必定是村庄，茅屋篱笆院中也都会有炊烟，鸡啼狗吠猪哼鸭嘎，一派生气声隐约可闻，蜿蜒如蛇般的村路上人动影随，是男人荷锄扛犁，是女人背篓挎篮，放牛的孩童倒骑牛背上，让老水牛悠闲自在地在田埂上吃草，自己横起竹笛子胡乱吹了起来，却是清新明亮。那因顺江顺水顺流而下闲着无事的撑排佬受了感染，也昂首在排上放开嗓子扯叫了起来："喔喔喔……"似吆喝又似号子，逗得在码头淘米的妇人洗衣的姑娘嬉笑不止，于是就有了岸边水上的相互逗趣调笑，吵吵闹闹纷纷攘攘的，把一流江水也活泛了起来。

在赣江上放的木排都是小排，多是几个立方至多几十个立方米一排，俗称排把子，撑排的人也不多，二三四五六七八人而已。这些从赣南武夷山下来的木头，在赣江十八滩险恶水道上是放不成大排的，这样的排把子上也是不需要打鼓佬也没有洗衣妇的。这样的排把子也好随时停靠，早走晚歇是都预算好了路程，一天漂个十几几十里水路就够了，在集镇码头的稍偏远处停靠了。排不大占的位置却宽，那中间热闹的好码头是不让他们去的，那是船舶停靠的地方。好在却总是湾在码头边，多走几步路就到了集镇上，万安的窑头豆腐、金丝小红枣，泰和的乌骨鸡、竹篙薯，吉水的大米、白水龙井茶，峡江的米粉，新干的大红袍橘子都是可以去买的。少不了要沽酒，万安的客家红米酒和吉水冬酒都是好酒。万安卖酒人还素有好名，厚道义气不欺客，清代有个宁都人魏禧还为此专门写了篇文章《卖酒者传》。吃的喝的都有了，回到排把子上自然是痛痛快快的一醉方休，也用不着走动，哪醉哪倒就在哪里睡下了，这一方排把子就是他们的家，天当铺盖排做床，枕江而眠悠悠晃晃地极香甜，连梦都没有一个。第二天一大早醒来，趁着江上空闲就忙着撑排起程，赶路要紧，吴城在等着这些排把子聚集，好扎大木排下鄱阳湖呢。

那些官家的漕船盐船都是有规定时限，还有商家的生意也是不敢耽误的，也都忙着起锚开航了。昨晚聚集在码头港湾密如树林般的帆篷一早晨的工夫间就逐渐分散稀疏了，上水下水地各自扬长而去。码头港湾也只有这早上难得的一会儿空闲，再过一两个时辰，那从前后邻近码头港湾过来的船只就又到了，这里的热闹又将继续下去，天天复天天，年年复年年。不过，在这空闲时间里，码头上还是有不少船只的，有本地的渔船，他们沿江自有固定的湾船处，形成一片片的水上渔村，早晚放钩上下午撒网，渔船也就进进出出地忙个不停了；有过江的渡船，沿着固定航道，只在江两对岸来往行走，一船船地来，一船船地往，如同一根根的兴奋神经，牵动起两岸江边集镇的喧哗。当然也有外来的船只，是一些达官贵人、富家子弟，还有

025

"行万里路，读万卷书"的文人士大夫们，他们是不着急的，把船湾下沿途上岸游玩看风景去了。快阁当然是要去看，倒不光是因始建于唐朝历史悠久，却是缘于宋代大诗人黄庭坚任泰和知县时写的一首《登快阁》诗："痴儿了却公家事，快阁东西倚晚晴。落木千山天远大，澄江一道月分明。朱弦已为佳人绝，青眼聊因美酒横。万里归船弄长笛，此心吾与白鸥盟。"史载："迨黄太史庭坚继至，赋诗其上，而名闻天下"，此后"阁名遂大著"。也可去吉州桐木桥作坊和本觉寺窑床看制瓷烧窑。《景德镇录》云："江西窑器，唐在洪州，宋时出吉州。""先有吉州，后有饶州。"吉州窑陶工对景德镇瓷业烧造技术的提高，起了很大的促进作用。吉水是出人物的：欧阳修名列唐宋八大家之首，他领导的诗文革新运动开创了一代平易文风，给后世留下了极为深远的影响。杨万里是个多产诗人，一生写诗两万多首，他写出的"大江端的替人羞，金山端的替人愁"等诗句，也使他进入了爱国诗人行列。文天祥是民族气节和人格精神的一座巨灵，柔弱无骨的赵宋王朝三百余年社稷因文天祥才有了一些儿悲壮色彩，而文天祥的《正气歌》则是中华民族面对外敌侵略时最激昂激越的歌唱。解缙虽被誉为"江南大才子"，还主编了世界上最早也是最大的一部百科全书《永乐大典》，但在家乡人的眼中，他却是一个诙谐幽默的机智人物，至今流传许多关于解缙吟诗作对嘲弄贪官污吏而又妙趣横生的故事。吉水一个蕞尔小县竟然

先后孕育了中国文学史上的四大俊杰，到底是什么风水宝地、文脉仙气？前来瞻仰的文人学士当然是要探究一番的。自然是惊叹不已，自然是感慨万千，自然是要写诗作文一番。然后返身上船，再沿江而下，过玉峡至玉笥山。玉笥山是江西道教名山，经汉、晋、唐几个重要发展期，宋时为鼎盛阶段，据《玉笥实录》载，当时全山有各类道教宫、观、坛、亭、台百余处。时间有限，是走不完看不尽的，也是可拜可不拜的。但到了新干，有一个女人是必须要去敬拜的，那就是与孟母、欧母、岳母齐名，一同被尊称为"四大贤母"的陶侃母亲湛氏。中国社会向是"母以子为贵"，而这位出生在新淦的农家母亲却是因为她的贤德才让儿子人生显贵的。

清江樟树镇的出现给予了赣江极大的惊喜。这倒并不是樟树"烟火数万家，江广百货往来，与南北药材所聚，足称雄镇"，"南北川广药材之总汇"，而名列"江西第二大港口"、跻身于"江西四大名镇"之列；也不光是从唐代"药圩"、宋代"药市"、明代"药码头"到号称"四十八家药材行，还有三家卖硫黄"的清代"药都"，1700 多年的历史使樟树形成了完整的中药业体系和药业帮派；樟树中药业不仅仅是药材交易、集散，而且以独特的鉴别技能，科学的收藏保管，技艺精湛的加工炮制，质量上乘的成药产品，而获得了"药不到樟树不齐，药不过樟树不灵"的美誉。最为主要的是樟树为当代后世提供了一种"尊重生命、关爱生命"的集体有意识行为和组织形式，具有了广泛的普世价值和深远的固本意义。在此前此后，从传说中的医药始祖伏羲氏、尝百草的神农、写《黄帝内经》的神医岐伯，到后世五大名医扁鹊、华佗、张仲景、孙思邈、李时珍等，他们发现了中草药，创造了中医学，悬壶济世，治病救人，但都是属于个体性行为，有了樟树"药都"后，中草药成了这里集散、交易、融汇、流通的集体性目的，对中医药的繁荣与中国医学发展无疑地起了极大的促进和推动作用。这里的每一味原始药材、每一剂炮制成药、每一帖配熬膏药，甚至连那被用来配制烟花鞭炮的硫黄、有毒会使人致死的砒霜都成了既能治疗疾病的良药，又能流通交易的商品。化腐朽为神奇，洒甘露以生命，这是会让所有到樟树来的人赞叹不已，也会使第一个到樟树阁皂山修道炼丹，采药行医的著名道教创始人之一、被尊称为樟树药业鼻祖的葛玄感到无比欣慰的。

樟树镇的兴起，赣江起着举足轻重的作用。所谓集散其实就是来往，是赣江架起了集散的航线、托起了来往的舟船，从这个意义上来讲，那一江装载药材穿梭般上溯下流的船只，其实是一艘艘的生命之舟，而赣江更是一条奔腾不息的生命之江啊！

樟树的酒也好喝，南宋诗人陆游曾有诗曰："名酒来清江，嫩色如新鹅"，可见当时樟树的酒已颇有名气了。想那镇上"设肆制药"，用各类名贵药材泡制的药酒补酒，肯定用的就是这种清江酒了。不过，清江酒响亮起"四特酒"的大名却是在清末民初时的事情了。

自樟树后就到了干将莫邪宝剑藏地，别名"剑邑"的丰城。唐代六大名窑之一的洪州窑就位于丰城曲江镇罗湖村一带，创烧于东晋至南朝，盛于唐，衰于宋，达1500多年之久。丰城有一个叫邓子龙的人，是明代爱国名将，其居然还是清朝开国皇帝努尔哈赤的救命恩人，而且成为整个清代皇室顶礼膜拜的秘密祭祀的保护神之一。

一个明代名将，怎么会救了清朝开国皇帝？一个前朝将领，又怎么成了后朝皇室祭奠的人物呢？

近年有人在《二十五史》中的《清史稿》和清代笔记《啸亭杂录》中考证发现：努尔哈赤欲起兵攻明，经常亲自微服到辽东一带侦察，在一次偶然中，努尔哈赤被一支派往朝鲜的过路明军抓获，交给了开赴抗倭前线的副总兵邓子龙。努尔哈赤过人的胆识，深受邓子龙的赞赏。邓子龙便放走了这位后来开创了一个新王朝的开国大帝。为了报恩，努尔哈赤为在朝鲜阵亡的邓子龙立了庙，并把邓子龙的神位放入了清室最重要的圣殿"堂子"中祭祀，随着堂子迁往北京，邓子龙的神像一直在尚锡神亭中安放，直到清末，所以堂子又称"邓将军庙"。《清朝野史大观》中有一则《迎祭邓将军》，写的是顺治帝出东直门迎邓将军神位于大内供奉，顺治帝对如此大张旗鼓迎奉一位前朝将领感到大惑不解，便问手下大臣谁知道这个邓将军是何许人也。一位近臣说，这位邓将军，就是万历年间援朝殉难的副将邓子龙。

此事孰真孰假，自有史学家去评判。不过却是很为邓子龙将军抱屈。历史怎么会这样捉弄人？这样滑稽可笑？一代民族英雄邓子龙无论如何也不会想到，是他一时的仁慈善心，放跑了敌首努尔哈赤，使之后来推翻了自己誓死尽忠的明朝，自己竟然还被灭国异族的皇室奉为保护神。当邓子龙的在天之灵被迫接受清皇子孙春秋大祭的香火时，肯定是满脸羞愧，啼笑皆非。

东汉时期，丰城还出过一位隐士徐稚，字孺子，时称"南州高士"。陈蕃为豫章太守时，特为徐稚专设一榻，徐稚走了则悬挂起来不让别人使用。后来人们就以"悬榻"比喻礼待贤士。这个典故后面马上就有人用到的。

四、三水宜春

赣江过了丰城之后，舒展着身子缓缓地朝下游流去，一路上又收留了三条支流：袁水、肖江、锦江。

锦江发源于宜春的慈化山区，水源流经万载、上高、高安等县，于新建县厚田镇境内汇入赣江。肖江发源于新余，流经高安后，进入丰城后流入赣江。袁水发源于萍乡境内武功山北麓，流经宜春、新余，在樟树张家山汇入赣江，袁水在宜春市城区蜿蜒时，一江流水清澈，两岸风景秀丽，所以人们又称为秀江。这三条支流都位于江西省西北部，囊括了现时的宜春、萍乡、新余三市，此前却都属于袁州，宜春地区。

宜春历来为"江南佳丽之地，文物昌盛之邦"。韩愈在宜春担任刺史时，曾写下"莫以宜春远，江山多胜游"的诗句赞美宜春；宋代理学家朱熹发出了"我行宜春野，四顾多奇山"的感叹。宜春是禅宗圣地，禅宗史上著名的"马祖兴丛林、百丈立清规"就来源于靖安县宝峰寺和奉新县百丈寺两大寺院。以萍草之乡而得名的萍乡，被誉为"江南煤都"，1898年清邮政大臣盛宣怀在安源创办萍乡煤矿，1908年又创办了当时中国第一个股份合资企业——汉冶萍公司，修筑了株萍铁路（至安源），萍乡煤矿为该公司重要组成部分；还是江南最早采用西法机器生产、运输、洗煤、炼焦的煤矿，1916年就产原煤95万吨、焦炭25万吨。新余现代以钢铁生产出名。而上栗、万载、袁州等县区却是有名的鞭炮生产地。

宜春文化积淀厚重，却出了一些有争议的事和人。

"宜春"碑，现陈列于宜春市博物馆内，相传由慈禧御笔而来。碑高2.03米，宽0.93米。字体遒劲、雕刻精美、石质坚韧，正中阴刻"宜春"两个楷体大字，长宽皆有半米以上；碑面四周阳刻万字花边，边内阳刻双龙戏珠、祥云衬底图案。最受人关注的，还是碑头篆额阳刻"慈禧皇太后御笔之宝"印章。据有关史料记载，此石碑为同治元年（1862）至光绪三十四年（1908）之间所勒。关于此石碑的来历，一说是慈禧游览宜春所留，这完全是无稽之谈，慈禧一生连江南的土地都未曾踏入过，哪里会来宜春了呢；二说是慈禧一时高兴写下"宜春"二字，有官员用重金从太监手里获得，捎来宜春镌刻，夸说是慈禧恩赐的，也只不过扯大旗做虎皮而已。三说宜春有好事者偷偷从北京颐和园楹联上摹得慈禧"宜春"两字，带回宜春刻制成石碑。这就有如现今流行的搜集名人大家的字形拼做名挂牌一样，算不上是荣耀。

联想到前些年，宜春的一条广告词"宜春，一个叫春的城市"曾轰动全国，闹得沸沸扬扬，最后据说是被有关方面制止了，但影响已经出去了，宜春因而名声大显。可见宜春人是巧于包装，精于广告，善于宣传的，这是有着历史渊源的。

上栗县的杨岐山，自然景观优美，又是佛教禅宗"五家七宗"之一——杨岐宗的发祥地。1199年，杨岐宗传入日本，至今为日本佛教大宗之一。杨岐山古称翁陵山、漉山，后来因战国初著名哲学家杨朱(又称杨子)，来到此地，面临歧路，迷向哭泣，故此山名"杨岐山"。杨朱是思想家，断不是因亡羊而泣，而是因为亡羊的邻人曰："歧路之中又有歧焉，吾不知所以，"知道了大路"可以南，可以北"，而陷入了哲学的纷纭歧路才放声哭泣。一个有名的哲学家表现出孩童一般的单纯可爱，这是一种大智若愚，更是一种率真人性的自然流露，杨朱真乃大家矣！

谢灵运墓坐落于万载县城东北康乐里泉村莲花形山，为土封墓，墓前立有谢氏后裔刻立的麻石质墓碑。碑文曰："合族嗣孙某某立始祖谢公讳灵运字公义墓光绪七年春月重修。"关于谢灵运归葬何处，历来各地说法不一，但万载谢灵运墓为全国唯一仅存有碑之墓，况且万载为谢灵运世袭封爵地，又有谢氏族谱准确记载，此墓应为可信。但是否确系谢灵运肉身墓，却不得知，尚有待考证。

古时候宜春就因县侧有泉"莹媚如春，饮之宜人"而得名。钟灵毓秀，宜春是出人才的地方。史载，仅在唐代的290年间，江西考取的77名进士中宜春籍的就有53名，占全省三分之二强。这一时期，江西仅有的两名文科状元卢肇、易重，均为宜春籍人士。因此，历史上流传下了"江西进士半袁州（宜春）"的美誉。唐贞元年间，高安人幸南容创办了江西最早的书院"桂岩书院"。北宋初胡仲尧创办的华林书院培养了13名进士。北宋高安人刘恕，是《资治通鉴》副主编之一。南宋范阳人祖无择任袁州知府时，修建袁州州学，当时著名的教育家李觏写下了历史名篇《袁州州学记》，被清人收入《古文观止》。清上高人黄懋材，博览群书，广为涉猎，经史子集以外，尤致力于数学、天文等"经世之学"，对地理测量更加谙熟；他潜心研究了历代书中的地志和外夷列传，对英、法、德、俄、日、意、奥、荷、葡等国的政策、经济、军事、文化等等，都做了较详细的了解，写成《沪游脞记》一书。还有近代著名爱国诗人、词家、学者文廷式，光绪十六年(1890)，成进士，授编修。二十年大考，被光绪帝亲拔为一等第一名，升翰林院侍读学士，兼日讲起居注。文廷式志在救世，遇事敢言，与黄绍箕、盛昱等列名"清流"，与汪鸣銮、张謇等被称为"翁（同龢）门六子"，是帝党重要人物。文廷式词存150余首，大部分是中年以后的作品，感时忧世，沉痛哀戚，洋溢出一股晚清悲风。

却又有新余人王钦若，北宋时期江南第一个宰相。为人奸邪险伪，善迎合帝意。与丁谓、林特、陈彭年、刘成珪结交，时人谓之"五鬼"。还有明朝权臣严嵩，新余分宜人，专国政达20年之久，为中国历史上著名的权臣之一。

袁水、肖江、锦江三江之水从西往东缓缓而行，翻卷着赣西北的文化灿烂浪花，朝着南昌、朝着赣江流去；而同在赣西北宜春地区的另一条大河流潦河，则从铜鼓出发，经奉新、靖安，走安义、永修，汇入修河水，从吴城流入鄱阳湖了。

接纳了三江之水的赣江，再往下走的就显得有些急切了，因为前面江边远远地出现了一座楼阁——滕王阁。

五、滕王阁与《滕王阁序》

滕王阁耸立在赣江南昌段的东岸，以一种"层峦耸翠，上出重霄；飞阁流丹，下临无地"的非凡气势迎接着赣江的到来；也是这座名列"江南三大名楼"之首的滕王阁，以一种雕梁画栋、华丽堂皇、重檐翘角、窈窕多姿的美丽形象在此送别了赣江。如此一来，滕王阁更像是望江阁、迎江阁，送江阁。

来到了滕王阁，就意味着赣江作为一条江的航程即将要结束了，因而它奔放的步伐放慢了，流动的节奏和缓了，滕王阁前的河道也腾出足够的空间，宽宽敞敞地让赣江抒发着百转千回、流连依恋的离别情绪。

滕王阁的名字是和王勃联系在一起的，其实说到底滕王阁只不过是一座因文章而存在的楼阁罢了。要不是有了王勃的名篇《滕王阁序》，使得滕王阁名噪一时进而传颂千秋，谁还会有兴趣在唐、宋、元、明清乃至当代，先后把滕王阁修葺重建达29次之多！文以阁名，阁以文传，时兴则阁兴文也兴，时衰则阁衰而文不衰，一座楼阁因了文章而历千载沧桑不倒盛誉不衰，可见"文章千古事"之魅力所在了。

有关"时来风送滕王阁"的民间传说更是把这座屡毁屡建的江南楼阁蒙上了一层神奇，只不过是为整个写序事件增添些浪漫色彩罢了。而对王勃来说，仙人助风使他坐船从鄱阳湖一夜赶到南昌的"时来风"是根本不会有的。写《滕王阁序》时的王勃正处于他短暂人生的低谷期，因一篇戏耍文章《檄英王斗鸡文》被逐出长安京城，又因匿杀官奴再判重罪，要不是恰遇朝廷大赦，险些儿小命不保。20岁以前那个"神童"的少年得志、春风得意，随同他那些声名远播的诗文也渐行渐远地离他而去了。一个心灰意冷、彻底绝望的青年书生，此时只想得到亲情的慰藉，特意从家乡山西动身去探望被迁谪到南海任交趾令的父亲。一路走走停停，写了一些诗文，经鄱阳湖中时作《采莲赋》，洋洋洒洒两千余字，且为歌曰："芳华兮修名，奇秀兮异植。红光兮碧色，禀天地之淑丽，承雨露之沾饰。莲有藕兮藕有枝，才有用兮用有时。何当婀娜华实移，为君含香藻凤池。"也算是借机发出了"怀才不遇""时运欠佳"的一声叹息罢了。然后在重阳登高节时碰巧参加了滕王阁的盛宴，明明知道主人阎都督邀请众宾客为重修竣工的滕王阁作序只是个表面客气话，目的是借此机会隆重推出其女婿孟学士事先写好的序文。可王勃到底是书生意气，当然还有年轻才高，明知不可为却非要为之，可以说是在众人的呲目和孟学士怨恨的眼光下，一气呵成了传颂千秋的名篇《滕王阁序》。不过阎都督却是个了不起的人物，虽然起先因王勃的不识时务突然跳出来搅局很是生气，却到底还是有些涵养的，有记载："阎公初以'更衣'为名，愤然离席，专会人伺其下笔。初闻'豫章故郡，洪都新府'，阎公觉得'亦是老生常谈'；接下来'台隍枕夷夏之郊，宾主尽东南之美'，公闻之，沈吟不言；及至'落霞与孤鹜齐飞，秋水共长天一色'一句，乃大惊'此真天才，当垂不朽矣！'出立于勃侧而观，遂呕请宴所，极欢而罢。"可见阎都督是个识才赏才并容才之人，要是换了别的官僚，此人如此不识相，可当场喝令逐之；就是碍于场面不好立马赶人，待文章写成后，也可找些个由头挑些破绽打压棒杀，不让面世传播。这样的事情阎都督完全是可以做到的，那满阁的众人不是都不敢写吗？也可见都是些迎合奉承阎都督看阎都督眼色行事的阿谀之徒。更何况王勃当时还是刑事赦免之人，《滕王阁序》中的词句也不是没有可商榷之处。

是阎都督成全了王勃，王勃成全了《滕王阁序》，《滕王阁序》成全了滕王阁。也可以反过来说是滕王阁成全了《滕王阁序》，《滕王阁序》成全了王勃，王勃成全了阎都督。要不然，千多年的历史，那屡毁屡建的滕王阁上来往过多少的官员贵人，又有多少人留下了大名。唯有阎都督，只要提到滕王阁、提到《滕王阁序》、提到王勃写《滕王阁序》的故事，都会提到他。可见容才荐才用才也是一个利人也利己、千古留名的大好事。

在《滕王阁序》中，我们读到了"落霞与孤鹜齐飞，秋水共长天一色"的绝妙文句，那当然是描写赣江的。此时的赣江已经临近鄱阳湖了，漫漶在赣中平原盆地边缘，滥觞成了水天一色的壮阔景观；而"渔舟唱晚，响穷彭蠡之滨"却是写鄱阳湖的，那可是最富有生气、充满情趣的生命之湖啊！还未等到赣江和鄱阳湖完全热烈拥抱，王勃就提前让赣省的大江大湖在他诗意的文句中神交意合了。

《滕王阁序》还让人们记住了"物华天宝""人杰地灵"两个成语，这八个字最先让南昌拥有了一种城市话语权。这种话语权延续到现在，发展成为了江西这个内陆省份的一张闪亮名片了。有个说法是：一艘装瓷器的大船，船上高高扬起两片风帆，一片写着"物华天宝"，一片写着"人杰地灵"，从赣江出发，走鄱阳湖而出，这就是江西省。调侃是有些调侃，倒也形象中肯。

《滕王阁序》中还在"人杰地灵"之后，以"徐孺下陈蕃之榻"作为了注脚。这个徐孺就是在前面提到过的丰城隐士徐稚徐孺子，南昌又有史记载他为豫章故郡北沥村人，现在南昌还留有他的墓地、祠堂以及不少以他命名的地名。关于名人故地什么的历史上向来多有争议，且不去谈了。想说的是有些儿疑惑：既然徐孺子为大隐士，又"高自标持，孤傲不逊"，曾拜著名学者黄琼为师，后来黄琼当了大官，徐孺子就与之断交了，却为什么要经常往时任豫章太守陈蕃的府上跑动呢？要知道太守也是个较高官职啊！这不是前后矛盾了嘛！还有那个陈蕃也有些过分矫情，既然当了一郡太守，主政地方大政，就得关注民风民情，和地方乡绅平民百姓多方交流往来，可"蕃在郡不接宾客，唯樨来特设一榻，去则悬之"，你闭门谢客，只和个隐士"清谈"，能当好个地方官呀？！

《滕王阁序》后，又有王绪曾为滕王阁作《滕王阁赋》，王仲舒又作《滕王阁记》，传为"三王记滕阁"的佳话。后大文学家韩愈又作《新修滕王阁记》。由此王勃、韩愈等人开创了"诗文传阁"的先河，使之后来的文人学士登阁题诗作赋相沿成习。有关滕王阁的文化遗产很多，当然有名人有名作，不乏精彩，但却总让人觉得有附丽之感。

好像来滕王阁不是为着《滕王阁序》而来的，似乎只有三个人。

一是朱元璋，这位明朝开国皇帝来滕王阁是庆功的。他在鄱阳湖战胜陈友谅后，设宴阁上，命诸大臣、文人赋诗填词，观看灯火。那些灯火肯定是赣江两岸的灯光渔火了，大概还让人放了烟花焰火吧。可以想象：当夜，在众臣民的伴随下，朱元璋站立在阁中最高处，扶栏远眺，南昌城内灯光闪烁，烟火璀璨；赣江两岸船灯一片、渔火点点。清风从江面徐徐吹来，带着湿润温馨的气息，让朱元璋舒坦得心里痒痒的。那是一种终于除却了最强对手，江山即将易位，一个出身放牛娃、做过和尚的贫贱之人就要坐上龙位做尊贵皇帝了的心痒痒。想想刚才大臣文人所做的诗词，全都是些马屁话。哼！什么滕王阁？什么《滕王阁序》？什么才子王勃？都是狗屁！只有权力才是最要紧的。等我当了皇帝，掌握了皇权，这眼下的江眼下的水眼下的城眼下的阁，还有天下的一切的一切，都将是老子的了！

三百年后，朱元璋的第十一代孙朱耷却是以别样的心情出现在滕王阁。这位诞生在南昌却生不逢时的明皇室后裔，在崇祯十七年（1644）明朝灭亡后，为避祸保身，假装聋哑，隐姓埋名遁迹空门，先和尚后道士，最后做了著名道院青云圃的开山祖师。在南昌生活了一辈子，朱耷肯定是会去滕王阁的。站在先祖始皇帝朱元璋曾经扶栏的楼阁上，此时的朱耷生活清贫，蓬头垢面，心中是极为疼痛的，眼前的赣江水流动的是他的一腔亡国悲愤，身后的南昌城蒸腾而起的是他的满腹人生苦闷。他是不敢直抒胸臆乱写诗的，只好画画，画一些怪眼鹰鸟、残缺花木、枯索山水、冷寂乱石，"墨点无多泪点多，山河仍是旧山河。横流乱世杈椰树，留得文林细揣摩。"落款"八大山人"却看似"哭之笑之"。好在这并不妨碍他成为明末清初的著名画家、一代山水写意大师，也不妨碍他的画作在当代拍卖出了几千万乃至亿元天价。

　　还有位汤显祖先生，这位以《临川四梦》为代表、被誉为"东方的莎士比亚"的明代戏剧家，竟然跑到滕王阁上来排演他的名剧《牡丹亭》了。《牡丹亭》剧本写成于明万历二十六年（1598），第二年，汤显祖首次在滕王阁上排演了这出戏，开创了滕王阁上演戏曲之先河。在当年滕王专为调风弄月、寻欢作乐而建的歌舞楼台上，第一次出现了长袖舒舞的杜丽娘娇美身影，传出了清柔委婉的戏曲高雅声腔，一曲"花花草草由人恋，生生死死随人愿，便酸酸楚楚无人怨"的唱段，令登楼观众一掬感伤泪水，也让滕王阁的文化品位提升了许多，滕王阁顿时显得巍峨典雅、壮丽辉煌了。

六、江湖对接

　　赣江全长758公里，途经赣州、万安、泰和、吉安、吉水、峡江、新干、清江、丰城、南昌、永修等十多个县市，流域面积达81600平方公里；如果再把汇入赣江主流的孤江、遂川江、蜀水、禾水、泷水、袁水、肖江、绵河等其他支流算进来，赣江的流域面积可以说是覆盖了赣西南及赣中的赣州、吉安、新余、萍乡、宜春、南昌六个地区的全部，占江西省面积的一半有多。一路上苦难的磨砺和文化的濡养让赣江受益匪浅，那种初出道时的浮躁不安、凶险莫测、喧嚣张扬因航程中的美丽景色的熏染与淳朴民风的陶冶渐而散淡了无了，显露出沉稳雍容、慈祥大爱、从容舒展的浑然形态。与其说赣江是从沿途县市乡镇穿越而过，倒不如说是沿途县市乡镇是依赣江两岸而建，是有了赣江，才有了沿途县市的诞生兴起；是有了赣江，才给沿途乡镇带来了繁荣昌盛。赣江一路滋润灌溉着两岸的田地庄稼、孕育哺养着周边的苍生百姓，催生兴旺起沿途十多个县市，活跃富庶了七百多公里地的两岸乡村，更以一种包容万象、交汇融会、丰富多彩、仪态万千的文化气势，高扬起了她作为"江西母亲河"的生命主体意识的绚丽旗帜。

赣江终于走完了它的全部航程，完成了它作为江的全部使命，就要去鄱阳湖了。赣江的情绪激动了起来，鄱阳湖的呼唤就在前面不远处声声传来，那呼唤有着微风鼓浪般的温和柔美，有着碧水如天的清纯开朗，还有着盈溢如泼的挚爱深情。虽然赣江对即将投入的鄱阳湖早就心驰神往，对快到的大湖新家盼望已久，可在此刻却产生了一种"近家情更怯"的感觉，那份萦绕在心头里对已经过去了的江流的眷念、对承托起大江的绵延大地的留恋，使它步伐有些儿迟疑滞涩。就像恋母的孩儿总喜欢在母亲怀抱中多打一个滚儿多撒会儿娇一样，赣江在这最后的时候最后的地方也就缠绵纠结了起来，许是为了多多地依附一下，也许是为了更大范围地拥抱一下，所以赣江大树生根般分出了西支、中支、南支三条支流，几近覆盖了南昌东地，再从永修的吴城、南昌的南矶、余干的康山弯曲盘绕流入鄱阳湖，投入到一个洋洋洒洒、浩浩荡荡的泱泱大湖之中。

一条江流的结束，却不是生命的毁灭，而是生命的延续、重建和新生，还可以说成是一种对接吧，是大江和大湖水流的对接，也是生命与生命的对接。赣地苍苍、赣水茫茫，从最南面的赣州到最北面的鄱阳湖口近千公里，赣江奔流了七百多公里，把接力棒交到了鄱阳湖手上，鄱阳湖再流淌了近二百公里，正好全线贯通了整个江西省境。沿途的历史、政治、经济和文化底蕴，沿途的风光、色彩、气息和生活情调，也就在这江湖的对接中得到了融合得到了传承、得到了再生得到了发展，创造出更加激情澎湃、更加蓬勃生气、更加恢宏壮丽的江西省。

第三节
抚 河

一、广昌涌泉

抚河是贯通抚州地区全境的河流，也是流向鄱阳湖的第二大水流。

抚河的源头有些神奇，是真正意义上的源泉。

抚河发源于武夷山脉西麓石城、宁都、广昌三县交界处的广昌驿前乡的血木岭，它的源水是从石洞缝穴中冒出来的。这是一个多么奇妙的情景呀：高高的灵华峰上怪石嶙峋，石中多是洞孔罅隙，山泉水从中喷沫而出，骨突骨突如沸腾状，汩汩有声。满山的石洞，满山的泉眼，满山的泉水冒出来了，这岭上就鲜活灵动，蔚为大观了。因长有许多鸡血藤而得名的血木山，想必也是有血有肉有情感之灵躯，感受自然孕育、大地承载、太阳照耀、云雨滋润之恩情，无以为还，故而"涌泉相报"了。冒出来的泉水，石苔崖藓接住了，地皮草衣接住了，崖缝土沟接住了，便成了一小股一小股的竹管细流，细流顺着山谷形成两股溪流，两股溪流又沿途呼朋唤友，吆五喝六，喧哗闹腾，吸引来了无数条山涧小溪，先后形成五潭七瀑布。飞瀑珠帘高挂，一泻三折；潭水晶莹碧透，清可见底，成了山中一处处迷人的风景。却仍不停息，继续往下流着，溪流成港，港与港汇合始成盱江。

盱江即为抚河的上游。

盱江水时宽时窄地流淌在广昌境内，穿越驿前、高虎脑、杨溪、赤水、盱江、甘竹等乡镇，接纳 11 条港、69 条溪流之水，总长 78.95 公里，流域面积 1568.5 平方公里。看以上这些数字，就可以知道盱江上游水网纵横、港溪密布之规模，也可以想象出田野村庄被江水交叉穿错、包围环绕的景象了。都说江南是被水养着的，而广昌更是盱江的宠儿了。那拥着抱着搂着抚着广昌的盱江水，既有着山的本色，碧澄清澈，洁净纯美；又有着水的天性，温顺婉约，缠绵柔情。它似乎刻意地不肯去冲刷大地，不愿淘挖出什么深沟河床陡峭水道，只是自由自在地在广袤的广昌大地随意漫游着，在地势低洼的浅滩平涂纵情泛滥着，因而它的江面很宽泛，江水很浅显，一任星星点点的草墩子在它明净的水面上露着头，摇曳着鲜活的嫩绿；让那些高高矮矮的石块在它柔软的波纹里隐现，对比出深沉的粗粝；让那些孤树丛竹在水中撑举起一处阴凉、芦苇草滩在两岸弥漫成一派热腾；还让那些长脚白水鸟单腿伫立，在水镜中映出凝固般的倒影；让那些交颈鸳鸯双对游弋，在流水中发出甜蜜的鸣叫。盱江是一条彩色的江流，也是一条平民化的河流，被这样的水滋养出来的土湿得肥美、地润得丰盈，草绿得醉人、花红得迷人、果艳得喜人，人就更鲜活得可人了。

广昌的白莲是很有名的。

036广昌白莲的种植有文字记载的历史为公元 8 世纪，实际开始种莲的历史可推算到唐朝"仪凤"年间。南宋"绍定"元年，县令谢觉之在白莲池旁建"莲香堂"。每逢农历六月二十四日莲花生日，县太爷邀请乡贤墨客，坐在依山傍水、造型别致的亭台水阁里，透过漏窗，居高临下，观赏莲田景色，作诗抒怀，"千朵莲花三尺水，一弯明月半亭风"。这场景可谓是雅了，却是无趣。

真正要赏莲是应该出户到野外的。

在广昌，最多见的是莲田莲塘。莲田自然是水田，比一般农田的田埂要高一些，蓄水要深一些；莲塘就是水塘了，反倒是比一般池塘的水要浅一些，莲田的水深莲塘的水浅都是以适应莲的生长为需要。三四月前还是一片清水，不知什么时候荷茎长出来了，顶戴着尖荷头的纤细荷杆如小蛇般悄然地钻出水面，阳光一照，不一两天就长开了，"莲叶出水大如钱"，在碧波荡漾的水面上亮起了一张张精致小巧的绿圆点儿，千点万点撒着，铺开着，如同无数颗绿莹莹的星星布满了碧蓝色的天空。想着这片星空会有些时日灿烂的，可没过几天，这片星空就消失了，出现在眼前的竟然是荷叶的海洋了，叶片儿长大了，团团圆圆、如伞如盖地分出了层次，高高矮矮、层层叠叠地显出了立体，一派蓬蓬勃勃的景象。早上的太阳斜斜照着，粉嘟嘟的叶面上滚动着亮晶晶的露珠，微风一吹荷浪翻腾涌向天边。让人惊讶赞叹都来不及似的，在那卷开的叶缝间就不知不觉间冒出了几支花骨朵来了，见缝就钻，见风就长，几天后，晚的才刚露出尖尖角，那早的就朵大如盆、迎风绽放了。先是东西南北中地到处间花儿这冒一朵那冒一朵，让人还可数数，转眼间就满世界姹紫嫣红，满田满塘不可计量了。花有白的、粉的、深红的、淡紫色或间色的，被深绿浅绿的荷叶陪衬着，呈现出"霓裳羽衣""万绿映红""芙蓉迎风""双蓓对影"以及诸多类似的烂漫映象。这是会让画家文人以及后来才有的摄影师们兴奋不已忙碌不停的，他们忙着画呀照呀吟咏呀，不过却是可以不着急的。荷花虽然晨开暮闭，但花期很长，在六月到九月间，荷田荷塘里彼伏此起、彼谢此开、彼衰此荣，总是会有荷花开放，会热闹个百多天时间。就是那谢了的也没有闲着，在脱落了花瓣之后的花托上，一支莲蓬慢慢孕育成形了，倒锥体，面平，上有很多的小孔，孔内就是莲子了。一两个月后，莲子成熟了，采莲蓬的女人们来了。无论是到莲田还是莲塘采莲的女人都要带着一个小划盆，到莲田的是赤脚蹚水拖着小划盆，到莲塘的则要坐进小划盆里用两手当桨荡划的。采莲的女人特意不穿红着绿，只穿些白呀青呀等素色的衣服，好避开荷叶荷花的颜色，不撞色。广昌的女人世世代代被盱江水养育着，都身材娇美、白嫩好看，这样的女人走进铺满红花绿叶的荷田荷塘里都很打眼醒目，有一种诗词般的韵味与娇美，譬如"人面'荷'花相映红"，"映'脸'荷花别样红"什么的，是可以篡改很多经典诗句的。这些女人采莲蓬的动作也很轻盈优美，白嫩的手臂有如藕节般圆润，在绿叶红花间轻舒曼展，让岸上远远望着的男人们感觉是在舞蹈，一种劳作的舞蹈。只有那嬉笑声有些儿放肆，那唱歌声有些儿放荡。这荷田荷塘是采莲女的天下，难得纵情放浪一下也是应该的。

采莲是广昌最美的风景。

而剥莲子却是一件很乏味很累人的事情。莲蓬采回家来了，要剥两层壳：先把莲子从莲蓬里剥出，再把莲子皮剥去，最后才是捅莲芯。用一根细竹棒或细铁棒从莲子的尾端捅进，把紧裹在莲子中间的莲芯捅出来。这事很细烦，也是个技术活儿，一粒粒地捅不说，更主要的是要掌握技巧，不要把莲芯捅碎了。捅好的莲子是白净净的一个个空心粒，捅出来的莲芯是绿莹莹的胚芽儿。然后分开晾晒干，都是有用的东西。莲芯是一味中药，具有清心火，平肝火，止血，固精之功效。而广昌通芯白莲具有白如凝脂、粒大圆润、味甘清香、营养丰富、药用价值高、炖煮易烂、汤清肉绵等特点。到九、十月时的盱江上，突然间就冒出了无数只竹筏子、无数条小扁舟儿，上面装着的都是一篓篓一筐筐的雪白莲子，清澄澄的盱江水上就泛漫起了一片白花花，飘散着阵阵的莲子清香味儿。莲子被送到附近的镇上县上卖了，然后"销往长汀、厦门、漳州、汕头、广州、汉口、九江、南昌等地，并由香港转销东南亚国家"。

发源于广昌的盱江不忘源泉之恩,以纵横交错、星罗棋布的深情水给广昌留下一个"中国白莲之乡"的美称,才恋恋不舍地在甘竹镇罗家村离开广昌,奔南丰、南城县去了。

二、南丰南城

南丰、南城皆山区丘陵地带,盱江多在峡谷浅滩中流淌着,坡度陡峭流得快一些,坡度平坦流得慢一些,有着时紧时缓的天然状态。盱江河道太宽,滩涂太多,水太浅显,大船是走不了的,只可飘一些木筏竹排,荡一些扁舟小船。木筏竹排用篙撑,扁舟小船儿用桨划。不同的是在南丰盱江水上游弋的筏子船儿上装载的不再是雪白的广昌莲子,而是黄澄澄的南丰蜜橘了。

盱江水流进南丰,就仿佛流进了橘树的世界,随着季节的变换,也让盱江水变幻出异样的色彩。春季里,一路上两岸的橘林就像碧波荡漾的大海,把盱江水衬托得都浅淡了许多,成为白浪银波了;到四月橘树扬花时,夹岸漫延的橘树冠上仿佛堆了一层厚厚的白雪,盱江水又显出碧绿清蓝的本色了;十月蜜橘收获时,累累果实,满坡满岸,有如金星万点,黄澄一片,把盱江水映照成金波荡漾、色彩斑斓的美景了。

南丰蜜橘是江西省的名贵特产之一。历史上就以果色金黄、皮薄肉嫩、食不存渣、风味浓甜、芳香扑鼻而闻名中外。据《禹贡》记载,早在两千多年以前,南丰一带所产的柑橘,就被列为皇室贡品,曾向杨贵妃进贡,获得"贡橘"的美称。"一骑红尘妃子笑,无人知是荔枝来"。原来那杨贵妃不光是喜欢吃荔枝,还喜好南丰的蜜橘。好在蜜橘保鲜时间长,也好储运,慢慢地送到京城也是不碍事的,不需要驿道快马传送,否则唐代诗人杜牧就要改诗了。乡人曾巩有《橙子》诗曰:"家林香橙有两树,根缠铁钮凌坡陀。鲜明百数见秋实,错缀众叶倾霜柯。翠羽流苏出天仗,黄金戏球相荡摩。入苞岂数橘柚贱,宅鼎始足盐梅和。江湖苦遭俗眼慢,禁御尚觉凡木多。谁能出口献天子,一致大树凌沧波。"诗中写了"献天子",可见进贡一事不假。

人称"南丰先生"的曾巩,虽然也留下了三百余首诗,但写诗却不是他的强项。曾巩的文学成就主要是在散文,特别是策论写得最好,他是以散文家的身份名列"唐宋八大家"其中的。

除了蜜橘，南丰留给盱江印象最深的是傩舞。

南丰傩舞，俗称"跳傩"，其实就是一种戴着面具驱鬼纳祥的舞蹈。"方相氏掌傩神，熊皮四目，执戈扬盾，皆所以除疫"。自汉迄今，世代相传，历经唐、宋、元、明、清、民国到至今，盛行不衰。南丰傩舞班每年农历正月初一"起傩"开始活动，到元宵节后一至三日结束，谓之"收傩"。各傩舞班串村过堡，出入城镇，早去晚归，巡回演出。傩舞者"戴上面具是神，摘下面具是人"，其面具或面容白净、慈眉善眼，或竖眉瞪眼、面目狰狞。乡民看傩舞，只要俟其经过时，放一串鞭炮欢迎，傩舞班即会进入厅堂或禾场表演。俗云"一面鼓，一面锣，爆竹一响就跳傩"。南丰傩舞因其动作简朴、刚劲，保持较多的原始风格，犹如"中国古代舞蹈活化石"而被世人倍加赞誉。

清澈的盱江水映照着一尊尊奇形怪状、奇光异彩的开路大神、驱疫大神以及天上神仙、地下精怪、传说人物、世俗英雄——舞蹈而过，以特有的民间图腾和原始动作，一路驱邪逐疫，赶鬼除魔，祈盼风调雨顺，国泰民安，缓缓地流过了南丰，朝着南城走去。

南城县位于盱江下游，历史上称建昌府。素有"秀出东南、洞天福地"之美称的麻姑山，神话传说"麻姑献寿""沧海桑田"就缘出于此。唐代诗人刘禹锡来此写过一首《麻姑山》诗："曾游仙迹见丰碑，除却麻姑更有谁。云盖青山龙卧处，日临丹洞鹤归时。霜凝上界花开晚，月冷中天果熟迟。人到便须抛世事，稻田还拟种灵芝。"

盱江由南而北，一路收容了黎川河，经城垣贯串南城全境达五十多公里。不过盱江是世俗的江流，只把滋润人世、浇灌生物作为己任，灵芝是不会去种了，它还是种水稻。

水稻是大自然给江南特有的恩赐，这种以田为基、以水为养的农作物，命中注定是离不开江南丰盈肥美的水，离不开江南温暖湿润的气候。南城种的是双季稻，即早稻晚稻两熟，浇灌的是盱江水。种水稻在怜农诗人李绅眼中是艰辛困苦："锄禾日当午，汗滴禾下土，谁知盘中餐，粒粒皆辛苦。"在苏辙、陈与义、白居易等人眼中则充满了诗意："浮云有意藏山顶，流水无声入稻田。""寂寞小桥和梦过，稻田深处草虫鸣。""碧毯线头抽早稻，青罗裙带展新蒲。"而农夫们却都不以为然，种水稻虽是辛苦，却是农家的生存大事。他们也没有心情去体味什么诗意，民以食为天，水稻在他们眼中只是果腹赖生的粮食啊！"孩儿盼过年，大人盼栽田"。有栽田就有种田人一年的希望，就有种田人一家的生活。种田人家是把栽田插禾当作喜庆节日。栽禾时，三餐必备酒肉款待栽禾人，上午下午小休时，还备点心招待。栽禾也颇有技艺趣味。每丘大田开插时，由栽禾能手先下田栽第一行禾。这第一行禾是整块田的定点与标杆，特别是三五亩以上的大田，既要考虑整块田的禾苗通风坐向，又要兼顾插秧人哪处下田，哪处上岸，全靠这行秧来定位。只见栽禾能手蹲身坐臀，弯腰屈膝，头却抬起眼朝前望，一手秧把分秧一手两指挟秧插下，如蜻蜓点水般快捷，"嗖嗖嗖"一眨眼儿，那百来几十米长宽的大田之中就有了一行整齐划一、株距对等的秧苗迎风摇曳了。这么长的距离全凭手眼的功夫就能插出比拉绳画线还直还准的秧来，这是技术，是很受人尊重的，这人在饭桌上也必定是要坐首席首位的。然后，其他栽禾手才一个紧挨一个地下田插禾，人往前走，秧随手落。那情形就有如妇人织布，大田是块大帛布，插秧人是织布梭，却又不是一只梭子，而是整排的梭子，那秧苗儿就是绿纱线了。只见整排梭子一会儿全部移向东，又一会儿全部移向西，一排人过去了，一排秧苗儿留下了，那白汪汪的水田不多会儿功夫就编织上了一大块的绿色地毯儿。春争日、夏争时，这台由人群组成的活动织布机的效率是很高的，不过七八十来天的时间，那满垅满坂由水组成的长形方形圆形椭圆形三角形多边形以及说不清什么形状的空白田里，就全部变绿了，远远望去，整个的田野里就是一块无边无际、硕大无比的绿绒布了，把天空都映得一片碧澄翠蓝。秧苗栽插下了，种田人却没得歇息，接下来要管水、耘禾、施肥、扯稗草、除虫，头道二道三道，一遍二遍三遍，每天是白脚杆子出屋泥脚杆子进门。天也渐渐炎热了起来，走进禾田里，上晒下蒸的，汗珠如雨，种田人不怕。民谚"六月不晒背，冬月受怄气"，意思就是说只有夏天受热下力种田有了收获，冬闲时才能把日子过得舒坦。种田人怕的是干旱，田里缺水，禾苗长不好，不能抽穗灌浆；怕的是有大的虫害，影响收成。好在盱江水是慷慨大方的，它总是那么适时顺意地流来，不疲不倦地精心浇灌着这片它珍爱的土地，每年夏一季秋一季地让田里有个好收成，然后稻谷上场了，新米饭的香气就在盱江水面上蒸腾弥漫流淌了。

南城还有一种麻姑米，产于南城县麻姑山乡余家源村，栽培历史悠久。据清同治五年所撰《麻姑志》载："麻姑米，本山所出，四月始稼，九月方收。宋时取以作贡，亦鲜矣！"其色白如银，米粒椭圆似珍珠，故又称银珠米。麻姑米煮出的饭松软，有胶质，具有特别香味，煮稀饭胶稠润滑，风味独特，是全国名贵大米之一，与麻姑酒、麻姑茶一起，合称"麻姑三宝"。

南城出过两位做学问的历史名人。一位是罗汝芳，泰州学派传人，是戏剧家汤显祖的老师；一位叫李觏，号盱江先生，是北宋著名的学者和思想家。而南城做药的却有一大帮人，名谓"建昌帮"。"建昌帮"是我国源于东晋、兴于宋元、成帮于明清的一个古药帮，为全国13大药帮和中药炮制的主要流派之一，与樟树帮合称江西帮。明末清初，建昌府以医药为业，基本垄断江西、福建、广东、湖南、湖北等省，还远走台湾、香港、新加坡、马来西亚等地，并为"盱江医学"奠定了基础。

"盱江医学"由盱江流域历代杰出医学家、医学组成，在中国医学史上占有重要地位，仅宋、元、明、清四代，盱江流域各县有传略可考的医学家达四百余人，医学著作约一百余种。堪与安徽省的"新安医学"、江苏省的"孟河医学"、广东省的"岭南医学"相媲美。

稻米养人，医药保身，盱江水在南城流淌得平淡不喧、波澜不惊，极为世俗平庸，但在它的波光水影中却无时无处不显露着灿烂生命的淳厚底色。

三、临川才子

盱江水从于家村南面进入抚州地界，一路翻过疏山、廖坊两处火成岩坝段，在临川下源村与宜黄水、宝塘水会合，三水并流，从而完成了作为抚河上中游的全部流程，进入到抚河下游，也就正式称为抚河了。

流过二百余公里，走过了生命大半历程的抚河，一路水阔天长、风姿绰约，一路滋生润长、风华正茂。随着下游河道水深可以通航较大船只，抚河也变得宽厚深邃、雍容大气，洋溢出生命成熟期的母性特殊魅力。那慈善母爱的目光，在观照万物的同时，也倾情投放到万物之灵——人的身上来了。

临川是才子之乡！

临川自古学风浓郁、文风鼎盛、人才辈出。历史上临川府、县儒学延绵不断，有著名的书院10多所。自宋至清，临川人在科举考试中共录取举人1029人，进士731人。临川著书立说者甚多，其中有770多卷被列入《四库全书》。而一连串的历史名人在抚河边不断出现，犹如一颗颗灿烂星辰，在抚河水波中划过一道道耀眼的光芒。

如此一来，抚河水在临川流淌得就有些目不暇接、顾盼生辉了。

淡淡的晨雾似轻盈的纱巾在河面上飘荡，娇柔慵散的水波在雾气中渐渐隐现，是一阵又一阵诵读吟哦声惊醒了抚河的好梦。这些在河水边树根下岩石旁丛竹间读书吟诗的人，有儒巾襕衫的士人学子，也有垂髫总角的稚幼孩童。大人诵读的当然是四书五经，那是科举考试的必修科目，满是"之乎者也"的拗口文章，不好懂也不好听。好听的是孩童们的声音，那吟哦《三字经》和儿童诗的稚语嫩腔，清脆响亮，就像蹦豆子般在水面跳跃，透着一股生机盎然的味儿。这是早晨的抚河边随处可见的风景，也是临川特有的好学民风。太阳升高了，雾气散尽了，河边读书的人也一一走进了遍布临川的私塾、学堂、书院，开始了新的一天学习。

临川最著名的学院当属兴鲁书院。

史料上都称曾巩为政治家、散文家，却少有人提及曾巩还是个教育家。宋朝至和二年（1055），37岁的曾巩未能考中进士，受人奚落，作诗相讽："三年一度举场开，落杀曾家两秀才，有似檐前双燕子，一双飞去一双来。"曾巩倍感心灰意冷，和弟弟一起游历了临川城后，产生了要在临川办一所学校、用自己所学培育人才的想法。这种想法并不新鲜，也不是曾巩的首创。中国的知识分子，特别是科举落第的读书人，大都是选择设馆授业，有以为生计也有不屈才之意，潜意识里还有个我自己考不上功名，培养的学生能考上也证明了我的才学的想法。这种想法很符合中国读书人老祖宗孔夫子的意思。孔子云：天下有道则见，无道则隐。得时则仕，不得时则隐。曾巩不得仕所以也要隐了，办起了一个"兴鲁书院"。名称源于曾巩祖籍山东（山东简称鲁），其先祖是孔子的得意门生曾参。因此，取名兴鲁书院意在"兴五帝三王之道""上承曾子之家学，以继周公孔子之传者"。既有扯大旗壮门面之意，也可以看出曾巩对自己落第不仕到底是有些不甘心不服气。不过曾巩办学是认真的，也很投入，他把兴鲁书院的规模做得很大，房屋坐北朝南，错落有致，内设讲堂学馆，还有彩亭后院，环境也很幽雅，其间名花异草、绿树丛竹生辉；曾巩亲自讲学，制定学规，还经常邀请欧阳修、王安石等知名学者莅院讲学。很多文人学士也不时来书院会讲，极大地提高了书院的知名度。在宋代，抚州文风鼎盛、人才辈出，曾巩和兴鲁书院是做出了很大贡献的。至明清两代，兴鲁书院是抚州郡六县临川、崇仁、宜黄、乐安、金溪、东乡的讲学之所，曾延请清代名臣、理学家、诗文家李绂就任书院山长并主讲，培养出了不知其数的学生才子。一座民办书院绵延了800多年的历史，这在全国书院中也是少见的。

在朗朗书声和抚河缓缓流动的河水声中猛然一声大喝响起："天变不足畏，祖宗不足法，人言不足恤！"振聋发聩的声音激起抚河水波澜陡起，更是把"积贫积弱"的北宋朝野搅了个天翻地覆。他是王安石，这位"临川先生"，锐意改革，掀起的一场以"富国强兵"为目的的轰轰烈烈变法运动，最后虽以失败告终，但在中国的改革史上却留下浓彩重墨的一笔；"不畏浮云遮望眼，自缘身在最高层""春风又绿江南岸，明月何时照我还"，政治家的诗风也遒劲清新，豪气纵横，以其丰富的著作跻身"唐宋八大家"行列。

自此以后，南宋的妇产科专家陈自明、元代地理学家朱思本、针灸名医席弘、明代的陈际泰、罗万藻、章世纯、艾南英"四大才子"，文史学家徐奋鹏，天文学家吴昊；清朝一代名臣李绂、鸿博高魁李来泰、理学名家纪大奎、书画大师李瑞清等英才俊杰，都一一孕育诞生在抚河怀抱，带着抚河给予他们的自信，从抚河走出，走向了他们人生和事业的巅峰，用意志、才略和人格精神的光芒把"临川才子"四字映照得灿烂光辉。

四、汤显祖和《牡丹亭》

汤显祖的出现，于抚河有着更为特殊的重大意义。

临川才子，无论诗文书画、理学医药，还是天文地理文史鸿博，虽然都是流芳千古的才艺，但又都是小众化的，是在各自领域里成就卓著，并被相关人所接受并欣赏，却不容易也难以被大众、特别是平民百姓所能接受所能分享的。就算是附庸风雅，但欣赏诗文书画也是要能识文断字的人；就算是人吃五谷都会生病，但延医买药毕竟只是个体性阶段性的事；至于那些说起来天花乱坠、让人听起来却云里雾里的政论朝理、格致学问，离老百姓更是太远了一些，弄不懂也没时间去弄懂。有这闲工夫，不如端条板凳去前村戏台底下看戏去。

看戏，是最受老百姓欢迎也最大众化的事情。

汤显祖做的就是这最大众化事情的学问。

汤显祖也考进士也当官，却是愤世嫉俗、得罪权贵先遭贬后被非议，最后愤而弃官归故里，一心写诗写戏了。他出版过七本诗集，却不及他的四部戏曲剧本"临川四梦"名声响亮，特别是《牡丹亭》，历朝历代盛演不衰，且已传播到英、日、德、俄等很多国家，被视为世界戏剧艺术的珍品，汤显祖也被誉为"东方的莎士比亚"了。

其实汤显祖写戏的经历很早，28岁时就与友人合作写了他的第一部传奇《紫箫记》，但未完稿，10年后他再改写为《紫钗记》。这么早就写戏曲本子，可见汤显祖对戏曲是情有独钟、早有心仪，也可见汤显祖在童年青少年时期是看了不少的戏，对戏剧是有精心研究的人。

那年月看戏一般有四种去处：一是戏园子，也是宋元戏曲里提到的瓦市勾栏，是固定的娱乐场所，相当于现在的剧院，每天都有演出，不过是要花钱买票才能进去。二是大一点的庙宇、祠堂，里面建了专给菩萨、祖宗演戏的小戏楼，庙会和祭祀有时会有戏班子演出，地方虽不很宽敞，但人神可以共享。三是家戏，大户人家把戏台搭在自家花园里，可演整本大戏；小户人家只是在客堂请人表演些折子戏唱段什么的，也就是唱堂会了。最大看戏的地方是草台。那是由村落、家族组织或官宦富贵人家出资，于那农闲或年节时分，或在抚河滩头，或在村边旱地上临时搭建起的简易舞台，俗称草台，请戏班子唱大戏，什么人都可以去看不要花钱的戏。这种草台戏不演则罢，一演起码是要演个三五天、七八天，多则还有演一月有余的；演的也都是连本大戏，有上午场、下午场、夜场，上下午晚上连轴转，不到夜半鸡叫不停，天一亮又再响锣开台。一村唱戏，四方轰动，那草台脚下也就成了大集市，人山人海，热闹异常。临川人是好戏的，有一个笑话：一妇人急着去看戏，慌忙中把孩子头朝下就抱着出了门，路人见了急呼："倒了，倒了！"妇人却顿足嚷道："到了就好了，还没到戏台哩！"有这么好戏的观众，可见戏曲在临川当地是怎样火爆。台上演的是公子落难、小姐偷人、赶考中举、终成眷属的传奇故事；台下的灯影人群中，也不断发生着少女怀春、青年生恋、执手款情、私订终身的浪漫情节。

　　草台演的是流水戏，看戏的观众也是四村八乡来的流水客，而做东的村里家家户户办的也都是流水席。草台演戏期间，凡沾亲带故的亲友全都会被村人隆重请来看戏，先到家喝酒吃饭，酒足饭饱之后再扛一板凳去草台底下看戏。就是那人生面不熟的人来看戏，只要你肯放下脸面，随便走进村中哪一家，必定会被主人热情地邀请上桌吃饭，管饱管够还烟酒伺候。搭草台演戏的村落家族要的就是热闹，村人要的就是面子，花钱费力都是个愿意。草台戏累的是戏班子，但他们角色还可以轮换，演早场的下午歇着，晚场再上台。可那些村里人家的主妇们却没得歇息，特别是那些亲友多的人家，今天这家亲戚明天那家朋友，哪怕是来一个客人，也得四盆六碗八碟地准备上一桌好菜饭。在草台演戏的那些时日，这些主妇们早起晚睡都累了个半死，自己村里搭台演戏却没有时间看戏，只能在洗好碗筷后准备下一餐前抽出半个时辰一刻工夫匆匆地跑到戏场的最后端，远远地朝着草台瞄上几眼。好在戏却是极熟悉的，是随时可以入戏的，仅从那台上的演员朦胧模糊的衣饰就知道扮的是什么角色；从那远远飘来的锣鼓音乐唱腔念白，就知道正在演的是哪一段戏文；也随时会为戏中的情节主人公的情感发一声叹息："呀，杜丽娘害的是相思病，就要死了哇！"

　　中国的戏曲向来没有严格的"喜剧""悲剧"之分，大多作品表现的都是"悲欢离合"的故事，讲究的也是"苦乐相间、悲喜交错"。中国的观众喜欢在戏中主人公的悲苦情节中一掬伤心泪，然后又在大团圆的结局中抹泪笑了起来，以求得到一种先抑后扬的情感发泄与心理满足。汤显祖是最深切了解中国戏曲观众的剧作家，他创作的"临川四梦"迎合了中国观众独特的审美要求，《牡丹亭》中杜丽娘和柳梦梅梦魂相会、死死生生、鬼恋人婚、时空穿越的浪漫夸张戏剧情节，为观众提供了打破现实人生禁锢、宣泄个性情感的特殊渠道；汤显祖则也在观众的喜爱和喝彩声中，得到了人生价值的认同和精神追求的安慰。这是一位伟大戏剧家和广大观众的心灵互动、情感交流。仅从这个意义上来说，汤显祖就不属于所谓的失意官员、隐居文人，更不是思想消极的出世者，他应该是一位时尚名人、成功剧作家，更是一位思想解放的入世者。

有关演出汤显祖的剧本到底是什么剧种，有说是宜黄腔。著名文艺评论家、戏曲理论家戴不凡经研究却认为：汤显祖的作品《临川四梦》其实就是"海盐腔"剧本。史载：明嘉靖年间，时为大司马的宜黄人谭纶在浙江做官。当时正是海盐腔在南方最为盛行的时期，谭纶对海盐腔十分着迷，甚至在军中养了一个专唱海盐腔的戏班子。嘉靖四十年，谭纶父死，他回乡守孝，将军中的戏班带回了老家江西宜黄，并叫本来演唱宜黄腔的家乡子弟都改唱海盐腔。从此，海盐腔在宜黄扎下了根，并渐渐扩大到临川、南昌及江西其他地方。在谭纶死（1577）后的20余年中，演唱海盐腔的江西艺人已近千人，戏班子达到三四十个，海盐腔成了在赣主流剧种。现有考证说广昌县的"盱河戏""孟戏"中都保留着一批海盐腔的音乐曲牌和余韵。汤显祖在完成剧本后的第二年在滕王阁上首演《牡丹亭》，这是万历二十七年（1599）的事，而汤显祖头一年就辞官回家了，他应该是从临川带着《牡丹亭》去滕王阁的。汤显祖曾撰写过戏曲专著《宜黄县戏神清源师庙记》，可见汤显祖与宜黄戏是很熟稔的，所以肯定是请宜黄戏班子排练《牡丹亭》去滕王阁首演。而此时的宜黄戏其实演唱的都是海盐腔了。

一个首演世界著名剧本《牡丹亭》的剧种海盐腔，竟然以后日趋衰落而渐绝迹，至清康熙以后就湮灭无闻，在海盐本地更是完全失传了，这会让汤显祖扼腕长叹。好在抚州还有所保留，至今仍有剧团能用海盐腔演唱《牡丹亭》的折子戏。而受海盐腔重要影响的昆曲后来成为演出《牡丹亭》并把其作为代表剧目的代表剧种了，这多少又能让汤显祖感到一丝欣慰。

有说汤显祖的"临川四梦"都是在家乡"玉茗堂"创作的。想那汤显祖在抚河边踱步徘徊、拈须沉吟、斟词酌句地构思剧作时，抚河水定然是极尽清绮妩媚，铺排出诗意的长河远山触发汤显祖的想象灵感，荡漾着柔情的波光水影撩拨汤显祖的浪漫思绪，那潺潺流水低吟浅唱、如琴如瑟，伴和起汤显祖惊世骇俗、美轮美奂的高声吟哦："最撩人春色是今年，说什么低就高来粉画垣，原来春心无处不飞悬。睡荼蘼抓住裙钗线，恰便是花似人心好处牵。"

五、江河并行

天，晴朗得如女人的笑脸；水，明媚得如孩童的稚眼；一溜罗摊子船正行驶在抚河上。船不是新的，却精心地重打了遍桐油，泛着黄澄澄的光亮；换了新帆篷，在蓝天碧水之间，高高张扬鼓胀着河风，显得醒目精神。船舱里也鼓涨着，一麻袋一麻袋的粮食堆得冒尖，黄的是稻谷，白的是新米。这是抚州运粮的船队，罗摊子船和黑白双帆是抚州粮船帮的标志。夏风正爽，是新稻米上市的季节；夏水正盈，是运粮的旺季，一向有些闲适散漫的抚河顿时精神亢奋、水激船也疾，异常忙碌起来了。

抚河下游百余公里，从临川出发时就和在丰城的赣江形成了并驾齐驱的趋势，此时江河平行相距尚有 50 余公里，随着江河直下，平行距离也就越来越近了。

赣江和抚河并行的结果是造就了大片平缓肥沃的土地——赣抚平原。

赣抚平原位于赣中偏北部，赣江、抚河下游三角洲地带，区内地势平坦，港汊密布，土地肥沃，雨量充沛，气候温和，总面积约二千平方公里，耕地面积二百万亩，是江西省最大平原，为江西省主要产粮基地。

眼下正是一年中最为繁忙最为劳累的"双抢"季节，抢收的是早稻，抢种的是晚稻，"立秋前插禾收稻，立秋后插禾收草。"季节不等人，人要赶季节。此时的平原上，那色彩变幻也极快，早上还是一片金黄，沉甸甸的稻穗弯腰鞠躬，既是向辛勤种植它们的农夫致谢，又有着早获收割的渴望恳盼。农夫们当然是不会让成熟的庄稼等待的，他们拎着镰刀、扛着禾桶、挑着箩筐下田，收割稻谷来了。先是"刷刷刷"的割稻声，均速、轻捷、明快，有着行云流水般的节奏韵律；接着"冬冬冬"的禾桶响了，此起彼落，天地回荡，有着鼓乐齐鸣似的喧闹欢腾；然后是"吱吱吱"的挑稻声，装满稻谷的箩筐沉沉地在两头吊坠着，软弹的扁担却在肩头扑闪翘跃着，有着压抑不住的喜悦与兴奋。整个田野都是人，连孩童们也都被大人唤来了，大点的孩子帮着割稻、为大人打禾抱捆做个帮手，小的孩子们则四散开去田里拾捡稻穗，颗粒归仓啊！几乎是半个上午时间，一垅一坂的金黄色消失了，最后如人般站立在田间的禾草把儿也被拖上了田埂，田里只留下了满是稻茬的黑黄相间色的泥土了。

然后是放水灌田。清清的江河水被架在江边河岸的无数部水车"啪啪啪"抽上来，"哗哗哗"一屙屙地倾注到沟渠，再你挤我拥地流进田里，扩散成一片水汪汪的白亮。然后老牛拉着木犁把白亮复还原于乌黑，新翻的泥块散发出熟悉的乡土气息，刺激着农夫大声吆喝着，那牛鞭儿也甩得天响，虽然并不总是真打到牛儿身上，牛儿却猛一激灵，奋蹄前拱了。泥块又被耙开了耥平了，混澄成了一片淤泥，就可以插秧了。秧苗先是一把把地四散抛洒在田里，像无数穿着绿衣裙的小痴童般呆呆地站在泥水里不知所措，然后就会被或大或小或老或嫩或黑粗或白皙的手儿拎起，解开捆扎的草束儿，然后一手把捏了，一手挟起分根插入泥中。插秧是老少咸宜的事儿，插晚稻秧儿更是需要男女老少全员上阵的事儿。还不到日落，那满垅满坂就变成了一派绿茵茵的茫原了。让清早走过傍晚返来的人有着一种"天翻地覆""人是物非"的感慨。

　　赣江、抚河年年从这片平原流过，目睹着这一幕幕充满生命活力、展示生产能力、表现生存智慧的盛大精彩表演，并身体力行地参与到剧情之中，那流淌涌动、婉转萦绕的水流是它轻舒曼舞的身姿，那潺潺细软、哗啦激越的水声是它深情浓意的演唱，而与生俱来自然赋予它的滋润濡养本能则是这幕大剧的底蕴神韵啊！

　　在赣抚平原上双流并行，赣江和抚河就带着了竞争的意味了。在这百公里的江河上，水流虽然平缓，水道却是够深的，从丰城、临川以下都是可通百吨左右的大船；又是运输夏粮的大好季节。那些从上游浅航道过来的船只终于松了口一直憋闷着的大气，也就发狠地装货载物，不把船舷压得平齐水面不肯放手，帆篷也都大张着，有的甚至还在船头竖了根船篙、扯了条床单帮着加速。航船的帆、篷、舱顶在水面浮着，那船体却像条巨鱼般在浪波里忽儿隐忽儿现地一伏一跃，让岸上看的人胆战心惊，不时地发出一声惊呼。却是不碍事的，货再重也不会压沉船，坐在船头叼着长烟筒抽烟的船主心中有数。他有些好笑那些岸上人的大惊小怪，心想着要是不多装货那不是亏了这样的好水道这样的好季节了！又盘算着今天无论如何也要赶到南昌，连夜卸了稻米装了其他货物，明朝又好打回程了。惬意地缓缓吐出一口轻烟，船主扭头远远望着岸边河堤上一溜逶迤的人影，眼中露出一丝不忍：这季节最苦的是这些拉纤人啊！

　　岸边拉纤的纤夫们却无暇旁顾，船上的货装得太重，又正逢是个洄流水道，天也太热，江边河堤上空荡荡的也没个遮阴的地方，就是有棵树啊也不能停息，只能咬着牙忍着热努力前行了。也有放空的上水船，那是专门的运粮船，下水运粮上水放空。放空的船一般是舍不得花钱请人拉纤，拉纤人是船上的船夫。要是私家船，那拉纤的就会是一大家子了。

大毒的日头火辣辣的从天空中泼洒而下，跌进水中似乎都能听到咝咝的响声。正是午时，水沸腾般地滚烫，浮走在水上的罗摊子大货船像是一架蒸笼，上晒下蒸使船尾扶舵的船老大狗样地伸着舌头喘大气。他浑身上下不着一根纱，裆里的那块遮羞布早被他披顶到头上当了遮阳帽。他不羞，也没什么好羞的，船上只有他一个人。仰望高高的桅杆顶，一根粗粗的纤绳颤悠悠地拽着船老大的目光往岸边延伸，横跨空中的纤索中间成弧形下垂着，犹如船老大心情般沉重。这沉重在长长的纤索上游走着，最终落在了在岸边跋涉的一行幼儿弱女肩上。

那是船老大的妻子儿女在拉纤。

妻在前面背着头纤，干瘦的腰身被纤索半截儿拉成一张弯弓，她身后是五个从大到小肩比肩矮下去的儿女，最大的崽 15 岁，最小的细女刚满 3 岁。这些还未成年的孩子们，都在稚嫩的胸前横亘着一块两三寸宽的纤板，身往前俯，腰被后拽，屁股费劲地扭着，两腿艰难地迈进着，一律都打着赤足，一个个身上晒得淌油，脸上涨得通红，走一步一颤抖，但谁也不敢松动，不敢软步，不敢回头，都在努力往前挣扎着。泥地上，一溜六双大小不一的深脚印坑；石砾上，一串汗水一阵汽烟；应和着脚步同起落的节律，是六个人压憋在心底深处的喘息声……

这是有水有船的地方上就有的劳作图，也是赣江抚河司空见惯的风俗画。虽然有些儿哀伤，但却凸现出生命最原始的朴素质感，带有一种生活的凄美与人生的悲壮。

赣江和抚河的竞争是有形的，又是无声的，是体现在船只数和水运量上面的，但那只是官府和货主的统计，赣江和抚河是不知晓也不想知晓，它们只关注着彼此的距离。随着两条平行的江河线相隔越近了，赣江和抚河也都莫名地兴奋了起来。可就在来到进贤县李渡镇附近，抚河听到了鄱阳湖的呼唤。这呼唤有着母亲黄昏时伫立在村口呼唤儿女回家吃饭睡觉般的诱惑，声声句句带着不可抗拒的强烈吸引力。抚河激动了，它想早点回家了，它不能让母亲等得焦急了。情急中，抚河主流毅然东折在三阳注入青岚湖后流往鄱阳湖。但是抚河却并没有忘记赣江。赣江可是抚河的大哥呀，是鄱阳湖大家族中的一员，殊途同归，最后它们是要同属一家的！抚河更不能舍弃与赣江并行的经历，那可是它们共同创造赣中富饶粮仓的美好历程啊！于是，抚河分出了几支支流继续在南昌漫延流动，其中最西面的一支抚河分支相依相靠、不舍不弃地从南昌广福镇起紧紧地和赣江依偎在了一起，并肩朝下流去。

现在，抚河和赣江就只有几里路相隔了。天气晴朗的日子，水手爬上高高的桅杆，就可以远远眺望到对面江河里行走的云帆。它们有着相望相盼、相提相携的亲密状态，渐渐近到可以彼此听到对方浪流的喘息，感觉到对方水波的颤动。滕王阁就要到了，赣江和抚河就要牵手汇流了。这两条平行的江河又都极力冷静了下来，压抑着澎湃的心跳，做了个深呼吸，长长地舒了一口气，水流稍稍迟缓徘徊盘桓了一下，而后静寂无声地悄悄地朝前走去，走到了滕王阁脚下，犹如兄妹俩日常牵手一样，两条水流就那么自自然然、平平淡淡地流在了一起，然后携手同行，缓缓地朝前走去，共同去催生一座江南历史文化名城，兴盛一个中国东南部重要经济省会城市——南昌。

第四节

信　江

一、怀玉三清

怀玉山，如同一块硕大无比的翠玉镶嵌在赣东北中部，长达百余公里，横亘了上饶地区的全境。信江就发源于怀玉山脉浙赣交界的玉山县东北部三清山乡方塘村境内的金水溪，金水溪的源头又在玉山县与德兴市交界的大岗山脉的信源山南侧一处悬崖瀑布之上。这和其他江河的源水也没有什么大的差异。只是这溪水流过一个村庄时，被一个正在读书的人见到，写了一首《观书有感》的诗："半亩方塘一鉴开，天光云影共徘徊。问渠那得清如许，为有源头活水来。"这首诗后来被引为读书领悟的经典，流传后世，影响很大。这个读书人叫朱熹，是南宋有名的大学者，当年上怀玉山讲学，曾经落脚三清山下的方塘村，因见信江之源的长流活水穿村而过，并源源不断引入方塘之中，从而触发了写诗的灵感。也有人说不对，朱熹诗中的方塘在福建尤溪城南郑义斋馆舍，后为南溪书院。但此说为三清山下当地人所传，方塘村恰好有一个半亩方塘，村庄也因此得名，朱熹的家乡就在山北不远的婺源县，经常来往于此，触景生情、借题发挥也是有可能的。此说就算是附会，也并不牵强。朱熹的另外一首《偶题》诗："步随流水觅溪源，行到源头却惘然。始信真源行不到，倚筇随处弄潺湲。"是不是写的也就是金水溪源头。

"始信真源行不到"，朱熹的这首诗同样充满了自然与人生哲理。实际上金水溪也只是信江主要源流之一。信江还有甘溪、沧溪、冰溪、玉琊溪、黄家溪、葛仙溪、灵溪等源流注入。山为水之源，这些溪流都是从怀玉山流下来的。

怀玉山又名玉山，因"天帝赐玉，山神藏焉"而得名。唐代僧人志初始建定文寺于金刚峰南麓，后朱熹等人在山上设书院著书讲学，使怀玉山成为儒佛教交替发展的名山。

"儒佛教交替发展"只是一个好听的说法而已，说白了就是书院和寺庙争地、书生与和尚打架。

从史料上来看，最早上怀玉山的志初和尚，是在唐大历年间建了第一座寺庙定文寺，后来改名为法海寺。五代至宋，来怀玉山修习禅道、公开讲经的僧侣越来越多，寺庙精舍越建越多，鼎盛时"三千尼姑八百僧"，足可见其规模。如此清秀好山，如此清静之地，岂只能"天下名山僧尽占"，有读书人羡慕了。于是北宋学士杨亿建精舍于金刚峰阳法海寺侧，初名怀玉精舍，为儒宗进山之始。随后乾、淳年间，朱熹、陆九渊、吕祖谦、汪应辰等纷纷上山讲学，置建精舍。怀玉草堂遂改名为怀玉书院，与白鹿洞、鹅湖书院并立于东江。此时的怀玉山，应该说是佛儒并存，和尚尼姑与读书人相安无事。你寺庙尼庵敲你的晨钟暮鼓，念你的黄卷佛经；我书院草堂奏我的书琴文笛，读我的四书五经；互不干扰，和平共处。佛教庙宇的法事斋会，悬缯烧香、散花燃灯、声势浩大；儒家书院的开堂授课，讲学明道、议论朝政、慷慨激昂；也都是各行其是，各显其能。就是在那山中道路、林间溪旁来往的书生僧尼相遇交会，也都只是一方点头颔首、道声"您好"，一方双手合十、念声"阿弥陀佛"，闪身让道各自而去，礼貌友善。山顶有块盆地，叫大洋坂，平地百余顷，寺庙尼庵和书院草堂就置成田地，以供日常所需，那也是各有划分，并无纠纷。这大概是怀玉山最热闹也最安宁、佛儒相处也最和谐的时期。打破这平衡的是战乱。宋末时怀玉山上佛儒一起遭兵毁。待战争稍有平缓，浙江人王奕与信州知府谢叠山一起来怀玉山隐居，却是晚了一步，僧人已抢先进山，以往的书院院址及田地皆为僧人所占。王奕和谢叠山只能复建了一座草堂书院。此后从宋末至明到清初近五百年间，书院和庙宇在怀玉山一直进行着拉锯般的争夺大战，而儒家始终处于弱势："元至顺年间乡贤王斗山、进士郑伯飞上山建芳润堂于玉琊峰足……明成化间金事方中、知府姚堂、知县汪滢兴修查复原田以奉祀瞻学，久之又废，复为僧所夺。正德元年提学副使李梦阳恢复于芳润堂之右，置田养士供祀。六年复遭兵毁僧据。嘉靖三十三年提学王宗沐等再次夺回……次年，僧又来劫焚院舍，巡抚何迁檄按察使陆隐，置僧于法，顽梗敛迹……后学舍倾颓，知府姚体信主持修葺。万历七年张居正废天下书院，怀玉书院在被禁之列。天启四年废于魏忠贤，田归于僧。清初仅恢复奉祀。"

以上可见，争夺大战是很激烈的，读书人借用了官府力量"置僧于法"，而僧人采取的则是极端手段"劫焚院舍"，最后却是张居正、魏忠贤的推手对书院起了毁灭性的作用。他们俩代表的是皇权，而"禁""废"书院，钳制舆论，控制读书人，这是历朝历代专制权力始终高祭在知识分子头上的悬剑！

一部怀玉山史其实是中国书院的挣扎史，也是中国读书人的奋斗史。

怀玉山上硝烟屡起，纷争不断的结果是：虽然也留下了有朱熹、王安石、王宗沐、赵佑等历代文人雅士的大量诗文和摩崖石刻，但却没留下什么历史文化建筑，那满山耸立在秀峰青崖之间的寺庙不见了，藏匿在茂林修竹之下的尼姑庵不见了，隐现在清溪甘泉的书院也不见了，"现存怀玉书院旧额照片一张，残额一块，'泮池'题刻一块，'一勺泉'残碑一方"。它们静静地躺在史馆内，远眺怀玉山峦云卷霞飞、日月交替、光阴荏苒，却只能是哀绝无言、悲怆不语。

相比起来，怀玉山脉主峰的三清山却是幸运多了，呈现出另外一番盛事景象。

三清山位于玉山、德兴两县交界处，因玉京、玉虚、玉华"三峰峻拔、如三清列坐其巅"而得其名。自晋朝葛洪开山以后，便成为道家的洞天福地。唐建老子宫观，称三清福地；宋乾道六年，重建三清观殿宇；明景泰、天顺年间，三清山道教建筑进行了大规模的重建，三清福地中心区域按照"伏羲先天八卦图式"、陵宫总体范围按照"文王后天八卦图式"、核心部分按照"北斗星空图式"交相契合，隐秘布局。道教建筑遍布全山，且依山水走向，顺八卦方位，将自然景观与道家理念合一，方圆数十里，道风浓郁，道境昭然，玄谜隐奥，有天下"第一露天道教博物馆"之称，一直保留至今。这当然得益于三清山一直是道教一统天下，无外力干扰破坏的缘故，也得益于历朝历代统治者对道教的推崇：唐朝奉道教为国教；宋真宗笃信道教，奉老子为太上老君混元上德皇帝；元时，道教进一步受到重视，全真派、正一派并行；明太祖封张天师为全国教主，三清山竟然出现了神像道、佛兼容，和谐同居一堂的景象。想是道士们知道朱元璋有做过和尚的出身，在崇尚道教的同时也不忘记拍皇帝的马屁啊！

三清山的风景也很独特，有"奇峰怪石、古树名花、流泉飞瀑、云海雾涛"并称自然四绝，后以自然风光名列《世界遗产名录》。最奇特的有两处景观，一曰"巨蟒出山"，一曰"玉女怀春"，其状一如男性昂然阳物，一如少女挺拔乳胸，形象逼真，惟妙惟肖，让人观之耳红面热，含羞带臊、怦然心动，也自然暗合了道教"天人合一、返璞归真"的旨义。

无论怀玉山佛儒相争，还是三清山道教一统，到底是中国历史上的三种主流文化在此汇聚，这使得怀玉山脉始终处于浓郁文化的包围之中，那一山一石、一草一木被长期熏染浸泡，从山上流下的溪水也可就都是天精地华、神浆仙液了，源源不断地注入信江，使信江与生俱来就带有了一种仙风道骨儒雅的气质，清澈中蕴含着灵动、秀美中闪烁着神韵，清凌凌地朝着下游流淌濡润而去。

二、冰溪文韵

信江自玉山而下，至上饶为上游，百多里的流域以中低山为主，沿途有数不清的大溪小流不断地加入。玉山段被人称为冰溪，夹山夹水，蜿蜒曲折。玉山县城"半江溪水半边城"，风光秀美，很让家乡人自豪，唐代诗人戴叔伦写下的诗句："家在故林吴楚间，冰为溪水玉为山"，一直被玉山人传颂至今。就连本是陕西人的唐代画家阎立本，也看中这里的风水宝地，在此为自己筑墓葬身："阎立本墓位于玉山县城南武安山东北面山坡上，今普宁寺东侧数十米处。坐西南朝东北，背靠武安山，三面青山环抱，周围林木茂密，溪水横流，环境幽雅，古朴庄严。"

053

阎立本在唐高祖、太宗、高宗三位皇帝手下当过官，曾位居工部尚书和右丞相，还懂建筑工艺，最擅长的却是绘画，传世作品有《步辇图》《古帝王图》《职贡图》《萧翼赚兰亭图》等。《隋唐嘉话》记载阎立本的趣话里说：南朝画家张僧繇曾经画过一幅《醉僧图》，画得惟妙惟肖，道士们如获至宝，每每以此嘲笑僧人；僧人们在羞耻之余，则"聚钱数十万"，劳驾阎立本画了幅《醉道士图》，终于找到了心理平衡。这则趣话并没有说是何处僧人凑钱在何处请阎立本画《醉道士图》，但据志书记载，武则天参政掌权时，阎立本被贬谪来玉山县隐居，在冰溪之南武安山下择地建房，在暖水三山之左设斋读书，在五都购置南庄。总章年间，阎立本遇佛教禅宗六祖惠能弘法后，舍住宅为普宁寺，舍读书之处为智门寺，将南庄改为普园禅院。可见阎立本是在玉山县向佛信佛的，而怀玉山和三清山其时正佛道盛行，僧道相争相讥应该是常有的事，僧人在玉山县请阎立本画画也就近方便，此时阎立本反正赋闲无事，帮着僧人画幅画，既为本教僧人争个脸面，又可得数十万钱，何乐而不为呢！

可惜张僧繇的《醉僧图》早已失传。阎立本的《醉道士图》倒是在资料上见过几幅局部，那醉道士却是肥腴丰满，大脸圆颔，两腮酡红，眼角斜睨，醉态可掬；那发型也怪异，有高鬈双髻、有披头蓬发，有顶簪束发，极具女容。想当年，两幅画并存，《醉僧图》对决《醉道士图》，虽然隔朝隔代，但都是名家圣手之作，自是各有千秋、难分高低，却能相互媲美，相映生辉，成就了画坛的一则逸事；而道士与和尚又都有了"法宝"在手，我醉你也醉，你有图我也有图，于是各自偃旗息鼓，不再打口水战了。而此时的阎立本呢？他正在早春二月的明媚阳光下，轻舟泛中流，冰溪水上游，一边饱览沿途风光，一边挥毫写生作画，时不时地端起早预备在手边的酒杯，惬意地呷上一口。忽而想起：这买舟与沽酒用的就是僧人的"聚钱数十万"，阎立本不禁微微发笑了。应和着阎立本笑的是冰溪微风吹皱的一顷清波。

这回是佛道对持、和尚道士相争，读书人哪里去了呢？

读书人都忙着考试去了。

玉山读书人考的是"童试"。

童试俗称考秀才。是科举时期的最低级考试，每三年二试：逢辰、戌、丑、未年，文武童生并考，称为"岁试"；逢寅、申、己、亥年，只考文童生，称为"科试"。每次考试，都必须经过包括县、府、院三个阶段的考试。由本县知县主持，考年二月在本县考棚举行。玉山县现在还遗存有清乾隆时期的科举考棚，就在冰溪镇内湖塘沿宝桥东侧，有四幢青砖瓦房，总占地面积 2000 多平方米，可容纳 100 人考试。任凭风雨飘摇二百多年，未曾坍塌。

每逢考年元宵灯节一过，冰溪就忙碌了起来，虽然因航道浅不能走大舟，但可行小划子船和竹木筏子。先是有县府派出的衙役从县城出发，坐小划子船去各乡村通告预示考试日期，接着四乡八村的考生又撑着筏子荡着小船来县署礼房报名。报名手续极麻烦：考生不但要填写自己的姓名、籍贯、年龄，还要填写三代即自己、父亲、祖父的履历，这里面要紧的是明清时期有三种人是不能参加科举考试：一是戏子本人及子女；二是祖上有作奸犯科的人；三是父亲是主考官的，其子女不能在同年父亲监考的本地考试。前两条是株连政策，后一条是回避制度。这还不算，还必须要有同考 5 人联保和 1 名禀保人担保。同考是一起参加考试的童生，禀保人必须要有秀才身份才行，用的是连坐法，如一人舞弊，其他 5 名童子一齐受罚，禀保人黜革治罪。童试虽有十六岁以上"已冠"者，但还有十五岁以下"未冠"之人，尚属孩童，要办以上事宜肯定要有人帮忙，必然是一人报名几人陪同。及至二月开考，这些童生们又都坐船撑筏来了，被人众星捧月般簇拥着上岸，随行中必有一人挑担，担中一头匣屉装着文房四宝：纸笔墨砚，是考试要用的；另一箩筐里则是被褥食物，供考生考试期间生活所用。不过送行者只能到考棚门口止步。不管你是成年人还是十五岁以下的孩童，一进了考棚就全靠你自己了。先是要进行严格的搜身检查，以防夹带作弊，然后送进各自的考号。所谓考号，即东西相对的青砖瓦房的两排房间，每间考号分前后两室，面对中间甬道的为考室，对外敞开，摆有书案；后间为考生起居室，里面设灶台烟窗，县试期间，考生起居都不能走出自己的考号，吃住用具一一自备。两排考号之间，除两厢走廊，还有一条长长的甬道。甬道用来展示考题。县童子试共考五场，每天考一场。每天的考试题目写在一扇木板的两面，由人扛着从铺满鹅卵石子的甬道缓缓走过，两侧考号内的考生坐在考案前就可看清题目，然后答写。考试时间是黎明前点名就案入座，限日落前交卷，清乾隆时期规定答题字数为七百字，算起来时间应该是宽裕的。只是考的是八股文，对格式有严格规定，文体上不能有一点差错，除内容外，字也要求写得黑、大、光、圆，如此一来也还是够考生紧张的了。那些多次参试的成年老童生尚且好说，但那些弱冠少年这五天就有如坐牢房禁闭般难受了。谁家的孩子谁家疼。这些还未成年的孩子哪个在家不是父母百般呵护精心照顾着，如今身居考棚，要应付艰难的考试不说，还失去了人身自由，就连吃饭也要自己起伙胡乱烧煮胡乱吃了，特别是晚上独居斗室寂卧冷床，既无人关注更无人说话，唯有室外巡夜兵丁恐怖的脚步令孩子胆战心惊，赶紧把头钻进被窝内，暗自抹泪。稍稍定神，这才觉出枕边耳旁似有什么声音，探头细听，声音又无；再钻入被窝，耳贴枕上，那声音又悄然出现，很轻很细，一如风拂柳梢的枝叶摇摆，又如鸟飞低空的翅羽抖动，还有着一阵紧一阵缓排箫般的低鸣……少年考生终于听明白了，这是冰溪的声音，是冰溪水遥远的流动声，是冰溪浪隐约的拍岸声，是冰溪潮阵阵的涌动声……少年考生忽地流泪了，他从这冰溪水的声音想到了他是坐船从冰溪过来的，那现在还湾泊在冰溪岸边的船筏上一定还有等待着他的父兄家人，再由这船想到一路送他过来的清凌凌的冰溪水，在水的远远那头有他的村庄，村庄里的一棵老槐树下是他的家，家里有他的母亲姐妹爷爷奶奶，他们都在等着他考完回家，盼着他能顺利通过县试，进入府试、院试，考上秀才，取得"功名"，就可以进入士大夫阶层，也为以后乡试、会试、殿试铺平道路，中举当状元，天下闻名，光宗耀祖……月光如银，从窗口慢慢射进了考棚内的起居室，照在了简陋的床上，照在了那一张充满稚气的脸上，少年考生脸上挂着泪水、带着对未来的憧憬渐渐地入睡了……

月光仍如银，把冰溪水也悄然地镀上了一层迷蒙眩晕的光泽，闪闪烁烁、不疲不倦地朝前流去。冰溪水并不知道是它抚慰并鼓舞了那些独守考棚的年幼考生，但知道三四天后，它会再送这些考好县试的童生回家；然后再隔上两个月，它还要送这些考生们去参加府试、院试。再以后呢，它将就会送新考上的秀才和以往参考未中的老秀才们一起去下游州府的"贡院"参加乡试，接下来还有会试、殿试。这是一条漫长而艰难的行程，也是一条希望而辉煌的行程。千百年来，冰溪水始终闪耀着灵慧之光，在历史上为玉山送出来过300多名进士。

顺便提一下，玉山县还有一个独特：玉山话很好听却难懂。虽然玉山方言属于吴语处衢片的龙衢小片，比较接近浙南吴语，但玉山方言与江西其他地方赣方言的区别很大，曾听人说过一句玉山话"站在石头上看太阳"，那声音整个儿就像有人在轻轻拍打人的耳光，只听到的是清脆的"啪啪啪啪啪啪啪啪"声，完全和原词不搭架儿，却又是轻柔悦耳，好听极了，听不懂意思也没关系，权当是听一段轻音乐吧！

三、鹅湖之会

冰溪从玉山县城西下，流过沿途一串带有溪水名的乡镇：冰溪、梅溪、湖丰、沙溪、灵溪，从上饶县东北入境，正式名为信江，经广丰、上饶、铅山、横峰、弋阳至鹰潭，全长近150公里为中游段，属信江盆地，可以通航大船。

两岸青山碧野、花海如织，适时的农作物竞黄赛绿、弥漫蓬勃，在天地间张扬着此消彼长、日月同辉的生命永恒。一江清水澄波、翻涌激荡，来往的舟船你追我赶、帆指云天，在人世间演绎着不离不弃、地老天荒的至爱真情。哦，信江守信，春盈、夏溢、秋涨、冬养，穿越赣东北地区，成为上饶人民的母亲河。

丰溪发源于福建武夷山脉北麓仙霞岭，是信江上游的一个主要支流，从广丰县一路流来，在信州为信江注入了一股新鲜力量，也为世人带来了广丰诗人王贞白的著名诗句："一寸光阴一寸金"。闻者惊讶，原来这句大俗话竟来源于此。有读书人再一细查，王贞白原诗为《白鹿洞》："读书不觉春已深，一寸光阴一寸金。不是道人来引笑，周情孔思正追寻。"这才知晓这本是首"读书惜时"诗，于是捧为至圣名言，自上饶县上船后就被激励着，恨不能扯转月亮换太阳，天不黑暗地不昏糊，人更能是不要吃喝不要睡觉，三更灯火五更鸡，头悬索，股刺锥，万般皆下品，唯有读书高。可是不行，铅山县到了，书读不下去了。

也难怪读书人意志不坚定，到底也还都是血肉之躯、性情中人，难以抵抗世俗诱惑，何况还是河口镇。

那年月，凡提到河口镇，人们就会联想起景德镇、樟树、吴城，这是被历史称之为的"江西四大名镇"，也是四个繁华极致风流极致的集镇，是世俗人的花花世界，是能够化解消融一切所谓清高、风雅与尊严的地方。读书人也不能脱俗，当然他们也有必须去的借口，那就弃船上岸，去河口镇吧。

河口镇因位于信江、铅山河等河流交汇之口而得名，是铅山县治所在。街道由东而西沿信江南岸建筑，分一堡、二堡、三堡，成九弄十三街格局。地面全是用长条青、麻石铺砌而成，石板光滑如镜，这是来往行人的鞋底磨蹭出来的；镜面上还有一道道深长的凹迹，这是车辙，是独轮手推车的车辙。在手推车的木制独轮盘上镶钉上铁打的轮条，是还没有橡皮轮胎前保护车轮的一大发明，只是能抗磨损也能制造磨损，车轮的使用寿命是延长了，可铁轮却在石板上碾出了无情的伤痕。好在石板比木头耐磨，推车人也就不知道心疼爱惜。那道道碾磨出来的车辙倒成了路线路标，连接着沿街两边一二千家店铺。店铺里的生意都是好得让人眼红，买卖的人来来往往走马灯似的转着停不下来。也就犹如镇边信江上来往的船只一样，沿江十多处能泊数千艘船的码头都还不够用了，常常有船到三日都不能靠上码头。好在有岸上20多家各地会馆出面调停，这船装舟载来的闽、浙、赣、皖、湘、鄂、苏、粤等地的百货，来河口卖了买了又复返回。清乾隆八年《铅山县志》记载："货聚八闽川广，语杂两浙淮扬；舟楫夜泊，绕岸灯辉；市井晨炊，沿江雾布；斯镇盛事，实铅山巨观。"

到河口买纸，这是读书人上岸的一个借口。铅山的造纸业兴盛，在明代是江南著名五大手工业区。河口的大小纸店总有百余家，所卖的连史纸曾印过商务印书馆《四库全书》珍本初集，就连苏州"苏连纪"纸折扇原料也是铅山纸，被誉为"寿纸千年"。读书人舍得花钱买纸，自己用的不说，还多买了准备着送人。外地读书人可是把铅山纸当作上品好礼的。一捆捆地挟着提着，走进茶馆歇脚，选张靠窗临水桌子，叫上一壶白水团茶或是小龙凤团茶，这可都是贡品啊。正细细品味着，冷不防耳边响起悠扬的丝弦声，是唱小曲儿的开场了。都说"铅山女子不用拣"，果然这唱曲的女子长得标致，曲也唱得甜美圆润，那词儿却是本地人程鸿益的《河口竹枝歌》："狮江妇女趁新茶，鬓影衣香笑语哗。齐向庄客分小票，青葱纤剔冻雷芽。""千盘茶绕代香熏，一日青蚨二百文。抛却女红入尘市，桑鸠啼遍不曾闻。"窗内歌声伴茶香，婉转生妩媚；窗外绿水走轻舟，缠绵入画图。信江风从脸上轻轻拂过，驱走了疲惫与燥气，满心透着股舒畅清凉。一切都很世俗却又都很生动。这份子悠闲，这份子惬意，让读书人懒散着都不想动弹了。

却是不行的，读书人还要去鹅湖书院，这可是读书人上岸的主要由头哇。

鹅湖书院在鹅湖山上，离河口镇有十多公里远，读书人必须要去。并不光是因为鹅湖书院与吉安白鹭洲书院、庐山的白鹿洞书院、南昌的豫章书院齐名，并称为"江西四大书院"；也不仅是因为书院位居鹅湖山，三排殿堂，规模宏大，先后被宋理宗、清康熙两位皇帝赐书题匾而独享殊荣；读书人是冲着著名的"鹅湖之会"来的，那可是中国哲学史上的"千年一辩"啊！

宋淳熙二年（1175）六月，曾创立当时颇具影响的"婺学"学派的著名理学大师吕祖谦为了调和朱熹"理学"和陆九渊"心学"之间的理论分歧，使两人的哲学观点"会归于一"，出面邀请陆九龄、陆九渊兄弟前来鹅湖寺与朱熹见面，就所谓"教人之法"也就是"认识论"，双方就各自的哲学观点展开了激烈的辩论。

上得鹅湖山来，走进鹅湖书院，站在"四贤祠"内，瞻拜朱、吕、二陆四人牌位，当年的辩会场景犹在眼前，辩论之声犹在耳边：朱熹英迈刚明、沉着冷静，强调"格物致知"，就实入细，字字珠玑；陆九渊兄弟坚实有力，慷慨激昂，主张"发明本心"，自然贯通，掷地有声；一旁的组织策划者吕祖谦时而颔首赞同，时而皱眉沉思，又为自己邀请三公相聚切磋，"甚觉有益"；而其他的师门学子或坐或站，凝思聚神，听到妙处，情不自禁，拍手称快。这次的"鹅湖之会"，双方争议了三天，虽然各不服输，不欢而散，但所显现出来的思想火花却照亮了理学发展的前途，它是中国哲学史上一次堪称典范的学术讨论会，首开书院会讲之先河。

走出四贤祠，来到石桥上，其时鹅湖山上艳阳高照，青绿葱郁，呈现一派生机勃勃的自然姿态；再眺望山下田园阡陌，村落炊烟，铺陈出一片活力四溅的人间景象，让还沉浸于辩会之思的读书人耳目一新，精神大振。眼前高大牌坊上"继往开来"四个大字，似先贤睿智之眼，正深沉凝视着后来者。读书人猛然省悟：相比先贤博学穷理之精神，他们这几日是太懒散了，荒怠了学问，少读了好几篇诗文了，赶紧下山读书去吧！

铅山还有个人物，清代著名戏曲家、文学家蒋仕铨。

蒋仕铨是铅山县水平石盘渡人，才气横溢，二十二岁中进士，很得乾隆皇帝赏识，诗词写得好，但戏曲成就更高，是继关汉卿、汤显祖之后的又一位伟大的戏曲家，所著戏曲作品有《藏园九种曲》，包括杂剧三种、传奇六种。其中的《冬青树》剧本，就是歌颂文天祥、谢枋得抗元节死的事迹。只不过这位大师是以诗人的激情和灵气写作曲辞，剧作有诗歌的意境和文采，典丽流畅，清雅自然，但案头化较重，所以他的戏搬上舞台演出的不多。

真想看戏也不会失望，继续朝前走吧，有好戏正等着呢！

四、弋阳夜戏

　　自河口镇重新上船，沿信江而下，和横峰县擦肩而过，直奔弋阳，也不过两天多时间。

　　弋阳这县名字起得很有意思，有诗为证："桥横一字水沟斜，凫石点缀北岸霞，东汉孙权立伟业，余汗葛阳建县衙"，生动地道出了"弋阳"二字的来历和建县历史。县衙先建在葛阳，也称葛阳县，后来为什么又改了呢？原来是隋开皇十二年（592）时葛阳县的县印遗失了，是谁遗失又是怎么遗失的不知道，肯定是没有找到，却不去朝廷奏请重铸县印，而是把县府由原赭亭（今五里庙）迁到弋水之北（今弋江镇），改名为弋阳县了。

　　因遗失县大印而迁县衙地址改县名，这也是一大新鲜事儿！

　　船靠弋阳县城码头已经是半下午了，时间上还是来得及的。读书人先去拜访叠山书院。

　　叠山书院和江西其他书院不同，是为了纪念弋阳南宋著名的文学家和爱国诗人谢枋得而建并命名的。谢枋得字君直，号叠山，就是前面提到的上怀玉山隐居的信州知府谢叠山。这位谢叠山宝祐四年与文天祥同科中进士，命运也和文天祥有些相似，曾做过江东提刑、江西诏谕使，驻守信州，元兵侵犯时组织抵抗而战败城陷，随后隐遁不出，以卖卜教书度日。宋亡后，元朝屡召他出来当官，他坚辞不应，后来被强制送往大都，却坚贞不屈，绝食而死。谢枋得曾留有遗书，曰："大元制世，民物一新，宋室孤臣，只欠一死。某所以不死者，以九十三岁之母在堂耳，先妣以今年二月，考终于正寝，某自今无意人间事矣！"家常话式的遗书写得冷静而淡定，却有着视死如归的振聋发聩。

　　同样是因爱国而死，在中国历史上和民族英雄文天祥并誉为爱国主义"二山"，谢枋得后世却没有文天祥的名气大，有说是因为诗的缘故。谢枋得也写过有关爱国和民族气节的诗，其《别二子及良友》："雪中松柏愈青青，扶植纲常在此行。天下久无龚胜洁，人间何独伯夷清。义高便觉生堪舍，礼重方知死甚轻。南八男儿终不屈，皇天上帝眼分明。"以雪中松柏比喻自己独立不移的民族气节，其比兴手法于传统诗歌创作也是符合的，却到底是有些隐喻了，因而削弱了其战斗力和影响力，没有文天祥"人生自古谁无死，留取丹心照汗青"两句来得直接干脆，来得悲壮激昂，来得惊天地泣鬼神。由此可见，政治诗和一般诗歌在写法上还是有区别的。其实，谢枋得的诗是写得很不错的，特别是一些小诗写得隽永清鲜，情意盎然。如《觅茶》："茂绿林中三五家，短墙半露小桃花。客行马上多春日，特叩柴门觅一茶。"又如《花影》"重重叠叠上瑶台，几度呼童扫不开。刚被太阳收拾去，又教明月送将来。"

谢枋得的母亲也值得一提。

《宋史·谢枋得传》载：元军挥兵南攻的时候，谢枋得率领众人援救王，战败后溃散逃逸。元军攻至上饶，抓住了谢枋得的老母，想利用她来抓谢枋得。谢枋得的老母亲说："老太婆我今天应该死，我不应该教儿子读书识礼仪，知道了三纲五常的做人道理，因此有现在儿子抗元遭受今日的苦难。如果我不教他读书识礼仪，我儿子就不会知道做人三纲五常的道理，也就不会因为抗元害我被抓。老妇人我希望早早赴死。"说话的时候从容不迫，毫无愁恨悲叹的感觉。元军主管对她无可奈何，只好放了她。

这又是一位贤母，是让来叠山书院的读书人要弯腰多鞠一个躬的中国母亲！

游罢叠山书院，天已经昏暗了，信江的夜来得朦胧而迷茫，正盘算着找地方吃饭，饭后好去看戏。船家却招呼着上船，笑说正是看戏，才要到船上吃饭。

在弋阳县看的戏是弋阳腔。

弋阳腔是南宋末年，兴起于浙江的南戏经信江传入江西，在弋阳地区结合当地方言和民间音乐以及地域民俗相融合、"辗转改益"滋生出的一种全新的地方腔调，因发源地而得名"弋阳腔"。在中国戏曲史上曾与海盐腔、昆山腔、余姚腔齐名，被称为"四大声腔"。弋阳腔又通称为高腔，有徒歌、帮腔、滚调等演唱形式，配以锣鼓，气氛热烈，深受大众欢迎。在广泛流播的过程中，弋阳腔繁衍出多种变体，由此形成高腔体系，对南北各地的四十几个声腔剧种产生了重要影响，推动了中国地方民间戏曲的发展进程，后被列入国家非物质文化遗产名录。弋阳县境内至今还保存有古戏台 50 多座，可见当年盛况。

推开船上前舱雨篷，挑一盏防风船灯照明，摆上一矮桌，团团围坐起来吃饭，菜是信江的鱼鲜配上弋阳特产龟峰扣肉，酒是本地土烧，自是鲜美味醇，慢慢地吃喝了起来，不知不觉有凉风扑面，才知是船走动了。船家任凭客人叫嚷，笑而不语，不慌不忙地轻推舵慢打桨，只是让船在离江岸边不远处缓缓飘移，渐渐地驶离了县城。此时月亮出来了，正是中旬满月时，银光乍泻，把朦胧夜照透彻了，一江清水在月光下泛着粼粼波光，那县城的灯红酒绿远淡了，乡村的户灯炊火却稀疏了起来，前面江岸拐角处似有大火在烧，于树丛竹影里透出一片红亮。正诧异间，又有声音传来，咿咿呀呀的，夹杂着低沉的哐当声，似真似幻。客人都伸头拽脖子朝前张望，船家就紧打了几桨，船猛然拐过岸角，眼前豁然一亮，那声音也爆发般地响彻了起来。呀，是个戏台，正唱着戏呢！

戏台在弋阳又称"万年台"，这是当地人的一种特殊文化心理，是一种祈盼和寄托。戏台已不仅仅是单纯演戏的场地，而是村落年年风调雨顺、五谷丰登、六畜兴旺、岁岁平安的吉祥的象征。弋阳戏台众多，只要有村庄就一定会有戏台，有戏台也就一定要唱戏，唱戏也必然是弋阳腔。唱戏人皆是本地本村人，白天是农民、渔民，卷起裤脚下田干活、摇船下河捕鱼；晚上涂脂抹粉，穿上戏服，装扮上了便是演员。三五人是一出戏，七八上十人是一本戏，锣鼓一敲，扯起嗓子一唱众和就是一台戏。农忙时早演早歇，农闲时夜半三更唱个尽兴。弋阳高腔，弋阳人唱，唱响弋阳！

船上客人按捺不住了，要船家拢船靠岸，他们要上岸去看戏。船家却撑船继续前行了，丢下一句：前面几十里地，沿岸村村有戏，有你们看的！果不然，不出三五里，岸边又有一戏台，又有一台戏；再往前走，都是如此。于是静下心来，不上岸了，只在船上看戏听戏了。月光皎洁，戏台红火。远远看去，整条信江岸就是一座流动的大戏台，那黝黑模糊着的是幕间休息，拉上了黑紫绒大幕；而光艳鲜明着的却是正在演出进行时：生旦净末丑，轮流上场；悲欢离合情，尽情演绎。远远听来，那唱腔时而粗犷豪放，时而悠扬清丽，时而激越明快，时而婉转缠绵；配着一唱众和的帮腔声势浩荡、浑然萦绕，让听者浑身的血液都会沸腾起来。又因戏台与戏台连靠得太近，似乎前面村子戏台上的拖腔带到这边戏台，正好接上后一句唱词，连绵不断，高潮迭起。更有那锣鼓铿锵、浑厚低沉，借着水波儿的传递，沿着信江不知要走多远、响多久……信江水面上，也不知什么时候出现了无数条夜航船，都一律挑着船灯，坐着看客，沿江看戏，星星点点，络绎不绝……看戏船把自己也看成信江一大风景了。

一夜尽兴，一夜无眠，及鸡叫天明时，岸上的戏散了，船上的人也都累了困了，就盖上船篷睡觉，梦中尽是水袖长舞、靠旗翻飞，唱腔婉转，念白顿挫，延续着夜戏的精彩不断……

五、张天师和龙虎山

信江至流口镇，出了弋阳县界，进入贵溪地段，此前一直是从东往西横向流动，但到鹰潭月湖地段后却猛一转折，扭头朝北西瞄准鄱阳湖方向直线奔了过去。这情景让人有猝不及防的感觉，好像信江有些迫不及待要投往鄱阳湖，又像是在极力躲避着什么？

信江这是要躲避什么呢？

是龙虎山？抑或是张天师？

龙虎山原名云锦山，在鹰潭的北面，离信江折弯处不过18公里，是一处独具特色的山区，后来成为世界地质公园、国家自然文化双遗产地，名列"中国丹霞"入选《世界自然遗产名录》。

"中国丹霞"是现代人起的名字，包括湖南莨山、广东丹霞山、福建泰宁、江西龙虎山、贵州赤水、浙江江郎山等中国南方湿润区6个著名丹霞地貌景区。"丹霞，这个术语指的是一种有着特殊地貌特征以及与众不同的红颜色的地貌景观（即'丹霞地貌'），像'玫瑰色的云彩'或者'深红色的霞光'。在地质和地貌学层面上，丹霞可以定义如下：'丹霞是一种形成于西太平洋活性大陆边缘断陷盆地极厚沉积物上的地貌景观。它主要由红色砂岩和砾岩组成，反映了一个干热气候条件下的氧化陆相湖盆沉积环境。'"

走进龙虎山，满目是山，不高，皆圆顶，是小山却是大崖，独兀而起，星星点点成散落状，有水在其间环绕。山顶有树处是青的，无树处的崖却是红的，一层层，无光照时是暗红色，有光照时则鲜亮如霞。上清溪水却是碧绿的，如缠绕在山崖间的翠玉腰带，依山缓行，绕山转峰，在群山中蜿蜒出峡谷平流，把赤壁丹崖的崇高与险峻、象形景观的神奇与精绝、山水田园的雅秀与恬淡、沟谷茂林的幽深与清静，云遮雾障的奥妙与奇幻连接起来，融为一体，构成"中国丹霞"奇特景观。

这当然是洞天福地，当然不会寂寞！

"不久，灵山秀水被神灵相中，即差两仙鹤导引张道陵携弟子出入于山，炼丹修道。山神知觉，龙虎现身，取代云锦。自后，龙虎山碧水丹山秀其外，道教文化美其中，位居道教名山之首，被誉为道教第一仙境。"

神话自是神奇。实际上的张道陵却是一个极为智慧之人，也是一个极为实际之人。张道陵字辅汉，东汉建武十年生于沛国丰县盘冢村（今江苏丰县宋楼镇费楼村）。为创汉功臣张良之八世孙，史书又称其名为张陵。张道陵修道后曾游历天下山川，自淮河入鄱阳湖，溯流而上，来到龙虎山，选中此山炼丹修道，这可谓是独具慧眼。晚年二次入蜀创立正一道派，因凡入道者要交五斗米为信物，后人因此称为"五斗米道"，可见其讲究实际，修真学道也是要以"食为天"的；又在蜀汉之境划分二十四个区域，设立布化行道的机构，设祭酒与男官、妇官等教职，以赞玄化，道教从这时才开始有正规教团组织，这也是参照世俗官府的管理方法；后来张道陵白日飞升，留下"非我宗亲不能传"的遗嘱，在道教五大派门中，只有张道陵一脉是坚守把职位传授给亲族的做法，这与皇权世袭完全相同。此后百余年，张道陵曾孙张盛遵祖训从汉中回归龙虎山，觅得曾祖丹灶故址，与妻、子定居于此；并建传箓坛，以"正一经"为主要经典，尊张道陵为天师，广收徒众，创立了在中国历史上有很大影响的道教龙虎宗正一道。此后，正一派天师世代在此居住传教，龙虎山遂为道教第一名山、正一派祖庭。

后世的历代张天师与祖师张道陵一样，也都是智慧和实际之人。自张盛回归龙虎山创建坛宇招徒传教以后，其子孙世袭效法，奉行"修真味道，传经授箓，治病御灾"之教义，历时 60 余代 500 余年盛而不衰。唐初开始受到朝廷重视，加张道陵汉天师封号。宋元明清，历代天师频频被皇帝召入宫中觐见，以"虚心正身，崇俭爱民，以保天下"之说和养生祛病之术，越来越受到皇帝的尊崇与扶植，不断颁给封诰赏赐，先后命"掌管江南诸路道教事""掌天下道教事"，秩视一、二品，"其特恩例侯伯爵"，"其权力似重于卿相"。龙虎山上上清宫、天师府相继被皇帝赐钱营建，规制宏大壮丽。四方道徒云集龙虎山，成为道家之总会，道教建筑遍布龙虎山区，曾有十大道宫，八十一道观，三十六道院。"观宇整饬，飞甍丽栋，映掩山水；崇台邃阁，缭绕山林。"

这一切，固然与历朝历代崇尚道教有关，也与历代天师有意与皇权统治者友善结好，谨言慎行有关。

第 30 代天师张继先的几则小故事很能说明这一点。

张继先即中国古典名著《水浒传》第一回："张天师祈禳瘟疫，洪太尉误走妖魔"中所说的张天师。据传，张继先 9 岁接受天师之位，12 岁时被朝廷诏命进宫，宋徽宗问他："你居住在龙虎山上，可曾看见龙和虎哇？"张继先回答说："我住在山上，老虎倒是经常看到，但是一直到今日才见了真龙面。"宋徽宗看张继先作法画符，笑着又问："灵从何来？"张继先回答："皇宫本是神仙住的地方，自然有神灵伴随。"中国历来是把皇帝说成是真龙天子，皇宫乃居龙之地，张继先确实聪颖超群，对答得机智又奉承得当。宋徽宗再问什么是修丹之术，张继先说："修丹之术只不过是山野之人做的事情，不应该成为人主的爱好，皇上清静无为，与尧舜一样就足够了。"大观元年（1107），皇宫中传说有妖，皇上命张天师前来作法驱祛，张继先说："我听说邪恶压不倒正派刚正的事物，妖邪是无法和有德行的人抗衡的，皇上是修养德行的人，妖邪必然会消亡息灭。"张继先明知皇上崇道，但却不胡乱鼓惑皇帝信道，只劝皇帝修德。由此可见，张继先谙通世故，能知进退，分寸把握得很准。由此也可见张天师们的智慧、实际之处，这也是历代张天师奉行之法。

张天师失宠于皇权是在清代乾隆年间，由一品大真人、掌天下道教事降为改授五品正一真人，禁止真人差委法员往各省开坛传度，只限在龙虎山天师府统率本山道众，停止朝觐等。到道光年间，连正一真人称号也被取消，完全终止了朝廷和正一道的关系。从此以后，虽然正一道内部仍按传统教法续演不止，天师仍按宗亲相传，但终于回归到了和其他宗教一样、只在教派内活动的正常地位。

清朝为何崇佛抑道，有一说法是和顺治皇帝爱新觉罗·福临有关，传说福临并不是染天花而死，而是到五台山出家做了和尚。福临是不是真做了和尚，是清代一大悬疑。不过顺治皇帝曾经出过家却是有史记载的。这一点，倒是江南湖州报恩寺名僧玉林琇来得高明，他因其徒弟茆溪森为顺治皇帝剃度而大怒，命众聚柴薪准备烧死茆溪森，并以此逼劝福临，曰："若以入世法论，皇上宜永居正位，上以安圣母之心，下以乐万民之业；若以出世法论，皇上宜永做国王帝主，外以护持诸佛正法之轮，内住一切大权菩萨智所住处。"福临听其劝谏，重新蓄发，罢了出家的念头。玉林琇的目的达到了，自顺治后，大清朝廷始终崇尚佛教，把佛教奉为至上，护卫着佛法无边，而让道教淡出世俗权柄，回归于道教本身，正一教退守龙虎山了。

说到底，历代张天师与朝廷结善，玉林琇和尚不让顺治出家，目的都是希望皇帝以至高无上的权威，发挥护教护法作用。而以皇权的好恶为荣辱却本不应该是宗教的追求。宗教追求的终极意义是什么？美国哈佛大学教授威尔弗雷德·坎特韦尔·史密斯（Wilfred Cantwell Smith）于 1989 年 5 月在北京所做的演讲中所说的一句话似乎可以解释，这句话是："一种信仰性的生活，不是什么可有可无的东西，而是那使得人成为人的东西。"

如此说来，张天师回归龙虎山当是道教正一派之幸，也是龙虎山之幸！

龙虎山东部的应天山象山书院是中国古代哲学中"顿悟心学"派的发源地，南宋时期著名的教育家、哲学家陆九渊于南宋谆熙十四年（1187）建精舍居焉。学生也悄悄结庐其旁。早晨鸣鼓"揖升讲座"，从容授学。讲授五年，求学者超过数千人。可惜象山书院几经风霜，几经迁徙，又因战祸，如今荡然无存。然而，它的影响始终存在，被列为江西四大书院之中。

时世在变，物什在变，唯有龙虎山不变，还有上清溪不变。

六、纳溪入湖

上清溪又名泸溪，源于资溪县高阜山来的白塔河，从南东至北西流贯龙虎山全境。一边是青山丹崖、碧水绿波，矗二十四岩丰姿，衬九十九峰倒影；一边是黄经道书，符咒神丹、蓄精思修炼之功，行驱邪祛病之术。上清溪盈溢着厚重的道教文化之水盘旋过龙虎山而下，复名为白塔河，直奔余江县，再北折于锦江镇，竟然一头又扎进了信江。

直到这时才恍然大悟，信江并不是因龙虎山是中国道教发祥地，是历代张天师修身之地，蕴含的文化意味过于浓重，使本来就是文化之江的信江担心浓得化不开、承载不起，所以才避开躲让；而是作为敦厚的大哥，信江早就知晓有白塔河的存在，才故意不去和河小妹争流，不去抢白塔河的风头，才提前抽身退让，把龙虎山那段灿烂文化让给白塔河，使河小妹获得光彩。而信江则在下游白塔河流经之路等迎候接，以大哥宽厚的江之胸怀热情地拥抱了小妹白塔河，让其道教文化重新纳入中国三大主流文化之中，再一起合流牵手前行，浩浩荡荡地出余江、进余干，于瑞洪镇附近张家湾与进贤县三里乡爱国村章家之间汇入鄱阳湖。

信江从鹰潭以下为下游，进入到鄱阳湖平原地带，地势平坦开阔，两岸沃野千里，稻谷双熟；江水盈满横溢，适行舟舸。这条浓如浆液般的文化之江，一直到此时此地才有了完全的放松，一种没有架子不再端着、没有了礼教没有了佛法没有了道规的放松，于是那江就奔流得无拘无束，船就航行得无阻无拦，岸就绵延得无边无际，人就放纵得无形无骸，就连那歌儿也唱得是无腔无调、无韵无律……却是无碍的，毕竟是受三大文化的长期浸染熏陶，这信江上下，无论岸上的劳作，还是水上的运行，还是人的一言一行，再怎么放松放纵，都是在用简朴的生产方式、平凡的生存状态和世俗的生活情趣，悄然无形而又无所不在地透现出传统文化的底蕴和烙痕。

作为流向鄱阳湖的第三大水流，信江一路流经玉山、上饶、广丰、铅山、横峰、弋阳、贵溪、鹰潭、余江、余干县等十个县市，全长 364 公里，流域面积 16276 平方公里。这是一次自东向西的江河横流，是一次贯穿赣东上饶、鹰潭地区的生命滋润，更是一次中国传统主流文化的巡礼。儒、佛、道三种文化风华浩荡，就犹如在信江上行驶的大船上的白、绛、黑三色船帆，在晴天旷日的高空飞扬，在朗月灿星的夜幕铺张，在赣西广袤的大地展示，在两岸民众的心里飘荡，在鄱阳湖的水中流淌。

第五节

饶 河

一、源分尾合

饶河和赣江一样，也是条并流的河流。但赣江和饶河不一样的是：赣江的章贡两江是在上游并流，而饶河的乐安江、昌河却是在下游并流。

仔细地查看鄱阳湖水系图，很是为乐安江和昌河疑惑，为什么两条江河非要在鄱阳县境姚公渡会合呢？如果仍是按各自的河道坚持前走 34 公里，独立地注入鄱阳湖，那么鄱阳湖水系的历史书上就会更改，流入鄱阳湖的就会是六大河流了，乐安河、昌江名在其中。而不是现在所说的五大水系：赣江、抚河、信江、饶河、修水了，在文字上把乐安河、昌江隐藏在饶河的名字里面，而打开地图却只看到乐安河、昌江，要费时间和眼力才能在鄱阳县下方鄱阳湖附近找到一小截盲肠般的水段旁写着饶河。而一些简约地图更是省事，只是在赣东北两条标示着河流的弯曲蓝线中间写上"饶河"两字，让人疑惑，两条江河到底哪一条是饶河，怎么分辨呢？

同样疑惑的是，乐安河和昌江相距太近，几乎是在五十多公里内并行，最大的距离也不过七十多公里，在赣东北这么小的区域内竟然存在两条大河流，是大自然的恩宠厚爱，还是造物主的有意偏心？

实际上，乐安河发源于婺源县段莘乡西垣村赣、皖交界的莲花顶西侧，源河为段莘水，至秋口镇王村纳古坦水称乐安河，流经婺源、德兴、乐平、万年等县（市），流程 279 公里；昌江发源于安徽省祁门县境大山间，经过倒湖进入江西省境内，始称昌江，又称鄱江，流经浮梁县、景德镇市，江西境内流程 182 公里；两条江河在鄱阳县姚公渡会合后，才被称为饶河，绕鄱阳县城南面西流，于尧山分两支，北支出太子湖，西支出龙口河入鄱阳湖，仅长 34 公里。现在所指的饶河全长是从入湖口龙口河算起，以乐安河为主河，全长 313 公里。

由乐安河、昌江并流的饶河，并没有什么特殊的作为，其时已经进入到了鄱阳湖的水域范围之内，34 公里水程就犹如鄱阳湖水提前迎接了乐安河、昌江一般，实在是成不了什么气候。乐安河、昌江早在独立流动时就构成了自己的水域范围和水运规模，也形成了自己的江河风格，更是完成了自己所担负的江河责任，却在这最后的入湖 34 公里处相遇了，倒是没有丝毫的犹豫，相遇就是缘分，目标又是一致的，都是要去投奔鄱阳湖，那就合流吧，携手来一起走完最后的路程。都是从大山里流出来的水，都有着山一样的青绿本色，融合在一起没有丝毫的不同，都是碧澄澄、清澈澈的，连那波浪也都犹如起伏的山峦，涟漪也都仿佛翻涌的森林。水流倒是宽阔深厚了许多，有着沉稳大度、从容不迫的气质，一路活泛泛地走来。两岸是迤逦不绝的绿色，有小麦、油菜、水稻等庄稼，也有芦苇、蒿草、灌木等野生植物，桃花李花在散落的村前院后弥漫着，各色野花则在苍山碧野间点缀着。间而有几株或一排垂柳在堤岸上兀起，那蓬张四开又披挂下坠的柳条拂风轻摇，有如披头散发的哲人般显出了几分清高和矜持。有牛远远地在旷野上出现，其后是背犁的农夫，早上的太阳正好在牛和人之间缓缓升起，远远凝滞成一种朴素的庄严。近处的河岸边，湾着一排渔船，正是煮早饭的时辰，船尾都有一渔婆蹲在炉前，撅着个肥嘟嘟的大屁股，忙着烧火添柴，边和邻船的女人说笑着，突然间爆发出一阵大笑，搅得江水里的倒影不知所措。一个胖乎乎的赤身小男孩揉着睡眼从内舱里爬了出来，走在船头扬起小鸡鸡朝江水中尿尿，把浪花也撩泼得生动了起来……饶河犹如新婚的小夫妻，带着从乐安河、昌江连绵不绝驶来的舟船载运的货物财富，带着沿途获取的鲜活色彩、万物气息和生活情调，带着并流后的容光焕发，喜气洋洋，精神抖擞地走去了。

二、德兴之光

乐安河发源于婺源，上游段蜿蜒在水墨画卷式的婺源山水之间，所谓"古树高低屋，斜阳远近山，林梢烟似带，村外水如环"的水指的就是乐安河。不过在二十世纪三十年代初期以前婺源县尚未划归江西省，是属安徽省管辖，流入江西省界的只是乐安河中上游河段，是从德兴县（今德兴市）算起的。

乐安河从婺源过来，带着浓郁的徽文化色彩从西北角进入德兴，流经海口、潭埠桥、香屯三乡。德兴的其他主要河流是泊水、体泉水、李宅水、长乐水、建节水，最后也都纳入了乐安河，成了乐安河的源流河。乐安河和五大源流流淌在德兴境内，沿途在青山碧水间洒珍珠般地留下一连串的村落，这些村落几乎都是依水势建筑而成，房屋的整个走向就是河水流动的方向，古朴典雅的民居，曲折深远的街巷里弄、青石路径，幽静清新的白墙黛瓦被古树遮蔽，圆润温婉的木板小桥由潺潺流水托凸。德兴建县有1000多年的历史，县民来自安徽、浙江、福建、南昌，以及邻县。他们的民俗风情虽各不相同，有徽韵、浙韵、赣韵、客家韵等等，却又能融洽并存，相互辉映。那曲曲弯弯的六大河流犹如六条银光闪闪的长链，各地风情只是串挂在链条上的精美装饰物，各具特色正好各呈异彩，那哗哗流淌的水声就是饰物碰撞发出的响动，纵横德兴全境构筑成一幅美丽的自然图画和一曲美妙的和谐欢声。

德兴是出银子的地方。德兴银山古银矿在南北朝时期就被民间群众采冶，唐上元二年（675）置官办邓公场"岁产白银十万两"。宋朝采冶处于鼎盛时期，北宋天禧五年（1021）产银88.3万两，元、明、清断断续续开采至今。德兴还出金子，"黄金储量江南之最"，至今金保有资源储量达375.60吨，占全国的9.08%，年产黄金居江南之首。德兴更是产铜，"大中祥符三年（1010）至嘉祐七年（1062），县内置'德兴县场'采选铜矿。元祐中年（1090年前后），境内'胆水'涨溢，始置饶州'兴利场'采铜，'岁额五万余斤'"。现时境内的德兴铜矿是世界五大斑岩铜矿之一、亚洲第一大斑岩矿山，铜保有资源储量778.50万吨，占全国总量的12.45%；年产铜居全国之首。德兴还有锌铅锡等其他金属矿产，但金、银、铜是主要矿产，因此德兴素被美誉为"铜都""银城""金山"。

矿石要冶炼才能出金银铜，冶炼是要用水的。这里面有个民间传说：五代南唐时，祝家炼铜场听信了阴阳先生的惑言，要到五百里外的福建分水去取水炼铜，并且水不能染风尘。因此人们要用专门的尖底桶去挑水，一路水桶不能歇肩落地，令人苦不堪言。一日，挑夫祝小五挑水回来时在村口遇一妇人讨水喝，不幸泼洒了一桶水，祝小五心痛得顿足号啕。那妇人提着水桶下到村边的河里提了一桶水上来，将桶挂在小五的扁担上，笑眯眯道："大哥不必生气，这水也是一样的。"说完，转身不见了。祝小五惊疑未定，为了交差只好不吭声，挑水回了铜厂。没想到这一担水炼出来的铜特别光亮，特别纯净。老艺工十分惊讶，追问小五，小五只好道出水的来历，老艺工高兴得拍大腿："小五呀小五，你是遇上神仙啦。她是给咱们指路的，告诉咱们村里这河水也能炼铜！"从此，祝家炼铜厂和德兴所有的铜厂都改用本地的河水炼铜。这些本地水来源于六大河流，最后又都流入了乐安江。由此可以说，德兴炼金银铜用的水都是乐安河水。

炼铜要用水，但关键的水却是一种唤做"胆水"的水。

"胆水"即硫酸铜溶液。胆水浸铁炼铜技术即利用硫酸铜溶液浸铁，使其产生化学反应，水中的铜离子被铁置换而成为单质铜沉积下来的一种产铜方法，又称湿法炼铜，堪称中国冶金和化学史上的一大发明，早在汉代时期就在道家炼丹术和医家药方的范围内运用。古代道家或道教徒以金石类矿物为原料，采用化学方法炼制，一是修炼长生不老的丹药，二是想把贱金属转化为金银等贵金属，后者就像曾在欧洲流行一时的炼金术了。不论炼丹还是炼金，都要对硫、汞、铅等元素以及金银铜铁等做十分透彻的研究，由此产生了一大批炼丹术家、医药家和化学家，我国古代著名的道人葛洪就在其中。葛洪在他所著的《抱朴子内篇》中说道："以曾青涂铁，铁赤色如铜。"曾青大概就是硫酸铜的胆矾，用它涂铁则铁取代了硫酸铜里的铜，故表面附有一层红色的铜。而据史书记载，自商周以来，炼铜主要是用火加热铜矿石。火法炼铜多费人力物力，还会产生大量的碳排放和二氧化硫。采用胆水浸铁炼铜技术没有二氧化硫排放，不需要把矿石开采出来，不破坏植被和生态，也从根本上改善了采矿工人的劳动条件，从宋至明一直是最先进的炼铜工艺。

最早掌握并向朝廷推荐使用胆水浸铁炼铜技术的人是张潜。

张潜是德兴银城镇吴园人，据说家里有钱，但他却身为一布衣，无意于功名仕途，只热衷于精通方术和炼铜技艺，根据前人和自己长期实践的经验，探明德兴兴利场的32泉、138沟盛产胆水，可浸铁取铜，于是总结出了一整套比较完整的胆水浸铜工艺，于宋绍圣年间写成湿法炼铜专著《浸铜要略》，叫他的儿子张甲献给朝廷。朝廷因"用费少而收功博"，命信州（今江西上饶）铅山场、韶州（今广东韶关）岑水场、潭州（今湖南长沙）永兴场和德兴兴利场等矿场，均全面推行其湿法炼铜技术，获得很大效益。据《文献通考》记载，张潜用铁二斤四两，就得铜一斤，是当时最先进的技术，铁耗指标和现代生产标准也相当接近。北宋时，全国胆铜产量每年高达100多万斤，占当时铜总产量近二成。南宋绍兴年间，全国胆铜产量增至占铜总产量的八成多。元至正十二年（1352），张潜的后裔张理又献《浸铜要略》给朝廷，"当朝宰相因有益于经费，复置兴利场。"张潜亦被后人誉为湿法炼铜"鼻祖"。

按年龄推算，张潜写成《浸铜要略》时已有70多岁了，而《金史》载张潜"年五十，始娶鲁山孙氏"，此时他的儿子只不过 20 余岁。自己不能身践体行，让儿子上前，既为国家献书，也为儿子谋取了一个饭碗生计。虽说史料上并没有张甲献书是否得到朝廷奖赏的记载，但其后裔张理再度献书并因"张理对此法达到'讲之精，虑之熟'的程序。并奏'命理为场官，使之董其事'"任命张理为兴利场的管理场官，这份奖赏可谓重矣。

张潜这位老先生可谓是倾尽毕生精力研究湿法炼铜工艺，其调查德兴兴利场的 32 泉、138 沟盛产胆水，是要花费很多的时间和精力的，一本《浸铜要略》既为当时的矿产开发提供了先进的技术，也为中国科学技术宝库增添了一页耀眼的光辉。湿法炼铜技术更使德兴铜业在宋代进入采矿业全盛时期，并给德兴带来了经济发展和城市繁荣。名列"江南四大名楼"之一的聚远楼就是在宋熙宁二年（1069）由德兴人集资兴建的，登楼远眺，德兴全城尽收眼底。苏东坡曾题诗："云山烟水苦难亲，野草幽花各自春。赖有高楼能聚远，一时收拾与闲人。无限青山散不收，云奔浪卷入帘钩。直将眼力为疆界，何啻人间万户侯。"后宋高宗又特赐聚远楼金匾。有钱财建此高楼，又能得到名诗人和皇上的题诗题词，可见德兴当年经济之实力和社会之影响。据史料记载，德兴历史上的两名状元张相、王易，一名文探花张焘和德兴历史上四百多名进士中百分之八十多都出现在宋朝，当然也和经济基础有关系。这一切，张潜和湿法炼铜技术功莫大焉！只可惜张潜这位老先生却未得善终。史载"天兴间，潜挈家避兵少室，乃不食七日死，孙氏亦投绝涧死焉。"一代科学巨匠因避战乱竟然饿死在异地他乡的河南嵩山上，不禁让人唏嘘长叹。

还真是要感激这位张潜老先生，因他的湿法炼铜，在宋代采铜高峰期间，德兴因此少采了不少的铜矿石，为现在的德兴铜矿仍保存了可观的储藏量。

《浸铜要略》只是一本炼铜工艺书，再好的工艺也得靠工匠来完成。德兴自古以来，高超技师和能工巧匠一代代层出不穷，那些因整天搬运矿石、浸泡溶液而粗厚长茧、生裂脱皮的双手，可都是点石成金的神手啊，能让那些灰蒙蒙、毫不起眼的石头变为熠熠发光的金银铜铁锡锌，使德兴的山水一时都贵重了起来。不过，这些能工巧匠都没能留下名字，在那些闪闪亮亮的金砖、银锭、铜块底部虽然刻上了"德兴某某矿场"的字样，但也不是属于德兴所有。这些金银铜都是属于朝廷，都是要押送往京城去的。走的是水路，六大河流是起始地，河道浅窄了些，用的是小船少载，金银铜都是重物，浅浅地码装在船舱底里根本看不出来，远远望去，好像是空船。只是这空船走得沉稳缓慢，船头船尾有手把腰刀的兵丁瞭望警戒，船篷边又隐约可见长矛大刀的闪光。懂的人知道，这是运送金银铜的官家船，船上持兵器的是押船的护卫军。自北宋开始，德兴的金银铜矿采冶就是官办，朝廷还派了专门的护卫军进行保卫。要知道，金银本是可以流通的货币，铜在当时也是制造钱币用的啊！对此类矿产的控制，历朝历代政府都是最为严厉的。好在这丘陵地带山不甚高，弯山绕岭的河道虽然曲折，落差却并不太悬殊，河水流淌得倒是平稳。德兴人又素以"山川之宝，惟德乃兴"为立县要义，民风淳朴，民众良善，所以运载金银铜的船只一向都是平平安安的，也不过百里以内的水路，船驶进了乐平，就前前后后随着六大河流都汇入到乐安江的主流中去了。

三、乐平万年

乐安河进入乐平县（今乐平市），正是中游阶段，这也如人到中年一样，是人生的鼎盛时期。乐安河由东向西贯穿乐平全境，东汇婺江和泊水，南纳长乐水、建节水等大小河流，蜿蜒83公里后西流出境。其河道也犹如中年妇女一样，脱离了少女时的纤细羞涩，姑娘时的婀娜娇柔，充分显示出一种母亲般的丰腴饱满、宽厚沉稳、慈爱善良、大方大度。她水质清冽、美味甘甜，养育两岸众生。在乐安河水的浇灌濡养下，乐平的水稻一年双熟，小麦棉花轮作，蔬菜四时有鲜，连那猪也养得滚瓜溜圆、肉嫩肥美。她河道宽阔，河水盈溢，四季可以通航。行驶在乐平段的乐安河上的大船多了，也装得满了，那些双桅大货船一船船的都是满舱，压得船舷都几乎要没入水面了，只留着舱面上的几个尖堆儿在绿水白帆蓝天之间闪耀着黑、白、黄等各色光芒。

这些船舱中的尖堆儿，黑的是煤炭、白的是石灰、黄的是瓷土。

乐平煤炭开采历史悠久，早在清道光年间，即有乐平居民以土法开采鸣山煤矿资源。乐平煤炭蕴藏量丰富，主要供应景德镇的瓷厂，并销往江西省以外的国内其他地区，是赣东北主要煤炭生产基地。乐平的石灰石储量最大，品位高，易开采，烧制石灰的历史悠久，所产优质石灰市场广阔。乐平陶土多伴生于煤矿附近，含镁量高，能耐高温，是景德镇制瓷原料的重要供应基地。此三项矿产历来是乐平大宗出口的传统产品。乐平还有锰、膨润土、海泡石等矿产，可谓是资源丰赡，物产富饶。而乐安河则成了这些矿产运输的主要通道。

遥想当年的乐安河上，乐平中段是最忙碌的河段，大船小船的轻重只有它知晓，却是不说的，唯默默地接受着、承载着，任由帆篷鼓胀，篙撑桨荡，追风逐浪，来来往往。径直朝下游驶去是上游来的德兴船只，那船上装的明知是金银铜，却是不敢乱问也不敢乱说的，知道也装作不知道，能回答的也不回答，更是不敢随便靠岸停码头的，所有的行止路线都有专门的规定，对外一律保密，船上的人更是一脸严肃紧张，生怕一不小心出了差错人头就要落地的模样。它们是特殊船只，是要直奔鄱阳湖下长江北上缴交朝廷的。同样是矿产，乐平的煤炭石灰瓷土却显得坦荡了些，一船船地不遮不掩，朝天裸露敞开着，远远的一眼就可以看出颜色知晓物品，船上的舵工水手们也一个个大大方方，坐在船尾站在船头，大声地和过往的船只吆喝打招呼，远远地与水边洗衣岸上走路的女人吆喝调笑，但船却是开得极稳当，转艄扳舵、停船靠岸也都是小心翼翼，极为谨慎。这可都是些重载重色之物，浪荡不得，出了事自己损失不说，还会污染了河水堵塞了河道。好在他们的行程并不太远，最远的是要运煤运石灰出鄱阳湖到外省；近的前面一拐弯，就驶进了支流车溪河，朝景德镇走去，船上装的瓷土是景德镇做瓷的原料，煤是烧瓷的燃料。有些石灰船更是短途，随便走到哪个河段就靠岸停歇了，这岸上村里有人家要盖新房砌墙，为儿子准备成家娶媳妇了。重船还有粮船，乐安河沿岸都是产稻区，朝外运输粮食，不过是有季节性的，运夏粮秋粮时粮船才多些。还有种柴草船，看似横撑竖涨高高大大地一堆应是重船，其实却是轻船，这些柴草是送往景德镇烧窑用的槎柴，都是些蓬松货。轻船还有运输的货船、打鱼的渔船、载人的客船。还有些竹筏木排，是从官庄水、安殷水、潘溪水等小支流撑进乐安河的。这些支流水浅，行不了船，只能走些排筏，不走远，就在汇流口处徘徊，仍是要撑回支流的。也有木排是要在乐安河上走很远，那是运木材的真正木排，都是几十上百立方的排把子，它们是从上游婺源德兴的山里放下来的，要到鄱阳湖去集结，扎大排下长江。有这些重船、轻船、客船、货船、渔船、竹筏、木排组成了乐安河中游乐平段的繁华景象，拥挤是拥挤了些，却不堵塞，各走各的航道各行各的船，停靠码头也是各帮派各有自己的地盘，和睦相处，互不干扰。乐安江就像是位尽心的母亲能干的主妇，虽然子女众多家务繁重，却仍能忙而不乱，有条有理地把孩子们照顾周全，把家务调停得当，使乐安江上呈现出一派百舸争流、风正帆顺、繁华热闹、欢乐祥和的景象。

乐平历史上也出了几个人物，饶娥曾被《新唐书》列入孝女，柳宗元为此撰写了《饶娥碑记》，范仲淹出任饶州知府时，也写了《题饶娥庙》七绝一首："有唐孝女号饶娥，哭得亡亲上碧波；古渡清风明月夜，令人不忍听渔歌。"南宋史学家马端临积20余年辛劳著成历史巨著《文献通考》，是一部记述历代典章制度十分完备的史书。饶娥是在乐安河边把父亲的尸体哭浮出水面的，马端临写书靠的也是乐安河运史载典提供资料的。一向只重采矿工艺和冶炼技术，并以运输矿产品为主业要务的乐安河因了这些名人名作而上升了传统道德层次，增添了历史文化底蕴。

那因有了412余座遍布乐平乡村的古戏台，被赞誉为"古戏台之乡""古戏台博物馆"，只不过是以其造型布局，装饰雕刻，美术工艺，楹联配置，再一次地对乐安河能工巧匠的精湛工艺和两岸民众的情趣追求作了一个补充说明罢了。

这么多的戏台都唱什么戏呢？唱的是饶河戏。不过，饶河戏的发源地却在乐安河的下游鄱阳县。

乐安河在乐平段流程不过八十余公里，在西边镇桥附近拐入万年县，却并未深入县境其内，几乎一直只是沿着万年县与鄱阳县的边界线上流动，距离并不很长，最后还是脱离了万年县，一头扎进了鄱阳县境内。这很让人为万年县庆幸：多亏乐安河在万年的边界线上流过了四五十公里，使万年交通史能写上一句"乐安河水运经鄱阳湖可直达长江"，否则"水运"项目上就是空白了，也把万年县终于归纳进鄱阳湖水系范围之内了。

实际上，万年县境内河网密布，除乐安河外，还有玉津河、万年河、珠溪河、大源河等主要河流，有着丰富的水资源。早在旧石器时代，人类的祖先就在这块土地上定居劳作、繁衍生息。境内大源仙人洞、吊桶环遗址是当今所知世界上最早的栽培稻遗址之一，把世界稻作起源由7000年前推移到12000—14000年前，同时也使万年县的历史成了名副其实的"万年"了。万年县的河流除万年河有一南支融入信江外，其他的河流最后还是纳入了乐安河，成了乐安河的源流。在这个意义上来说，乐安河流虽偏居万年县北隅边界，却仍是万年县的母亲河。

至此，乐安河算是完成了对自己的建构和塑造，其横跨皖、赣二省，上饶、景德镇二区，婺源、德兴、乐平、万年以及下游的鄱阳五县的水域范围，以矿业冶炼、矿产运输为主的水运规模，还有那种谨慎稳重、宽容有序、兼收并蓄、精益求精的作风做派，使得乐安河形成了自己独特的江河风格。再朝下流，乐安河就进入了鄱阳县，也进入了下游阶段，这也是乐安河的准备阶段，不过再走个四五十公里，它就要和昌江会合了。

四、昌江和景德镇

昌江似乎是专属景德镇的。

换言之，大自然似乎是专门为景德镇安排了一条昌江。

昌江源自安徽省祁门县东北部大洪岭西南麓，在祁门县倒湖附近纳入沥水河，进入江西省境景德镇区域。浮梁县峙滩以上为上游，滩涂至景德镇吕蒙渡为中游，吕蒙渡以下为下游。资料显示："中上游流经山区，河谷深窄、比降大，支流呈树枝状分布。两岸植被良好，水源充沛，水力资源较丰富。"可见，昌江在中上游主要是在汇聚、积蓄、储存。或许能走一些小竹排筏，但也是有阶段性的，河流的坡度太大，水流湍急，走不远的。作为一条江河，除了水的滋润作用外，其他并不能有多大作为。待到下游时，昌江从北朝南穿行了景德镇的大半境域，走浮梁、珠山、昌江、景德镇等县区，先后汇入了沥水河、北河、东河、西河，南河、滨田水等主要支流，完善了水系，蓄足了水量，再往下贯穿了鄱湖平原，开通了航道，此时河谷开阔，河道宽浅，水流缓慢，河宽达一里之遥，始可行得大船载得重舟，主要任务十分明确：运送景德镇的瓷器。

景德镇是世界著名瓷都，制瓷历史悠久。史籍记载，"新平冶陶，始于汉世"，自元代开始至明清历代皇帝都派员到景德镇监制宫廷用瓷，设瓷局、置御窑，其烧制的瓷器"白如玉，明如镜，薄如纸，声如磬"，以青花、玲珑、粉彩、色釉四大传统名瓷构成了景德镇的独特风格和声誉，也使中国的英文名称"CHINA"的小写就是"瓷器"的意思，"CHINA"的英文发音源自景德镇的历史名称"昌南"。

昌南即昌江之南。昌江之南一个小镇原名新平镇，唐武德四年（621）属新平县，又称昌南镇。昌南镇先后隶属于新昌、浮梁县。宋真宗景德元年（1004），因镇产青白瓷质地优良而特地以皇帝年号赐名为景德镇，沿用至今。

据历史地理学家考证：以皇帝年号命名地名实例，唐代有 14 例，宋代有 17 例，元代则连一例也没有，到了明清时期，地名反而要避年号之讳了。国际上是因瓷器认知了中国，可"CHINA"的英文发音为什么不是景德镇而是"昌南"呢？这只能说明在国际上，"昌南"的名气比景德镇早。

日本著名陶瓷考古学家三上次男率学者在东南亚、非洲考察了中国古代陶瓷输出亚非各国的大量碎片，著有《陶瓷之路》一书，称海上丝绸之路为陶瓷之路，也是古代景德镇陶瓷的国际贸易之路。从 8 世纪末开始，中国陶瓷开始向外输出，那一船船的中国陶瓷，在海上扬帆远航，历尽艰险，或直航到朝鲜、日本，或到东南亚各国，出马六海峡，进入印度洋，经斯里兰卡、印度、巴基斯坦到波斯湾，沿阿拉伯半岛西航可达非洲，或继而绕过好望角，沿非洲西海岸航行达西欧诸国。特别是明永乐三年（1405）后，郑和七次下西洋，携带了大量瓷器，特别是景德镇瓷器，促进了中国陶瓷远销海外，扩大了中国陶瓷的声誉，也极大地推动了景德镇的陶瓷国际贸易。在海上陶瓷之路上，沿途地的东方西方人，都以拥有中国的陶瓷为荣耀。

那些阿拉伯人对中国陶瓷几近到了嗜好的程度，他们用东非沿海地带盛产的黄金、宝石、象牙、香料、毛皮、海龟、犀角等古代人所珍奇的东西来换取中国的陶瓷，并把珍奇而昂贵的中国陶瓷作为室内的摆饰，用以夸耀兴趣高雅或财产富裕。在宴会中使用中国陶瓷的餐具和酒壶，也是炫耀主人尊贵身份的最好方式。中国陶瓷还有另外一种用法，那就是用来装饰清真寺的内部，把中国陶瓷碗和盘，以一定间隔嵌在壁上，用以装饰壁面。在柱墓的建造上，也借助于中国陶瓷碗盘的装饰，除了青瓷和青白瓷以外，还装饰着白底上绘着天蓝色花纹的大量青釉瓷碗。青釉瓷器的花纹约有花木、水果、鸟类、麒麟、鱼，以及由蔓藤花草构成的万宝图案，显得丰富多彩。这种瓷器装饰的柱子，形成一种奇妙的凹凸感，给人感觉确是琳琅满目，美不胜收。

遥想当年，在波斯湾有钱人家富丽堂皇的客厅里，客人或坐或站或倚靠在摆放、镶嵌着精美中国瓷器的桌、柜、案、墙边，一边聆听着激越欢腾的阿拉伯民族音乐，一边欣赏着波斯舞姬们翩翩起舞。这些舞姬们袒露出雪白纤腹、亮出深圆美脐、扭动腰肢、抖颤胯股，一个个美貌动人，舞艺高超，其明眸秀目在青花盘玲珑碗间顾盼闪耀，其红颜笑靥与粉彩壶色釉瓶相映生辉，真是天上人间，美妙绝伦。及至来到餐厅，看到那摆满一桌晶莹剔透、美不胜收的中国瓷器餐具和酒具，客人们就已经是无酒自醉，身心皆痴了。再参拜因装饰了中国陶瓷而愈发雅典华美的清真寺、庄严肃穆的墓园，客人们再三为美轮美奂的中国瓷器而倾倒、惊羡、赞叹不止时，会问到主人这些瓷器叫什么名字，是从哪里来的，而当时的阿拉伯人却并不知其详，只是从交易的商人口中得知这些瓷器来自遥远东方的一个国度，是叫做"昌南"的地方出产的，用英文写来就是"CHINA"。久而久之，在非洲和欧洲人的概念里，瓷器就是"CHINA"，"CHINA"也就是出产瓷器的东方之国，发音就是"昌南"。只是到了以后，当他们对中国有了更多的了解，知道瓷器只是中国的一种陶瓷产品，昌南也只是中国出产陶瓷的一个小镇，但习惯成自然，在他们的思想中，中国就是瓷器，瓷器就是中国，只是为了区别，就以英文大写"CHINA"为中国名，而仍用英文小写"China"为瓷器名，至于读音却是无法改变了，都是"昌南"。

因一种产品而让人误读成了国家名，由此可见中国瓷器对世界的影响。

不管历史上的海上陶瓷之路有几条航线，但景德镇陶瓷外出必须要先走昌江。遥远的海上陶瓷之路，昌江是一个最初的起点。

昌江除了运输景德镇的瓷器以外，还有茶叶。

有诗为证。

唐代诗人白居易的名诗《琵琶行》中，曾写道："商人重利轻别离，前月浮梁买茶去。"那位"老大嫁作商人妇"的浔阳江畔琵琶女，老公就是到浮梁买茶叶，商人买茶叶当然是经商做买卖，何况还是一个"重利轻离别"的商人。白居易写这首诗的时间是公元816年，而《元和郡县志》载：唐元和八年(813)浮梁"每岁出茶七百万驮，税十五余万贯"，都说明最少在一千多年的唐朝，浮梁就是有名的产茶区和茶叶集散地。因了白居易这首诗，浮梁茶叶也一时名声大噪，来浮梁做茶叶买卖的商人也更多了，这也算是文化效应吧。好在1915年在巴拿马举行的万国博览会上，浮梁县产的"浮红"茶，曾与贵州茅台酒双双获得金质奖，以此证明了并非浪得虚名。茶叶商人去浮梁买茶叶，把老婆留在浔阳江边。从九江去浮梁只能是下长江，入鄱阳湖，进昌江到浮梁，买了茶叶当然也是从水路返回九江，再运销国内外了。

昌江为景德镇输送的还有高岭土。

昌南县镇北面的高岭村出产的高岭土，是中国首先发现应用的制瓷主要原料。18世纪传到国外，国际上对这种特殊黏土都称为高岭土（KaoLin）。景德镇产的高岭土品质非常好，用它生产出来的景德镇瓷器，曾经代表着中国陶瓷制品的高端水平和上等品质，影响着中国甚至世界。只是随着景德镇制瓷业的壮大发展，高岭土要满足本地制瓷需要，逐年渐渐少出口了。

至于当地以及邻县的窑柴瓷土，也都采用木船、竹筏从昌江上运载，不过它们只是运进景德镇，并不运出昌江。运出昌江的除了一些茶叶、粮食、木材外，主要就是瓷器。水路运瓷，运载量大，安稳少震，可减少破损，自明以来运送御瓷均由水路。瓷器自昌江运往外埠，一条经鄱阳湖达长江，到长江上下游各商埠；一条经鄱阳湖通赣江，到赣南转广东，并由此而输往海外，所以古代昌江水上运输繁忙。古人有诗曰："坯房挑得白釉去，匣厂装得黄土来，上下纷争中渡口，柴船才拢槎船开""茅舍重重倚岸开，舟帆日日蔽江来"，可见当时昌江水上运输的繁忙。

似乎大自然先知先觉早有安排，它是知道了景德镇要出产出口瓷器，所以特地安排了一条昌江来送给景德镇，或者是送给景德镇瓷器。

这是景德镇之大幸，是景德镇瓷器之大幸！

同时，能为景德镇效力，为景德镇瓷器效力，也是昌江之大幸！

五、饶河与景德镇人

乐安河载矿产品经德兴下乐平到鄱阳，昌江运瓷器出景德镇到鄱阳，两流汇一成饶河，再出鄱阳湖，各奔南北而去。这是朝下走的河流，它们把乐安河、昌江是分得很清的，并流的饶河对它们来说只是很小的一段短距离，在各自流淌了三百多公里后，34公里流程根本就不足以引起它们的注意，它们只记住了自己是从乐安江来的，是从昌江来的，很少有说是从饶河来的。饶河对朝外走朝下游走的船只和人来说，只不过像所有沿途停靠过的码头港口一样，仅仅是中途的一个经过点停歇点而已。

但对于朝上走的河流和船只来说，饶河的意义却迥然不同。

不论是南来的赣江船只，还是北来的长江远客，进入鄱阳湖都是一个过程，是从此岸到彼岸的一个过程，只有进入了饶河他们才有了到达感，才有归属感，到了饶河，他们马上就要到目的地了。虽说进入了饶河之后他们还会分流进入乐安河和昌江，再从昌江和乐安河分别进入目的地。对下游来的船只和人来说，饶河是他们离开了鄱阳湖进入目的地的交接点，所以他们往往只记得是从饶河进入的。由此以来，那短短的34公里的饶河流程就成了两条三百多公里流程的乐安河、昌江的代表了。

到此，才明白了饶河的意义，从地理角度来说，它是乐安河、昌江两条江河的结合点；但从人文角度来说，它却是外界对乐安河、昌江的认识点。由此，也就明白了为什么鄱阳湖水系一直只说饶河，而不细说乐安河和昌江的原因了。

这些南来北往的船只和人进入饶河是要到哪里去呢？他们的目的地又是哪里呢？

答案是：景德镇。

景德镇是一个典型的移民城市。据有关史籍记载，唐初景德镇及浮梁全境人口不足一万。景德镇早期移民主要来自鄱阳、乐平等人口相对较多的邻近的平原地区，还有来自吉州窑产瓷区和丰城、南昌等古洪州窑附近地区的陶工瓷工。随着瓷器生产的迅速发展，外来移民也迅速增多，移民中除来自都昌、乐平、丰城的瓷业工以外，还有来自南昌一带的船民和码头工，来自徽州地区的非瓷商户。宋徽宗时期，镇区人口"十之八九"是外来移民，初步形成了"八方杂处"的局面。元代，随着景德镇陶瓷经济的空前发展，使迁徙人口和流动人口都迅速增加，这一阶段江、浙、闽、粤等沿海商人，荆、湘、川、滇、陕、鲁、豫等内地商人，以及以蒙古族为主的各少数民族的采购商都经常云集镇区进行商贸活动，使出入镇区的人口已经达到空前状态。到清末民初，景德镇的人口跃至40余万，成了一个商贾云集的"十八省码头"。

想想当年的景德镇，瓷业勃发，百业皆兴。那"万杵之声殷地，火光炸天，夜令人不能寝"的"四时雷电镇",吸引了附近多少人的目光,特别是那些因灾荒人祸在本地没有生计无法生存的周边县农民,他们纷纷从旱路水路朝景德镇涌来,初以卖苦力为生,有手艺的做手艺,木匠、桶匠、泥匠、皮匠、裁缝等样样全做;没手艺的人就推车、挑担、撑船、做小商小贩、卖鱼卖虾等,无所不为。但他们梦寐以求的还是跻身于瓷业。那些因做瓷而发迹显达了的老乡富户,是他们羡慕不已拼命追求并勉励儿孙的榜样。可进身瓷业之路又是何等艰难!景德镇的瓷业素有三十六行、七十二匠之说,又有成型、烧炼、彩绘等主要环节;瓷业又习惯分为圆器、琢器两行业,内中又有很多细分,十分地繁复。这都是手工技术活,是属于"传子不传女"的保密垄断性质,大多是从祖辈世代传承下来的行业,既有景德镇本地人,也有从赣江抚河等老窑来的陶瓷工家族,外乡人打进是要很费些时日和功夫的。相对来说,窑工就容易些。这主要是窑工属于"苦累脏"行业,是一些制窑砖、做匣钵、砌卷窑篷、装窑、烧窑的活儿,虽然也是有很高的技术含量,但毕竟劳苦了些,需要的人又多,所以外乡人好进一些,渐渐地也就由外乡人所经营继而掌控了。据史料载:1891年,景德镇有槎窑80余座,柴窑30多座,均多为都昌人所经营。都昌人后来还成为景德镇业瓷的主要力量。以至于当年景德镇曾流传民谣:"十里长街半窑户,赢来随路唤都昌",都昌话甚至影响了景德镇人说话的口音。

清代诗人郑廷桂在他的陶阳竹枝词中还有:"蚁蛭蜂巢巷曲斜,坯工日夜画青花;而今尽是都鄱籍,本地窑帮有几家。"另一位清代诗人沈嘉徵也有词曰:"景德产佳瓷,产瓷不产手;工匠来八方,器成天下走。陶业活多人,业不与时偶;富户利生财,穷工身鍸口。"都真实地反映出了景德镇当时的移民现象。

顺便说一句,历史上有关景德镇和景德镇瓷器的诗歌虽然不少,清乾隆皇帝也御笔亲写了多首诗作,却都是流于一般,既没有所谓的"千古绝唱"佳作,也不见历代文学大家的作品。揣摩究竟,是不是因为景德镇的瓷器太精美了,精美得封杀了所有创作者的想象和灵感,也封杀了所有的文学描述能力,所有文字在它们面前都显得苍白无力了,所以那些文学大家都知难而退,不想也不敢去触及这方面的创作;而一般的诗人、包括附庸风雅的乾隆皇帝却是根本就写不出好东西的。倒是郑廷桂、沈嘉徵俩人的多篇"陶阳竹枝词",虽是平实朴素,却因真实地描绘了景德镇瓷工生活而为当时民众津津乐道,并流传后世成为研究景德镇的珍贵资料。

对远处的商贾客户来说,景德镇瓷器在国内"利通数十省",在国际上"行于九域,施及外洋",就如一块巨大吸铁石,吸引着他们或拉起马队驮帮,或驾起大船小舟,钱袋背褡银箱里装满金砖银锭大洋铜钱,不分昼夜地或从旱路或从水路进入景德镇，又不顾疲劳地把那些精美的官窑瓷品：永乐窑的脱胎，宣德窑的祭红，成化窑的五彩，万历窑的大件，清臧窑的蛇皮绿、鳝鱼黄，郎窑的宝石红，年窑的琢器和圆器，唐窑的57种釉等；更多的是民窑的日用瓷，譬如碗、盆、碟、杯、盘、盏、盅、瓶、罐、缸之类，一一买进装起运走，让这些商家一个个赚得盆满钵满。瓷家商户发财致富了，就都在景德镇修建起会馆来，专事用于同乡同业者联络聚集、进行交易、切磋技艺、保护自身利益、传师带艺以及联络感情的场所。据有关研究文章介绍：各地会馆间争妍竞丽，都把自己的会馆修建得引人注目，巍峨壮观，因之也就把各地的先进建筑技术和自己的风格输送进来。如徽州会馆大门口设有石狮，石鼓和四柱门头，湖北会馆则别出心裁地建了个"黄鹤楼"。"苏湖会馆"则是典型的苏州风格建筑，正堂高大轩昂，构架秀美，屋顶脊饰华丽。作为海外通商见证的天后宫，多在沿海城市才有设置，而在内陆的景德镇，居然修有天后宫，说明古代景德镇海外贸易的昌盛。天后宫曾是古陶瓷运往海外经销的一个集散地，具有商事需要和敬神的两种功能，建筑布局非常奇特。天后宫前有戏台，有酒楼，大堂为议事厅，正殿供有女神"天后娘娘"，后殿放牌位，边厢为客房，并供有"顺风耳神"与"千里眼神"。

一直到中国近代史结束，景德镇仍存在有清代会馆二十余所，有意无意地为景德镇留下了一个个曾经拥有繁华与荣耀的历史见证。

从一捧白土到享誉中外的精美瓷器，从偏隅小镇到经济"甲于一省"的大都会，景德镇给了多少人谋生的机会，又给了多少人发迹的途径啊！

景德镇出富户、出富商，出的更多的当然是陶瓷工艺大师。史料上多有记载：景德镇瓷器师祖"佑陶神"赵慨，研试成功烧成温度的隋代何稠，以瓷为假玉器载入关内的唐代"陶窑"陶玉，使昌南镇瓷器一举名天下的"霍窑"霍仲初，以制作"卵幕杯"而著名的明代制瓷艺术家昊十九，以及清陶瓷艺术家"督陶官"唐英和无数位制瓷画彩上釉的陶瓷艺术家等等。而以烧瓷工载入史册的明代童宾，却是一个悲壮故事：万历二十七年（1599），太监潘相任江西矿使兼理景德镇窑务，监督制造大器青花龙缸。这种缸直径1米，高0.6米，外围环绕着青龙，下面有潮水纹，久未烧成，潘相便对窑户进行"例外苛索"，对窑工进行鞭笞以至杀害，瓷工处境十分凄苦。童宾非常愤慨，纵身跳入火内，以示抗议。第二天开窑，所烧炼的青花龙缸竟然成功了。因工匠们的愤怒抗议，童宾后被官府立祠，号之为"风火仙"，祠内供奉童宾像即风火仙师像，两边是烧炼工人的师祖，有把桩、托坯、架表、收兜脚、打杂、小扶手、三扶手、二扶手等各脚窑工形象，供人四时祭祀，香火不断。

一个贫贱窑工的向火一纵，追求的是做人的尊严，不仅促就了景德镇烧制大型器皿的成功，也使一向被人轻蔑贱视、没有社会地位的烧炼工人堂而皇之地登上了祭祀庙堂。这不禁让后人在注视童宾的目光时，饱含了钦佩与感动的泪水。

想那烧制成功的三尺半径、二尺高的大龙缸，定然是青龙盘旋，水翻潮涌，光彩照人；装载在舟船上也必然是沉静稳重，鼎立傲然、大气磅礴；从昌江到饶河顺流而下，直入鄱阳湖，一路可谓是畅通无阻，和它相遇的船只必然是扳舵转帆，谦恭让道；那船上的人更是敬慕有加，惊赞不已，眼中充满了羡慕和希望：呀，我们要去的地方就是烧制这种大龙缸的景德镇啊！

抬头望去，饶河河宽水阔，容光亮丽，无止境地朝前面铺展而去，尽头是一轮初升的朝阳，耀眼的光芒在水上水下炫动，让人眼花头晕，却是极其的美妙美好，诱惑着那上水的船、那上水船上的人络绎不绝、一路狂奔而去……

第六节
修 河

一、幕阜乳汁

幕阜山脉绵延湘、鄂、赣三省边境，给鄱阳湖送来两件礼物，一是庐山，一是修河。

庐山乃幕阜山脉从东向西降低高度在九江以南断层而起的一座奇山峻岭，挺立在鄱阳湖西岸，张扬出一片云遮雾罩、梦幻迷离的文化风景。而修河则是幕阜山精心孕育的一支灵秀之水，从铜鼓流经修水、武宁、永修等县融入鄱阳湖，奏鸣出一曲浪漫抒情的天籁之音。

一山一水，可谓是大自然最昂贵的礼物了，幕阜山于鄱阳湖真是太慷慨大方了！

修河的源头在幕阜山区铜鼓县温泉镇上庄村的曾家洞。

曾家洞并不是真正意义上的山洞，而是山冲。因为山与山之间的距离近，山林茂密，在铜鼓修水武宁一带山区都把山冲叫作洞。这种叫法很形象。想想那深山峡谷里，两边是山崖挤压，头上密枝遮天，脚下藤萝满地，人只能行走在用砍刀临时砍出的一条通道之中，真是如钻洞一般。

上庄村虽被誉为"修河源头第一村"，穿越曾家洞大约要走两个钟头的路程，密密丛丛，遮天蔽日的是两旁的翠绿毛竹，珍贵红豆杉，艳丽红叶树；中间一条溪水沿着缠着山脚蜿蜒而流，潺潺有声；到一山势错落处就跌宕形成瀑布，飞流直下，挂白悬银。溪水极清极净，山石却显峥嵘奇特。沿着溪水朝上继续走着，突遇溪水两条分形，如双龙般盘旋跃然而上，循着龙头欲仔细看时，却又寻不见了，只有几块石头缝间夹着一丛丛水草特别地嫩绿，是因有水湿润着的，那水在草上洇沁着涌冒着，慢慢地水多了，形成一个凼；一会儿水涌得多了，便在凼上扩大，把周围的低凹处变成一个洼；洼里的水积满了又朝下流晶亮雪白的泉水四处弥漫而出，源源不断。啊，修河源头到了！

人们常说母亲河，却没人说母亲山，这大概是因为人们觉得山陡峻高峭，充满了雄性阳刚，把山比作母亲有些不妥。殊不知，山才是真正的母亲。世界上几乎所有的被称之为母亲河的河流都是从大山里流出来的，中国的两条大河大江，黄河源自巴颜喀拉山脉，长江源自昆仑山脉和唐古拉山脉。都说是黄河长江的乳汁哺育了中华民族，可这些乳汁都是从大山里流出来的呀，大山才是这些乳汁的源头啊！那高耸云天的群峰峻岭，其实是大地母亲仰卧朝天的挺拔傲然的乳房，那沿着林木草衣而下，从山崖石缝喷涌而出的泉水就是乳房里流淌出来的乳汁啊！这乳汁是丰盛、盈溢的，是源源不断，取之不尽用之不竭的。这乳汁更是美味甘甜、营养丰富，滋天润地养物哺人的。

082　　修河水流的是幕阜山的乳汁，哺育的是全长 389 公里，流域面积达 14700 平方公里，包括它的支流潦河等，囊括了九江地区的修水、武宁、永修，宜春地区的铜鼓、奉新、靖安、安义等两区七县 200 余万民众，经永修县城吴城镇汇合赣江主河流注入鄱阳湖，是沿岸居民的生产、生活用水取水地，也是鄱阳湖重要的水源涵养地，成了赣西北地区的母亲河。

如在高空俯瞰，修河好似一位身披蓝色绸带的美丽仙女，冰清玉洁，手舞足蹈，腰肢扭动，飘逸飞旋在赣西北的崇山峻岭之中，一路可谓是衣袂飘飘，倩影摇摇，迷魅万物，倾倒众生。如在鄱阳湖边朝西遥望，修河流域则呈现簸箕状，西面幕阜山脉连绵，南面九岭山脉蜿蜒，是为簸箕左右两边框；西面大佬山则为簸箕之横档。这可是面巨大无比的簸箕啊，它颠簸的是珠飞玉溅、翡晃翠荡，倾泻的是星河天降、流金泻银，播洒着一路的诗画情怀，歌舞豪气，浪漫做派，潇洒风韵。

上庄源头只是修河的主干流，自南向北流经港口、程坊、东津至周家、马坳间与渣津水汇合后，自西向东流到修水县；另有一支流铜鼓水自南面而来，于渣津汇流后始称修河。

铜鼓水顾名思义，当然是从铜鼓县来的。

铜鼓县实际上是没有铜鼓的。这个赣西北边界的山区客家县，只是因城东有一巨石色如铜，形似鼓，击之有声，故名铜鼓。明代抗倭名将邓子龙任铜鼓守备时，

曾于万历五年（1578）春在铜鼓石上刻过一首名为《题铜鼓石》的诗："定江巨石
当路傍，有人疑是南山虎。笑汉将军祇没羽，乃不贯之何足数。又闻此石名铜鼓，
上应列宿开帅府。英雄一剑破中垒，砥柱乾坤镇吴楚。"据说，清政府规定凡铜鼓来
义宁州（修水县清时称义宁州）应考秀才的生员，主考官员要一一招来指名背诵这
首诗，凡是茫无所知或倒讹错者，立即被考官认为是假冒铜鼓人，喝令逐出，不准
参加考试。因而在清代这首诗成为铜鼓书生必读诗篇，童叟传诵，脍炙人口。

　　一首诗竟然成了辨别是否铜鼓人的凭证，这也可以算是从侧面佐证了清朝廷对
救过开国皇帝努尔哈赤的恩人邓子龙的感恩，也使偏隅山区小县铜鼓县出了名。

　　铜鼓出名的还有竹木。这个被近九成森林面积覆盖的山区县，盛产松、树、杉
木、毛竹。于是，砍伐、运输竹木就成铜鼓人的主要劳力活了。

　　砍伐竹木大多在秋末冬初进行，秋收冬种忙完了，乡人就肩斧扛锯进山了，这
时候山里雨水少，好干活，近的早出晚归，稍远些就在山里搭草棚过夜。先是砍竹
伐树，采用的是间伐法，轮换着山林隔几年伐一次，砍老不砍嫩，伐密不伐稀，竹
支支壮硕筋老，树根根挺直成材，砍倒锯断了就砍削出繁枝碎叶，只留光溜溜的主
杆。一棵树从蔸到梢保留完整，这叫条木，大凡杉木都是做条木。松树却多是做圆
木，要麻烦些，要把松材用大月牙弓似的大弯锯一截截地锯断，成为六尺长的圆筒
子。如是做板材，那还要锯板了：在倒树旁整出块丈余宽大的平地，搭两叉马架，
把树筒放在上面，先用刮刀剐去树皮，再用扒钉固定，拉弹出墨线，然后双人对拉
大板锯将其锯成五寸左右厚的方料。锯板场景很有气势：两个壮汉对面站着，虎背
熊腰，手把臂移，把一柄大板锯拉来推去、呼哧有声，雪白的锯屑随着狰狞的锯齿
从锯开的板缝间飞泻而出，把一股子好闻的松香味儿弥漫于山林间，阳光从高高的
树缝隙中射下，就有一缕缕的汽烟在亮亮的光束中飘升。那是锯开的板材新鲜气，
人的汗热气，还有山林阴凉处的潮湿气。当然还有劳作人的喘息声，不过却是欢快
的，是那种带有劳动号子似的哼吟……新鲜的湿木好锯，锯一块六尺长的圆筒木不
过一袋烟的功夫，中间还要歇上几回的，那是给锯开的板缝打锲子，挣开些缝隙儿，
好不压锯条。锯开的板材就随意地朝脚下丢着，让山风吹着透干……无论是竹子、
还是条木、圆木或是板材，都不急着运走，只胡乱弃在山上就是了。也有例外，要
是在砍竹时遇到特别粗、特别直的，那就要提前扛回家去，这样的竹子可遇不可求，
是能另外卖给船家做桅篙的，价钱大呀，可不能放在山上让别人捡了便宜。

　　运输竹木大多是开春后的事。这时候春雷响了，春雨来了，山洪暴发了，山溪
水涨了，嘿，这才是竹木水运的好时机！乡人先是把竹木扛到溜道边，从上面滑溜

放下来。都是历年老放竹木的溜道，从上到下一坡平滑，没有树木岩石的阻挡，又直通山谷中的溪流，竹木一溜到底，全都聚集在溪涧边了，然后就"牵猪赶羊"了。

"牵猪赶羊"是江西山区竹木运输的独特习俗，就是将竹木散放在水中，随水放运，效益特别高。遇有停滞或搁浅者，有专人用长钩牵引驱走。那白花花的溪流水中，数不清的竹木攒动着挤攘着，一律都是大头在前，尾梢在后，在浪涛里忽儿冒头，忽儿潜伏，你推我拥、你追我赶，像一群奔跑追窜的猪羊；那长钩短啄牵引拉扯，不正是在"牵猪赶羊"吗！这多是在山涧里溪流中，坡弯水陡，流速湍急，人无法驾驭的情况下的竹木放运，好在是一山一涧，一谷一溪，只有独家放运，也就没有纠纷。

真正到了溪面较宽，流速较缓，形成了山峡小河流时，就要扎排放运了。将散木竹十几根，粗略扎一下，人立其上，手执排篙，定向加速，沿水放出，叫"小放水"。若将三四十根木竹列成一排，牢固地扎紧，叫"做排"；做好的排，称为"罗把"；七八个或十余个"罗把"连接起来，叫"一挂排"，又称龙骨排；数挂排连接组成者，称"一蓬排"。那场面就大了，蜿蜒蔓张了一河面，悄无息地朝下压了过来，让所有迎面而来的那些载人的竹筏、运货的小船全都提前赶紧避让，唯恐不小心被排头排尾捎带着刮了擦了，那可是惹不起的啊！望着筏上船上人的紧张样子，排上的撑佬们觉得好笑：你们怕什么？这排有我撑着，玩儿似的要左要右全把握着呢，保管伤不着你们。又在心里说，你们怕是没见过大排，要是到了下游大河，或是去了鄱阳湖，那排大得可是铺天盖地哟！心里这么想着，那脸上就涌现出一股子豪迈感，臂膀上一紧，手上的排篙就攥得更有力了，左一点右一撑，木排加速了，顺着被铜鼓人称之为的金沙水而下，流入东津水，然后再往下游，就流出了铜鼓县地，流进了修水县域了。

二、修水女人

修水县地处幕阜、九岭山脉之间，是江西省幅员最广的县，全县总面积达 4504 平方公里。这么大的地域当然要有很多的水来滋润，好在本在大山之中，水源很多，于是就有了渣津水、司前水、大桥水、东港水、东津水、山口水、北岸水、杭口水、奉乡水、安溪水、三都水等 11 条大小河流在修水出现，呈树枝状分布，铺满流贯了修水县全境，最后又兄弟齐心，众流归一，向中心河谷辐合，组成一个大家庭：修河。

凝聚着大山所有的清秀美丽，吸纳了大山所有的精髓灵气，修河自然是风华旖旎，风情绰约。修水县首当其冲，承欢接露，沐浴滋养，自然也是出类拔萃，不同凡响。

修水是出美女的地方。

修水话称姑娘为"姑娌"，所谓"白岭姑娌不用拣""白岭姑娌一朵花"等等俗语，说的就是修水的女人。

这里说的白岭，应是修水县西部的白岭、全丰、路口、月塘、黄龙、古市一带山乡。这一片鼎立于巍峨黄龙山下的小盆地，四周山高林密，中间地势平坦，修河源头之水亘古至今千万年地浸润着，青山绿水，气候湿润，张开眼尽是美景如画，吸口气也是清新滋润，人居其中自然清丽脱俗，所以白岭一带美女特别有名。其实白岭姑娌只是修水女人的代表，是极品中的极品，总体来说，许是依了那一份山水柔情的缘故，修水女人都是佳人丽质。

修水女人是不能细看的，看细了你会迈不开步走不开人，痴迷了呆傻了，失魂落魄般难过。粗略看一眼修水女人，人心会咯腾一下：哟，这个姑娌好哇！眉目清秀，皮肤白嫩，亭亭玉立，曲线迷人。再认真看去，内心更是发出惊叹：咦，这个好姑娌哇！脸上的轮廓浑然天成，脸眼鼻嘴耳全精致巧妙，搭配得恰到好处；身上的线条水似地柔和，又波翻浪涌般地生动。禁不住要盯着了细看，那心就有些颤抖了：呀，好一个姑娌哇！宁静平和、气质清纯，举手投足，韵味毕现，体现出来的是一种小家碧玉、邻家妹子的亲切之感。要是待得久了看得多了，心里的那份赞叹就会复杂了：唉，真是个好姑娌哇！朴实厚道，善良真诚，勤劳刻苦，温和贤淑，是那种能够终身相守、不离不弃的好女人、好儿媳、好妻子、好母亲！是会能让男人永远捧在手心，藏在心中，一辈子爱不够疼不够的好女子啊！

任凭外人的惊羡和叹息，修水女人只是略微带些儿羞涩地一笑，转身大大方方地去做自己的事，扎扎实实去过自己的日子。谷雨到了，春茶发芽了，上山采茶去。用一块蓝花围裙腰间一扎，那行走在茶树绿丛中的纤腰丰胸就有些摇风摆柳了，十指尖尖犹如拂琴弹奏一般在茶树上掐嫩摘鲜。阳光斜斜地照来，把采茶女鲜亮的脸晒得绯红，一双白皙的手也被茶叶染绿了被枝杈戳破了，采茶女并不在意。修水女人不怕风吹雨淋，不惧日晒霜打，劳动的打磨不会影响她们的天生丽质，反而更让她们增添了一种健康的韵美。背上的竹篓满了，就背下山，接下来就要做茶了。那揉茶是很有味道的：一簸箕的绿嫩茶叶，被一双青葱玉手轻轻地搓揉着，青白分明，鲜嫩互映，顺着一个方向慢慢地揉呀揉呀，悉悉有声，手柔软无骨，更是温柔多情，似在抚摸着一般，茶叶被揉舒服了，摸陶醉了，慢慢将身子蜷缩了起来，睡着了，原本一片片的茶叶就变成了一根根的小茶条，搁置太阳下晒干，然后就可以卖茶了。

修水是江南著名的茶区，是宁红茶的源产地和主产区。早在唐朝时就产茶叶，北宋时黄庭坚将家乡精制的双井绿茶推赏于京师，被誉为"草茶第一"，还写了大量的咏茶诗："双井名入天下耳，建溪春色无光辉。""万仞峰前双井坞，婆娑曾占早春来。""家山鹰爪是小草，敢与好赐云龙同"等。元祐二年（1087）黄庭坚将家乡双井茶分赠苏轼，写下《双井茶送子瞻》："我家江南摘云腴，落硙霏霏雪不如"的诗句，更是让双井茶闻名遐迩。宁红工夫茶远销欧美，在汉口、上海等地有"宁红不到庄、茶叶不开箱"的美誉。

从修水到汉口、上海，必定是要走修河，进鄱阳湖，出湖口入长江，再分道上溯下流。

修水人的茶叶是不全卖的，每家每户要留一定数量的茶叶，放置着家里备用。

修水有"人到茶到"的习俗，来人待客奉上一杯芝麻菊花茶是修水最基本的礼节。无论是远方的贵客还是左邻右舍串门，只要有人进屋来坐，主人就会很快将芝麻菊花茶端到客人手中。

那芝麻菊花茶真好喝！

冲茶前，先将少量茶叶和腌制好的菊花放入茶杯中，当沸水冲泡时，茶叶菊花立刻会浮了上来，再在茶杯中放入芝麻、花生米、黄豆、桂花、花椒、生姜、陈皮等十几种原料，并加入少许食盐，有概括芝麻菊花茶的特点是"芝麻盖面，菊花跑边，豆子沉底，淡淡盐味，细茶几根"。这种茶喝起来，香气扑鼻、甘甜微咸，营养丰富、止渴饱腹，令人回味无穷，津津乐道。一碗芝麻菊花茶，喝的是茶，品的是人，主家女人是否能干贤惠，端出茶就可知分明。

另一个证明修水女人才能的是修水哨子。

修水哨子是修水特有的传统地方风味食品，据说有三千多年历史了。原料却是极普通的：以境内高山特产山芋、红薯粉为原料，蒸熟揉拌成粉泥团，夹以地方特色馅料，包成上尖下圆的实心体，放入蒸笼用大火蒸十几分钟左右即熟。蒸熟后的哨子又软又香，就要"趁热吃"了，筷子夹上去特有韧性，清香绵柔，口感爽滑，营养丰富，是修水民间招待尊贵客人的特备肴品。修水哨子外形大同小异，味道却千变万化，凭的就是修水女人的手艺了。

修水女人会采茶、制茶、泡茶，做哨子，会种桑养蚕、插禾栽豆，更会生养孩子、操持家务。生养的孩子一个个健康俊秀，聪明伶俐，前面走一个，背上背一个，胸前吊一个，屁股后面还跟着两个，自己则左手挎箩右手拎桶，一齐下河淘米洗衣，挽起半截子裤腿露出两段白玉藕般的脚肚，站在清清的修河水里，弯起虽生了孩子却不变形仍是山重水复的好看腰身，把一柄枣木棒槌抡捶得龙飞凤舞，那说笑声也脆，如一串串银铃般沿着碧波绿浪在河面振吟，经久不息。洗好了衣服又回家烧饭，上奉公婆下育子女，还有丈夫得好生地疼爱着。修水女人最懂爱情：这是和自己一起居家过着日子，一起生活着，一起变老着，厮守终生的男人啊！

修水女人最开心的日子是回娘家。

稍加梳洗，换上自己最好的一身衣服，修水女人就像金子拂去了蒙灰浮尘，立即光灿夺目了，让天天看着的丈夫也眼睛一亮，忙屁颠屁颠地送老婆回娘家了。送老婆回娘家是修水风俗，不管是年纪大的还是年纪轻的，大凡你撑得动竹筏，推得起鸡公车，你就要送老婆回娘家，这是丈夫的义务，也是丈夫的荣耀。竹筏不宽，却会在最前头放上一把竹椅，让老婆端坐其上，脚下放着带给老婆娘家的礼物，丈夫则在后面撑篙。比起放木头撑大排出大力流大汗，丈夫更觉此时的筏子难撑，不但要撑得平稳，还要撑得从容自在，努力在妻子面前显出一份飘逸潇洒的风度来。那女子也舒身放肩，极力在前面坐出一种优雅动人的姿态来，把一个好看的背影让后面的丈夫养眼舒心。竹筏是走在修河里，而鸡公车走的是山道，沿着修河岸蜿蜒而行，推车的也是老公。俗话说："推车无巧，全靠屁股扭得好。"推车的男子双手撑把，张扬出一股气势，扎着虎背熊腰，屁股却左摆右移扭成了一朵花了，高高的车脊两边一边坐着老婆，一边坐着孩子和送老婆娘家的礼品。相对于坐排筏，鸡公车要难坐些，人坐一侧，屁股挨着半边还算踏实，脚却无法收缩了，只能笔直地伸在前面，突显出一双好看的脚来，腰肢却放松着，随着车的行走微微扭动着，使后面推车的丈夫看得心荡神摇，越发地小心了，既要把鸡公车推得吱扭作响，活溜如烟，又不能像驾犁操耙那样横冲直撞，是要细心地避开沟壑石子，专挑好路走，不能颠了老婆孩子的。河风轻轻拂着，浑身透着凉爽；山风微微吹着，心中满是惬意。河上坐竹筏的女人抬头望了望岸边坐鸡公车上的女人，正好坐鸡公车的女人也在扭脸看她，俩人远远地会心一笑，互相扬了扬手上的绢帕，算是打了个招呼，那娇媚的动作其实也是做给撑筏推车的丈夫看的：一年到头，难得有几回回娘家，让男人服侍宠爱一下真是个好哇！

那年节日前后到修河上下去看吧，河水中满是飘波滑浪的载妻筏，山岸边路上全是骨碌转动的推婆车。这段风景很独特，也很温馨。

那些未出嫁的修水姑娌虽然没人撑筏推车回娘家，但却可以在年节日期间去看戏呀，像一朵朵盛开的鲜花似的，有众多青年男子簇拥包围追求着，惹得看戏路上戏台脚下蜂飞蝶舞，风生水起，故事不断。

修水人看的戏叫宁河戏，原名宁州大戏，发源于修水县，流行于赣、鄂、湘三省毗邻地带，距今有 400 多年的历史，为江西古老剧种之一。演宁河戏有专门的戏班子，乾隆年间，还出现了著名的"宁州十八班"。"先看一步走，后听一把口。"修水女人懂戏，也喜欢看戏，但修水女人一般不演戏，只在年节日会去跳花灯。

修水县各地都有花灯，最著名的却是全丰花灯。

全丰花灯是全丰镇一项介于灯、戏、舞之间的艺术表演活动。春节期间，乡村各路花灯云集，从初一发灯一直唱到元宵，跑东家窜西家，通宵演唱。此外，民间节日、做寿、上梁、婚嫁，都要请来花灯热闹一番。大凡演唱有生、旦、丑三行，会演些简单戏文故事，一口全丰方言，外地人听不懂，只觉得好听热闹，修水人却都懂，乐呵呵地看得兴趣盎然。持灯舞灯的则全是姑娌，那脸本就俊俏，抹上了粉彩胭脂，更是美兮兮若如天仙；那身本来婀娜，穿上缎衣绸裤，更是飘然然好似精灵。一个个手持六角长形、贴有花卉图案的彩灯，灯照人艳，人映灯明，那舞却分明是一种妖娆、一种妩媚、一种诱惑，沿着修河走来，一路上钲煌导引，男女聚欢，所过村户，喜爆迎送，把一条修河闹腾得疯魔了、嗔痴了、陶醉了……

山水蕴灵秀，人物自风流。修水女人就像修水的山水一样，美于自然、秀自平淡，不张扬、不抢眼，如诗般地在大山的皱褶里酝酿音韵，如歌样地在修河的波浪里传播旋律，用千百年无拘无束、自由自在却丰富多彩、有滋有味的岁月诠释出对生活的热爱和对人生的理解。

只是有时，面对滔滔直下的修河水，修水女子心里也会有一丝丝惆怅：这河水朝下流、朝外走的世界是个什么样子？什么时候自己也能像那些男人一样，乘船驾舟从修河水走出去呢？

真正让修水女子走出修河，走出大山，走进山外的多彩世界，并且一直走进北京人民大会堂，那可是改革开放后的二十世纪后期了。

三、黄庭坚与"江西诗派"

修河水从修水县城开始为修河中段了，呈现出大家气派，碧澄如天，白亮似练，宽泛铺展，气度悠闲地从西至南缓缓半圆环绕修水县城，然后扭头潇潇洒洒地挥师东下，留下了美丽贤能的修水女人，也留下强健勤劳的修水男人，却带走了大量的读书人。有一组数字：自唐宋至清代，修水县共出过进士201名，宋代即有进士160名；历代有丞相2名，尚书16名，一、二品官员13名；另有知名文学艺术家21名。岁月悠悠，修河悠悠，人儿也悠悠，那读书人一代又一代地乘排筏、坐舟楫、驾长风，奔千里，"望极神州，万重烟水"，去外面的世界追寻"画毂移春，靓妆迎马，向一川都会。"为未来的人生赢得"荔颊红深，麝脐香满，醉舞裀歌袂。"把一条修河水走得是姹紫嫣红、流光溢彩；把一个修水人走得是星辰灿烂、青史垂名。

修水自古称"文章奥府"，为"濂溪弦铎之地，山谷桑梓之乡"，历来重视教育，文风兴盛。宋代黄庭坚的曾祖父黄中理曾开办樱桃书院和芝台书院，宋代理学家周敦颐任分宁主簿时亦开办濂溪书院，乡里大户徐、祝等也办有书院，延引四方学子，培养众多人才。从修水走出的宋代名臣徐禧、徐俯父子，布衣腾达，一武一文。明代周季麟、周季凤兄弟，均官至左都御史，史称"双凤"。南宋政治家、军事家、四川按抚置制使余玠，治蜀10年，屡挫蒙军。陈宝箴，官至湖南巡抚，支持维新变法，向光绪帝推荐维新人才，在湘办新学兴新政，为全国封疆大吏中唯一支持和从事变法者；陈宝箴之子陈三立，为同光体诗派领袖，清末民国初诗坛泰斗；陈三立之长子陈衡恪（师曾），近代著名画家，与齐白石齐名；三子陈寅恪，闻名海内外的国学大师，著名教授，桃里陈氏一门四杰，皆入《辞海》名录，可谓修水殊荣。

修水历史上还出了个孝子吴猛。他为了让劳累了一天的父母睡个踏实觉，就赤身睡在父母身旁，任蚊子叮咬吸血而不驱赶，好让蚊子吸饱了自己身上的血，便不会再去叮咬父母的血了。吴猛以事亲至孝事迹典故"恣蚊饱血"而名列中国传统《二十四孝》中的第11位。

最让修水人荣耀的人是黄庭坚。

清凌凌的修河水自杭口东下，拐过一个大湾，遇一环形杭山，好像苍龙首尾相接环绕住中间的一片平地，河水只好遇山萦回，甩出一个半弓形的大湾，旋成两个水涡，恰似两口偌大的水井，滋润着湾内肥沃的土地，这就是北宋诗人、词人、书法家，江西诗派开山之祖黄庭坚的故乡"双井"。

双井风水好，自然人才辈出，仅宋、明两代，在双井黄氏一族中就出了48个进士，黄庭坚在这48名进士当中，官当得不是最大的，仕途不算是顺利的，但诗词、书法却是最好的，名气影响也是最大的。

黄庭坚，字鲁直，号山谷道人，历官叶县尉、北京国子监教授、校书郎、著作佐郎、秘书丞、涪州别驾、黔州安置等，算是上下沉浮，屡屡遭贬，最后是死于宜州贬所，终年仅61岁。他在诗歌方面与苏轼并称为"苏黄"；书法方面与苏轼、米苏、蔡襄并称为"宋代四大家";词作方面,虽有评价说逊于秦氏,但也曾与秦观并称"秦黄"。

使黄庭坚名声远播的是江西诗派。

江西诗派源于吕本中所作的《江西诗社宗派图》,把当时在诗歌写作中与黄庭坚一脉相承的25位诗人划归一处,又因其中有11人是江西人,当然更是因为黄庭坚是江西人,所以定名为江西诗派,后又把作此书的吕本中和曾几、陈与义等以及曾纮、曾思等人也被补入江西诗派。因诗派成员多数学杜甫,方回在宋末又把杜甫、黄庭坚、陈师道、陈与义称为江西诗派的一祖三宗。江西诗派的诗歌理论强调"夺胎换骨""点铁成金",即或师承前人之辞,或师承前人之意;崇尚瘦硬奇拗的诗风;追求字字有出处。在创作实践中,诗派"以故为新",重要作家的诗作风格迥异,自成一体,成为宋代最有影响、盛极一时的诗歌流派。

吕本中作《江西诗社宗派图》时间,有说是在宋徽宗时代,崇宁二年初(1102),吕本中19岁或刚满20岁;又有说是在既宋高宗三年,绍兴三年(1133),史学上一直有争议。但有一点事实是:如果是前说,黄庭坚崇宁二年正受"除名羁管宜州"(今广西宜州县)的严厉处分,他是否看到此书知道此事尚不可晓,如果是后说那他更是死二十多年了,至今没有史料显示黄庭坚就"江西诗派"有过任何言谈和文字,可见黄庭坚在世时并不知道此说;也没有诗派中的诗人就诗派一说进行过任何对话或诗作唱和,倒是有好几个诗人反对抵制吕本中的划归法;更未见历史上有"江西诗派"的什么宣言、纲领、组织机构以及结社、开会、活动、应酬之类的记载,所谓的"江西诗派"的人员之间更多的只是神交、只是意会,只是被后人列队排序、归纳综合而已。就像现时的评论家总喜欢把作家作品极力划归为什么"流派",标榜为什么"主义"一样,要不然就显示不出评论者的高明似的。"江西诗派"也是吕本中的一家之言,他自己也说过所作《江西诗社宗派图》只是"少年戏作",名单的取舍序次都很随意。至于后来方回搞的什么"一祖三宗",把唐代诗圣杜甫推崇为"江西诗派"之祖,而把黄庭坚、陈师道、陈与义三人称为"江西诗派"之宗,更是有些"拉大旗做虎皮"的意味,也有些故意抬高"两陈"地位的企图,要知道陈师道是"即尽焚旧作,转学黄诗",他虽有不俗的创作实绩,成为江西诗派的核心人物,但严格说起来他毕竟要算是黄庭坚的学生啊!陈与义虽有宋人称他崇尚陈师道,但多数人认为他最近于杜甫。其作诗重锤炼,固然有与陈师道相似的地方,但他重意境,擅白描,与黄庭坚的好用典、矜生硬,迥然有别,所以又有人认为不应将其列入江西诗派。

但是，吕本中指出"江西诗派"的存在又是有道理、合乎事实的，其诗派成员大多受到黄庭坚直接或间接的指点，他们的诗歌创作也或深或浅受到黄诗影响，确实是一个具有相似题材走向和风格倾向的诗歌流派。所以"江西诗派"在当时得到了承认，后世更是得到了广泛赞同，黄庭坚由此成为开山之宗也是名至实归。

黄庭坚虽然一生命运多舛，历尽磨难，官场失意，贫疾而死，可他的人品却高洁清雅，性情极其平常淡然，心态也很是平和淡定。早在进京考试之时，举子们翘首以待，焦急不安，他却找人下棋去了，闻知落榜也毫无沮丧，棋照下，酒仍喝，来年再考就是了。黄庭坚仕途上几经遭贬，甚至衣食窘迫，可他仍超然于世，随遇而安，也不故作清高，能放下架子卖艺求生，为人写字换取度日之资。他不畏权贵，为民疾呼，又秉烛直书，公正修史，就是被谪遭贬，住僧寺居戌楼，也自是清心静气，守名持节，毁誉不计，宠辱不惊。更难能可贵的是他还是一个大孝子，虽身居高位，名声显赫，侍奉母亲却竭尽孝诚，尽管家中有女佣，却每天晚上都要亲自为母亲洗涤马桶，没有一天忘记儿子应尽的职责。其孝敬父母的事迹典故名为"涤亲溺器"，跻身《二十四孝》之中，在中国的历史传统文化中扬起了一面伦理道德楷模的旗帜。

顺便说一句，黄庭坚政治上保守，和司马光一起反对王安石革新变法，这和他在诗歌创作上强调读书查据、以故为新、"无一字无来处"，以及尊重传统伦理道德一样，都是个性使然，一个写诗都因循守旧的人，当然不会在政治上标新立异。他的这种性格，毁灭了他的政治前途，但却造就了他的诗歌和"江西诗派"，使他成为中国有名的孝子，也可谓有失有得吧！

黄庭坚以其鲜明的诗学主张和体现宋诗美学风范的卓越诗歌成就而为诗坛所瞩目，更由于他为后辈诗人提供了具体的创作门径，使他们有诗法可循，因此受到众多学诗者的拥戴。作为一个开创诗流派的艺术大师，黄庭坚的一些诗作至今仍脍炙人口。如前面曾提到的《登快阁》，又如《雨中登岳阳楼望君山》："投荒万死鬓毛斑，生入瞿塘滟预关。未到江南先一笑，岳阳楼上对君山。满川风雨独凭栏，绾结湘娥十二鬟。可惜不当湖水面，银山堆里看青山。"一些诗词句子更成为经典，如："桃李春风一杯酒，江湖夜雨十年灯""坐隐不知岩穴乐，手谈胜与俗人言""小雪晴沙不作泥，疏帘红日弄朝晖。""风前横笛斜吹雨，醉里簪花倒著冠""山又水，行尽吴头楚尾。兄弟灯前家万里，相看如梦寐。"黄庭坚还留下了《李白忆旧游诗草书卷》等大量的书法作品，其《经伏波神祠诗》，共行书477字，原迹现在日本。此诗帖洋洋数十行，挥洒自如，笔笔精到，气势开张，结体舒展，是黄庭坚晚年的得意之作。现在家乡修水保存的黄庭坚所书的"黄龙山""灵源""法窟""双井""钓矶"等摩崖石刻，仍完好无损。修水县城隔河相望南山崖河边巨大平整的石壁上，有黄庭坚手书的一个高1.84米，宽1.20米的"佛"字，字体方圆浑厚，遒劲苍健，有力透石背之感，穿越了千年历史，至今仍在修河水旁熠熠生辉。

能以诗文传世，在中国文学史上占有一席显著地位；又能以人格传人，在中国人的精神史上有着独特典范作用的人，鄱阳湖流域有三个：一是黄庭坚，另一个人是陶渊明，还有个文天祥。

遗憾的是修河水，她曾轻舟远送英姿勃发，踌躇满志的黄庭坚走出双井，走向中国的政治、文学舞台；也曾快船飞驰诗文辉煌、誉满天下的黄庭坚返回修水，衣锦还乡，荣归故里；最后却不得于大观三年（1109）春重舸沉载飘零异乡、贫病早逝的黄庭坚灵柩进山、埋葬祖坟，魂归家乡。幕阜山高，松涛不止，修河水长，风浪不息，那是天地间近千年的叹息。

四、武宁打鼓歌

修河水从清江进入武宁县，突然脚步迟疑了，好像是被什么所吸引，徘徊不定，犹豫不决，那水就流得滞涩缓慢，有着柔肠百转，曲意逢迎的意味，竟然一步三回头，河道三折六绕，在短短的十几公里连续甩出了三个拱背大湾，似乎不肯再往前行，长留而不想走了。

是什么能让自出山以来就明澈坦荡、无拘无束，又见多识广、荣辱不惊的修河水如此留恋不舍呢？

先是远远的、细微的振动声，犹如河边崖壁旁的山珍野果成熟了，红了黄了紫了，在枝头挂不住了，跌落了下来，掉进了宁静清澈的河水里，发出了像拨动琴弦的叮咚声，把人心也微微地拂动了地一颤，一颗又一颗，一声又一声，一颤又一颤；接着稍近了些，那响声也大了起来，好似有微风鼓浪，拍打着石洞岩豁，空穴回荡，咚咚咚的声音借着水波儿的传递，跳跃而来，又有混杂的共鸣声，让听者神情一抖，期盼顿生，渴望着急忙前行，想去看个究竟；真的近了，喧闹声大起，却原来是有人在打鼓唱歌，众人在高声应和，那鼓声清脆蹦响，一击一击地敲打在歌的音魂节魄上，那歌声于是就神色飞扬，豪放嘹亮，激情澎湃了起来，引领得那些应和的合唱更是高亢激昂，浑厚宽广，响彻云天了；再定睛细看，这并不是山村节会，也不是闲暇娱乐，更不是玩耍嬉戏，而是在劳作，那百余人众，纵横多排，抢锄挖山，边劳边歌，而前面有一、二鼓手，斜肩挎鼓，持棒敲击，边鼓边歌，众挖山者齐声附唱，声震山林，臂挥手抡，银锄天落，地动山摇，泥土翻卷，垦荒造林……

这就是有名的武宁打鼓歌。

资料曰：武宁打鼓歌俗称"锄山鼓""催工鼓""耘禾鼓"，源与湖北锣鼓，是一种以鼓伴奏的田山歌，历史悠久，风味独特。清同治《武宁县志》载乾隆年间"楚人来宁垦山者，多以百计。绝嶂层岩，鸡犬相应。火耕旱种，百锄并出。每数十人为伍，其长腰鼓节歌，以一勤惰"。"农民插禾，联邻为伍，最相狎昵，午饮田间，或品其工拙疾徐而戏笞之，以为欢笑。每击鼓发歌，迭相唱和，声彻四野悠然可听"。据《武宁县志·艺术卷》载："打鼓歌最迟是公元一千七百年前由湖北传入武宁"，后又融入了"吴歌"韵味和武宁乡土风情，形成了自己独特的艺术特色，并在武宁民间广泛流传。

以鼓声掌握着劳作节奏，以歌儿鼓舞着劳者情绪，以音乐体现着催工效果，武宁打鼓歌既是娱乐怡情的"艺术"，又是劳动现场的"指挥"，其演唱贯穿整个劳动的全过程。鼓者左手持鼓槌以竹节击鼓，右手扶鼓体的一端并以指齐按鼓面，发音铿锵，音色时有变化，鼓声悠扬清脆，数里之外可闻。又见人唱人见物喻物，即兴演唱，妙趣横生，能使劳动者消除疲劳，增添干劲，从早上出工一直唱到傍晚收工才结束，把繁重的体力劳动融会在欢乐愉悦的艺术享受之中。这是一种奇异的风采，别样的浪漫，是武宁县至今仍保留而特有的一种生产情致和生活情调。

武宁县是山区县，幕阜山蟠结北部，九岭山绵亘南缘，中部为丘陵山地，森林面积占全县面积的近百分之七十，森林资源是全县最主要的经济支柱，自1700多年前一直到现在，武宁人就不仅仅只是靠山吃山，坐吃山空，而是锄山挖山，育山养山，在向自然攫取财富、向大山索取竹木的同时，主动积极地打起鼓来唱起歌，进行锄山垦地，植树造林，用愉悦的鼓歌和挥洒的汗水使得山无荒坡，林无空闲，绿竹葱郁，树木参天，鲜花灿烂，橡子、香菇、竹笋、山栗、阳桃、药材等山货俯拾即是，更使得整个武宁地区峰峦叠翠、沟壑流泉、仙天福地、风光迷人。

武宁打鼓歌是武宁先祖们生态观念的结晶和证明；更是武宁现代人环保意识的努力和体现。

武宁打鼓歌的曲调优美动听，有铿锵有力、激越高亢的昂劲歌，又有悠扬婉转的山歌号子，还有道情般的叙唱，它是集山歌、民歌于一体的大型歌体，流传武宁县19个乡镇及修水、瑞昌、永修、靖安、铜鼓和湖北通山、阳新一带，至今盛唱不衰，也成为武宁的特色与代表，使得外地来武宁的人能亲耳听到、亲眼看到武宁打鼓歌表演成为一大乐事；那走经武宁的修河水，虽然早早晚晚、经年累月、千秋万代地听着看着，却总也听不够，看不厌，仍把那鼓声歌声渗揉进清澈的河水中，缠绵绵地流着，陶然然地听着："唱支歌来解新鲜，海水烧茶不用盐，雪里磨刀不用水，好汉连姐不要钱，烈马回头不要鞭……"

武宁人是用打鼓歌，向世人传递着武宁人维护自然，崇尚天然，人生淡然，生活悠然的追求和境界。

幕阜山脉中段的九宫山脚下，距武宁县城 70 余公里的上汤乡，有一处温泉，千百年来，在这里仍保持着男女同浴习俗。在雾气氤氲的露天汤池里，一群男女聚集在一起敞天沐浴，脱掉了衣服，去却了一切身外之物，赤身裸体袒露在阳光下，吹拂在山风里，朦胧在林雾中，看着头上飘动的白云、眼前葱郁的青山，嗅着野花的淡香，呼吸着树林青草的清新气息，人心顿时纯净清洁了，灵魂也超然升华了。都是赤诚面对，面对同性异性的裸体坦然而视，没有丑美之辨，没有贵贱之分，都是人，都是拜天地所赐父母所生，是与这头上的天、脚下的地、周围的山、身边的水一样，是大自然的造物，是有血肉有灵魂之人，更是同样活灵活现、活泼生动、活色生香的最美妙的生物、最尊贵的生命呀！胸前裆下那两块遮羞布一旦脱掉了就脱掉了，沐浴在这天人合一的浴场中，沉浸于这伊甸园般的池水里，就会感觉到无欲无念，无羞无愧，无邪无耻，肉体似乎不复存在，只有灵魂在飘浮，这是一次心灵的洗浴，肉体的再生，这种崇高境界是人生难得一回的！

相对于外国的所谓天体浴场，武宁的露天汤池没有那种故意咄咄逼人的人性张扬，而是像武宁打鼓歌一样，只是把人的本体自自然然地融会在天地山水之中，把人性崇尚悠悠闲闲地蕴含在愉悦享受期间。

武宁县有个人值得一说。

李烈钧，武宁罗溪坪源村人，追随孙中山，戎马一生，战功卓著，曾被孙中山任命为江西都督、三次参谋总长，先后在九江、安庆、武昌三地指挥作战，为辛亥革命的成功做出了鼎力贡献。1913 年 7 月 12 日在江西湖口就任讨袁军总司令部总司令，打响讨伐袁世凯的第一枪，揭开了"二次革命"的战幕。

五、潦河回家

自进入武宁县城开始，修河水一直有些儿慵懒散漫，像个想把自己彻底放松下的女人一样，也就不事梳洗，不作修饰，素面朝天，穿着简便，随心所欲地流淌着，自由自在地泛滥着，东一个湾儿走走，西一个拐儿遛遛，看到绿草滩头，就过去躺下晒晒太阳，伸伸懒腰儿睡上一觉；看到山崖边的烂漫花儿，也靠上前采摘，就着水镜儿顾影自怜一番；又钻进山洞峡谷看个新鲜探个究竟，跑进村庄集镇听人说笑吃点零食；不知不觉地一玩都五十公里远了。猛回头，修河蓦然惊觉：竟然走偏了以往的老河道，甩下了一路的浅水滩、大河汊、小港湾，把个河床铺展得弥漫扩散，把个河岸也扭曲得交错分叉，这五十来里的河就河不像河、湖不像湖了，成了个巨大的滩涂水洼般的缭乱芜杂。好在河床虽乱，却犹如女人本是天生丽质，虽无化妆却仍是楚楚可人一样：水却仍是清凌凌地盈盈欲泼，明镜儿似的映出了青山群峰的倒影，在阳光跳跃的波浪一会儿闪现出一间草屋一排瓦房一座村庄，有人影儿、牛羊、狗猫、鸡鸭在活动，像拉洋画片儿般动感十足。那如流星般划过平静河面的小木排长竹筏，也就像女人的一颦一笑，在蓝天白云碧水间顾盼生辉。

修河笑了，是那种贪玩知错的嗔笑，又是有些自鸣得意地笑：这一路是有些儿太放纵荒唐了，不过，淡淡妆、天然样，难得放松一下又何妨！

多少年后，人们借助修河的这次放松，在这段宽散的河道的最窄处建筑了一座大坝，把这段水流变成了一座大水库——柘林水库。

再往下走的修河就敛神聚气，专心致志了，她修正了河道，归纳了河床，又接收了大桥水、碧田河、罗溪水、三部水等支流，形成一条河面宽 120～400 米之间，中水位期水深 1.6～2.4 米之间，可航 50 吨级船只的主河道，为在下游迎接修河家族中的孪生兄弟——潦河回家做好了准备。

潦河是修水最大的支流，由南北潦河汇合而成，以南潦河为干流。南潦河源出宜丰县北端九姨岭山脉西、奉新县的五梅山西北坡、靖安县的沙坪附近山区，三县三源汇流入安义县境，经黄洲、石鼻，至石窝汇合北潦河，二流归一后东北流至永修县城西三下渡附近注入修水，潦河全长 193 公里，流域面积 4333 平方公里。

潦河发源流经的宜丰、奉新、靖安三县，都属山区县，现今都属宜春市辖区。三县森林覆盖率都达 60% 以上，都是出竹木也出风景的好地方。明末清初，奉新县还出了个著名的科学家宋应星。

宋应星，奉新县宋埠镇牌楼村人，在担任江西分宜县教谕（1654～1638）年间，他把他长期积累的生产技术等方面知识加以总结整理，编著了《天工开物》一书，详细叙述了各种农作物和工业原料的种类、产地、生产技术和工艺装备，以及一些生产组织经验，图文并茂，数据详尽。宋应星是世界上第一个科学地论述锌和铜锌合金（黄铜）的科学家。他明确指出，锌是一种新金属，并且首次记载了它的冶炼方法，使中国在很长一段时间里成为世界上唯一能大规模炼锌的国家。宋应星的著作都具有珍贵的历史价值和科学价值，《天工开物》被誉为 17 世纪中国科技的百科全书。

南北潦河在安义县合并后，兄弟携手，双双回家，使得修河水系的家庭大团圆了，也使成熟了的修河安安稳稳地走过了下游，完成了修河一路美丽而浪漫、可歌也可吟的全过程，以一种体现生命最原始的轻盈身姿、凸现生命最本质的风情万种，娉娉婷婷、款款深情地从永修县城穿城而过，在吴城镇投入了鄱阳湖的怀抱。

第二章

流动篇

第一节
引子：九帮十八派

现在好了，鄱阳湖的所有成员全部都到齐了，鄱阳湖家族完全大团圆了。

江与河的拥抱，是波涛翻涌，是激流奔腾，更是白光一片，气可吞天，其风也浩荡水也苍茫；那种欢腾，那种振奋，那种豪情万丈，犹如父子重逢时拍肩抚背的深情呼唤，兄弟聚首时捶胸搂颈的激动吼叫，其心也荡漾情也飞扬。水和水的依偎，是波光粼粼，是浪花飞溅，更是烟波一派，风月无边，其湖也温存水更缠绵；那种惊喜，那种欢悦，那种柔情万种，就像母女团圆时端详抚摸的泪水纵横，姐妹再会时执手欢笑的疯狂娇嗔，其神也奕奕意更翩翩。

好大的一座湖啊：五大源流、六十九条主要支流、二千四百多条大小河流、数不清的山溪涧流港汊湖湾，汇总而成的一座湖！

好美的一座湖啊：一省社会文明的结晶、五千年历史文化的精髓、十六万六千九百平方公里土地的钟灵毓秀、千秋万代鄱阳湖子民的勤劳智慧，凝聚而成的一座湖！

在历史老人的记忆里，鄱阳湖的崛起好像是在一种不经意间，是在距今 1581 年前的南北朝时期，因忙于长江改道劳累后的一个小憩，打了个盹儿，醒过来时，却发现古"彭蠡"不见，出现在眼前的是一个南迁扩张后的一个崭新的鄱阳湖：浩瀚迷茫，开阔排阂，碧浪滔天，横无际涯，绿岸逶迤，青山倒影，"鲂鲤跃鳞于将夕，水鸥乘和以翻飞。"正惊讶间，那湖又变了：舟船来往、帆篷翻飞，网起网落、渔歌唱晚；岸远地平，稻谷飘香，村镇叠起，人烟辐辏，"渔村绕水田，澹浦隔晴烟。"

"灯火楼台一万家"，"泛泛渔舟载月还"。

如从空中俯瞰大地，鄱阳湖就好像一个巨大的碧玉中国结，蔚蓝蓝、绿莹莹、亮晶晶的铺展在长江中下游地区，一头纽带起赣江等五大河流和这五大河流辐射开来的多省区域；一头拉拽起长江以及与长江连通的京杭大运河的中国北方，成为沟通中国南北的中心枢纽，成为闽、粤、赣、鄂、皖、苏、浙以及再往中国北方地区延伸的商贸物流的基地和中转点；又通过杭州、扬州、上海等对外港口，架起了沟通世界的桥梁。自是滋润了两岸，自是活路了众生。而在鄱阳湖区人的心目中，鄱阳湖是生养之根、生存之地，那水色清澈透明、水质甘纯甜美的鄱阳湖，荡漾的是他们的一日三餐、四季衣裳，涌动的是春夏秋冬、年年岁岁，托浮的是家庭家族、子孙绵长。

五大支河以及其他小河流的人带着他们各自不同的水源物产、乡党族群，各自不同的运载工具、谋生手段，各自不同的文化背景、风俗习惯来到鄱阳湖上，形成了一个流动的人族，构成一个流动的社会，他们和周边十多个县市的人众聚集，再加南来北往的商贾旅人，也就在鄱阳湖上构建成了一个特殊的"江湖"。

以湖而起，以湖为业、以湖为生、以湖为家，在鄱阳湖上产生了众多的帮派。鄱阳湖素有"九帮十八派"之说。所谓的"九帮"指的是：排帮、粮船帮、盐船帮、瓷船帮、渔船帮、茶叶船帮，柴炭草船帮以及湖盗芦席帮，加上岸上为水帮人服务的各杂小帮统称为岸帮，共九大帮；"十八派"是九大帮派中的再划分，实际上并不止十八派。九大帮里每个帮都能分划出许多的小派来。如光渔船帮就可以根据所在的地域划出十几个派别，又可以用姓氏家族、作业方式等方式来再细化。这方面外地人不大分得清，湖上人却懂。譬如有说"渔船帮来了！"这是泛指，是指以渔为业的整个湖上渔船帮；但又说："是湖口帮。"这是具体指明县份的渔船帮；再说："哦，是张家帮的钩船帮。"这就是指细化了的张姓家族放钩的船只了。鄱阳湖上的货物无所不有、千姿百态，不可能也根本无法用船帮的形式来详细划分，九帮十八派只是概数，那些数量不多、具有时段性、构不成常态和趋势的船运小帮派也就都概括入十八派之中了。鄱阳湖是开放的，她能容纳八方水流，也就能接受四方人众，只要你到了鄱阳湖，你就是鄱阳湖人，鄱阳湖就会慷慨大方地给你一处谋生，给你一份生活。所以有史以来，鄱阳湖上大帮小派，林林总总、琳琅满目，以各自的生产方式、生存形式、生活样式在鄱阳湖上活动着、流动着，是随着湖水的流动而上溯下流、游弋两岸，也就犹如流动的湖水一样地活泛、生动、喧腾、灿烂着，形成了鄱阳湖特有的生态意境，构成了鄱阳湖独特的文化景象。

鄱阳湖上九帮十八派起初只是一个谋生手段、生产方式的划分，是自然形成的。九帮十八派与湖同生，也都是在湖上讨口觅食的行业，虽各出自一邦，但又必须在湖上来回流动，没有了岸上那种有坚实土地站立、没有了有固定房舍遮蔽的心理依赖，也没有了那种家族呼应、亲邻互帮的外力支撑，仅凭单船独桨，随波逐流，四处飘零，自然界的风云变幻、波澜浪涛本就难抗拒，更有人为的利益竞争，那可是为了活命的打拼啊，也同样像鱼类一样，"大鱼吃小鱼，小鱼吃虾米，虾米吃渣渣"，免不了血淋淋地惨烈，你死我活般残酷。湖上人先只是同乡间的互相帮衬，而后是同类行业间的相互支持，慢慢就扩展为整个湖上同行业的统一联动，帮派就这样形成产生了。于是，那些行走在鄱阳湖上的所有白帆绛帆黑帆都高举起了结盟的大旗，那些游散在湖下岸边的各行各业都涂抹上了帮派的色彩。这面结盟大旗是"义"字旗，是仁义、忠义、道义，更多的是江湖义气；那色彩却是"同"花色：同族、同姓、同乡、同行，甚至可以大而扩展到同河同江，同水同湖。而所有的"义"字旗和"同"花色的核心却是两个字：生存。

鄱阳湖上的船帮有官办和民办两大类。漕粮是官运，活动范围也不专属于鄱阳湖，其余地方稻米的流转全都依赖民船；瓷器也是官运的，有专门运送官窑产品的官船，不过民间用瓷还是用民船运输；盐业向来也属于官办，走私盐在历朝历代也都是违法的，所以盐一直是官家垄断，但却交由盐商代办，所以虽然有专门的盐船帮，但却是仍属于民间船帮。唯有红船是一个特例，虽一度官办，但仅只是在明清两代才有，且受地域局限，至晚清则蜕变为一种民间慈善公益机构了，所以它虽然是鄱阳湖上一类船帮，但却不能单独构成一大帮派。官船有官府的管辖，民间船帮只能是自己保护自己了，把同类的分散个体用帮派的绳索捆绑起来，形成一个由众多个体组成的小团体，这是"一根筷子易断，一把筷子难折"的原理，捆绑这把"筷子"的绳索就是帮规。

鄱阳湖上的九帮十八派与岸上的社会派帮有所不同。岸上的帮派一旦入帮，终身在帮，弃帮即为背叛，是要受到严厉制裁的。鄱阳湖上的九帮十八派只是湖上船只分类的松散团体，船只和人都存在着随意性，船只装运什么货物只是个基本的定性，比如粮船帮、盐船帮、瓷船帮因常年有货运也就较为固定，但往返不能让船只放空，还是要装运别的货物；茶叶船帮、柴炭草船帮是有季节性的，其他时候还是要运杂货；排帮、岸上杂帮只是人的职业不同，离开了职业也就离开帮了；唯有渔船帮和湖盗芦席帮是最为固定的。渔业多是姓氏家族祖辈相传的职业，而渔船也因船形和配置的不同不好从事其他运输；而下湖为盗匪却是走向罪恶深渊难以回头的。

这样一来，湖上帮派就出现了个奇怪的现象：粮船帮的船今天运粮，到了码头卸了粮食，第二天装了瓷器返回，你船还是粮船帮的船，但你装了瓷器就得遵守瓷船帮的规矩了。反之亦也如此。人就更是变化多了，你今天在盐船做撑佬，你人就在盐船帮，明天你到茶叶船上当舵工，你人就在茶叶船帮了。人跟船走，船跟货走，货即为帮；在帮是帮，在帮言帮，在帮就得守帮规。所以鄱阳湖上的九帮十八派的帮规对外都是公开的，一般湖上湖岸人都知晓。各帮的帮规虽各不相同，但都戒律森严，不得违反，违反了就要受帮规处罚，那往往是伤、残、死的重惩，但凡受了帮规的惩处，人就完了，在鄱阳湖上就没有立足之地，没有谋生之处了。

九帮十八派的帮规也千奇百怪。有统一的，比如忠义、诚信。要效忠帮派，义字当先，为了帮派利益和帮内兄弟要敢打敢拼、舍生忘死，不能背叛；不能偷盗，就是以抢船劫货的湖盗芦席帮也只能偷盗外帮，不能偷盗本帮自己人；不准欺凌强奸妇女；对货主负责、不能黑货欺骗等等，这是大帮规，是帮派的根本原则，是安身立命的基础，所有的帮派都是必定要遵循的。而小帮规却就五花八门了，比如说，排帮规定油头不能上头排。油头是指女人，女人头上抹了刨花水、生发油，油黑黑的发亮，所以是油头，女人不能上头排是怕女人污秽了，给大排带来不祥；这和草船帮不准女人跨过扁担冲钩的意思是一样的，带着浓厚的迷信色彩。盐船帮、草船帮规定了不准带火镰、不准在船上吃烟，怕的是容易发生火灾。茶叶船帮的规定很有趣，不准带香脂姻粉上船，也不准在船上吃腌鱼、腐乳等重口味的食品，怕的是这些气味会给茶叶串味儿。这些儿帮规说到底只是些禁忌，是特殊的行业规定的特殊禁令。鄱阳湖上所有的帮规好像都没有禁止拼打抢夺，也没有不准打死人之说，更没有规定在湖上看到船只遭到盗抢和风浪险情一定要上前去相助救人。这是不好规定的，为了生存，帮派和帮派之间经常会发生争斗，该出手时就出手，不出手就会吃现亏；遇到盗抢和风浪，先要保全自己，有把握有能力再去考虑救人，这是明智，更是生存法则。但有一个从来没有在九帮十八派的帮规中出现过，却被湖上所有帮派人都严格遵守的规定，那就是在湖上遇到漂尸一定要捞，捞上后就近靠岸埋葬了。那年月，你在湖边沿岸走着，会在滩头小山坡上经常看到一只只的无碑坟头，那就是漂尸的坟墓。哪只船看到漂尸不捞不葬，那是会被九帮十八派唾骂的。都在湖上过日子，都是风口浪尖上讨生活，谁也难保谁不会遇上灾祸，湖上人死在湖上水里，不能让水烂腐了，让鱼吃光了，人死入土为安，相互伸手帮一把吧！这是所有鄱阳湖上帮派人的一个基本原则。

鄱阳湖上九帮十八派和黑社会性质的帮派不同，譬如和中国历史上的"青红帮"

以及哥老会、白莲教、红枪会、天地会等帮派是有根本差别的。说到底，鄱阳湖上九帮十八派只是职业的通称和行当的总名而已，只不过是一种生活的集体形式和生存的共性状态罢了。

人靠帮，帮帮人，举着帮派大旗在湖上来往，靠着严厉帮规的约束，鄱阳湖上九帮十八派生活得才有声有色、有滋有味，才有争有斗、惊心动魄，才有苦有乐、丰富多彩，在鄱阳湖的历史岁月上写满了平凡生动的故事和美丽悲壮的传奇。

可惜的是：帮派历来是属于民间行为，不被官方认可甚至是遭到官方禁止的，就犹如鄱阳湖滩的湖草一样，随着湖水的盈溢干竭，也就春萌夏盛秋衰冬枯，鄱阳湖上九帮十八派只是在鄱阳湖上自生自灭，自兴自亡。翻遍鄱阳湖地区所有的县市地方史志，都没有关于鄱阳湖九帮十八派的记载，那些帮派名称帮规内容帮派活动仅仅存活在鄱阳湖区老人们的残缺记忆中，如今是难以窥探全貌了。

多亏了二十世纪八十年代末、九十年代初，我对鄱阳湖环湖的多次走访采风，特别是在吴城镇两次一住几天，和老街上一帮老渔人老船民老居民闲聊，获得了极丰富的鄱阳湖九帮十八派的民间一手资料。当年他们就都有着六七十岁了，想着现在这些老人怕是在世的不多了。我只能在心底深深地向他们致谢了。

第二节
排　帮

一、漂流的村庄

正是夏水盈溢时，鄱阳湖水澎湃成一派汪洋，漫无边际，那岸远了，山矮了，舟船却多了起来。无数的三桅船、二桅船、单桅船如同森林般地在碧绿的湖面上耸举了起来，张扬起一片片的白色帆、绛色帆、黑色帆。帆在抖颤，那是湖风鼓荡着的；湖也在抖颤，那是波浪泛闪着的。天空晴朗如洗，太阳则是女人多情的眼睛，把炽热的光芒投射下来，每一只船舶都承接感受到了她的眷恋，那帆篷就压抑不住迸发的激情，越发地张狂了，你追我赶地在湖面上竞走着，来来往往、纵横驰骋，"长波万顷阔，大舸一帆轻""开帆入天镜，直向彭湖东"。把偌大个湖面闹腾得生气蓬勃，流光溢彩了。

突的，所有的船只都急速地扳舵打桨，慌忙地转篷扭帆，纷纷朝着湖岸两边的浅水道避去，在湖深水面让出了宽阔浩大的水道。初次来鄱阳湖的人不知所以，忙朝前望去，却是看不见什么的。只有渺茫连天的湖水，从上游缓缓地朝下排闼而来，波翻浪涌中好像有东西在跳荡，先是远远的，听不甚清晰，似觉出像有一只无形的手在一下一下地拍击着你的胸膛，心房也就随之一荡一荡地晃动着；渐渐地近了，那种拍击强烈了，把你的心跳也加快了。猛的明白过来：是鼓声，一种有节奏的鼓声，"咚、咚、咚……"地借着水波儿跃动而来，沿着水面传递得很远很远。几乎所有的湖面船上人都一齐昂头扯颈，屏住了呼吸，朝着那上游探望而去。鼓声响了，近了，咚咚咚的仍是原节奏，却不觉单调，只听着让人心震撼，连浑身的血液也随着越来越响亮的鼓声而激荡起来。终于有一抹异色在极远处碧绿的湖水中出现了，以一种横扫一切的大气势缓慢地朝下游碾压过来，把波碾碎了把浪压平了，那抹异色却清晰了，是黄黑色，是大地的质感大自然的本色，也越现越大越现越宽了，在越来越响亮的鼓声中变成一个庞然大物，铺湖盖水地漂流了过来。

再近了，看得清楚了，是一只大木排漂过来了，无数根条木层层叠叠地垒绑着，在湖上排开成百多米宽的场面；不高，露出水面的不过几尺高，但藏在水底有多深却是看不见的。最前面的是头排，也是最大的排，光这一个头排大概就有百多立方的木材了。头排中间用木头搭了一个一人多高的小台子，俗称将台，将台上架一大鼓，足有二尺宽面，那响在湖上的鼓声就来源于此。将台其实是指挥台，是整个大排的领航，那鼓声既是指挥排上人操作，也有向下游船只预告警示，请求避让之意。将台上还插着一面旗帜，大小不一，颜色不一，或有字或无字。有字的是老字号排帮，譬如"顺风排""顺江排""顺水排""顺流排"等等，都起着"顺"字，意思是放木排靠的就是顺江顺水顺风、顺遂顺利顺和；无字的则是新排，也是临时排帮，无排号可打，只好扬一面彩色旗暂为标志了。头排上还会有主绞锚关，用以放锚收锚，是要占一块大场地的。头排之后，后面的排就依次序号了，从二号排到十几二十多号的都有，每个排上或有窝棚或有灶屋或有菜地或有猪圈鸡窝，没有这些的排上也不会空着，定然会有圆木杂木堆；最后是尾排。这些头排中间序号排尾排虽然都是单独木排，却又被粗缆互相串联在一起，形成了一个活动的整体，所载的木材一般都会有两三千以上或万多立方米，就像一条长长的巨龙般在湖上张牙舞爪地活动着。

大排上的人也多。头排最显著的将台站一汉子，抡两柄大鼓槌敲鼓，这是打鼓佬，是整个木排的领航员、指挥员；每个小排尾上会有一舵工，依照打鼓佬的鼓声指挥扳舵调整排的航向；整个木排有几十或一两百之多的排佬，具体负责排上操作；这些都是男人。大排上也有女人，就是统一住在尾排的洗衣妇们，她们名字叫洗衣妇，实际上除了帮排佬们洗衣，还负责烧饭，还有菜地也是她们种的。她们先用草在排上垫平了，让排佬们从岸上挑来泥土，平整成了一块块的菜地，种上白菜、豆角、茄子、辣椒、蒜葱什么的；她们还养猪养鸡，猪有木栅栏圈着养，鸡却用绳子拴了一只脚养。猪有栏是怕猪到处乱窜，木头缝里蹩拐了脚；鸡拴着是怕飞了，四周都是茫茫的水。也有的排上养了狗，那只不过是排上人逗乐消闲玩的。

如此一来，鄱阳湖上的大木排浩浩荡荡，从头到尾绵延几里路长，排上有将台有大鼓，有杆有旗，一座座窝棚是一间间房屋，灶台冒着炊烟、香着饭菜；菜地里白菜绿着、辣椒红着、茄子紫着、豆角青着、蒜葱白着，蓬勃出一派新鲜；有男人们撑篙扳舵来来往往，女人们洗衣做饭进进出出；有猪在圈里哼哈着，鸡在桩边啼叫着，还有小狗撒着欢儿，热热闹闹的如同一个漂流的村庄。

这个漂流的村庄，因正是夏季，水满湖阔，水流也平缓，所以庞大而缓慢，只是借助湖水的浮力、顺着湖水的流速缓缓地朝下漂移着，也就如同一座活动的风景在展示给湖上岸边的人们看了。白天风平浪静，顺流漂下时，排上只有打鼓佬在将台上望水，舵工们在排后扶舵，洗衣妇们忙着洗衣做饭，其他排佬们无事，都闲散在排上，像一只只懒猫般没精打采似的。可只要听见打鼓佬的鼓声一变，发出了或水情有变或避让船只或靠岸下锚的讯号，所有的排佬们就会猛地跳将起来，变成一只只猛虎了，只几步就跨到了自己应该在的位置上，操起几丈长的大排篙，威武地站在了大排的周边，霎时间就在几里路长百多米宽的大排上形成了一个保护圈，等着打鼓佬再一声鼓响，几乎是在同一刹那间，所有的排佬们手中的排篙全部扬起，在空中划过一道道耀眼的弧线后，猛的插入到水中，随及，头篙排佬打了声排工号子："嘿……的呀啦，"众排佬于是一齐吼了起来："嘿呀嗬哇……"一齐用肩窝儿顶着篙梢，排成一条直线，顺着排沿撑起排来：赤裸的上身肌腱鼓起，全身朝前弓，俯成一样的角度，都是一手扶篙，一手在身前身后随着号子的节奏甩动着，那腰板儿挺得虎实，屁股却又扭得生动，左摇右摆着："嘿嘿、嗬嗬……"排威武、篙威武，人威武，号子威武，场面更威武，引发出岸上水上人发出一片喝彩声。能看到大排这种壮观场面可是要有眼福的。要是晚上就更好看了，大排四周会全部挂上防风灯，形成一个亮堂堂的硕大光圈，这光圈其实是警示灯，是给晚上过往的船只看的，好提前避让。这也是江湖上的不成文的规矩，木排太大，只有船只让排，排不让船的。这一圈灯大概有几百盏吧，在湖水的倒映下就有两圈好几百了，而被波浪反射光圈儿就显得更多了，一层层一波波的光灿灿的灯圈儿在黑夜里分外醒目。皓月当空，银河灿烂，鄱阳湖水里也有一领夜天，却比天上还多了一团如星光一样的灯圈儿，闪闪烁烁，璀璨夺目，成了鄱阳湖夜最美丽的景观。

木排是鄱阳湖水运最大的运输物，也是水运货物最多价值最大的，还是湖上水运中人员最多的，更是湖上水运中最壮观美丽的风景。所以，在鄱阳湖上九帮十八派中，排帮名列第一大帮。

二、游戏扎排滩

木排又称木筏，古称桴。《论语·公冶长》载，孔子曰："道不行，乘桴浮于海。"意思是"主张如果不通了，我想坐个木排到海外去"。早在春秋时代，我国就有利用木排运送竹、木材和作为交通工具的记载。用绳索竹缆将多根原木、原条或竹材编扎成一定形状，利用自身浮力在水上运输，木排竹排作为竹木水运的一种主要方式，一直沿续到二十世纪的七十年代初期才完全终止，这历史可真是够长的了。

鄱阳湖上大木排的木材都是从五大支流运来的，从出产地到销售地要经过四个运输过程：先是从山间溪流小河以单木"赶猪放羊"到赣江、抚河、信江、饶河、修河主流；因这些河流的上游水浅河道窄，只能扎小木把子，一个把子三五十棵树，二三人漂放；到下游河宽处再并拢扎大把子，大把子宽扁，吃水不深，三五十个码子(立方米)一个，顺流而下，进入鄱阳湖；然后才能扎大排，顺水漂流出湖口、进长江，便可下南京了。

鄱阳湖上扎大排的地方很多，凡有码头集镇的地方都会有竹木材的集结，但最主要的地点是在吴城。赣江、抚河、修水都是直接汇入吴城的，这三条江河来的木材也是最多的，吴城就成了鄱阳湖上最大的木材集散地。也有赣江抚河来的木材会在江河交汇处的洲岛朝阳洲边集结，在这里扎大排后再下鄱阳湖。永修县的涂埠镇则专扎修水、武宁、奉新、靖安四县来的木排。信江是从余干县入湖的，康山半岛就自然地成了扎大排的好地方。饶河是两江合流到鄱阳县，县城鄱阳镇虽临水但属湖汊，不好扎大排，所以也要把大把子运到邻处大湖区的莲湖、双港等乡扎大排。也有五大支流来的大把子在上面这些地方都不停，多漂个几天水路，干脆把木材送到下游离鄱阳湖口不远的姑塘、屏峰湾，扎大排直接出湖口下长江省事。在鄱阳湖北区的鞋山岛对面的姑塘镇，每年都有数以千万立方尺的木筏，需要在这里补充给养后，再下长江。据有关资料记载，仅1935年就达到过1600万立方尺的木筏在姑塘过境。木材运输越是进长江越是要扎大排，只有大排宽大沉稳才能抗得住长江上的大风大浪。所以在鄱阳湖口出来进长江的木排都是大排。

扎木排的场面是很壮观的。满满一湖滩的木材，半在水里，半在滩头，有条木有圆木，条木用来扎排，圆木则是堆在排上的。一根条木几十斤百多斤重，重的一段圆木好几百斤，扎排工要一根根一段段地拖到排上来。用的是一柄啄钩，把那尖钩儿朝木头上狠力一啄，尖钩儿入木三分扎进去，钩住了，然后再拖了走。在岸上好拖，可排在水里，木材能下水人不好下水，怎么办？扎排工有办法，以木运木，踩着散落在水中的木头上跳花儿走。这是要技术的。单木浮在水里，虽可以承受人的重量，但却是圆溜溜地在水中翻卷打滑，人踩在上面要保持重心平衡，手上却还要拖拉着一根重木，看似人在这根木头上一歪，像是要滑跌下水了，却又借着那滑跌之力，倏忽跳跃到另一根木头上去了，手中啄拖着的木头就朝排前近了几尺；然后又欲滑跌又跳跃又前进，有更高技术的人甚至都可以驱使着脚下的木头朝前浮走。看鄱阳湖人扎排就如看杂技一样，十分地惊险刺激，那湖滩浅水浮游的条木圆木上，不断地跳跃着人，那拖着木材的跳得慢些沉重些，那空手只扬着一柄啄钩的人就十分地轻松了，好似视湖水如平地，踩着那些浮木一跨一跨地像是在跳舞，一种蹦跳起伏的蚂蚱舞，人跳过去了，那木材却在水里转动了起来，一根接着一根，于是满浅滩的呆木头也都游动了起来，如同有生命般灵活了起来。

相对来说，扎排就安静一些，扎排工要细心地把条木排放在排上，然后横向在头腰尾压上横档，俗称排棱，再用缆子扎紧。有的排头木上还要在大头上凿洞，穿上缆子串牢。什么样的木材放在哪样的位置，怎么样随弯就曲，怎么样把排扎得严实紧密，这都是要有经验和技术的事儿。

扎大木排用的缆子都是竹缆子。

竹缆子，顾名思义，是用竹子编成的缆绳，即将竹子破开，按照需要缆子的粗细，把竹片削薄，然后用篾刀分成一根根竹丝，将这些竹丝编织成缆绳。排工们把干这种活叫杀缆子或破缆子。

势如破竹，本来是很大气的事，编织竹缆绳的排工却把它做到了极致的柔美。

破缆子的地方都在水边，一般是在水边上用几根木头撑起，搭一个高高的棚子，人坐在上面，视野极开阔，像打仗时的瞭望哨。把事先选好的三年以上的上好楠竹破成若干块，先去掉黄篾，保留青篾和二黄篾，再破成大小均匀的丝片，从棚子边上向水里披挂下去，像晾晒的挂面似的，哗啦啦地一直垂向河面，灿烂阳光照在上面，青的发银光，黄的发金光，闪闪烁烁地如彩虹飞舞。人站在楼上，编辫子一般地把竹篾扭来扭去，扭成绳索一般的竹缆，像一条美女蛇样的就向河里缓缓游去……这场景很有美感，极富浪漫，像是在玩一种奇妙的游戏，让远远观看的人们很是赏心悦目。

鄱阳湖上有的排帮自己破竹缆子，岸上也有专门制作竹缆子的作坊，供大排上用。

据说扎木排用竹缆子是清代婺源木商程文昂首创的。他因地制宜，将毛竹劈开制成篾缆，用以当作捆绑木排的绳索；最粗的有小饭碗口大，用以当作缆绳拴锚。用竹制缆有很多好处，能就地取材，成本很低，比绳索经得起水浸泡烂，省工省钱，而且将竹缆子晾至半干再扎排，经水一泡，发胀后就越发绷紧了，使扎好的木排异常牢固，减少了木料流放的损失。此举一出，其他木商纷纷效仿，一直沿用到二十世纪七十年代用水流放木排终结为止。

三、南京棉花地的诱惑

木材漂放是朝水下游的方向去的，因此鄱阳湖上的木材几乎都是销往下游的安徽、湖北、江苏、浙江等地，其中南京的棉花地是江南最大的木材集散地。

二十世纪九十年代初期仍在世的吴城老放排工一说起南京棉花地，那双已经混浊模糊的老眼都会放出耀眼的亮光，哆嗦着老嘴流着涎水连声地赞叹说："南京棉花地，好大的排场啊！"他所说的这个"排场"有两个意思，一是本义，即停靠木排堆放木材的场地；另一个是引申意，意为"铺张的场面"。

实际上，南京并没有棉花地这个地名，吴城老放排工所说的南京棉花地应该是上新河。

上新河是南京城西长江边上的一座古镇，始建于明代。上新河因地处江心洲的夹江东边，适合大批水运木排、竹筏的停靠和分散，可随时转运进城。因此，明初便在这一带开凿了一条河道。史载：在明代，长江中上游的江西、湖南的木材砍伐后顺江而下后就聚集于此，形成了规模颇大皇家木材集散地。随着木材、毛竹的大量集散，这里的居民越来越多。长江上游的木竹柴炭以及米豆杂粮等农副产品、土特产品源源不断地运到这里。于是，一个新兴的市郊集市——上新河镇也应运而生。《同治上江两县志》记载："市廛辐辏，商贾萃止，竹木油麻，蔽江而下，称沿江重镇。"明代小说家冯梦龙在他的《警世通言》里的故事"乔彦杰一妾破家"，就将上新河作为故事发生的地点写进了小说。由此可见，上新河在当时是相当热闹繁荣的，影响也是很大的。清代，上新河木材市场达到鼎盛时期，清廷所需的皇木和长江下游各地所用的桩木、架木以及城乡建筑、家具用木，多从上新河购得。当时这里的木材有"四时常足"之称。各地木商麇集，湖南洞庭湖和江西鄱阳湖运出的木材齐集于此。清时曾国藩还一度令镇江、常州两地木商带着资金来上新河开设行号，经营木材，曾一度把扬州仙女庙(今江都市)的木市迁到上新河来。尽管在运输木材时，"以其货寄一线于洪涛巨浪中"，有很大风险，但经营木业的人仍然很多，利润丰厚乃是其中的关键。南宋时有人就说：一根木料出山时大概不值一百钱，而运到浙江后就能卖到两千钱。除去关税、运费，其利润自然是可观的。明清时期亦然。当时有个董姓商人运木时碰到涨水，木材漂失大半，他把剩下的小半出售后依然能够还本。

上新河虽然繁华，但在放排工的眼里，只是购物买货以及喝酒赌钱玩女人的地方，他们的大木排是进不了镇子的。大木排从鄱阳湖沿长江千辛万苦地一路漂来，也不知多少个昼夜了，终于来到了南京，离开长江水道，拐过夹江的河流里，朝内再走几个时辰，远远地就看到了一片白茫茫，直冲云霄，和天上的白云连接在一起，那是江心洲上种植的大片的棉花地，正值开花时期，一片雪白地迎候着木排的到来。放排工们长长地松了口气，从心底里欢呼了一声：棉花地到了，这次放排的日子也结束了。于是赶紧撑篙转舵，缓缓地把排撑了过去，迎面河滩上，才是一眼望不到边的木排木材集散地，他们放排的目的地终于到了。久而久之，在放排工的心目中，南京的棉花地是他们最大的盼望，也就成了上新河的代名词，他们只说南京棉花地，不说上新河，那一片白茫茫的棉花地，是支撑放排工们在水上漂流的力量，也是慰藉放排工们夜思苦想的梦境，更是他们以后不放木排时的美好记忆。

从鄱阳湖放木排漂放到南京的棉花地，到底需要多少时间？这是没有一定之规的。这和木排的大小、人手的多少、水流的速度、天气的好坏、过程的顺阻以及交易的急缓都有关系的。一般来说，从吴城放排到南京棉花地，少则三个月，多则半年，而对有些人来说，走完从鄱阳湖至南京的五百公里水路则就要用完他的一生。

长江上风雨无常、波涛不定，暗礁莫测，险滩无情，航道极其艰难，搁浅、散排是经常发生的事情。放排人对排负责，木头四散漂走，再大的风浪放排人也得跳进翻涌的江水中——找回，木头沉重，一根就要两三人拉，还要与风浪搏斗，生命是在和死神较量，死人的事也是经常发生的。

"出了排，便不知道能不能回来。"这是鄱阳湖所有排工上排前必须要做好的心理准备。

四、悲壮的《排佬歌》

排佬排佬不是人，

排佬是湖上快活的神，

天王老子管不了，

无边无岸自在行，

排上就是我的家，

活着一天笑三声。

排佬，排佬，

不老的神！

排佬排佬不是人，

排佬是湖上受苦的魂，

龙王嘴里讨米饭，

阎王簿上挂了名，

湖上生来湖上长，

死在水里不翻身。

排佬，排佬，

不死的魂！

这是我与人合作编剧的电影《悲烈排帮》中的插曲歌词，也是鄱阳湖上排帮人的真实写照。

鄱阳湖排帮上有四种人：大老板、打鼓佬、排佬、洗衣妇。

在木排上的大老板不是真正的大老板。真正的大老板在南京的棉花地，在那里卖木材、做生意，是不会到水上跑排放木头吃苦的，跑排放木头的只是二老板，代替真正的大老板管理排帮。排帮是大帮，人多势众，二老板统率着里多路长的木排和一两百来号人，事关排工的聘请、扎排放排的时间，排工的管理、生活的安排，所有的油盐柴米、吃喝拉撒，全都由大老板说了算。他还掌握着排规的执行权，那是一柄维系木排长达三月至半年历程必需的达摩克利斯之剑。

实际上，这个大老板只是个排头儿，是个领班的长工头而已。只是这排头儿的责任重大，几千万多立方米的大木排交给了他，他是要以性命做担保的。

平日里，大老板是和排佬们没有区别，也是一个普普通通的排佬。他和排佬们一起扎排。拿一柄啄钩，打一双赤脚，站在水面的一根独木上，啄木拖木，和排工们一起打着号子，绑着竹缆子；一手好扎排功夫，令排佬们折服；碗口粗的竹索八花缆，到他手上软得像根皮绳儿，要怎样拧、扭、扎都行，扎排最关键的活儿扎排棱都得要他来干。

据说，凡鄱阳湖、长江上放排的大老板身上都带着个小瓶儿，里面装着砒霜，是预备散排时吃的。这一点很像海上和船共存亡的船长，大老板也是要与木排共存亡，只是他们的水性太好，水是淹不死他们的。

打鼓佬就是木排源放浮行的指挥。

木排并不是走鄱阳湖和长江的最中间的主航道，主航道水流速度太快，风浪也是最大的，不好控制木排。一般木排走的是主航道旁的深水道，既保证了大排要有的深道和流速，又规避了大的风险。从鄱阳湖到长江，从吴城到南京，哪里湖面宽，哪里江底窄；哪里水深、哪里滩浅；木排几时该行，几时该湾，几时要避风，几时要躲浪；全由打鼓佬一人说了算。

打鼓佬只用鼓声说话。

打鼓佬打鼓的鼓槌儿用两根小杉篙削了皮做成。这般大的鼓槌儿，擂响了鼓可知声音是很大的。"冬、冬、冬"的鼓声一响，整个湖面、江面都在震动，借着水波儿的传递，能传到很远很远。那听似单调的鼓声，指示着排的去向。几下向东，几下向西，几下该撑排放行，几下该湾水歇岸，均有讲究。鼓点儿是有节制、极冷静沉着的，却又极有力量。上千万多码子的木排，在湖面、江面上拉起一条巨大的长龙、一两百多号剽悍的排佬，都给这打鼓佬镇住了，都得听着鼓点儿的指挥。令行则行，令止则止，绝不敢错乱分毫。

打鼓佬大多来自世家，是父传子、子再传孙的家传职业，又是从小光屁股时就跟着父辈上排，历经风雨锻炼和风险磨难的。鄱阳湖上排帮有个不成文的规矩，初出道搭帮上排做打鼓佬的人要带自己儿子上排，那是以儿子和大排共存亡为担保，来证明你具有打鼓佬的资质，保证你有能力完成这趟排的领航。只是，天有不测风云，在鄱阳湖、长江上放排，是一半靠人一半靠天的呀，拿儿子担保那是把儿子幼小的生命捧上未知的命运祭坛啊！所以，鄱阳湖上的打鼓佬都盼生儿子，又怕生儿子。打鼓佬的儿子注定了要上排、日后也是要做打鼓佬的。

打鼓佬善终的人很少。打鼓佬多是死在排上、死在水里。打鼓佬的尸骨是不运回家乡的，就在人死的岸边上埋着，孤零零地望着湖水、江面，保佑着他们的儿子去打鼓，祈祷着木排的平安。

排佬是排帮的主力军，人最多，最小的木排上也有几十个排佬，最大的排上会有一两百多号人，全都是身坯子威武，牛高马大的汉子，磨盘厚的臂膀，粗手蛮胳膊，一身好力气，脚特别的稳，指头五叉四开地成一扇形，肉墩墩地落地生根，又都是痛快角色，血性汉子，大碗酒、大块肉，吃也痛快；出大力、流黑汗，做也痛快；整日嘻嘻哈哈，说唱逗趣，乐也痛快；即使风浪里拼搏、旋涡里挣斗，死也死个痛快。好在口袋里有几个血汗钱，说多了浑话儿，唱多了野歌儿，憋得难受，有能耐的就找个洗衣妇做个临时夫妻；没能耐的，湾了排，夜里荡个小划子上岸，自有本地的土娼、扬州的妓女可以销魂。辛苦得来快活用。排佬们大多都是能拼能打的硬汉子，仗义疏财的豪爽人，偷香窃玉的行家里手。

放木排是全凭着水流的自然流动朝下游漂移的，既没有"两岸青山遮不住，轻舟已过万重山"的那种浪漫和潇洒，也没有"沉舟侧畔千帆过，病树前头万木春"的那般梦幻和迷离，唯有的只是孤独烦闷和情感折磨。那长达三月以及半年的水上生活，排上人再多也是天天照面的几个原人，沿岸风景再美也会有视觉疲劳，最难受的是想家想亲人，每当夜深人静更是一种折磨。夜空浮云，像是父母慈祥的老脸；水浪轻拍，似是儿女梦中的呢喃；盈月泛亮，就是那老婆临别时梨花带泪的模样儿，催发着排佬们每夜辗转反侧的呻吟。

排佬打光棍、守单身的人多，不是娶不起，只是娶了也不能在家守着。

吴城镇的老排工都清楚地记得，排佬上排时签的都是生死契约，由家人担保：排在人在，排到人离，中途离排者，上家门追责，罚双倍工钱。

直到1946年，从鄱阳湖放排到南京，一趟也能赚3石8斗米的劳动报酬，吴城的老排工竖起了大拇指说："能赚到这个数的，是一等一的好排佬。"

洗衣妇是排帮最复杂的人，大凡都顶着贫穷、抛弃、逃跑、躲避、私奔、暗娼十二个字，但在排上一律只是三个字：洗衣妇。排帮帮规：上排来就是排帮的人，以往的事儿一概不究，在排上就都是吃一份饭、干一份事、挣一份钱的平等人。

洗衣妇在排上的生活很有规律。清晨起床煮饭，烧火的烧火、淘米的淘米、洗菜的洗菜，很是忙忙碌碌。太阳出水三尺高了，她们才有空坐到排沿来洗脸梳头。这时候，水面很安静。淡淡的雾气也消散了。红艳艳的太阳刚从东岸边的山坳坳里探出头，绯红的天边，有一缕一缕的青淡烟柱儿，那是岸上茅舍顶、湖边渔船尾上飘出的炊烟；湖水很蓝，江水有些发红，一圈儿一圈儿地泛着水纹儿，溅不起浪花；木排悠悠地顺水缓缓地漂移，好像天地间一切都无声无息似的……洗衣妇们也不出声，静静地坐着看，悠然地梳头洗脸，悠然地往头上擦生发油，生怕惊动了这静谧安宁的氛围。这排上不像岸上有埃尘灰土，擦了生发油头发能保持好多天油亮。待前面排上的排佬起床后，洗衣妇们一个个鲜艳水灵地出现在他们面前。服侍着排佬们吃好早饭后，洗衣妇们再去各个窝棚收排佬们的脏衣服，然后在排沿木头上跪成了一排洗衣裳。洗衣妇们每个人都有一枚好棒槌，又个个都会抢棒槌，"啪啪、啪啪啪……"打出一连串儿好听、有节奏的声音来。边洗衣服边说笑。洗好了衣服，便在木排上黑黑白白地晒了一大片。

洗衣妇们还种菜种瓜，养鸡养猪，还会趁着湾排的空儿，到岸边山上采来一些叫得出或叫不出名字的野山花儿野菊儿映山红来，用竹筒子装水养着，摆在排上鲜艳艳地灿烂成一片。女人有女人的细心处，她们总是想方设法把排上弄得像岸上像家里一样温馨。

洗衣妇中也会有人和排佬偷情，也有本是暗娼上排就是来做生意的。但所有的一切都有严厉的排规管束着：愿打愿挨，天王老子也不管；谁要是敢强奸欺负洗衣妇，轻者鞭挞，重责伤残。

洗衣妇的苦却是说不出来的，上男人扎堆的大排上来本身就顶着不好的名声，又都是因各种无法对人言讲的原委才上排来，有苦自然是不会对人言说，那就只能是在夜间偷偷哭泣了，有时一个女人哭了，引发起一窝棚女人的放声悲号。好在洗衣妇都规定统一住在尾排窝棚，在前面排上的排佬们只能远远地听着，却谁也不敢越雷池一步，不能上尾棚劝解的。又好在第二天早上，洗衣妇们又一个个没事人儿般光鲜艳亮地出现在排佬们面前。

114　　　　天穹为顶，浩水为基，大木排就是间大房屋，排帮也就是一个大家庭，大老板是父亲，打鼓佬是长哥，排佬和洗衣妇就是兄弟姐妹，这个家里好像没有母亲。那慈爱美善的母亲是藏在每个人心中的，是离开时越去越远、来时越走越近的对自己的家的思念和眷恋。

每当大木排遇到大风大浪大风险的时候，大老板的喊声就吼得怕人，打鼓佬的鼓声就响得骇人，排佬们都一个个以死相拼，以命相搏。洗衣妇却不哭也不惊叫，只是在充满危险，颠簸不定的木排上盘腿端坐，看着排佬们和风浪拼斗。那些老洗衣妇这时候一个个显出她们的老扎来了。她们搂抱着年纪小的，照顾着身体弱的，给胆小的女人鼓劲打气："不要怕，这算什么风险？那年在鹰嘴崖才叫险呢？不也就没事地平安过来了。你们看这排上的排佬，哪一个不是好样的，有他们在，一丁点儿事也没有。排帮的男子不会白叫你们爱一场、相好一场的！"那话儿说得慢悠悠的，极是沉静，把那些初次上排的洗衣妇的心也说宁静了。雨水浪花把洗衣妇们油光闪闪的头也打湿了，但那一双双热爱生命的眼睛却打不湿，从眼中射出的一道道热辣辣的火焰，喷到了正在奋力拼搏的排佬们的身上。猛然，在江风的吼叫声中，在巨浪的喧哗声中，在头排将台上激烈的鼓点声中，突地响起了一阵号子："嘿……的呀啦、嘿呀嗬哇！"这是大老板领头喊起了号子，排佬们猛地浑身一激灵，然后都同时一顿足，一齐扯开喝山赶海的大嗓门吼了起来："嘿呀嗬哇、嘿嘿、嗬嗬、嘿呀嗬哇、嘿嘿、嗬嗬……"接着又加入了洗衣妇们撕裂般的和声:"嘿嘿、嗬嗬、嘿嘿、嗬嗬……"粗犷悲壮尖锐厉利的号子声盖过了风、盖过了雨、盖过了浪、盖过了雷电和冰雹,在江面、岸边,天空间震荡。

有打鼓佬的鼓点声,有大老板的号子声,有洗衣妇们的和音,排佬们才能够拼着一条命,同心协力地保着木排冲过一关又一关,闯过一险又一险,终于来到了南京棉花地。向真正的大老板交了木排,大老板、打鼓佬、排佬、洗衣妇们带着自己该得的那一份工钱,包了一条船返回鄱阳湖,回家和亲人团聚,歇上一两个月的气儿,又进了鄱阳湖,再开始又一次的扎排、放排了。

第三节
粮船帮

一、鄱阳湖船说

除排帮外，鄱阳湖上的其他帮派都离不开船只，船只是九帮十八派赖以生存的基础。

排帮上也自带划子船，供排下锚和人员上下岸摆渡用，但不是排帮的主要生产生活工具，可以忽略不计。

鄱阳湖上的船只五花八门，琳琅满目。

过往的外地船只不算，鄱阳湖区辖内的船只就有数十种之多，如鸦尾船、沙排子船、麻雀船、扁嘴船、划子船、乌龟船、土狗船、铲子船、扶稍船、方稍船等等，都是一般的小船，吃水不深，只能装不上吨位的货物，也只是在浅水岸边行驶或摆渡或短途，所以一般也没有桅帆，只用篙撑，用桨划，用橹摇。像罗荡船、刁子船、风稍船、横板船、抚船、辰船、驳船、大斗船、大广船、大襄船、大黄船、大雕子船、竹山船等等，皆是大船，都上了十几、几十的吨位，吃水三、五尺深，风帆就成了重要动力了。这类大船，按船的规模，从一桅一帆到二桅二帆再三桅三帆的都有。四五帆的极罕见，但也不是没有，老辈人说曾是见过的。鄱阳湖上有个船名歌："倒划饶划、尖头圆头、吊头矮头、圆纲扁子、棺板桐壳、麻雀鸭婆、鸢稍黄稍、巴斗墨斗、钩子网挑、鸦尾罗滩、五舱车角、拖古盐驳、平杆漂滩、罗卵乌篷……"会数的人能数出五六十种船名来。

鄱阳湖流域还有各地以所在地地名、以水流划分为船名的各种船型等等，名目繁多，无法细述。其实船只不同的只是外形和大小，无非是有的船扁宽些，有的船尖翘些，还有船吨位的大小舱位的不同。但船只的基本结构都差不多，不外乎是船头船尾，颠舱弹舱围舱大舱脚舱伙舱，船桅船帆船篷船舵船桨（橹）船篙船锚船跳板等等。小型的船只腰部两侧还会各悬挂一块别水板，那是协助船只平衡，有些类似于鱼类身侧的两片划鳍。这是有着仿生学原理的。

小船和大船都要用篙、桨、橹。篙是在船只起、停时浅水中用的，篙再长，像湖北来的高梢船的篙长三丈六，但到深水也还是撑不到底了，就由桨橹接班，作为船的动力划动船只前进。

桨有单、双之分。划桨者双脚趴立，弯腰俯身，把个屁股甩在后面，双手在胸前把一柄或两柄桨一拉一推，那桨叶在水里一插一划一起一移，船只就一抖一颠一晃一摇地行进了，透现出一种悠闲自得的熟练美。早晚到鄱阳湖湾船的码头去看，来往的船娘渔婆子一个个都是大胸脯大屁股，撒晃着手臂走八字步，那全是因为常年划桨所致呀！

也有的船上用脚桨，人坐着双手摇双桨，一只脚上还套着一柄桨把摇动。这是要有手脚协调技术的。

大船上也用桨，数目多些，前桨后桨腰桨边桨什么的，桨也大些，划桨的都是船上的壮汉，划起来时会打起号子，所有的桨动作划一，在大船的两舷齐刷刷地摆动，也很好看。

也有用橹的，抚船上用得较多，一条大橹，像一条巨大的尾巴拖在船尾，船家站在后梢将橹把在胸前一推一拉，后面沉在水里的桨叶也就一晃一荡，搅动着船一摇一摆地前行了。

鄱阳湖上船只最醒目最张扬的却是风帆。

帆又被称为篷。鄱阳湖上所有帆船上的帆篷都不超过三种颜色：白、绛、黑。白色最多、绛色次之，黑色再次之。为什么只有这三种颜色呢？想是白帆布用的是白棉布的自然本色，不需要染色；也是云朵的颜色，好与蓝天般配。绛色是用槲树皮染的。槲树是丘陵地带都有的平常树木，剥了皮来后用锤砸碎成渣，煮沸后就成红绛色了，把白布放入染色，反复两次后，再把牛油（也可用猪油）放入，绞卷放蒸笼中蒸，让牛油把布渗透均匀。这样染成的布成绛色，不掉色还能防水。其实白帆布也要先用石灰水浸煮后用牛油蒸才能防水。严格地来说是没有黑帆的，黑帆实际是白帆风吹日晒，时间久了后变脏黑了，相对白帆来说是黑帆了，才被称为黑帆的。

帆布是乡间的老土布，用棉线织成紧密厚实，牢固耐磨，分块缝合成整帆。历史上也曾有过用竹篾编席作帆篷的，这种帆篷虽然造价低廉，但却笨重，又易破损，不经久耐用，慢慢就在湖上淘汰了。

张扬却是风帆的本能：风帆的意义就是鼓胀、就是飞扬！

青山在走，湖水在流，宽阔的湖面像一块人生大幕无限制地朝前铺展开来。天蓝得深邃，湖绿得遥远，船只出湖了，在水面升起一派风帆来，星星点点，密密麻麻，肆无忌惮地鼓胀着风儿张扬着帆儿。那一片片风帆的姿态很像凸挺着肚腹的孕妇，有一种傲然屹立的慵懒和目空一切的矜持。孕妇臌胀起的是虽未出世但却真实存在的胎儿，是人的生命。帆篷鼓荡的也是虽未见形却真实存在的风儿，是船的生命。湖风浩荡，帆篷浩荡，驱动船只碾波压浪、行湖走水，于是天变矮了，湖变小了，满世界全是风帆在飞翔在舞蹈，成为鄱阳湖天水之间的主宰。

风帆悬挂在桅杆上，桅杆又栽插在船上，前后桅稍短一些，中桅最长。一般的比例是桅与船的长度相同，多个一两尺也不打紧，比如鄱阳湖上最为普通的风梢船长二丈八尺，一桅一帆，船桅也就不能超过三丈，再长了就不行，船载不住，会弄翻船的。桅杆皆杉木做成，整棵树而成，底兜一尺多直径，顶端也可放一只大菜碗。这般长的杉木是很难谋的，价钱也昂贵。就是谋到了长木也难有完全直的，这就看出船木匠的手艺了。船木匠会有多种方法把长木"训"直，虽然要花费些时日，有的甚至要好几年时间，但"训"出来的桅木绝对完全笔直。这是门秘技，船木匠是不会告人的。新打的船最后一项工序就是安桅杆。桅杆是活装，栽插在预留的桅洞里，两边再用木楔嵌住固定。活装的桅杆可在大风天气湾歇时或遇上大风浪时放倒，避免风险和损失。再在桅杆顶端安上轳辘（滑轮），套上帆绳，就可以挂帆了。

一般帆篷也就一丈来宽，高度随桅杆至船舱的距离而定，要求是要有自由伸展转动的空间。帆篷用横竹竿间距离地绷开。这种竹竿被称之为篷竹。再隔一根篷竹装一片宽竹"扒围"。"扒围"套在桅杆中间，左右留有二尺来宽的余地，是便于帆的移动空间。在帆篷上系上绳子，称为子脚，再用帆绳接到舵边，这下端被称为划脚。划脚接上舵绳，用于舵工控制帆篷的角度。把帆篷吊套在桅杆，再把舵绳连接到船舵上，就可以升帆了。升帆手在桅杆下奋力拉着帆绳，长长的帆布"哗、哗、哗"地一节节攀升，一会儿就升满了全桅杆，刹那间就在天地间张开了一面或白或绛或黑色的硕大布幔。这时候舵工不慌不忙，缓缓收紧手上帆绳，根据风向调整帆的角度，让帆的一侧倾往风向好能兜风，再把手上的帆绳绑缚在船舵柄钩上，然后才轻轻一推舵把，调准舵向，"哗啦！"一声大响，大帆霎时就浑身一抖，鼓上了风儿，大桅张开了帆布，那船儿一挺动，又一耸跃，朝前行进了，"长风破浪会有时，直挂云帆济沧海"。让看的人也眼睛一亮，心也随之激荡了起来。

最惊险刺激的是帆船"打边钗"。

"打边钗"是鄱阳湖水上人的俗语，意思是帆船逆风行驶。

生长在鄱阳湖口，小时候经常见过帆船打边钗，那场景至今还觉得惊心动魄，回味无穷。

鄱阳湖口北面是长江，西面是鄱阳湖，江湖水并肩东行十余里地后才在柘矶嘴汇为一流，朝长江下游奔泻而去，在石钟山脚下遗弃出一大片空旷的三角水域，俗称八里江。湖岸上起五六级大风，江湖水面就风呼气啸，巨浪排空，波涛翻卷，像一片野马奔腾的草原，把往日平静透亮的水镜儿踩破了踏碎了。这样的天气一般的船只都会湾码头避风，却也有因急事要出湖的船只。那是一只单桅船，在南岸边就扯起了一页白帆，北风迎面吹来，本应该是把船吹向南岸的，却因帆页倾斜角度的缘故，帆兜着了风反倒把船吹移离岸了，朝着湖北面跃去，风大船速也就极快，浪在翻腾那船也就在浪尖上颠簸跳跃，眼看着船一会儿就漂过湖心要去长江水面上了，那船上的风帆却猛地一转向，变成刚才相反的角度了，呼的一下再次兜上了风，反角度就会是反方向动力，船就朝着刚才的来路南岸又飘移了过来，不完全是刚才的路线，是斜刺里朝上游梭鱼般地窜了过来，仍是浪腾船跃，仍是极速，一眨眼工夫又快到南岸了，又转舵调风帆角度，那船再调头朝着北面湖心跃去，又是斜刺里朝上游梭鱼般窜去，走的是"之"形路线。远远地在岸边看着，只见那只船儿那叶帆儿，在风浪里东弯西折，忽儿朝北忽儿向南；忽儿跃起上浪尖，忽儿跌下谷底；总像是要被风吹翻被浪打沉了，弄得岸上看的人的心悬上落下，想出声却又不敢，怕吓着了那船儿吓着了那帆儿，也怕吓着了提心吊胆的自己。可那船儿却总是落平了浮起了，那帆儿却总是升起了飘来了，于是那船儿那帆儿就这样在弯弯折折、起起落落、沉沉浮浮中向着上游逆水前进了，不一会就飘进了鄱阳湖口，驶进那风浪稍许平静的内湖去了……

在上了六级以上的风浪里打边呛是要有丰富的经验和超高的驾驶技术，考验的是舵工。那叱咤风云、驾驭波浪、调转风帆、把握船舵的功夫没有十几年水上行船的经历是掌握不了的。

平日里，在鄱阳湖上的船一般是有风行船，无风湾岸。驾船人倒是喜欢有风的，三四级风最为适宜，既可借力行船，又无风险，特别是在鞋山湖上，湖面宽阔，水势平稳，调好风帆，把住船舵，一个"之"字就能走得几袋烟的时间。碧蓝的湖面上，风帆高高地徜徉着，似在闲庭信步；远处的庐山五老峰慈眉善目般葱茏郁绿；近处的绣鞋山风情绰约样花枝摇曳；湖风悠悠迎面吹来，像一只女人温柔的手抚着脸颊掠过心尖，让人好生轻凉惬意；要是再喝上一口老酒，浑身连毛孔都怕是要陶醉了。

无风的时候，那就要人拉纤了。纤绳从桅杆头上拉拽到岸上的纤夫肩头，这是用人工作为船动力的最直接也最原始的方式。

船行八面风，帆送万里船。有了船有了桨有了帆和纤绳，就有了鄱阳湖水上人的生路，就有了九帮十八派人生活。

二、"漕运"赘言

说起鄱阳湖粮船帮，是怎样也绕不过"漕运"这个话题。

中国的"漕运"是世界运输史上最为独特的一片风景。

用谷物来当税款缴纳，用漕运来保证官府供给，这是中国农业社会历史上一项重要的经济制度。历代形成了一套完整的管理系统，漕运用的船叫漕船。运载的粮米叫漕粮、漕米。驾驶漕船的军队和民工叫漕军、漕工和漕夫，历朝都有专管漕运的机构和官员。

明代诗人散文家吴宽撰《观泉亭记》曾曰："……太仓益实，长府益充，皆以漕运而致，其食货之入，孰非舟楫之所载乎？由京师而南，舳舻相衔，维缆相结，凡数千里不绝，其舟楫之来，孰非河渠之所浮乎？"

漕运由此可见一斑。

江西在南宋时期水稻已有早、晚稻之分，当时著名的理学家陆九渊曾说："江西田分早晚，早田者种早占禾，晚田者种晚占禾。"江西省稻米两熟，粮产丰饶，一直是朝廷漕米征收的重要地区。唐宋时代，江西每年向京城贡输漕粮都在 120 万担。据《江西通志》卷 85 记载，"宋代江西漕运盖二百万担"。据统计：洪武二十六年，江西实征稻米居全国第二，到了弘治十五年和万历六年实征的米粮，竟上升到全国第一。江西的漕运方式是由各县向南昌、吉安、抚州、赣州等地集中，再通过赣江、鄱阳湖水道，经九江港转运进入长江、运河运往京都（长安）交纳。按《漕运通志》所载，明代在江西总下设南昌、袁州、赣州、吉安、抚州、饶州、安福、永新、建昌、铅山等十一卫，下统指挥、千户、百户、旗军等"漕卒"近万人，所辖浅船近千只。又在九江设立"直隶九江卫"，"招募军士五千七百名，开荒食力、编屯输赋"，由屯田军队负责漕粮运输。"九江卫"所辖漕船，明太祖洪武年间，只有下江漕船 62 只，到了明宪宗成化年间，又增加江南船 103 只，合计 165 只。清代九江漕船分为"前后两邦",前邦 103 只,后邦 62 只。

仅在编纂于明嘉靖初年的《漕运通志》"漕职表"中记载的,就有九位有名姓的江西籍人担任工部侍郎总理河道、右副都御史总督漕运等高级别漕运官职。由此也可见江西在当时漕运中的分量。

漕运是官运,那就有了不同的气势。

先是船型的不同。漕船由专门的漕船厂打造,皆是"底长五丈二尺,底阔九尺五寸",可载二三百石的浅船。浅船因宽扁而吃水不深,是特地为适应走运河浅水方便北上穿闸过坝的。相对于鄱阳湖上其他粮船帮的船只来说,这种浅船的面积就显得庞大了,在水上占水面在码头又占地面。不过好在漕船有专门的码头,这是漕船的第二个不同:漕船码头是官家码头,独家使用,还有漕兵把守。漕船的第三个不同是漕粮是统一调配,有专门的漕仓,装粮上船也有专门的漕工,漕船只管装粮运粮,其他收粮付款等事宜都不劳漕船上人操心。漕船的第四个不同是统一开船,集体出发。漕船是长途运输,从鄱阳湖出发直接下长江走运河直达通州目的地,一走就是半年一年的,船上有漕军保护,开船停歇码头的作息时间都有定制。

漕船以船队为建制运输,几十条船的船队是常事,百多条船的船队也不罕见。每船除驾船的舵工水手外,还有护航的兵丁,整个船队还有配备的管理官员和将领,真是人多势众。漕船又都是双桅三桅帆,这样的船队开航,是真正的"百舸争流,千帆竞发"了,在湖面上有一种遮天蔽日、铺天盖地的招摇气势。漕船上人又有着官家的脾性,一路之上极是横行霸道、颐指气使,所有湖上船舶只能是给他们让道,绝对不能妨碍船队的行进,轻则呵斥谩骂,重责刀兵相见,更甚的是横冲直撞。那年月常有避之不及的小货船小渔船被漕船撞翻,船破人落水身亡的事情发生,却是无处讲理,告状无门:阻碍漕运,罪莫大焉!

漕船还不用纳税。漕粮本是税粮,官家统一营运,自是不用还税不说,却还可以挟带"土仪"。土仪其实就是私货,是免税货物。早年漕运就有"随纲船"走私,屡禁不止,干脆就不禁了。特别是在逐渐有民间粮船加入漕运后,为了鼓励漕运,明嘉靖年间,朝廷曾明令规定,每条漕船准许携带货物二成,自由在沿途贩卖,并允许漕船沿途招揽货源,代客运输酒、布、竹、木等大宗货物,发展往来贸易。清初沿袭明制,漕船返回可带"土仪",规定带价值 60 担的"土仪",后加到 120 担。嘉庆四年又加至 150 担。这些措施照顾了船商的利益,刺激了民间船商投入漕运的积极性,也大力促进了鄱阳湖地区与沿长江和大运河各港口的商贸繁荣。

漕运对外霸道威风,在内部也对漕夫、漕工、漕军进行压榨。有资料披露:由于

"长江大河风涛险远，无日不在危惧之中"。当时曾有规定在运粮过程中，如果因为船只损坏以至消耗了漕粮，损耗由押运官员赔偿；如果船只漂沉，以至造成船民死亡时，则可免赔。这一来，许多押运官员每当发现粮船漏水损坏时，宁可置之不理，任其沉没，以逃避自己的责任。

漕船因运漕粮而被历代朝廷载入史册，并记录详尽，在此也就不必多赘言了。

却也是因了漕运，粮船帮也就成了鄱阳湖上第二大帮派。

三、喧腾的稻米交易

除了漕运，鄱阳湖上其他粮食的流动运转要全靠民间粮船帮了。

就是漕粮，最先在江西省内鄱阳湖区内的驳运聚集，也是民间粮船帮。

先是各家各户的稻米，用鸡公车手推、用扁担肩挑的方式送到溪流河道边，再用竹筏小船朝乡镇县城转运。这些稻米有一部分是向官府"完粮"。"完粮"是交纳田赋的民间用语，和"交公粮"一起成为缴纳农业税的代名词，在中国使用了二千六百多年，一直到2005年底才告终结。完粮是交纳"皇粮国税"，"天干税不饶"，这是朝廷法度，不可抗拒。大部分稻米却是销售。江西是稻米的富裕省，有足够的剩余粮食进入流通环节。特别是素有"赣抚粮仓"之称的抚州地区，据历史记载，一般年头都会有近20万吨大米节余，可提供当时百多万人一年的口粮。就是其他地区，粮食没有抚州那样富余，但还是能匀出一些稻米进入市场。在这以农为业的内陆中部省份，农家生活的日常用度、种田的生产资料，全都指望着用稻米换钱来开支，还有建房造屋，儿婚女嫁等重大费用，则是要靠多年卖稻米的积累才行。所以农家就是省吃俭用、勒紧自家人裤带，再怎么着也总是要卖掉部分稻米的。

完粮的稻米也是先由民间粮船转驳去设有漕运机构"卫"的所在地，多是州府级的城市，就成了"漕粮"。销售的稻米呢？则由民间粮船队转运了。

鄱阳湖上的大粮商一般都有自己的粮船队，三五条船七八条船，以及十几二十多条船的粮船队都有。大粮商购粮方式是在五大支流的大集市或鄱阳湖沿岸上的大码头，通过粮行从粮贩子或从砻坊、米厂批量购买。这样交易成本要大些，买卖双方都需在交易过程中支付一些费用如牙佣、斛工工资、搬运费等。牙佣是指粮行中介人的佣金。搬运费是挑夫脚夫的工钱。斛工又称"把斗"或"斛手"，是粮食成交后专门过量的工人。那年月大批粮食的买卖不用秤称，而是用一个直立的木桶量。量谷米的桶以各地地名简称，虽都以"石"为计量单位，但容量大小各有不同，如抚州的"抚桶"和饶州的"饶桶"在大米交易时分别折合市石数为 1.164 石和 1.054 石。看似数字有些零碎，但计算起来还是方便，把总桶数乘以折合数就行。

过斛是一项专业性、技术性非常强的工作，资格多为世袭或师承。按说过斛是量米，应该是一个公正的衡量方法，但任何工具和方式，被人做得熟练了就能找出灵活来。过斛的容量也有一定的伸缩度，可在注入方式和力度、过档的轻重、摇动频率等方面暗做手脚，由此斛工也可厚亲惠友，营私舞弊。其手法可以高超到能用一种画圆圈的注入方式使所倒稻谷横卧桶中，用另一种直注方式使倒往桶里的谷子直立，前者容量大后者容量小，这样就可使一石稻谷上下相差三四升，却令人毫无察觉。在众目睽睽之下，凭手工技法上便使微小的稻谷可随意"横卧"或"直立"，作弊做到这种极端，也是令人叹为观止的。斛工除工钱外，还有个额外好处：整仓整船过量后剩余不满整桶的粮食归斛工，俗称"扫地谷""扫仓谷"或"洗澡谷"。

大粮商的大粮船队是集中行动，整个船队装好粮食，整个船队一起开航出发。

也有不少外地的大粮商来鄱阳湖上做稻米生意，但不自带粮船；只在当地请粮船运输。有个原因是自带的船来时不好放空，又多不熟悉鄱阳湖特别是支流水域的航道，不如在鄱阳湖上请粮船运粮，省了放空又有安全保障，还可按收粮多少酌请船只运送。

一般的小粮贩子则是带着一两只粮船到乡村直接收购。起先并没有固定的地方，找一水岸稍宽敞的地方，锚船的岸边就是收购点，竖一杆秤架就是招牌，卖粮的人自会蜂拥而来。收粮的人就是船上的船员，连搬运工也一并兼了。粮价随行就市，跟着当地的价格走。因是零散谷米，用不着上量桶，也就用不着花请斛工的钱，船员自己用秤称就是了。

春夏收粮之时，赣江、抚河、信河、饶河、修水五大支流的江河岸边最是闹猛。岸上卖粮的人穿梭来往，车载担运，辘轳为琴扁担作弦，"吱扭"奏响的是农家卖粮曲；稻黄米白，秤杆当笔舟为纸，"沙沙"铺展的是商家的收粮图。声音最响亮的是"过秤"和"记账"的唱和声："早米一担，一百二十五斤七两，归舱！""早米一百二十五斤七两，入账！"然后有船员帮着挑米上船倒入船舱，也有的船是用粮袋灌包装运，再回过头来领钱款。这付款的人才是粮贩子本人。因船只是在水边帮靠帮地停成一排，收购点也是在岸上边靠边地邻着一片，那吆喝声也就声连声地应着一团，还有卖粮人相互的招呼声，孩子们的嬉笑声，吵吵闹闹、嘈嘈杂杂，硬是把本是的一泓静水的那江那河也闹麻沸了。好在卖粮的人多，都排着队在等着候着，卖了的又回家去载了挑了再来卖，呈现出一派连绵不断、络绎不绝的繁荣景象。

卖了粮兑了钱，这时候最开心的莫过于卖粮人的孩子们。孩子们在等着爹娘兑现诺言了。这些诺言是在很早的时候就许诺应允下的，是在春上花哄孩子插秧时、是在夏日吆喝孩子耘禾时、是在秋收催促孩子割稻时，应诺的往往也不过是几粒糖果或是一块花布等儿女渴望之物而已，所需的费用并不是很多。可手掌心托着几块碎银钱、并不甚重却仍觉沉重如山的爹娘还很是为难了一番，家中等着用钱的地方太多了，这钱可是不敢乱花一分的呀！但在孩子期待的眼光下，爹娘最后还是下决心兑现了诺言，帮孩子们买了诺言中最价廉的一样，算是安慰了孩子也维护了做父母的尊严。

粮船收够了一船两船稻米，停秤不收了，开船走了。这船走了不打紧，早有别的船只在等着泊船位，早有另外的粮贩子在候着收购点，新一轮的过秤收粮又开始了。日升日落，一年四季，春夏时忙碌一些，秋冬后闲淡一些，但却总是有人卖粮有人收粮有人运粮。就是这样喧腾的稻米交易和粮食运输，促进了沿江沿河一带集市和码头的兴起。年年有夏粮秋收，年年有稻米交易，那不是码头的就慢慢成为码头了，不是集市的渐渐成为集市了，又年复一年地扩大繁华了起来，最后成了沿岸固定的码头集市，成了远近闻名的乡镇。

四、远行的三色风帆

吴城湖水域被永修、新建、南昌、进贤、鄱阳、都昌六县环绕，是鄱阳湖最宽阔的湖面。要是早上出湖，孤船独舟、单帆片桨，走进这片水域的中心犹如走进大海一样，茫茫大水，一片空旷；那声音也静，只有微风鼓浪，碧波轻泛，细弱如深山虫鸣幽谷草拂。这般空旷寂静的地方会让人产生胆怯，心会害怕，敬畏大自然的遥远深邃、无穷无尽和神秘莫测。不过稍稍一会儿，雾被湖风彻底地吸没了，湛蓝的天空完全敞亮了，再扭头四望时，发现船前远处天际线上不知几时升起了一朵云，然后又是一朵、一朵的，却不像云朵那样在天空飘浮，而是从湖面缓缓升起的。定睛细看，才看清那是船帆，一片又一片，极像早春时节拱土冒尖的草芽叶片儿，有着不顾一切争先恐后的劲头。再扭头旁顾，左边也有云朵在升起，是白色的风帆；右边也有云霞飘起，是黑色的风帆；后面也有云彩飞扬，是绛色的风帆，一时眼睛就不够用了，那四面八方满湖升起的风帆就密密匝匝、团团围围地飘荡了起来。那情景犹如现代的焰火，拔地而起瞬间在湖空高处爆炸，往湖面散发开出白、黑、绛三色礼花，虽然没有焰火色彩缤纷和鲜艳眩目，却有着比焰火强烈的震撼力，因为这些船只的生命礼花不会陨落和熄灭，而是久久地在湖面上保持下来了，占据了空中的绝对优势，撑起了天和地之间一派运动着的飘逸与激荡。

这是鄱阳湖上的粮船帮出湖了!

鄱阳湖上的运粮船一般不走夜路,舟行习惯是老天做主,清晨启程,傍晚停泊,每日约行 10 小时,停泊的地点也都是早就计算好了的。在这吴城水域周边六县几十个乡镇几百个村落集市码头上,在春夏运粮季节时晚上停泊的粮船怕是有好几千条,早上一齐开航,几乎同时在鄱阳湖上升起风帆,稍微想象一下,就能感觉到那磅礴的气势和浩荡的气派。

吴城湖面是鄱阳湖粮船帮的最大集合区。

这样的集合是没有统一号令的,却又是不约而同;也没有相互炫耀的意思,都攒着劲儿忙着赶路呢!按正常一天行驶 30 公里左右水路计算,从这里清早出发的船只,靠吴城近的速度快的可到都昌县的多宝乡、星子县的南康镇歇夜;第二天再到九江县的姑塘镇、湖口县的屏峰湾过夜;离吴城远的速度慢的还要多走一天。这段路程只能算是粮船帮运粮的中间运程。也不用担心这批早船离开了,吴城湖水面就空了。没一会儿,那从五大支流早上过来的运粮船又陆续赶到了,前前后后连连串串地总不会断节,这片鄱阳湖上最大水域上空从早到晚也就总是飘荡着密集的风帆。仅拿临川来说,到湖口的水程为 300 多公里,所需时间要 10 余天,经过鄱阳湖区的时间约要四到五天。那最远的赣江的粮船走出湖口,怕是要一个月了。

这么多的运粮船从鄱阳湖出来,主要是往下游走,沿长江东下往安徽江苏浙江上海等地转运。我国著名的江南四大米市:湖北的沙市、江西的九江、安徽的芜湖、江苏的无锡,有两个在长江下游,芜湖和无锡都是历史上漕运最兴盛的地方。漕粮船到镇江则拐入京杭大运河,然后远行北上。另有部分运粮船朝长江上游走,运往九江米市。见到过一张拍摄于 1870 年的九江龙开河码头的老照片,照片中水面上排满船只,除了中间一条狭窄的水道外,满江面只见有船不见有水;空中则是矗起了一片如树林般的桅杆,照片说明写着:鄱阳湖周边丰富的粮食都汇集九江,每当避风避雨的天气,龙开河口,泉湖巷,泊满漕船,船船相接,行人到对岸从船上通过如履平地。

比较来说,鄱阳湖去湖北沙市米市的粮船少些,也不是没有,据有关记载,江西粮食有时也溯江而上输往湖北,如乾隆五十年秋楚省受灾,半个多月即"从江西贩去米谷约有数十万石"。

稻米的价格受社会各因素影响波动较大,有关资料记载,在二十世纪初期,临川每担米卖出价不到 3 个银圆,而到上海的价格则可升到 5 个银圆,中间的差价除去费用,还是很有赚头的。

125

如果说鄱阳湖的粮船帮是一条条稻米的输送带，那么江南四大米市就是这一条条输送带的吐出口。黄澄澄的稻谷，白莹莹的大米，如水般地从粮船上流泻出来，流进了米市，流进了粮行粮铺粮店，再流进老百姓的粮袋米缸，然后变成千家万户餐桌上香喷喷的米饭，这是民众赖以为天之食，也是社会安定的要素。漕粮则支撑起历代王朝王项的庞大开支，维持着官员俸禄、军队的军粮和宫廷费用。

鄱阳湖粮船帮也运输其他农产品：未榨的油菜籽、榨好的菜油，小麦和面粉，以及黄豆、绿豆、高粱、粟米、烟叶、瓜菜等，但都不多。鄱阳湖流域主要是种植水稻，其他都是副产品，一般原则上是保自用，有了富余才外销。倒是运苎麻、土布的量还要多些，苎麻、土布也算是鄱阳湖外销的特产，习惯上也都是粮船帮运输。

那千条万条的运粮船在鄱阳湖上有几十个名称，也就有了几十个帮派，大多是以流域和地方为名。五大支流来的是赣江帮、抚河帮、信江帮、饶河帮、修水帮，这五大帮派中又有以县市名、以小支流名，再以乡镇名、再以小支流为名的帮派，难以细说。而鄱阳湖上又有以周边县市名、乡镇名的粮船帮。再到大的集市码头，还有以家族姓氏为名的粮船帮和外地商会的粮船帮。后两个都是大帮，拥有一支或几支船队、几条船十几甚至几十条船。据吴城镇老人说，当年在吴城的几十个商会会馆都拥有自己的船队，其中有一半以上是粮船队。家族粮船帮里最著名的是一个叫作"吴城吴家粮船帮"。

不管是这个帮还是那个帮，出了鄱阳湖就都是一个帮：鄱阳湖粮船帮。它们在长江上溯下行，在运河上远走，张扬的都是鄱阳湖的旗帜，运送的是鄱阳湖的稻米，交缴的也是鄱阳湖的公粮，那一路在长江、运河上招摇疾驶、渐行渐远的鄱阳湖粮船帮的三色风帆，就这样慢慢地融入历史的湛蓝天空中。

五、"霸蛮"船工

鄱阳湖粮船帮人和其他湖上船帮的人没有多大区别，都是驾船人。大的罗摊船上最多也就七八人，小一点的运粮船也就三四人，当家做主的是船主，称为船老板。其他的虽然也有舵工、撑佬的分工，但划分得并不是那么严格。掌舵人一般比撑佬年长一些，但这更多的只是在经验上的倾向和体力上的照顾，一般撑佬也能掌舵的。都是多年在五大支流和鄱阳湖上滚打的人，航线水路就像自己手上的掌纹一样，是再清楚熟悉不过的了。平时一帆风顺时，把着舵顺着风向走，也显不出掌舵有多么玄乎。倒是撑佬却并不是随便什么人都能当的。撑佬就是船工就是水手，强壮是首选条件。这强壮得表现在吃饭上。有人来粮船帮应聘当撑佬，有中意的船老板先不表态，只是客气地留你吃餐饭，那越是会吃肚量大的，一口气往肚子里连扒塞了三大颅碗米饭的汉子，船老大越是喜欢。能吃饭就说明你身体好，米饭养人，能吃饭就能把人喂养强壮，所谓能吃也能做。在粮船上做撑佬除了撑篙划桨拉纤，还要挑米驮包。在乡间收粮不是专门的码头也就没有专门的挑夫肩夫，粮船不让不会走船跳板的农人挑稻米上船。那灌好的谷包重一百五十斤，米包重一百八十斤，不是身强力壮的人是扛不动的。

鄱阳湖上民间运粮船和运漕粮的浅船相比，船形要窄一些，船舱要深一些，这样就使船型较高大，特别是抚州帮的罗荡船更是两头高翘。那上下船的跳板也就长了，一般都有一丈五尺以上，虽用三到四根圆杉木并排组成，也不过一尺来宽，跳板隔几寸钉上一根"倚子"，其实就是大铁扒钉，湖上人论禁忌，只叫"倚子"，在跳板上排列着像成一格格的，起着走路防滑的作用。跳板一头搁在河滩，一头架在船头，不说是重负，就是人空手上去，走到中间也会颤抖抖闪微微地上下跳动，因而谓之"跳板"。走跳板要有技术，脚步要应随着跳板的上下闪动，跳板往上闪时你抬脚，跳板往下悠时你踏步，这样人就会随着跳板一同起伏，跳板闪悠悠，人也走得闪悠悠，会是一种愉悦；不会走的人却逆着上下，跳板往上闪你脚反往下踩，就会反弹了人脚，打疼了脚板；跳板往下悠时人却抬脚，人就会踏空，脚就疼痛步就趔趄，就失了足跌下跳板掉下了水，伤了人还会撒了稻米。

鄱阳湖上民间粮船帮上的人还要会打架。那年月，鄱阳湖流域贩运稻米是抢手的生意，收粮的人多，运粮的船也多，也就免不了要抢收粮的地区地盘、占买粮的滩头集市，挤泊船的乡镇码头，这也就是抢饭碗、占资源、挤生路的生存大事。又都是东流西水、天南地北来的，谁也不服谁，能言能辩能行就行，不行就拳脚相加，大打出手，拼命死搏，也就免不了伤人残人甚至死人，赢了的占上风，输了的仍不示弱，最后就有了其他帮派出面"吃讲茶"，三堂六面，中人劝解说和，定出一个方案，双方各获利益也各有让步，一时平静下来，相安无事。三月半年，一年两年，又有新的纠结出来了，于是又打又伤又谈又和。如此反复，就像江河湖水总是有风总会起浪一样，只要鄱阳湖有船帮就会有争斗，而粮船帮总会是争斗最多的船帮。收粮是如此，卖粮也是如此，那些在外江外水外省外地的争斗，也就会更激烈更惨烈。那年月，到江南四大米市去访访，就算鄱阳湖、洞庭湖"两湖"的粮船帮最多，船工也最是"霸蛮。"

和收粮卖粮截然不同的是，鄱阳湖上粮船帮在出湖运粮又是绝对地平稳。争买争卖不争运，这是粮船帮遵循的基本原则。运输的稻米是自己的，这又是个"险货"，容不得半点闪失，倾不得倒不得也撒不得不说，还经不起风经不得雨，就连浪花溅湿了也不行，常有粮船不慎让粮舱进水霉了谷米。因而运粮船的船舱必须要遮盖得严严实实，也坚决杜绝碰撞的事情发生。好在鄱阳湖水面宽阔，长江水道通达，在航道上要堵拥了就让一让，要挤塞了就避一避。最难的是在五大源流和更小的支流上航行，这些河流本来就窄浅，航道险峻，又春涨夏盈秋衰冬枯，变化多端，也就凶险万分。这时候就看出舵工的老扎来了。那些平日眯缝着一双红肿烂眼，总像是没睡醒似的年长舵工，在这会儿却像尊铜浇铁铸的雕像般踞守在舵位上，把一柄舵忽左忽右扳着，也就把一条十几几十吨位满载的大粮船揉搓得如同一条水蛇，在奔腾湍急的江河水面上蜿动游行。看着前面水中狰狞着一块大礁石，船却直直地朝那礁角冲去，近了再近了，再有尺把船头就会撞到礁石上，将会船破粮散人亡。所有的人都紧张地盯着那礁石，舵工却像眼瞎了没看见似的，把着舵仍是纹丝不动。有初上船的撑佬害怕得身子都发抖了。却在最后的关键时分，舵工忽猛地一推或一扳舵，那船头就在要碰撞上礁石的一刹那间猛地朝左或朝右一拐，避开了礁石，整条船也就都和礁石擦身而过了。让船上人和岸上观望的人都大大地松了口气，把心往下落时，却又一惊怔，那心就又悬在半空了。前头是一面突兀出水的崖壁，迎着这船黑黝黝地压了过来，有人想惊叫出声，那声却憋在喉咙里发不出音，那船不知怎么地又是舵向一转，船贴着崖壁疾速滑过，虽船舷和石崖相隔只在分寸之间，船还是毫发无损地驶过了。

高超的老舵工还有个绝招，会和撑佬们联合演出一场扬帆抢滩的惊险大戏。

这大多是在风大浪急逆水过险滩的时候，此段水道礁石四伏，又到处是漩流，江边又是悬崖峭壁，不好拉纤。好在有风，且特别的大，都有五、六级了。老舵工看中的就是这大风，他要借着这风抢滩打边饧行船了。一向萎靡不振的舵工此时屹然是八面威风的指挥官，他先安排两名撑佬在船头船尾持篙待命，又命两名撑佬负责拉帆篷，他自己则稳守舵位。轻轻推舵将硕大的船头对准前面不远的一处礁石驶去，船头的撑佬持篙瞄准了礁石的一个着力点，两个扯帆篷的撑佬双手扯着帆绳也在候着，后艄的撑佬却在努力地撑篙，把船往那礁石边推进，风很大，吹得桅杆都发出呼呼的啸叫声，船很快逼近礁石了，看准时机，前艄撑佬突然大喝一声："嘿！"猛力将手中的篙头朝早看好的礁石点上擢去，一着中的，篙头上的铁矛尖稳稳地扎在礁石上，把船头死命地抵住了，较上了力，那拳头粗的大篙都弯成了一张弓；几乎在撑佬喝叫的同时，老舵工也亮开嗓子，大喊了一声："升帆！"这声音很响亮很威武，让人不敢相信是平时总是恹恹弱状的老舵工喊出的；也几乎是在老舵工出口的一刹那，站在桅杆下的两名撑佬就一上一下的扯起帆篷来了，那动作就像是两个上树的猴儿，前一个双手扯绳用力往下一蹲，另一个猴儿站起来了，再扯着上面的绳儿用力往下一坠矮了下去，那前一个又站了起来，如此只反复不过三下，"哗哗哗……"那宽阔的大帆就被扯到了桅顶；大帆的方向绳儿却是被舵工总的一把攥在一只手上，也是在帆篷升上桅顶的一瞬间，舵工一手一带帆绳，一手将舵一推，"呼！"的一声巨响，帆就鼓上了大风，张开了，这一连串的动作都只是在不过半分一分钟之间完成的。此时船尾刚滑到了礁石边，艄后的撑佬准时准确地也是一篙扎进了礁石，猛力一推，船尾儿就一摆动，这时机也刚好是风儿鼓上帆篷的时候，于是，风帆就带动着船儿一抖，拐弯朝上游斜刺儿驶去，打起边戗来了，转眼就冲过了一处急水流，跃出了一个旋涡。这期间，那前后撑佬可忙里偷空歇上一口气儿。两个升帆手却不能松劲，要死死地扯紧帆绳不能放。更忙的当然是舵工，他一手把舵，一手扯着帆篷方向绳，眼睛既要观察前面水道的变化，还要注意风向的变化，一心四用不说，还要关照前后撑手做准备。这段时间没有一定，要看前面水道和风向的变化。只是这段水滩不宽，不过几分钟，船就驶到岸边了，靠了岸边，风势也就减弱风头发生变化了，舵工又大喝一声："落帆！"扯帆的两个撑佬早有准备，立即两双紧攥的手把一松，成为空着的两拳，那帆绳就"唰唰唰"地从两双空拳中往上滑，那大帆篷也就"哗哗哗"地从半空落了下来。舵工一只手上的方向帆绳也随之松弛了，但他人却没有半点松懈，而是一推舵把，船借着刚才运动的余势朝着另一处边岸礁石弯了过去，这是他早就看好的位置，整条船、整个的船上人又抖擞起精神，准备新的冲刺，开始又一轮的循环。就这样，这条运粮船就在这一会儿升帆一会儿落帆的过程中，在狂风激浪的险恶滩上打着边戗逆流前行了，那场面就像玩惊险杂技一样，让看得人既惊险刺激又害怕悬心。

因是河道狭窄，风也就不长，升起的帆没有转换的时间和余地，所以要用随时升降的方式来控制。打这样的边戗，靠的是配合与默契，凭的是胆量和功底，全船人要紧密配合，一处失误就会整船失误。前后梢撑佬篙头要准确，一篙不准也不行；两个升帆手要的是快捷利落，稍有迟疑就会错失良机；更主要是舵工的指挥，时机的选择、舵和帆的角度，这都是技术性极强的事儿，能打这样边戗的舵工，在鄱阳湖上船帮中是最受人尊重的，平时见面是要双手拱拳称之为"老大"，喝茶喝酒是必要请坐上首的。

六、"乞食鸟"与"婴子羹"的传说

鄱阳湖上和粮船帮有关的，好像还有两个故事传说值得一说。

一是鞋山"乞食鸟"的故事。

离湖口不远的湖心水中有一座突兀而起的小岛，像一只女人的绣花鞋，人称鞋山。这是第四纪冰川时期擦挤形成的地质现象，但民间传说中却赋予了优美的故事，有说是王母娘娘从天上掉下的一只鞋；有说是民间少女大姑不慎洗脚遗失的鞋只，所以此岛又叫大姑山；还有说是凌波仙子夜游鄱阳湖，观赏千山月色，游览万顷湖光，高兴之余，不小心失落了一只绣花鞋。明代翰林学士解缙有诗云："凌波仙子夜深游，遗得仙鞋水面浮。岁久不随陵谷变，化为砥柱障中流。"鞋山上有座大姑庙，据说求子嗣最灵，香火一直旺盛。

鞋山四周崖壁陡峭，遍布洞穴，在洞中栖息的除鹳鹤之类的水鸟外，还有不少乌鸦夹杂其间。由于鞋山在水中央，远离湖岸觅食不易，每逢船只过此，这些乌鸦便会成群结队飞来，盘旋于船桅风帆之中，追逐而行，状如一群讨食的乞丐，故被人称为"乞食鸟"。船民们畏惧神灵，视乌鸦为不祥之物，对其"呱、呱"的聒噪声更是退避三舍，为求行旅平安，遂纷纷向空中抛投饭团、以缄其口。这些乌鸦居然由此练就了一手"绝技"，饭团无论抛得多高，都能一口接住，极少闪失，久而久之，船只过鞋山都必早备饭团以饲乌鸦。

有一年鄱阳湖区旱灾，粮食金贵。有一条运粮船好不容易收到一船稻谷，运送下湖，没想到却在鞋山湖上被鸟群围住，近千只因多日没有进食饿急了的水鸟和乌鸦，疯狂地扑上船啄食稻谷，连人也一并攻击，最后是船上人点火燃烧了帆篷，才驱散了鸟群，保住了性命，但一船粮食却全被啄食而尽。

二是"婴子羹"的传说。

"婴子羹"是一个传说，一个在鄱阳湖水上岸上水帮岸帮人之中代代相传却谁也没有见过的神话：凡鄱阳湖遇到特大干旱，水涝、饥荒、灾难，湖上岸上水帮岸帮人遇到有灭族绝种的危机时，"婴子羹"就会出现：一钵煮熟的婴儿肉，上面插着婴儿的小手，仰掌向上，是在乞讨、在哀求、在呼唤，在请求帮助。"婴子羹"出现在哪里，哪里人就要倾尽自己所有给予帮助，有力出力，有钱出钱，有物出物。谁照办了，谁将是婴子羹的恩主，以后必定会得到还报的，那往往是付出的十倍百倍，也许是几天，也许是几年，也许是几代人，但一定会得到还报的，而且是在你最需要得到帮助的时候；谁接到了婴子羹没有尽力去做，他就会遭到报复，那也往往是他拒绝的十倍百倍，也许是即刻，也许是几月几年，也许是几代人，但一定会报复的，往往也是一种灭族绝种的报复。

婴子羹是一种信物，一种标志，一种象征，含义只有两个字：恩与仇。

鄱阳湖人都听说过这样的神话，听说过有关这个神话的种种传说，但谁也没遇上过，也就不相信，认为它不过仅仅是个神话而已。

谁也没有料到，这样神话却有了现实。

据说，清末同治初年，吴城吴家粮船帮冒着大雪，在一队清兵的押解下，帮清军从吴城运送五船军粮去湖口清军水营，就在船队在老爷庙祭拜鼋将军时，吴家粮船帮在庙门口发现了"婴子羹"。垫着"婴子羹"的是一个小布袋，袋里面只有一把谷米。很明显，这把谷米说明了这钵婴子羹是冲着粮船上的大米来的。

据说，当夜湾泊在老爷庙前的吴城吴家粮船上发生了拼杀，吴家粮船帮人企图弃船上岸，清兵阻止。粮船帮人毁坏了三扇船舵，放倒一条船上的桅杆，清兵杀死了吴家三儿一婿四对夫妇，捆绑了吴帮主，挟持十二岁的女儿雪夜强行开航。当晚鄱阳湖一夜结冰冻合，第二天，人们在离老爷庙几里路远的冰面上发现了开走的那条粮船，它被冻在湖中，船上有被刺死了的吴帮主，冰上死的是清军管带，身边有一把带血的剑，他是自刎而死。十二岁的吴家女儿却不知死活。那被吴家粮船帮人设法留在老爷庙门口四条粮船上的八万斤大米，也一夜被人搬走，连一粒米也没有留下。

据说，吴家女儿是被清军管带放走的。十年后，一脸冻疤的吴家女儿重现鄱阳湖上。又十年后，吴家女儿在那个祭出"婴子羹"的神秘家庭的暗中帮助下，重建了吴城吴家粮船帮。

这些都是传说，是真是假，谁也不知道，也当不得真。

不过，吴城吴家粮船帮确实存在过，吴城的一些老人还记得："吴城吴家粮船帮，驾的是抚州的罗摊子船，船上的帆有白有黑，女人把舵男子撑篙，专门运稻米，相传有好多代人的呀！"

张扬着黑白二帆，也同时张扬起了死和生的两面大纛，鄱阳湖上粮船帮就这样神话着鄱阳湖的传说。

第四节
盐船帮

一、"江西脚盐"

解缙的传说遍布江西全省，口口相诵，代代流传，数量极多。在传说中，解缙基本上是以机智人物的形象出现。

小时候听母亲说的解缙传说中，有一则和盐有关。

说的是朝廷分盐，皇帝一声令下，各省官员都一拥而上，盐包一下子就差不多被抢光了。莫看解缙是个大才子，平时能说会道，文章也写得好，但他是个文弱书生，力气小，抢不过人家。眼看只剩下几包盐了，情急之下，解缙慌忙跳上盐包，用双脚踏住，大声高呼："我脚下的盐是江西的，我脚下的盐是江西的！"因为解缙是"金口玉牙"，说话灵验，就这样解缙用脚为江西抢到了几包盐，从此外省人都笑江西人吃的是脚盐。

这分明是一个荒诞不经的笑话，但小时候我却是坚信不疑。因为我从我家的盐罐中看到的盐并不是纯白干净，而是大粒粗糙带有白蓝色方形的晶体，里面常常掺有草屑和黑泥块。我相信这是因为解缙用脚踩踏了，沾了他鞋底板上泥土和草屑的缘故。由此很是为解缙而感动，要不是他用脚踏住盐包，江西人说不定就没有盐吃了。

不过，这样的民间传说证明了一件事情：食盐是由朝廷也就说是被官府分配、管理的。

在中国盐业史上，国家对盐的专营可追溯至春秋时期，延续达 2600 年之久。管仲在齐桓公治下担任宰相时，首开中国盐法之治，以官制食盐为辅，民制食盐为主，官收官运官销，将税租置于官府专卖盐价之中，以增加国家税收。那看似粗粝坚硬但遇水即溶化只留下咸味儿的蓝白晶体盐，从此就成为关乎国计民生的重要物资，历代均由官营。《元史食货志》言之："国家经费，盐利居十之八，而两淮盐独当天下一半。"明代朱元璋推行"开中法"，鼓励商人运输粮食到边塞换取盐引，首先让粮和盐实行了交集。清时两淮销盐区划为：江苏、安徽、江西、湖北、湖南、河南等地。《盐与文明》还载有同治五年（1866），两江总督李鸿章为筹集军费，以准其业盐作为世业条件，责令盐商捐款。可见淮盐税赋及淮盐商贾的报效捐输，对支撑内忧外患连绵、军队战事不断，摇摇欲坠的清帝国大厦起了十分重要的作用。就连清王朝在即将崩溃前所订立的丧权辱国的《辛丑条约》，向列国列强的亿万赔款，也是由海关关税和盐税作为抵押。

人不能离开盐，如果没有盐人体便不能维持正常状态，但人对盐的需求量又并不是很多。按现代医学的标准，中国人每日盐的摄入量只为 5 克，和人每天要消耗 250 克左右的米面相比较，显得就有些不上斤两了。当然盐还有其他诸多方面的用途，但在历史上食品盐则是主要。盐对国家财赋的贡献有着不可思议的能力，这也是历朝历代都牢牢把着盐业专营的权力不放的缘故。

133

其实，江西也是产盐的，在赣南会昌等地都有盐矿，出产井盐，而且蕴藏量很高。另外，川盐、粤盐都比淮盐价格低廉，且又都有现成的盐道运输。但在漫长的历史岁月中，由于盐管，江西人被获准吃的食品盐一直只能是淮盐。淮盐是海盐，海盐的杂质较多，有泥有草，总觉不纯净。于是有赣人假借解缙之名，编造了"江西脚盐"的民间传说，广泛传播，隐晦地透露出一点对淮盐的不满意思，稍稍表达了一些对盐管的抵触情绪。

尽管心里有些不满，情绪上有些抵触，但江西人却是不能不吃盐的，就是"脚盐"也得要运来买了食用。

与鄱阳湖其他船帮相反，盐船是反方向从外水逆行走进鄱阳湖的。

起点是扬州的瓜洲。

最早知道瓜州，是因为文学。王安石的《泊船瓜洲》："京口瓜洲一水间，钟山只隔数重山。春风又绿江南岸，明月何时照我还。"让人对瓜洲有一种很清新的印象；陆游的《书愤》："早岁那知世事艰，中原北望气如山。楼船夜雪瓜洲渡，铁马秋风大散关。"却又让人对瓜洲产生了苍茫的感觉。唯有冯梦龙的白话小说《杜十娘怒沉百宝箱》，才可以使人深刻地认识瓜洲：瓜洲是一个风流香艳的销金窟，是一个情色金钱的交易所，是一个痴情负心的纠结地，是一个人格尊严的校验场。

《杜十娘怒沉百宝箱》里唆使李甲以千金之资卖杜十娘，致使杜十娘抱百宝箱投江而死的"他舟有一少年"孙富，是"徽州新安人氏。家资巨万，积祖扬州种盐"。种盐就是做盐商。孙富到瓜洲是来贩运淮盐的。

真正的瓜洲其实是一个淮盐营运码头。

淮盐是因淮河横贯江苏盐场而得名。江苏盐场分布在北起苏鲁交界的绣针河口，南至长江口这一斜形狭长的海岸带上，跨越连云港、盐城、淮安、南通等市，是中国四大海盐产区之一。生产的海盐先是集中到扬州港，再朝外运。扬州有长江岸线八十多公里，京杭大运河纵穿腹地，从唐至清时期，先是瓜洲、继而是真州、仪征，再是十二圩，都是历史上著名的盐运码头，素有"扬州繁华以盐盛"之说。

唐代李绅写过一首七律诗《宿扬州》："江横渡阔烟波晚，潮过金陵落叶秋。嘹唳塞鸿经楚泽，浅深红树见扬州。夜桥灯火连星汉，水郭帆樯近斗牛。今日市朝风俗变，不须开口问迷楼。"诗中那"近牛斗"的"帆樯"想来肯定多是盐船上的船桅，连"迷楼"都失去已往风采的"今日市朝风俗"里，也一定多是盐运财力支持的繁盛与喧嚣。

二、青山盐市

装载淮盐的盐船从扬州港出发，入长江逆流而上，江水湍急，盐船只得避开主流，选择江岸边平缓水道航行，有风时借力自然，扯起几叶帆篷，让老天助上一阵风，顺风逆风都能行船，疾驶如飞人也清闲；无风时靠的是人力，一纤如丝却拽起万千重荷，牵移到岸边背纤的船工肩头，人累得半死船行得也缓慢。有时甚至要两船纤夫合拉一船，递次过险滩。从扬州到鄱阳湖一千三百多里水路，行程一个月。盐船昼行夜伏，风餐露宿，一路经南京燕子矶、马鞍山采石矶、芜湖鲤鱼洲、铜陵章家洲、安庆振风塔、彭泽小姑山、湖口石钟山，进入鄱阳湖后，便开始有些情趣了，明初诗人刘炳舟《过南湖咀》诗云："小妇攀罾杨柳矶，淮盐换得鳜鱼肥。"再过湖上独特风景绣鞋山和蛤蟆石，后二十里，就来到了青山镇。

青山镇，是庐山脚下鄱阳湖畔的一座半岛，明代史学家桑乔在《庐山纪事》记载："青山在大广湖东，湖涨则在水中央。其上有桃花庵，庵多碧桃花，故以为名。"历代都属南康府（今星子县）管辖，因位于鄱阳湖当冲要地，又是个天然避风港湾，所有从水路进入江西的货船和客船都必经青山水域，是江西重要的食盐集散地，早在唐代就是鄱阳湖流域有名的商贸重镇，人口多时达万人。明清两代朝廷在青山设立长岭巡检司，管理青山镇及周边市镇，繁华时期超过当时的星子县和九江县。

晚唐诗人赵嘏在《发青山》一诗中写道："凫鹥声暖野塘春，鞍马嘶风驿路尘。一宿青山又前去，古来难得是闲人。"可见来住青山的人都很忙，住上一晚第二天就要走的。但是盐船却是要多盘桓几日，《清·盐史》载：盐船"停泊青山处纳税"。淮盐进入江西行销区的盐船，只有很少一部分从长江直接运到九江，供应九江、瑞昌等县地，绝大部分均需走鄱阳湖在青山镇停泊，进行过驳，交易，纳税，然后再将盐运往鄱阳湖内湖分走五大支流至省内各地。

有关青山镇的历史资料现存极少，《清·盐史》是官方文书，白纸黑字，必是不假。青山能在盐史上留名，可见是具有重要地位的。

那年月的青山镇就像一位朴素清丽的湖边女子，青山是她的耸摇的头簪，湖水是她飘荡的衣袂，城墙楼垛是她纤腰间的束带，青石街道是她酥胸前的挂串，鳞次栉比的房屋街市是她衣裙上自染的图案，最醒目的是桃花庵旁山林的一片灿烂桃花，映出她满面绯红如霞。她大方自然地伫立在鄱阳湖畔，不笑亦生媚，不言也含情，却让东来西往的船只客商眼睛一亮，纷纷降帆停棹，扳舵靠岸，投入她的怀抱。小镇玲珑，直街横巷，客栈、酒馆、钱庄、鱼市等应有尽有；寻一小店，叫两壶老酒，点三四样菜肴，聚五六伙友，湖水煮湖鱼，藜蒿炒腊肉是鄱阳湖才有的特色菜肴。餐毕乘着酒兴上山拜谒定江王庙、上王庙两座老寺，烧一炷平安香，保佑往后行船顺风；女人们还可上桃花庵拜观世音菩萨，据说求子女很灵验。再沿着古驿道登上山岭高处，放眼环顾鄱湖，远眺庐山，舟帆远影，山水缠绵，再有事要忙也非得住上一晚。如是文人骚客，又会是一夜难眠，浮想联翩，搜索枯肠，推敲反复，第二天早上留下一首青山诗作，才恋恋不舍地乘船离去。

青山还有个别处绝不可见的独特景观：洗盐袋。

那年月，装运盐用蒲包和麻袋。蒲包是用蒲草编的。鄱阳湖到处都有蒲草，那不经意间在湖滩水岸边长出一片片一团团的绿色长宽叶草就是，秋季开花结果时就会在绿草丛中伸出一支支蜡烛样的毛绒棒，所以学名就叫水烛。编盐包用的是蒲草叶，虽然价廉但易破损，只能编装盐五十斤的小包，一次性地使用，卸了盐就丢了。麻袋是用粗麻绳编织的，结实耐用，袋也大，是装四百斤盐的标准盐袋。这样的盐袋可以反复使用。盐有腐蚀性，装过盐的麻袋咸湿容易烂，要洗干净了才好保管。

135

青山食盐进出多，库存量大，盐袋的轮换更是频繁，洗盐袋就成为青山女人常有也长期的事儿了。大凡出大太阳的好天气，青山码头南边有一平坦浅水沙滩，是洗盐袋的好地方。青山女人把盐袋从盐库一担担地挑来，再到湖水中清洗。洗盐袋不像洗衣服，麻袋又大又厚又粗，浸了水更是沉重，用手根本搓不动，必须要用脚踩，踏挤出麻袋里的盐分和浑浊。洗盐袋的女人们都穿上专为洗盐袋准备的衣裤，那衣是短袖至肩，裤是短筒过膝露半截大腿，又因要利索方便衣裤都稍带了一些紧身。青山的女人都是鄱阳湖水滋养的，洗盐袋的又都是些年轻姑嫂们，人长得水灵腰身也好看，那平日难得外露的白嫩胳膊和白皙大腿小腿肚子，一时间就在湖滩边醒目刺眼了。镇里镇外有事没事的男人们就都划着小舢板、趟着湖滩赶来看了。洗盐袋的青山女人是可以疯癫的，反正这么多的女人在一起，都疯起来了也难责众。她们把盐袋一层层地铺在沙滩浅水里浸泡，然后双脚站在盐袋上用力践踩，虽没有规定动作，但必须是要动要踩要踏，腰胯就会一扭一摆一抖，手臂也就会一抬一扬一挥，人的身子也就会一摇一晃一颠，那胸部更是兔窜鸽飞、波翻浪涌，整个的人就活动了起来，像是在跳舞蹈，犹如现代的迪斯科般豪放浪漫，身姿矫健、美艳惊人，湖滩中也就浪花四溅、水声一片，欢腾一滩，让围观的人惊喜不已，拥挤得不可开交。有女人们跳得兴起，扯开嗓子唱了起来，是鄱阳湖区的老情歌《劈芥菜》的曲儿，却换了新词："姐在湖边洗呀洗盐袋，相公你呀莫过来。"岸上水上会唱这歌儿的男子就会一齐吼了起来："就要来，就要来！"水中的女人们也一齐开口唱了："娘在身边看得紧哪，棒槌打你还敢来？"那水上岸上的男人们的吼声就更勇猛了："就敢来，就敢来！"遂水里岸上哄笑一团，倾倒一片。这情景就像是赶庙会唱大戏一般，是唯有青山镇才经常特有的喜庆节目。

洗好的盐袋子就近在湖滩上黑黑方方地晒成一片，到最后的盐袋洗完后，先头晒的盐袋也大半干了。洗盐袋的女人就都上岸了，挨个儿地检查盐袋儿，有破洞的补洞，有散帮的锁帮。青山女人都手巧，补盐袋不是补而是织：在破洞处细心地按照麻袋的经纬用麻线编织封口，那一针一线就像绣花似的认真，织出的麻袋洞平展如新；那锁口也是按袋口的原样绞花，不仔细看根本看不出织和锁的痕迹。事情都做好了，她们就会三五成群地坐在滩头上歇着，说说女人的话题儿，有的则在干盐袋上眯会儿眼，睡会儿觉。太阳暖洋洋的，湖风轻悠悠的，那水拍湖岸有如儿时妈妈拍睡时的节奏，一下接一下的，青山女人的心里就有一种遥远的感动。

实际上，洗盐袋是件苦差事。盐的腐蚀性很强，对皮肤的伤害很大，常在冷水里踩洗盐袋，双脚双手会脱皮裂口出血，疼痛得要死。这种苦和疼只有洗盐袋的青山女人们知道，但她们不会对外人说，有泪只往肚里吞，对外她们呈现的永远是青山女人的美艳和浪漫。

清代诗人江昱的《青山夜泊》："夜定收帆葭苇际，鸥梦惊回，扑簌深丛里。月上潮生凉入袂，篷窗酒人无寐。隐隐钟声何处寺，响答空山，遥度空江水。何必天涯羁旅思，初程谙尽凄凉味。"把月泊青山的情境描写得细轻静美，想是可能船来得晚了，天黑了诗人未及上岸进镇尽兴，心情有些压抑，所以诗意落点于落寞低沉了。

盐船在青山的事情要多些，人也就会忙一些。先要向检查人员交验盐引，按盐引核对盐包数量，过磅称重，缴纳税费。然后，在青山入库的盐就地进仓，直接运往内湖的盐船则要接受专门人员的安全检查。安检是例行的，也是极其严格的，细致入微甚至到了盐袋的摆放位置：盐袋必须放在船体中部，前后货量要大大小于中部，后部盐袋要稍多于前部，使船只整体重心微微后倾，利于船只前行时减低船下水流的摩擦力，且不会使整船在行进中左右摇摆。这样的安检在宋代极为重视，在盐船经过的各水岸都设有专门的巡检员，后来"连两岸渡官也被赋予查缉私盐和查勘船只质量的责任"。只有通过了严格安检的盐船才被放行，再驶往内湖。

这是从长江进入鄱阳湖的盐船，且都是大盐船。

江西境内民间也有大盐船的。据宋朝洪迈的《夷坚丁志》卷八载：1169 年江西宜黄的"莫寅造大舰成……寅持钱 300 万，将买盐淮东"。按当时的盐价，300 万钱可买盐 36000 斤。

从鄱阳湖内顺水来青山买盐的，大多是些小盐船。这些驾小盐船来买盐的小盐商，其实只是大盐商的分销商，也就是二道贩子，起着食品盐在江西境内转运和分销的作用。他们或在青山盐库里买盐，再运到各地县乡镇转卖给盐店盐铺。盐店盐铺再零卖给千家万户食用。有些盐船则是一些大盐栈直接开来的。所以相对从长江上来的盐船来说，这些盐船都不大，装载的盐也不多，但却也是在运盐，也是盐船。他们的航线很短，只在江西省境内走动，青山就成了他们的始发码头了。这之间当然有明标暗码、货比三家，袖里乾坤、买卖成交；也当然有过磅验秤，呎斤喝两、算账付款、码堆装船；然后就是抱拳相送、作揖道别，撤跳撑船，扬手远行了。

作为鄱阳湖上的盐运码头，青山镇永远有着来不完也去不尽的盐船，也有着迎不完送不尽的盐商。那泊在码头上的大小盐船总是在卸总是在装，沉重的盐包把一条条长跳板压成一张张弯弓，射发出来的却是扛包肩夫起伏的喘息和断续的号子声。空气中也总是有着一股咸湿湿的气味在飘散，拂在脸上就有一种汗津津的感觉了。街道的青石板上总有白色的盐粒漏下，被走来走去的脚板踏破碾碎变黑，又再漏下。

青山周边的乡人不知是妒忌还是鄙夷，至今老人们还记得祖辈们流传下来的一个笑话：青山人不用花钱买盐，他们每天把鞋底板拍拍，家里吃的盐就足够了。

也许，这是"江西脚盐"的另一种释义吧。

从青山至都昌多宝老爷庙一带湖面，是鄱阳湖最狭长的一条水域，也是湖风的通道管口，无论哪个季节，不管哪个时候，只要扯上帆篷必然会有风助。离开青山的盐船虽然百般眷恋，但走得绝对不拖泥带水，而是干净利索，一个漂亮的调头转身，帆篷就高高地升起，鼓足风涨满力，船身跃起，碾浪压浪疾行而去，只把飘荡的潇洒身影，留给青山久久地凝望。

三、私盐船与缉私船

尽管有外地来的大盐船大盐商，还有在江西境内鄱阳湖流域走动的小盐船小盐贩子，但是还构不成鄱阳湖盐船帮的全部。

鄱阳湖盐船帮中还有另外一个重要成员：私盐船。

据有关资料记载，明清时期，正常购买"盐引"，缴纳各种税费运费人力费后，盐商还有百分之三十的利润可赚。如果避开"盐引"的税费，利润则是惊人。元明时期，制作精良的私盐价格在大多数时候只有粗糙的官盐价格的三分之一甚至四分之一，即便在这种情形下，私盐销售仍然有利可图。"天下熙熙，皆为利来，天下攘攘，皆为利往。"食盐的官管与走私的差额高利润造就了走私盐的活跃。

鄱阳湖上的走私盐船大致可分为三种：第一种是专职走私船。由多年挟带私盐贩卖的盐贩子为主力，积累了一定的资本后，自购船只专门进行走私。这类私盐船对盐运流程、走私渠道、运输路线、缉私方式等都熟悉精通，擅长收买盐业官员，规避税赋缉私、联系销盐下家，走私的船多盐量也大，是走私盐船的主体。第二种是挟带私盐，在鄱阳湖各类船帮中都存在，他们本是从事其他船运的，但却利用机会贩运私盐，或整船私运，或装载他货挟带，这些船只很多，但盐量并不太大，却是最混乱最无法弄清楚的。第三种是抢盐，是湖盗芦席帮干的勾当，抢劫盐船帮的案件在鄱阳湖一年总会出现几起，多是民不告官不究，告了也白告，绝大部分官府是追究不了的。

有了私盐船，鄱阳湖上的盐船帮就复杂了起来，外面的人是根本无法知道也无法说清的，但湖上船帮人都知道，但却不多说更不敢乱说。有经验老到的船帮人，只要瞄一眼船型、吃水、驾船人就明了，就会说一句："盐船帮来了！"那声调气息的不同，说的盐船性质也就不同。这声调气息一般人都是感觉不出分别，只有同船帮人一听就明白，就知道来的盐船帮是正规运盐的官船，还是内湖的民间盐船，还是走私盐船。若是说者一脸神秘，声小气微，带着颤抖，那就当心了，这来的盐船是不能招惹的，说不定是湖盗抢劫的盐船也不可知。鄱阳湖流域深远，水道纵横，港汊密布，又是丘陵地带，湖上和五大支流江岸河边山多地险，便于湖盗进退隐蔽，盐船频繁来往，货重价高，不抢盐船抢什么?!

这样的情形也不只是鄱阳湖上有，在整个中国盐运史上，贩卖私盐活动一直十分猖獗，食盐运输线上沿江沿河枭匪蜂起，盐民被抢，官船遭劫时有发生，运河入江口的瓜州等地，均是盐枭出没之地。他们强抢豪夺，武装押运，对抗官府缉私盐。史载光是扬州盐枭徐宝山就有私盐船 700 余艘。他们凭借运河、长江黄金水道，获取巨额财富。陈友谅也是私盐贩子出身，后来和朱元璋争夺天下，在鄱阳湖上大打出手，闹出了很大的动静。

贩卖私盐有利可图，却也相当危险。据史书记载，历代王朝对此控制得都很严酷。唐代法律规定，走私食盐一石者，即处死刑。就是说，当时的一条人命相当于一百多斤食盐；到了五代十国时，则是不论多少，抓住就杀头，比今天惩治贩毒最严厉的国家还要吓人；宋代最宽厚，取消了走私食盐的死刑；元明清三个朝代则又一次规定，走私食盐而又拒捕者，处死。

民间要走私，官府就要缉私。历史上官府都设有缉查私盐的水陆缉私队伍。明清时期鄱阳湖区的缉查私盐就由设在青山镇的长岭巡检司负责。万历《大明会典》载："关津，巡检司提督盘诘之事，国初设制甚严。"不难看出，关津、要冲之处，是设置巡检司的主要地点；盘查过往行人是巡检司的主要任务；稽查无路引外出之人，缉拿奸细、截获脱逃军人及囚犯，打击走私，维护正常的商旅往来等是设置巡检司的主要目的。清代《星子县志》中关于青山长岭巡检司的记载："长岭巡检司哨船水手 1 名，守城垛夫 20 名。"可见巡检司是专门配有巡逻的哨船，扼守在青山湖口，盘查过往船只。除专职的官府缉私队伍外，盐商也被官府赋予了武力缉私的权力，他们可以以保护自己利益为由，配备管制刀具，并有权对走私盐嫌疑的人员船只进行盘查，收缴私盐。

缉私盐船和走私盐船这是鄱阳湖盐船帮内两个相对立的船帮，他们的关系是猫和老鼠的关系，老鼠很多，猫却少；猫捉老鼠，老鼠却也总是捉不光；老鼠怕猫，但猫却永远玩不过老鼠。这种猫和老鼠的游戏，是那个年月在鄱阳湖中的一种因生存利益关系永远纠结不断、纠缠不清的最有趣味也百玩不厌的争斗活动。

不管是官运盐船，还是民间盐船和走私盐船，再加上少量的缉私盐船，在鄱阳湖内就有一个共同的名字：鄱阳湖盐船帮。

相对来说，鄱阳湖上盐船帮的船只数量不是太多，但因为有官运在其中，所以在鄱阳湖九帮十八派中被排列为第三大帮派。

四、封板上长了眼睛

就像漕粮运船是官制一样，盐运船也有官制，和扁宽的漕粮船不同，盐运船都吃水较深，载重量也大。《宋代运盐船》记载："运盐船的载运量大约在 250—700 料之间。"按当时一料 24 公斤计算，运盐船的载重量就在 6 吨和 8 吨之间了。早年这样的盐船都是官制，船上十几人，有驾船的船工，还有押运的兵丁，大多是从扬州开过来的专职运盐船。在鄱阳湖内来往的民间运盐船却有大有小，大的船吨位甚至超过了官盐船，都是本地船型，只不过是被用做了运盐罢了，配给人员也多少不一。既然运了盐，就是盐船帮的船了，驾船的人就要遵守盐船帮的规矩了。

鄱阳湖上盐船帮的最大规矩是严防水火。

盐吸湿怕潮易结块，因而禁止雨中作业。盐是易溶物，更是怕水，盐被水打湿了融化成水，就是大损失。所以盐船盖舱的舱棚都很厚实。用细密竹片紧紧地编织了，再两面打上上好的桐油，等干透了再打，如此反复五六遍方可，这样的舱棚用铁篙尖儿不使大劲儿都是戳不破的。把舱盖严实了，就是大风浪扑打上船，水也是漏不进船舱。盐也怕火。在一般人的经验中，好像盐是易燃物，家中生火不旺时丢一把盐进去，火焰就会噼啪腾起。其实不然。盐本身并不能燃烧，但盐会使燃烧的二氧化碳转化成了氧气，盐粒烧爆时会产生水蒸气，帮助燃烧，所以盐船防火最要紧，一着火就将是灾难深重。乾隆三十五年（1770）十二月，停泊在仪征县境（今仪征市）江面上的盐船摩擦失火，共焚毁船只一百三十艘，烧死和淹死了一千四百多人。当时正在扬州探亲的清代文学家汪中目睹了这幕人间惨剧，随后写下了著名的骈文《哀盐船文》，文中有句子曰："炎光一灼，百舫尽赤。青烟睒睒，熛若沃雪。"可见盐船火灾之惨势。所以盐船上的船工是不能吸烟的。

有了严防水火的帮规，有了官家对运盐的严格检查，还有湖盗抢劫、官家缉私的威胁，鄱阳湖盐船帮的人也就总有一种胆战心惊，谨小慎微，每时每刻都"如临深渊，如履薄冰"的紧张感觉，远远没有鄱阳湖上其他船帮的人活得自在潇洒。每天早上开船，必是反复检查，看船底漏水没有，看船舱进水没有，看船棚严实不严实，看盐袋松散没有，也当然要检查船舵船帆什么的。走船时人更是紧张了，船舷两边都随时守着人，观察湖上岸上的动静，有没有异常人群走动，有没有可疑的船只在附近。就是一般在周边行驶、经过的寻常船只，要是忽的升起船帆、忽地加快了航速，盐船上的人就会猛的警惕起来，一边专注紧盯着，一边暗暗攥紧了藏在船板船篷边的大刀长矛把柄，如临大敌般做着随时跃起拼杀的准备。与一般木质运输船不同，盐船大都有运输时吃水深航速慢的缺陷，很容易被轻便快船追赶上，那些打盐船主意的人都是精怪，眼睛极毒，只要远远地一瞄，就能从船舷吃水、船首高低上分辨出盐船的装载量，盘算着可不可以下手；而只要他们想下手，盐船就是灾祸临头，不是在劫难逃就是要拼杀流血，侥幸得以保全了盐，也会付出较沉重的代价。有区别的只是官运盐船防的是湖盗，而走私盐船则相反，是防官家的缉私船。青山镇的老盐船帮人说："驾盐船的人不容易哪，连封板上都长了双眼睛哟！"

封板是指船尾最后一块横挡板，是船的后脑壳。说船封板上长眼睛就和说人后脑壳上长眼睛是一样的意思。

当年在鄱阳湖区码头上，看到穿着黑色紧身衣，扎着裤脚，乍起膀子走路，样子像衙役，但实际上是船工的人，肯定都是盐船帮的人。那些走私盐的盐帮人却是尽量穿戴得和其他船帮的人一样，但也有办法分辨出来：看眼睛。走私盐船上的人都是赤红着眼睛、烂着眼圈，迎风就流泪，一年到头总像是家中出了天大事情样悲伤哀怜、人受了天大委屈无处申冤般难过痛苦。那是因为成天生活在盐中，不光眼睛沾了盐辛辣刺激，那浓烈的气味也让眼睛难忍，咸盐伤眼啊！

相对于其他船帮的人来说，盐船帮是洗船最勤的人。

那年月，鄱阳湖畔早晚总是见到盐船帮的人在洗船，却又不像其他船帮洗得大气：提一短绳吊桶，站在船舷拎起桶底朝湖水中一栽，那桶口砍进水里，桶底却沉了下去，提绳一抖，一桶水就装满了，手臂一扬，把水桶提上船，再把桶底一勾，朝着船帮"哗！"的一下倒去，那水就沿着船帮冲去，把船帮洗得干干净净；或是把长布拖把往湖水中一浸，上下抖了两抖，就着一把水一起拎上，朝着船板哗哗哗地拖推洗而去，三下五除二，再污秽的船板立马露出了锃黄黄的桐油板纹本色了。盐帮的人洗船却洗得小心翼翼，船帮是不敢用水冲的，怕水溅进了船舱湿了盐，只能用吊桶吊了水上来，然后用抹布投了水小心地擦，要是船板缝里夹了盐粒，就用指甲抠了出来再洗。洗船舱板更是小心，必定要把抹布拧干了，在船舱板上反复擦拭，这样洗船擦船太慢，人是蹲不久的，只好跪着，撅起了屁股做事。鄱阳湖上其他船帮人撅起屁股跪在船上做事的都是女人，唯有盐船上的男船工会跪着洗船，做些女人做的细作活儿。不过卸了盐的船清洗时，盐船就比其他船帮的人大气。其他船帮的人难得洗船舱，那些装粮装瓷装茶的船舱也不太脏，用拖把擦擦也就干净了。盐船不行，倒不一定是因为脏，而是因为盐。运一趟盐难免总归是会有盐漏了盐洒了，就是盐包不漏不洒但盐包堆了半月一月的，也把船舱板透湿了，不洗干净盐就会吸潮、腐蚀了船舱底，那将是船的大隐患。所以凡是盐一卸下了船，盐船上的人就要把舱板全部揭开，先不管三七二十一，几个吊桶提满了湖水往船舱里倒，足足要在船舱底有盖脚背深的水才罢手，然后让水浸些时间，好把那些盐粒儿盐末儿浸融化了，人再下到舱里，用抹布掠水把船舱四壁细心地洗抹干净了，再把脏水又一桶桶地舀了出来，边舀边抹擦船舱底，最后的水沫还要用抹布耐心地渍了出来，再用干拖把把船舱底拖干净，最后的程序是晾晒船舱了。这时间是盐帮船上人最舒适的时候，他们晒舱也晒人，也一个放松身心，摊开四肢躺在船头船尾船板上晒太阳。太阳在晴空高高地照着，身上暖烘烘的，有一种像喝了酒样的睡意，想着这趟盐算是运妥了，回程的路途再也不用日夜紧张、担惊受怕了，又是出鄱阳湖入长江走下游的顺水，速度也快，十来天就可以回到瓜洲，到家了，和父母妻儿相聚，可以轻松

快活地过上几天了……想着想着，他们不知不觉地睡着了，梦中竟然是家中灶台上一沓沓大大小小的碗盘，床踏板上一双双大大小小的鞋只……

第五节
瓷船帮

一、天亮就出发

夜晚的鄱阳湖是一位母亲的湖，她睡的是警醒觉。白天她碧波荡漾、推波助澜，载船负舟，送帆迎篷地忙个不停，一直到半夜三更过后才睡下，翻卷了一天的湖水也就波平浪息了，微微的涟漪是她睡脸舒展的皱纹，在夜色中隐约浮现；轻轻的水声是她睡着均匀的呼吸，在夜岸上推拍回响；天上的星星闪闪烁烁地落进了湖水里，也璀璀璨璨地落进了她的梦中。这是鄱阳湖睡得最为香甜的时候。只是，这样的熟睡不过也就个把两个时辰，湖上就有动静了。鄱阳湖猛地睁开了眼睛，她惊醒了，知道是有船家在准备起航，她不能再睡了，要起床了。此时鄱阳湖还是睡眼蒙眬，晨雾像无边无际的幔帐似要把天地湖水融为一体，却是不能的，在迷蒙隐现的林立桅帆中，前头透出几点红火，把雾纱亮开出一个缝隙，掠起了一角帷幕。那是早起的船只在升火煮早饭了。

赶早出湖的船是瓷船帮。

无论冬夏，鄱阳湖上的瓷船帮的人都是天未亮起床、升火煮饭、做开船准备。瓷船帮的吃食无所禁忌，早餐是米粥。熬粥用的是江西的早灿米，兑上一份半水，烧开后再熬半个时辰，保准又烂又香；就粥的都是家腌小菜：腌辣椒、渍豇豆、干萝卜、霉腐乳，绿青黄白四色，辣酸甜咸四味，色彩鲜明，爽口开胃，就着小菜稀里哗啦地喝上两大碗粥，鄱阳湖上俗话说"吃饭是真功夫"，肚子饱了，人也出了一头大汗。这时候天也大亮了，能看得见了，立即开船出湖赶路。

鄱阳湖并不是瓷船帮的起始码头。这些瓷船帮都停在鄱阳湖各处入湖口好几天的，就像一个好动的孩子关在家中待久了，早就按捺不住了，今天好不容易可以出门，终于能开船出湖，那还不要一跳三尺就蹦了出去了，赶大早就开航了。

鄱阳湖瓷船帮的起始码头，最早在丰城码头，唐代的洪窑名气很大，陶瓷产品运销全国各地；宋元时期在景德镇、吉安、南丰、赣州等地的水边码头，景德镇青白瓷窑、吉州永和窑、南丰白舍窑、赣州七里窑是闻名中外的四大瓷窑，产品远销日本、朝鲜、东南亚、中东、非洲等地；元朝以后主要是在昌江景德镇码头了，元王朝将景瓷出口视为课税的一大重要来源，特设浮梁瓷局，专管瓷器产销、税收等业务；到明清时期，景瓷"已盛行于世，为出口货第一特色了"。

景德镇运瓷器的船一般是雕子船、罗荡船。这两种船体很相似，船头船尾尖而翘起，船窄身长船板高，设有中后双桅，吨位一般也就十到二十多吨。这种运瓷船有专门的船行和船帮组织。各地到景德镇买瓷器的商人，需船运瓷器，必须由船行通知船帮，再由船帮安排船只。这种船帮与鄱阳湖九大帮派的意义迥然不同，是真正意义上的黑社会帮会，实际上就是沿岸码头的黑老大，他们对船只限制较严，东河的船不能走西河，各种船只都有自己规定的航行范围和航区。

从这些历史上有名的瓷窑码头出发的瓷船，因江河水道浅窄和航道险恶，运输的船只都不大，装载的瓷品也不多，轻装快船，顺流而下，远则十来天，近则三五日，就都进入鄱阳湖了。景德镇的运瓷船则是沿昌江西进，到鄱阳县的姚公渡转道饶河至莲湖龙口村进入鄱阳湖。往后的航程远近不同，但最少也有一百里，多则千多里，鄱阳湖长江的航道水深，可以行大船了。所以，运瓷船大多都会在各支流的入湖口码头停息，重新装船。也早有官家商家的大船停在这些湖边码头等着候着的，于是或几只小船的瓷器合并装一大船，或同类的瓷器集中到一大船上。这样一来，原先从起始江河过来的瓷船其实只起了个过驳作用，算是短途转运，真正的启运点应该是在鄱阳湖。所以这些瓷船对外说都是从鄱阳湖出发的。

从鄱阳湖出发的运瓷船有好几条路线。

一条从鄱阳湖出发，下长江，到明州（今宁波）、扬州、登州（今蓬莱）、刘家港等海边港口，下货转装上大海船，再走海上丝绸之路，远渡重洋去东南亚各国和西欧诸国外域了。

一条是从鄱阳湖逆流上赣江，过十八险滩，到赣州止，瓷器改旱路人挑肩负走大庾岭，翻越武夷山，到达广州和泉州。广州从秦汉直到唐宋一直是中国最大的商港。明清实行海禁，广州又成为中国唯一对外开放的港口。泉州发端于唐，宋元时成为东方第一大港。瓷器再改装海船，漂洋过海，走的是另一条海上丝绸之路了。

这两条路线上的瓷器虽然走得很远很远，但鄱阳湖瓷船帮却都只是在中国东海边和赣江源头止航，把海外运瓷权拱手送给大海船。

国内的航线是运送"御瓷"进京：过湖下江到扬州，转大运河北上，到通州止，瓷器在那里下船，再通过陆上运输到北京城入皇宫。这是鄱阳湖瓷船帮走得最远的路程，大概有二千多公里吧。再近点的航线是过鄱阳湖，上溯长江，到九江下货；也有再往九江上游走的，去湖北武汉等地，但做的却是些零散贸易；九江是长江沿线最大的陶瓷交易市场，上游各地的商人还是喜欢直接来九江进瓷品做买卖。鄱阳湖瓷船帮一般只到九江，不怎么再朝上走的。最近的是在鄱阳湖区内和五大源流行走的瓷船了，他们做的是各市县的瓷器生意，也多是从瓷窑产地直接开过来的小船帮。

如此一来，鄱阳湖瓷船帮就有一个定义了：专指从鄱阳湖装载瓷器的船只。

不管外地的还是内湖的，不管是大船还是小船，瓷船帮是鄱阳湖上最勤劳也最繁忙的船帮。瓷器生产不像稻米、茶叶、柴草以及渔业都有一定的收获和作业季节，分个旺季淡季，它是一年四季都可出产，也就一年到头都有得运输，那瓷船帮的人也就一年到头都有得忙碌。天亮就出发，成了瓷船帮的标志。

二、海上陶瓷之路

据有关资料称，在郑和下西洋期间，在南京建造出海大船，曾专派大船来鄱阳湖装运景德镇出洋定制的瓷器。

虽然还没有查阅到郑和下西洋的大船到鄱阳湖装载瓷品的具体史料，但南京造船下水走的是长江水道，从南京到鄱阳湖口不到500公里，一路航道畅通，入湖口驶到鄱阳县饶河口，鄱阳湖更是水深湖宽，郑和下西洋的大船能走南京长江水道，那行驶到鄱阳湖也必然是无碍的，能就着一次性直接到鄱阳湖装好瓷器，免了再用其他船把瓷器从鄱阳湖过驳到入海口重装，节省了费用和时间，精明的郑和也一定会是这样思考和行动的。

如此，按照鄱阳湖瓷船帮的定义，郑和的大海船既然也来鄱阳湖直接装载瓷器，也就属于鄱阳湖瓷船帮的范畴。同时也把鄱阳湖瓷船帮的航线拉至海外很远很长了。

史实有待考证，但景德镇瓷器出海却是确凿的事实，我们不妨就此梳理一下。

历史上著名的中国丝绸之路，分为陆上和海上两条。海上丝绸之路起于秦汉，兴于隋唐，盛于宋元，明初达到顶峰。从中国出发，向西航行的南海航线，由中国沿海港至南亚、阿拉伯和东非沿海诸国，是海上丝绸之路的主线；另有东洋航线由中国沿海港至朝鲜、日本；南洋航线由中国沿海港至东南亚诸国，是海上丝绸之路中的两条副线。海上丝绸之路最早的主角当然是中国丝绸，在隋唐时运送的主要大宗货物是丝绸。光滑柔软、轻薄舒适、绚美斑斓的丝绸，就像位华丽多姿、浓烈如火、热情奔放的美姐姐，以其张扬的中国娇艳红遍了沿途的异域他乡；后来，晶莹滑润、玲珑剔透、细腻光泽的瓷器加入了进来，这位冰清玉洁、冷艳高雅、羞涩矜持的娇妹妹一出现，就以其含蓄的东方妩媚倾倒了沿途的异族洋人。这一对中国物与器的姐妹俩，在历史的海上丝绸之路上携手并肩，联袂合作，行云流水，风光无限，把中国技艺和中国制造的魅力张扬到了淋漓尽致。到了宋元时代，瓷器出口渐成为海上通道的主要货物，因此"海上丝绸之路"又叫"海上陶瓷之路"。

江西古陶瓷研究专家余家栋有明确观点：由景德镇沿昌江西进，到鄱阳县姚公渡转道饶河，再转鄱阳湖入长江，然后沿江出海，到达明州（宁波）、泉州等大港，再装上远洋货船运往阿拉伯、东非、欧洲或是东南亚：这是景德镇瓷器的主要外销通道。

元代航海家、南昌人汪大渊写过《岛夷志略》一书，详细记述了中国瓷器输出世界近 50 个国家和地区，他所记载的出口瓷器名称繁多，包括青白瓷和青花瓷，而青花瓷以景德镇为主。

2005 年 6 月，考古学家们已经从福建平潭县海域的清代康熙年间沉船"碗礁一号"上，大致弄清楚了水上瓷器之路的特征。在这片因渔民们捞起过大量瓷碗而命名的海域，中国水下考古队看到了满眼清朝前期景德镇青花瓷，还有一种在低温下烧出的珍贵五彩绘瓷。而且，这艘船上竟没有一件景德镇以外的瓷器。"碗礁一号"的年代，是景德镇青花瓷烧制技术达到炉火纯青的年代，青花瓷也是 16、17 世纪水上瓷器之路最重要的贸易品。

2007 年轰动全国的"南海一号"沉船，出水了大量景德镇青花瓷、青白瓷，很可能就是从景德镇出发、经鄱阳湖水路外销的。在"南海一号"的时代，景德镇已是全国著名瓷窑，青白瓷正是它当时的主要产品。"南海一号"沉船已被认定是宋代福建船只，参与打捞沉船的专家们普遍认为："南海一号"船头朝向西方南 24 度，沉没朝向应该与当年的航向大致一样，通过这个朝向大概可以判断当时"南海一号"不是从国外驶入中国，而是从中国驶出，赴新加坡、印度等东南亚地区或中东地区进行海外贸易。

到清朝期间，中国外销瓷器逐渐增多，在欧洲开始从宫廷珍藏品走向民间日用。《景德镇陶录》载："洋器，专售外洋者……贩去与鬼子互市，式样奇巧，岁无定样。"其中已有部分瓷器是按照国外订货合同所需式样生产的。最为普遍的便是餐具和咖啡具，其器形、尺寸和图案在订货合同中都有明确规定，瓷器图案则有静物画、人像画和圣经故事等。

现在已经无法统计由鄱阳湖水道外销出去了多少景德镇瓷器。但仅在1700年，东印度公司的船只在欧洲港口一天就卸下146748件中国瓷器；1729年至1794年，荷兰东印度公司便运销瓷器达4300万件。整个18世纪的100年间，输入欧洲的中国瓷器数量达到6000万件以上。

鄱阳湖水道，成了景德镇连接整个世界的枢纽之地。

而鄱阳湖瓷船帮，则是这枢纽中的唯一动力和运输工具。

如果说鄱阳湖水道是一张铺展开来的乐谱，那扬着风帆的各个船帮则是荡漾的各种音符，瓷船帮是最悦耳的高音，那由青花、祭红、釉彩、玲珑等各色精美瓷器共同奏响的华美乐章，是古老东方文明的金声玉韵，从鄱阳湖的水波开始，在长江、东海、南海、印度洋、太平洋的波涛上跳动激荡，一直传递到世界各地。

三、骨感美人

相对其他鄱阳湖上船帮运载的货物来说，瓷器的装运是最麻烦的。

瓷器是易碎品，宋应星《天工开物·陶埏》指出："陶成雅器，有素肌玉骨之象焉。"景德镇瓷素有"白如玉、明如镜、声如磬、薄如纸"之说，精美的瓷品光泽柔和，温润如玉，像位骨感美人。但是美人难侍候，最是难以保管和运输。瓷器又具有不可复原性，不像稻米、食盐、茶叶什么的洒散了还可扫起，瓷器一旦破碎了，就算是珠玉一地，也只是废渣而已，毫无价值可言。所以，瓷器的包装向来是最为紧要的事情。

历史上，瓷器的包装材料不外乎木、纸、草三类。

用木包装的大多是如瓷瓶、瓷缸、瓷罐，瓷坛等大型装饰类器皿，用木板条框架装入，再在低凹部内夹条固定，使之不松摇晃动，也好有把杠抬动。这些木包装多是超人高长度超抱围直径的器皿，木板条也仅是钉成一个粗糙的框架而已，主要作用只是为了保护瓷品不受损坏，方便搬运堆码。纸包装有两种纸：一是硬纸板，一是软纸片。硬纸板是盒包装的，主要是包装些精美的瓷器，也是些瓶、罐、盆、盘、碗、杯以及一些珍藏类器皿，盒子也同样精美，里面的内垫做成器皿匹配的模凹，把器皿放入正好卡住，盖上盒盖也知里面是珍品。软纸用于小件瓷器包装，如盘、盏、碟、匙等小件生活类用瓷，用薄纸夹垫之后再整个地包裹起来。草的包装最多也最实用，几乎囊括所有的生活用瓷，特别是碗、盘、杯、碟等民用生活瓷。草包装是用稻草和竹篾包扎，景德镇人俗语叫茭草。操作时三人为一组，一人打草结，一人茭瓷器，一人卷草扎篾。茭草是很要有技术的，先选用完整的稻草，把一束草底扭结，把草秆成圆形分散开后，将瓷碗瓷盘底放在草结中间，碗盘中放纸垫底，上面再压放碗盘，依次层层叠起，大碗大盘十只一束，小碗小盘二十只一束，然后把摊开在地下的草秆从周边圆形地把碗围住，在最上面碗口把草梢扭结塞在碗内，剩下的是捆扎。捆扎是用竹篾，把细心剖成薄片的竹篾像稻草一样打结垫底，只不过是间距离地把草捆围绕住，再又用竹篾间距离地在碗盘草捆上打箍，紧紧地把草捆绑住，这十只大碗大盘或者二十只小碗小盘就算是包装好了，一般称为筒，谓之为一筒碗二筒碗。以后运输、交易也都是以筒来计算。这种草包装关键是在打结上，草结好打，竹结却难打，要很有技术地把竹片扭绞后细心地夹住，全凭手上的扭工，没经验的一扭竹片就折断了，还会划破手出血。这种用草捆好的瓷器既不易破碎又好搬运，是瓷器用得最多最普遍的包装方法，包装结实而且便于搬运。

也还有些很独特的瓷器包装方法。如特别贵重精美的瓷品，会用绸缎蒙面做的锦盒包装，不过也只是包装材质的不同罢了。还有早些年间，景德镇定制的批量瓷器出口海外，商贾来鄱阳湖装运时，预先从江浙购来丝绸布匹，又在浮梁买了茶叶，然后将丝绸包裹茶叶，再把包裹放入瓷器之中，细心地封好口，再把陶瓷捆好稻草后，又弄来湖泥和水成稀浆，涂抹在草捆上，撒上鄱阳湖上最常见的湖草的草籽。这种湖草只长两片半圆形小叶，不长，却极茂盛，在鄱阳湖的湖滩上一长就是一滩头，开花时一片绯红，所以人称红花草。不出几日，草籽发芽，长出绒绒嫩草，浇上些水，草长长了，根须却全部扎入草把之中，把瓷器细密地包裹紧了，然后就不再浇水了，任着草叶衰枯却是根须尚在毛草柔软蓬松，有很好的缓冲防震功能。任凭鄱阳湖瓷船运到海边，又换装上大海船万里远航，再大的风浪和颠簸也会安然无恙。半年一年后到达了目的地，再把草捆扒开，取出瓷器、丝绸、茶叶，全都是完好如新。瓷器、丝绸、茶叶也都是丝绸之路贸易的主打商品，最受海外那些高鼻子凹眼睛的洋人们喜爱。这样套式泥草包装是一种智慧，既充分利用了空间，节约了成本，又做到了安全保险，绝对是一种中国人农耕时代经验的精彩体现。

特别精美的绝品瓷器，因其价格昂贵，有的甚至是价值连城，它的包装也是倾尽高贵典雅，会用紫檀、黄梨等珍贵木头做盒成匣，铺垫于高级绸缎；或者在盒匣上镶金镀银、描龙绣凤，如此一来，不说里面的藏物，就其包装来说也是身贵价昂了，非是一般人可以观瞻的。但是，那些残瓷次器，因本身价值不大，所以也不会在包装上花费力气，仅仅是用箩筐一装或蒲团一裹，只要不散失就是了，吝啬得连稻草也不肯给一根。

鄱阳湖船帮所运载的物品里，无论稻米、食盐、茶叶等主运物还是棉麻布、鱼虾蟹等农水产，都无论质量等级，包装均是一致的，唯有瓷器在包装上却分出了个三六九等，分出了贵贱层次，这些釉面晶肤、精美绝伦的骨感美人原来还是个势利美人。但这不能责怪瓷器，势利的原本是人呀！

相对于鄱阳湖其他船帮来说，瓷船帮的装船也难为了些。

面对骨感美人，百炼钢也变成了绕指柔。在搬运瓷器时，码头搬运工人一改平时的豪放大气，一个个就成了小心翼翼的使唤丫头，像精心侍候千金小姐一样百般呵护着搬运件。那大的箱架瓷件可一人背的决不两人抬，因为两人抬物上船如不协调反倒容易失足。一人背也怕走跳板有失误，于是就跳板两边水中各站一人伸手护卫，船舱里也早有人候着接应。就是那些打捆的草包件，挑运起来也是小心轻放，连扁担也不敢闪悠得过大，怕抖碎了碗碟。这些瓷件装船也很讲究，在船上摆放素有交错式、纵横式、旋转式、简单重叠等多种方法，难以细说。哪些必须装在中舱？哪些可以堆码前后舱？哪些只能单独摆放？哪些可以堆码？哪些件又能堆码几层？都是有着专门的规定和数目，绝对不能弄错。因而瓷件装船是比较迟慢的，花费时日也多，搬运工还很压抑憋闷，往日上船是大踏步前进，现在是小碎步挪移；往日下船是一步一悠一咪溜，现在是小脚媳妇脚轻抬走慢步。那些在装粮装盐装其他货上船时惊天动地的号子是根本不敢打了，装瓷上船时就连说话喘息也不敢大声，生怕惊了人乱了脚步跌坏了瓷件。这种蹑手蹑脚忍气吞声的样子，像是有响声会扰了这一船骨感美人的春梦似的。那些瓷老板船老板的事情再多，瓷件装船时都必须会在现场盯着，眼睛看着耳朵更是耸得老尖，随时听着瓷件的声响儿，要是哪件在搬运摆放中动作大了些用力蛮了些产生了细微响声，必定是要上前仔细检查，手上下仔细摸查着，又左右摇晃着，确信没有破碎才肯放手。也难怪他们百般小心，真要是有瓷件就在草裹里面破碎了，外面一点也看不出，往后天遥路远地送达了目的地，验货时再知晓就太迟了，赔不了货，误了货主的买卖，也毁了自家的信誉。

其实就是这样的谨小慎微，一船瓷件总是难免多多少少会有破碎的，这些物件本来就是易破易碎的骨感美人呀!

　　鄱阳湖瓷船帮还有一种瓷件难以运装:瓷坯。

　　瓷坯是指做好成型的泥坯件,也都是盆盘碗碟、瓶坛罐缸等物件的形状了,不过是白坯子,还缺了最后几道工序:绘彩、上釉、烧制。

　　唯一的难处是白坯难以转运。白坯虽然已成形,看起来也算是个瓶瓶罐罐、碗碟盘杯了,但却没有进行烧制,没有经过火的烧炼的白坯子在内质上就没有进行脱胎换骨的生命裂变,还仍旧是泥巴。这种白坯件就像是粉面娇羞的白嫩女娃,惹不起更是碰不得,是极易破损和碎坏的。在景德镇,把成型白坯子送到窑里去烧,要用专门的料板、抬坯架、挑坯架。料板就是块长条形木板,做好的坯件摆放在料板上抬运;抬坯架是一长方形平大木板,在前后两边安上尺余长的把手,把一些较大型的坯件放在上面,前后两人平抬起平稳不晃动就行。挑坯架却复杂了些,有木架也有竹架,其中间是一个四方体的框架,一米五高,两米长,五六十厘米宽罢了,却在这杠架两边从前至后间隔伸出五层的棍架子,上面可放二米长的板条子,板条子上摆放坯件,大碗可摆十只,中碗可摆十五只,小碗则可摆二十只,两边各五层共十块板条子一次就可摆中碗一百五十只,挑坯人则要钻进这方框中,肩挑居中的扁担,两手则扶住手边的框架,保持平衡。挑坯架也成了一种技术。那年月,景德镇街头常见一个个运坯工肩负着摆满瓷坯的挑坯架向前行走,协调着步伐和身子,丝毫也不失去平衡,和行人互相避让,穿过好几条热闹的街道而不打破瓷坯,就像玩街头杂技一般。

　　明清时代,九江是个著名的瓷器交易市场,有些特殊的顾客对瓷品有特殊的要求,譬如花色、釉彩的选择,如再通知瓷产地景德镇,路途远不说,窑厂再按要求生产,再运来九江,是要拖欠较长时日的,顾客等不及。所以有瓷商在九江开办了两座窑厂,不做瓷专烧瓷,把做好的白坯瓷不上色不画图也不上釉,稍稍烧一下,成为白瓷坯,然后从鄱阳湖内运来,再在这两座厂子里按客户的要求绘彩、上釉、烧制,算做是半成品加工,现场制作了吧。既能让客户点菜下单,也节省了时间,而这两座窑厂因省了白坯前的工序,也就减少了运土、和泥、做坯等阶段,节省了很大的场地和很多的人工,于几方面都是划算的。

　　唯有装运下脚瓷的运瓷船是百无禁忌的。这些下脚瓷器都是在景德镇的黄家洲的"洲店"买的,本身就是些被瓷户淘汰下来的破损下脚料烂瓷器,以极低廉的价格整堆地趸来后,通过磨、剪、凿、补等方法修补,虽然不成品像,但仍可以当生活器皿使用。因这些残损品瓷器是在湖洲滩上摆地摊卖,所以称之为"洲店"。有专门做这残损瓷器的商贩，花个仁瓜俩枣的钱买来一整船，也就用箩筐一担担地挑了，散堆在船舱里，反正是不值钱，随他再有破损也没有多大关系。这些破残瓷大都是在本省各地贩卖，买主是一些穷苦老百姓。卖的虽然也只是个白菜萝卜价，但总归还是会有钱赚的。早年，九江滨江路上就专门有一条街卖这些地摊瓷。

无论运瓷船还是运坯船，都是属于鄱阳湖瓷船帮，也都有个早起的好习惯，天还没亮就做好了一切准备，天一亮就出发。在正消散的薄雾中，把装载着满舱瓷器的船三篙两桨荡离了码头，开到湖水深处，然后，"哗啦啦"地升起了风帆，那抖散的帆布上雾露珠水如同下小雨一般地落在了驾船人的身上脸上，滴到人口中舔着有一丝丝甜味，带着这丝甜味，荡开几缕未及散尽的晨雾，在一片巨大晶亮反光平滑如镜面的湖水上滑行，鄱阳湖瓷船帮出湖了。

四、小心无大错

今日定是个好晴天。

一缕霞光早早地就在东方天边涂抹着，同时也把湖水染得绯红，湖和天浑然一色，分不出彼此。这本是一眼好看的景儿，几只船却不知不觉地入画了，又缓缓扯起了风帆，于是那混沌茫然的天水就被帆篷支撑分开来，帆篷一节节地向上攀升，那天水也就一段段地上下分开，帆篷升到桅顶，天和水也就完全地被间隔分明了。就有如远古传说中的盘古开天地，清气上升为天，浊气下沉为地一样。但这鄱阳湖天水却分得还是不甚鲜明，上升的是蓝天，下沉的是碧水，都是那么的清新、透亮，都是那么的淡雅、恬静，就像岸边湖中的两位青衣少女在上下对视，绯红羞赧的是天的脸，波光潋滟的是湖的眼，鄱阳湖的早晨世界就在这脸眼间活泛生动了起来。

扯着帆篷拉开天水帷幕的船是瓷船帮。

鄱阳湖上的瓷船帮有的是很张扬的。

譬如专为皇宫运瓷器的官船。

官船的威风是必须要抖的，船头高高地插上一面"御"字旗、船帮四周扯上彩旗，再在船舱四角挂上大红灯笼，就已经很唬人，却又在船舷两旁站上一溜挎刀持矛的兵丁，那威风八面、不可一世的架势就完全出来了。越是要紧的皇家用瓷，他们越是张扬得厉害，因为在这船上当家的，必定是皇宫大内过来专门押船的太监。这些身体变异性格也变态的"公公"们，在皇宫过惯了奴颜婢膝的生活，难得有机会外出抖擞一次，总是要把威风用得足足的。鄱阳湖上其他船帮一看，就知来的是官家运瓷船，倒也并不害怕，也不会故意躲避。这种官船不像其他官船，如税收、缉私、缉盗以及巡视地方的官家船，那是专找老百姓麻烦的官府船，远远地看见了，就要及早躲开。但是从景德镇来的皇家运瓷船，你不惹他他是不会主动惹你的。那张扬起来的其实是虚势，是怕有人对皇家瓷图谋不轨，提前警告震慑的造势罢了。

其实，鄱阳湖上打皇家瓷的主意的人很少，查阅鄱阳湖内外的地方史志，几乎没有景德镇运瓷船在鄱阳湖上遭到抢劫的记载。但是景德镇瓷器在远走海外时，屡遭外国海盗抢劫，历史上却是多有披露和记录。

民间的运瓷船是不张扬的，但行船却是十分地小心谨慎。

这主要是瓷器是容易破碎的"险货"的缘故。

不管怎样的密封紧包，行船中的风浪颠簸、船体摇晃倾侧、震动和撞击，都有可能导致瓷器损坏。所以瓷船帮人驾船就比其他船帮的人要难得多，处处都得小心。小心地绞锚，小心地撑篙，小心地扳舵、小心地升帆，尽量让船平稳不摇晃，船舱里卧睡的可是娇气的骨感美人呀，可别惊扰了她的好梦。就是船驶上正常水道，心也还得随时提着，怕有来船突然相撞，怕水里风浪突变，还有一怕：江猪拱背。鄱阳湖、长江中这种黑不溜秋极像小黑猪猡的水中生物，喜欢集体活动不说，还隔一会儿要跃出水面透气，在水中猛然窜出，黑黑的脊背一拱又沉下了水。这一百两百多斤重的东西猛然窜出水的力度是很大的，一般的小划子船都会被它拱翻。运瓷船是大船，不怕拱翻，可极怕它的震动，鄱阳湖就经常有被江猪拱底震破了船上瓷器的传闻。所以瓷船帮在江湖上行走时，船头会坐一个人，专管眺望，老远望到前面水中有黑点游动，就会关照舵工注意，小心地避让开来。

鄱阳湖上其他船帮和人开玩笑有句话是："你这么好脾气，该去瓷船帮呀！"这倒是对的，鄱阳湖瓷船帮上的人都是好脾气，见人一脸笑，做事慢悠悠，不骂到脸上装做没听到，就是骂到脸上来也是没奈何，笑着摇摇头躲开了。性格暴烈，脾气急躁的人入不了瓷船帮，就是入了瓷船帮脾气也会慢慢磨好的。在鄱阳湖上很少听到瓷船帮和人打架的事儿，瓷船帮不和人打架，是打不起。别的船帮打架，从船头打到船尾，就是打翻几件货物也损失不大，只要不弄翻船就不怕；瓷船帮却是只要一晃动就是"风险巨大"，船上装的"险货"就会有崩离粉碎的可能，是真正的投鼠忌器。

说到底，瓷船帮人的好脾性其实是一种智慧，是善于自我保护的生存大智慧！

瓷船的人也不是一点脾气也没有，他们的脾气也只表现在船上。瓷船帮靠岸时，自己会小心翼翼，不去和别的船只擦帮碰舷，也不允许别的船只来擦碰。要是有不

152

知情的撑佬靠船过来时，不小心用篙点了下瓷船帮的船，瓷船帮的人就会像火星爆了眼睛似的从舱里跳将出来，怒气冲冲地大喝："哪个瞎了狗眼，不晓得这是瓷船哪！"那个撑佬还想辩嘴："这有么事呀？在江湖上行走，哪有篙不碰船的！"瓷船帮的人就会大怒："别的船碰得，我们的船就碰不得！"要是其他船帮这一吵就会打架的，但在鄱阳湖上，瓷船帮用不着打架，自会有旁的船帮人帮着说话："你是个刚出湖的白佬吧，怎么这么不晓事，不懂瓷船帮的规矩！"众怒难犯，那撑佬只好认错了事。瓷船帮的人却没工夫听他的好话，赶忙检查船舱中的瓷器去了。

瓷船帮天亮就出发，赶早开头出湖也和早晨清静，早早地离开码头，也免了天大亮后其他船帮都出湖，码头岸边拥挤混乱不安全有关。何况早上的湖面，来往的船只不多，也少了份担心。

小心地装着瓷器，小心地驾着船，鄱阳湖上瓷船帮过的就是小心的日子。

153

第六节
茶叶船帮

一、从《琵琶行》说起

白居易的长诗《琵琶行》是现实主义诗作中的"千古绝唱"，其"同是天涯沦落人，相逢何必曾相识。"的诗句也成为"千古一叹"。鄱阳县人洪迈却"予窃疑之"。他在《容斋随笔》中分析道：白居易刚被发配江州，心里总该会有些畏惧法纪，必定不敢深夜独处妇人船中，又是喝酒又是听琴，夜半才离开，难道不怕以后琵琶女的丈夫商人知道了会找他麻烦？那可就是罪上加罪了。所以他认为白居易夜遇琵琶女一事未必可信，白居易只不过是通过虚构的情节，来抒发他的"天涯沦落之恨"罢了。

按洪迈之说，《琵琶行》只是白居易的虚构。但虚构是文学创作的特点，白居易的伟大之处就在于：虽然是篇虚构的长诗，却成为生活真实、情感真实、艺术真实的伟大作品。

很感谢白居易，他在《琵琶行》中为九江的茶市、鄱阳湖的茶运留下了真实的时代记录。

诗中琵琶女自述："门前冷落车马稀，老大嫁作商人妇。商人重利轻别离，前月浮梁买茶去。去来江口守空船，绕船月明江水寒。"里面透露了三个信息：一是琵琶女的丈夫上个月去浮梁买茶叶了；二是从长江到鄱阳湖是茶叶的运输路线；三是浔阳江头九江城是做茶叶生意的好地方。唐代的浮梁茶闻名天下，白居易写诗的时间是秋天，此时琵琶女的丈夫去浮梁买的该是秋茶了。从浔阳江头到浮梁，必须乘船下长江至湖口走鄱阳湖，再转道饶河到浮梁。为什么要琵琶女在浔阳江头"守空船"呢？可见商人是要回到九江来的。

江西属丘陵地带，土壤肥沃，植被丰富，四季分明，光照充足，雨量充沛，多雾湿润，十分适合茶叶的生长，鄱阳湖周边的浮梁、德兴，修水、武宁，还有庐山，都是著名的产茶区，出产的茶叶都很有名。

浮梁茶最早见著于敦煌遗书之《茶酒论》："浮梁歙州，万国来求。"早在汉代就有人在浮梁、德兴采叶制茶。至唐代，浮梁茶名声大作，浮梁成为唐代著名的茶叶集散地，浮梁本地产的茶叶和祁门、婺源的茶叶都在此草市聚散。《元和郡县图志》记载："浮梁每岁出茶七百万驮，税十万余贯"，占到元和年间全国茶税总额的八分之三。十八世纪中叶，瑞典商船"哥德堡号"从广州启程回国，船上装载着大约 700 吨的中国物品，包括茶叶、瓷器、丝绸和藤器，其中的茶叶据说主要是浮梁茶。前面说过了，在 1915 年在巴拿马举办的万国博览会上，浮梁县产的"浮红"茶，曾获金质奖。

155

修水产茶，迄今已有千年历史。武宁、铜鼓也都是产茶区。唐清泰二年（953）毛文锡所著《茶谱》载："洪城双井白芽，制作极精"，"双井""黄龙"等皆绝品。"宁红工夫茶"则始于清代中叶。十九世纪中叶，宁红畅销欧美，成为中国名茶。美国茶叶专家威廉·乌克斯在《茶叶全书》专著中评述："宁红外形美丽、紧结、色黑、水色红艳引人，在拼和茶中极有价值"。1904 年宁红生产朝廷贡品——太子茶，光绪年间"厚生隆茶行"曾在汉口以每市斤 2 两白银的价格卖给俄国人。光绪十八年至二十年（1892—894），宁红工夫茶在国际茶叶市场步入鼎盛时期，每年输出 30 万箱，每箱 25 公斤，共计就是 750 万公斤。光绪三十年，宁红输出 30 万担。全县出口茶占中国出口茶总数十分之一强。

从清同治末年至民国初年，前后五十年间，是九江茶市的鼎盛时期，这时候，由于国外对茶叶的需求剧增，江西已发展成为全国生产茶叶的基地，有五十余县种植茶树，面积约一百万亩以上。

不管是浮梁茶、德兴茶、宁红茶，还是武宁高山茶，还有庐山云雾茶，以及鄱阳湖周边城乡自产的地方茶叶以及邻近省份产茶区的茶叶，都是鄱阳湖茶叶船帮用船只运出去的。

就像江西的千川百流最后都归入鄱阳湖一样，鄱阳湖是江西省对外的通道口，江西的各类茶叶出口鄱阳湖都是必经之地。浮梁茶、德兴茶是从昌江下鄱阳湖，修水宁红、武宁高山茶等是从修河水进入鄱阳湖，庐山云雾茶则从星子湖边码头直接装船，各地方茶也都是从五大支流或直接从鄱阳湖运走的。就是毗邻江西的其他省县的茶叶出口，如安徽的婺源"婺绿"、歙州"祁红"，湖南的平江"红茶"、福建广东的"乌龙"等，因水运的方便价廉，也都选择走鄱阳湖通道。清雍正时期（1727）与沙俄签订《恰克图条约》，从中国的福建到俄国的恰克图，开辟了一条通商茶道，是继丝绸之路后又一条国际商路，后人称之为"茶叶之路"，虽然比丝绸之路晚了一千多年，但中国的茶叶再次将欧亚大陆连接成一个整体，其经济意义以及巨大的商品负载量，是丝绸之路无法比拟的。福建的乌龙茶从武夷山的下梅村开始，先用扁担、独轮车肩挑手推，翻越武夷山到江西铅山河口码头，装船转水运沿信江下鄱阳湖，穿湖而出进入长江，经九江溯江抵武汉，转汉水至襄樊、河南唐河、社旗后，茶叶卸船上岸，由骡马驮运北上，至河南入山西，到张家口后再贯穿蒙古草原，从蒙古的多兰巴托直至俄罗斯的边贸小城恰克图。这近二万公里行程，鄱阳湖茶叶船帮承担了水运的全部路程，约占全程六分之一吧。

早有盛唐文人封演，写了一部《封氏闻见记》，说："茶自江淮而来，舟车相继，所在山积，色额甚多。"从唐至清一千多年的历史里，鄱阳湖的茶叶船帮就跻身在这"舟车相继"之中，载着满船清香扑鼻的茶叶，徜徉在鄱阳湖和长江中下游的天地之间。

二、柔软较量

唐代著名诗人元稹写过一首名为《一言到七言诗》的诗，这种诗体又名一七体，从首句一个字到尾句十四字，成斜坡阶梯形状，如不按其格式排列就不能见其风格了，故在这里引用也就不节省篇幅，按原格式照录：

一言到七言诗

[唐]元稹

茶。

香叶，嫩芽。

慕诗客，爱僧家。

碾雕白玉，罗织红纱。

铫煎黄蕊色，碗转曲尘花。

夜后邀陪明月，晨前命对朝霞。

洗尽古今人不倦，将如醉前岂堪夸。

如此费心地为茶写诗，可见元稹也是个爱茶之人。

爱茶之人多是清闲高雅之人，如上面诗中所说的诗人、僧人。但是爱茶是要有闲情闲心去品茶的，才会浪漫地去"邀明月""对朝霞"。特别是那些达官贵族、文士雅客，以及一些刻意修身养性之人，当然也离不了搞茶研究的专家学者，都把茶作为一种学问来钻研，硬是鼓捣出来了一套喝茶的繁文缛节，琢磨出了什么茶艺茶道，成了什么茶圣茶艺大师，写出了什么《茶经》《大观茶论》，把一种起初仅仅是生理需要的解渴生津之物，硬是弄成了神龙见首不见尾的精神境界和艺术追求，成了一种茶文化。中国的普通老百姓也喜欢喝茶，但多是为了解渴，端一大碗茶大口咕嘟咕嘟地"牛饮"，所以民间谓之吃茶。却也把茶视为一种上好之物，再贫苦的人家，要是有了一把茶叶，也会好生珍藏起来，留待年节日待客时才用。民间也根据各地风俗，形成了各种的饮茶习惯。比如鄱阳湖流域修水有菊花茶、婺源有文士茶、新娘茶、农家茶等喝茶方式，其讲究和精致也都上升为所谓的茶艺了。

外国人也好茶，且又喝法不同，同样地烦琐。早在 1610 年荷兰人把中国茶叶带进了欧洲，饮茶之风渐而吹遍欧洲，用中国瓷器喝中国茶，成为一种时髦高雅的社交活动，甚至改变了英国人的饮料结构。俄国人喝茶却是一种奢侈，要伴以大盘小碟的蛋糕、烤饼、糖块、果酱、蜂蜜等各式"茶点"，把喝茶当成一种餐饮了。日本人的茶道是从中国传过去的，却被他们改良得登峰造极，完全地模式化，成为一种茶崇拜的仪式了。

古今中外，有这么多喜好茶的人，茶的销路自然也就久盛不衰，价格也就水涨船高。所以在鄱阳湖区买茶也不是那么容易。

琵琶女的丈夫"前月"去浮梁买茶，已是隔了月的，也不知这位茶商是自带船还是租船去浮梁。从九江到浮梁，水路一般在十天之内，来回二十天，再加上买茶的时间，也要近一个月了，难怪琵琶女寂寞难耐。来鄱阳湖买茶运茶的大茶商，有的是会自带船只的，他们财大气粗，坐地收茶，自装自运，肥水不落外人田，把茶叶身上载负的所有利润全部收揽。大部分的茶商是无船或者是不自带船的，他们只带银钱，直接到浮梁买茶，也买婺源茶、祁门茶，在浮梁的茶市茶叶种类很多，选择也很多。买好茶后就地请本埠茶叶船帮运送，虽然在运费上花了钱，但也省了不少的心。特别是去信江的铅山、修河的修水、武宁等地买茶，本地船只走江河航道熟悉，把握起歇地点，沿途码头又有人脉，会省掉很多麻烦的。而去赣州买茶，更是非得请赣江的船只运送不可，只有本地的船夫才能闯过有名的赣江十八滩呀！所以，鄱阳湖茶叶船帮基本上是以本地船帮为主。

自带船只的大茶商坐自家船去购茶，那船上也必然船员伙计很多，自有保护能力。其他不自带船的茶商去鄱阳湖流域各地买茶叶却喜欢结伴而行，几家茶商老板伙计一起共有七八个十几个人，共同出钱租一条船进鄱阳湖，再下到各支流，一船人都到一个购茶点，一路互相照顾互相保护。那年月，在收茶的春秋两季，到鄱阳湖上和五大支流去看看，那一条条客船上短衣簇拥着长袍，伙计围绕着老板，或站立船头，指点山水，谈笑风生；或闲坐舱内，呷茶喝酒，谈天说地、看似轻松愉快、悠闲自在，其实船上人却是一个个百般警惕，内心惶恐，人儿紧张：那买茶的大笔银钱可都是带在身上，藏在包裹里的呀，这一路之上老天保佑平平安安吧！

老板们的忧虑却更胜伙计们一层：此次不知茶叶好买否？茶叶价格又是如何？每年的春秋收茶，都是茶商们学识、智慧和魄力的较量。

鄱阳湖区的茶叶收购向来是随行就市，水涨船高，走的完全是市场经济道路，全靠茶商的把握。在浮梁茶市，各茶店茶行都是敞开大门做生意，茶商们在街上走过，几乎每个店铺都会进一下，和店里人抱拳作揖打个招呼，然后沿着铺行四周摆的一溜敞开的茶篓转一圈，看茶闻茶辨茶，不想喝茶的抱抱拳转身就走；想喝茶的则耐心坐下，有专门的伙计伺候，要喝的茶可自选自点，伙计精心泡来，那场式其实就是茶艺表演了。待几盅茶喝好，此店中茶有几许，属于几级，茶质如何？茶商心中已经有谱了，又让店家开了个初价，却不表态，只笑着告辞，沿街再一一看去。货比三家嘛！待明后日若重返此茶行店铺时，那就是准备买了。此时老板就要上前了，双方议价，有来有往，各守底线，又互让一点，终于成交，就付款，验货，然后就是请船装船了。这一趟的茶叶算是买好了，总是要花费好几日时间的。整个交易过程中，茶商辨茶、识茶，凭的是茶学知识，选茶、议价凭的是生意智慧，而魄力则是对市场准确分析和宏观把握。

这还都是在茶市正常的年岁。

有资料介绍：自1861年九江成为通商口岸后，各国商人纷纷抢滩登陆，中外茶商开始了激烈的茶叶竞争。俄罗斯商人在九江先后设立两座茶砖厂，生产的茶砖在1895年达到6547担，严重地威胁到了九江茶商的生存。九江茶商为此广开茶源，采取与修水、武宁人合股的方式，提前到产地收购茶叶；当俄国人也采用此法并给合股人更多优惠时，九江茶商又直接到产地开办茶场了。另外，九江茶商还东进福建、北上安徽、西入湖南，开辟了更广阔的茶叶原料市场。一片片柔软的茶叶在市场竞争中竟然成了一支支锐利刀剑，刀刀见血，剑剑刺肉，触及的是茶商的根本生存利益和发展空间。

宋代诗人范成长写过一首《晚春庄园杂兴》的诗："蝴蝶双双人菜花，日长无客到田家。鸡飞过篱犬吠窦，知有行商来买茶。"细腻地描写了江南农村晚春的恬静景色。殊不知，这种景象在鄱阳湖周边的产茶区却早就不复存在了。因为四方的茶商都直接去产茶区采购，他们除了用银钱购买之外，史载商人通常携带"锦绣缯缬、金钗银钏"去山中换茶，因此那山中的村妇牧童，都身穿绸缎，佩戴金银，生活和都市人一样华丽奢侈，虽说是偏僻山村，村民们却见了官吏不惊诧，见了外人也不稀罕，连村寨中的土狗见了生人也懒得上吠几声，皆习以为常了。

从春到夏，再从夏到秋，鄱阳湖水面上总有装着茶商的空船上溯，也总有装载茶叶的满船下行，那来回穿梭的运送茶商和装载茶叶的船只，不管南来的，北往的，也不管是自家船还是租赁船，只要是在鄱阳湖上装运茶叶，鄱阳湖人就都统称为：鄱阳湖茶叶船帮。

三、轻松之重

船在鄱阳湖上行驶，湖上人在水面上远远地只瞧一眼，就知道来的是茶叶船帮。

和盐船帮一样，鄱阳湖上人是根据船的吃水深浅来判断茶叶船帮的。

不过不同的是：盐船帮是远远看着像是无货空船，但船舷吃水却极深，那是盐压在舱内，重船。而茶叶船帮却是看着船是满载，有时甚至船舱板上都堆着货物，但船吃水却浅，茶叶轻呀！

虽然满载着货物，但船却显得轻飘飘的，鄱阳湖茶叶船帮承载的是轻松之重。

茶叶一般是用竹篓和木箱子包装启运。竹篓有两种：一种是稀篓，和装木炭的竹篓子差不多，用薄竹片编成稀疏眼的圆形篓子，这种眼较大，会漏茶叶，就在里面用纸或布围绕垫了，再装茶叶，只能是短途装运才用；一种是密篓，是用竹片像编席子一样密密地编成圆或方形篓子，这种竹篓不但不漏茶叶，编的好的甚至连水也不漏，可以直接装运茶叶，适合长途装运。木箱虽有大小不一，但基本上是用薄杉木板钉就，长方四方的形状都有，新木箱还要放上一些日子，散去新木头气味才好用。早年也有用蒲包装茶叶的，里面用荷叶垫包，但这种蒲包容易破损。后来又有洋人用薄铁皮做桶包装，这种薄铁皮中国人俗称洋铁皮，做成圆桶方桶，合上盖密封潮气进不去，是保养茶叶的最好工具，一出现就受到欢迎。到清末年间，成为茶叶店铺里的一种时髦，有实力的大茶行都改用大铁桶装茶叶，就是一些只卖零散茶叶的小"角落"店，也会尽量摆出一只两只小的洋铁皮茶叶筒做样子。这种铁皮茶桶因价格昂贵，成本太大，一般运茶船用得不多。

这些都是在内地船运用的茶叶包装。

那些远走海外的茶叶包装要复杂些，除了篓装箱装以及填塞在瓷器里运输之外，有资料介绍：过去的茶马古道运茶，是运送一种茶砖，称之边茶。边茶先是在内地的茶厂里，把乌龙茶茶饼用竹篾包成16市斤的大长条，一路由人力步行背到康定，再从康定改为马牛驮运，分销到西藏各区，最远会运到不丹和尼泊尔。由于竹篾包经不起一路的颠簸磨损，于是就发明了一种牛皮包装，即在竹篾包的外面再包上一层牛皮，其包又分花包和满包，花包是间隔性地包上牛皮，满包是全部用牛皮包裹严实。因了这种茶叶包装，在康定还产生了一种被称之为"缝茶工"的工种。

茶叶是蓬松货，一般篓装一篓不过几十斤，箱装也重不过百，面积虽大，却不占重量，一条十吨的大船装茶叶也不过只能装上个四五百箱（篓），也就只不过二三千斤重，只有五分之一多的吨位。因此，在鄱阳湖上运输茶叶的船只往往是要带些重货压舱。一般是在山里顺带着收些稻米、菜籽芝麻等粮油食品，或是苎麻、土布、春笋、秋栗什么的山货，尽量挑重秤的东西，在后舱、中舱舱底铺摆放，然后再在上面堆茶叶篓子和箱子；前舱不用压了，船前头轻些稍翘起来一点有利于航行。这些压舱物可以自用，也可倒手买卖。有时要没有顺手的压舱货，就会搬几块大石条进舱，这也就是所谓的压舱石了。

二十世纪八十年代到吴城采访，镇上的老阿婆说到茶叶船帮，咧开几乎没有了牙齿的瘪嘴笑着说："茶叶船帮的船儿轻飘，风大了都扯不起满帆！"意思是说湖上要是风大了，茶叶船上的帆篷就不能扯到顶，只能扯一大半或者只升半帆，以免头重脚轻，被风吹翻了船。老阿婆为什么笑呢？"扯不起满帆"这话在鄱阳湖上是骂人的话，就像岸上人骂男人不是男人一样。

其实，空船也是可以行走的，茶叶船帮这么费尽心思弄压舱货，主要目的是想让船载得重些，船舷吃水深一些，船会行走得稳当些，也少冒些风险。

茶叶虽然轻飘，但很值钱，更主要的是茶叶紧俏好销，又不像瓷器打有印记，最好脱手。因而茶叶就成为长江沿线、鄱阳湖区的江贼、湖盗的垂涎之物，茶叶船帮则成了最直接的伤害对象。月黑风高夜、夜深人静时，是盗贼劫船越货的好时机，往往是些黑人黑衣，蒙面持刀，顺者昌、逆者亡的抢劫勾当。也有一些专偷茶叶的贼人，也开着一条看似装满茶叶篓箱的茶叶船进港歇息，鄱阳湖上素有"湾船湾帮当"的习俗，茶叶船多是湾泊在一起。这些贼船夹杂在茶叶船帮中间，不露痕迹，吃了夜饭睡觉。只是在夜半邻家船上人熟睡的时候，他们悄然地跨过邻船，无声无息地来个偷梁换柱，把自己带来的假茶叶箱篓换走了真茶叶箱篓，手脚极轻，那船都不曾摇晃一下，是有专门贼功夫的。待第二天一早，船家们醒了，烧火做饭吃了后，各自扬帆出湖，分道扬镳而去。那被偷的茶叶船上人看着箱篓都在，根本不知道已经被调了包。只有到目的地交货后，发现那些箱篓里是杂乱的湖草时，才知被偷了，却都想不起是在哪里被偷了呢！就是在光天化日、水宽湖阔之下，盗贼一样可以轻船快舟、挠钩绳索地快速作案，一声唿哨，就眼睁睁地看着茶叶易手，成为别船他人之货，呼救求助都来不及了。在一些码头茶市，还有专门收购江贼湖盗抢劫偷来的茶叶的"黑店"，他们有的是直接和盗贼有勾结，有的则是话不说破却心照不宣，对送来的茶叶不查不问，照单全收就是，反正价格比市价要低得多，他们有更大利润可赚就行。

鄱阳湖上茶叶船帮还有个其他船帮都没有的帮规：不准携带、烧吃重气味的食物。

这种重气味包括香料、油漆，辣椒、咸鱼、腊肉、腐乳，酒、醋、葱、蒜等，基本的原则是气味重又易散发的东西。原因也就只有一个，容易使茶叶串味。

茶叶本是个娇嫩物，本身是炒制而成，焙去了湿气干燥清爽，加之包装又不是严实，所以极易吸潮吸味。严禁以上重气味东西，是保证茶叶纯净性的强制措施。鄱阳湖上其他船帮流传茶叶船帮的一个笑话：说是有一年运夏茶，一船茶叶顺顺当当地运到了九江，谁知茶行来验货时，却说有半舱茶叶串味了，有一股子骚狐子味。茶叶船帮人叫屈，他们此行绝对没有狐狸跑上船。最后还是有人想起，在浮梁装茶时午饭后，有个脚夫靠在船舱的茶篓边打了个盹，那个脚夫好像是有严重狐臭。真相大白。从此，茶叶船帮帮规新添了一条：不准有狐臭的人接近茶叶。这当然是笑话，但也说明了茶叶保鲜保纯的难度。

真的是要为茶叶船帮人叫屈了，他们运茶叶时过的简直是苦行僧般的日子。像瓷船帮那样四色四味的早餐调味小菜是想吃不到了，鱼肉也是不敢烧的，就是平日吃的一些素淡蔬菜，也必定是少油无醋，无姜缺蒜的，更不用说喝酒。就是靠码头歇夜，也尽量离其他船只远一点，以免邻近船只烧夜饭时煮鱼烧肉的香气熏染了茶叶。茶叶船帮从湖区周边城镇出来的还好说，忍个七八上十天就行了；再远点的如浮梁、河口、修水过来的茶叶船帮，也不过熬个半个月二十多天的，但再远的如赣州过来的茶叶船帮，那可是要一月甚至更长时日的呀。所以，这些茶叶船帮的人，在停靠码头时会分批上岸去饭店解馋，吃些鱼肉鲜辣的食物，不过还是不准喝酒，怕回到船上酒气不散。真是要喝酒也可以，但不准上船过夜。那年头，在赣江、鄱阳湖沿途的码头上，常有醉汉在岸边草滩上呼呼大睡，知道的人一看，就晓得是茶叶船帮的人。

鄱阳湖茶叶船帮人也喝茶，再吝啬的茶商也不会在乎茶叶船上人喝那几两茶叶，只是茶叶船帮人却不会多喝也不敢多喝，茶叶这东西刮油水，平时那清素肚肠消受不起，只不过出了大汗口干解渴时才喝，也根本喝不出什么滋味。

茶叶船帮不是以货物吨位算运费，而是以路程计算船钱工钱，比其他船帮的要高出些来。那高出的船钱工钱，除了弥补伙食亏欠外，还有个意思在内：真要是碰到有人劫船抢茶叶的事，茶叶船帮的人是要舍得上前搏命的。每年收茶季节，鄱阳湖上总会发生几起茶叶船帮被抢劫的事件，有被劫成了的，也有没劫成的，这没劫成靠的就是运气和茶叶船帮人的拼命。

想来，《琵琶行》里的那位琵琶女，倒还真是错怪了丈夫，商人并非是"重利轻别离"，而是为生计，生意当然要做，茶叶是必须去买的，却是不敢带妻子同行，那浮梁虽说还算热闹，但沿途江湖却是偏僻冷静；船在水，命在天，一路颠簸、风餐露宿，波涛凶险且不说，弄不好还会有抢劫商旅的盗贼，惹来杀身之祸。把妻子留在浔阳江头，实在是为琵琶女着想，是疼爱娇妻之举呀！

世人在喝茶时享受的是那份子清雅和悠闲，品茶时口齿生香、浑身通泰，想必脑海中浮想的也是茶山美景，青枝翠叶，山姑村妇，素衣纤手，采茶对歌，充满了诗情画意。又有谁曾想过，那泡涨开的一枚枚碧绿茶叶里浸透着多少茶农茶姑、茶商茶贩以及茶叶船帮人的艰辛劳苦呢？

四、茶叶飘香走四海

鄱阳湖像一个青绿大葫芦，吴城湖面是葫芦的大肚子，从都昌的老爷庙到湖口的屏峰湾是葫芦中间的掐腰，再往下的鞋山湖面就是葫芦的小肚子了。姑塘税关就在这小肚子中间，鄱阳湖茶叶船帮到这里靠岸，缴纳了茶税，所有的人都松了口气，放下心来：这鄱阳湖可算是平安地过来了。前面走鞋山湖顺流直下只大半日时间，也就到了葫芦嘴的湖口码头了，再歇上一夜。湖口虽小，但是个老县城，码头船多人众，不会出事的。第二天随早随晚开船，进入长江，或上溯或下游，各奔前程。

往长江上游去的茶叶船是多数，这里面又大多是以九江码头为终点。

唐时的九江已经是长江中下游有名的茶叶集散地，舟车辐辏，商贾云集，在城北形成了长达两里的茶庄一条街。《九江县志》记载："店楼相接，市井繁荣。"此后虽然历经朝代变更和战争反复而大起大落，九江茶市却始终顽强存在并逐渐发展，直到清光绪年间，成为中国最大的茶叶出口商埠。《九江港史》有一个记载：1862年，只有十六七个商人在九江设立茶行，到1881年已发展到252家，1882年增加至344家。1886年，九江茶叶输出量达到307096担，占全国茶叶出口量的12%，创19世纪江西茶叶出口最高记录。

从湖口出来的茶叶船走长江上水25公里，一般会在半下午时分到达浔阳江码头。九江的码头始终是拥挤的，十几个码头密密麻麻地都停满了船只。好在一般大的茶行茶店都有自己的常用码头，也算计好了时日，早早地在此安排了泊位，茶叶船一到就可以靠岸停船卸货。那些外地或是做零散生意的茶叶船无法预定，一时无空位挤不进去，就要在旁候着了。这就像海轮进入港口一样，先要在离码头不远的水面上抛锚等候通知，有了泊位才能靠岸。不过，这些茶叶船靠不上岸却可以靠船，他们就泊在那些靠了岸的船只后面。因船太多，再后来的船又再靠在他的后面，再后来的船再如此，就这样头尾相衔，船靠船帮拢帮，从九江城西头九华门一直到东头的龙开河口，在十余里的江岸上排摆成了一片船的世界，几近占据了小半边江面；那一船一桅双桅，百船千船也就是耸立起一片光溜溜的桅之森林了。又好在船靠不了岸，人却是可以上岸的，船与船之间跨船舷而过就如跨越自家门槛，茶叶船帮的人一个个轻捷麻利，如履平地般随意自由。如果前面的船要离岸时，船虽挤着却是可移动的，船家们只要在船舷边用手扒拉推移着邻近船只，就可腾出一条走船的水路，慢慢着退出码头船群之后，再扬帆起航了。

到达九江茶市的茶叶并不直接交易，还有一个加工制作的过程。

从产茶区收来的茶叶，虽然已经由当地茶农人工做成了可以泡喝的茶叶，但只是个粗加工，到达九江后，茶商茶行茶厂还要进行分拣与加工。分拣是茶叶分级的细化过程，将茶叶中的茶梗、粗叶从中分拣出来，再按一定的茶叶质量标准分出等级，然后按等级重新包装。茶梗茶叶末可做粗茶便宜卖，也可加工成茶砖、茶末。俄国的新泰和顺丰两座茶砖厂就是专门生产砖茶的，每到春秋两季，他们都要招募青年妇女对茶叶进行挑拣，用工最多时达到800人。光绪十年（1884）五月，上海的《申报》报道九江说："本月初，头茶到埠，各妇女风闻，早守在栈门前，等候栋茶者数以千计。"

分拣加工好的茶叶，重新进入市场交易时，价格就自然上升了，交易的量也大了，规模和气势也是浮梁、河口、修水等地茶市不可相比的。那谈生意的大茶商也用不着一个一个店铺茶行地去看茶了，他们有的在九江有老卖主，年年的茶叶年年在这里买，在浔阳江头一上岸就被老茶行店铺当贵宾接去，安排着住好吃好，玩的地方有甘棠湖、烟水亭可看，有东、西林寺菩萨可拜，还可以上山游庐山，下水赏湖口石钟山等，那都是白天的事，晚上可去之处是琵琶亭。

琵琶亭当是一个衍生物，一听名字就知是好事者根据白乐天的《琵琶行》诗意后来建造的。当然是在长江浔阳江边，当然里面有琵琶女弹琵琶，只是听琵琶的不再会有"相逢何必曾相识"的江洲司马，也不会有人听着泣下"青衫湿"了。一向不喜欢这一类根据诗文后造的纪念建筑物，那缺乏空灵和古雅的实情实景把那诗文中的美好想象抹杀得一干二净了。不过，琵琶亭中琵琶女弹的琵琶曲倒是好听，也不光是白居易所说的"嘈嘈切切错杂弹，大珠小珠落玉盘。"而是那首乐曲典雅优美，抒情动听，意境深远：夕阳缓缓沉入水底，渔鼓轻轻唱来夜晚，洞箫声中，一轮圆月袅袅升起，一叶轻舟泛浪，荡荡于春江之上；两岸青山叠翠，花枝弄影，水面波光里月浮云移，桨声欸乃……让听的人心旷神怡，沉湎陶醉，仿佛置身于那一片水里，那一叶舟中，一时倒忘了那尘世喧嚣、金钱追逐、价格利润、买卖运输……

琵琶亭上琵琶女弹的这首琵琶独奏曲叫《春江花月夜》，原名《阳箫鼓》，又名《浔阳月夜》《浔阳琵琶》，是一首代表性的汉代古典民乐曲。也真该感激这首琵琶曲，因为有了它，这后建的琵琶亭才能找出那么一点点《琵琶行》中残余的意蕴和情趣。

那边让大茶商在浔阳江头住着吃着玩着听着，这边茶行店铺就紧锣密鼓地把茶叶操办好了，都是老买卖，质量价格都是明面上的，交易也因而进行得很顺利，于是又要装船了。这船有从鄱阳湖运茶过来的，也有在九江另请的，这回是三船五船地装了一个船队了，是红茶、绿茶，都运往上海，在上海再转海船运销国外，主要为欧美各国；茶砖和茶末是运往汉口，再从汉口从陆地运至恰克图，销往俄国和东欧。

那些小茶商茶贩子，在九江买茶要吃力些，茶店茶铺太多，有些转不过来；茶行又太大，有些店大欺客，对小买卖就有些不太上心，有些爱理不理的。好在九江茶行几百家茶叶店铺，也自然有小茶商小茶贩卖茶叶处。这些小茶商茶贩子的茶叶找船运输也没定规，哪里的船都行，要是下水的货，鄱阳湖来的茶叶船帮会在运费上给些优惠，反正是下水的，有货运总比放空强。何况这些下水的茶叶是走不远的，不过是长江下游的一些江边城市，安庆、铜陵、芜湖、马鞍山、南京，最远也就到镇江。这些茶叶都是上埠进入各茶店卖的，最直接地进入到千家万户的家中。

还有大海轮直接到九江运茶的。同治十三年（1874）3月20日《申报》报道："九江、汉口新茶已到市，海洋轮皆络绎以赴。"也有从鄱阳湖出来的茶叶船直接上走汉口下去上海的，那是有外地茶商直接到产茶地抢到新茶了，赶着去上海卖钱。他们一般是在谷雨前后，特意专门去鄱阳湖产茶区抢买"谷雨尖"，是在谷雨前茶树新冒出的第一、二片叶子。这开春第一批采摘的特级春茶，量虽不多，价钱却高得吓人，上海等地不少有钱人，就好这一口新鲜，再贵的茶叶也好销。

船走江湖水，茶香飘四海。鄱阳湖茶船帮人也许并没有意识到，他们的茶叶船最后都驶进了著名的海外丝绸之路、茶马古道、茶叶之路的三页伟大历史篇章之中。都是上海、汉口、九江大码头跑过的人，茶叶船帮人见过大世面，虽然在运茶途中，一路素食淡饮、出生入死、刀口上舔血，却是淡定从容、无怨无悔。从春到秋驾着船忙碌着，冬天则要闲一阵子，那是修船补船、养精蓄锐的时候了。这会儿他们才有心情喝茶，把船湾在鄱阳湖边，一船人盘腿坐在挂上棉布帘的船舱里，泡上一壶红茶或绿茶，慢悠悠地喝来，说些驾船运茶的闲话儿，头上雨雪粒儿打着船篷啪啪作响，身下波浪儿推着船儿悠悠起伏摇晃，那茶散发着一阵阵的热气，飘出一缕缕的清香，呷上一口，余味绵长，咽进喉肚，浑身舒畅，于微微薰醉之中，他们蒙胧地感觉到：这茶，嘿，还真是能喝出些滋味儿来哈！

第七节
渔船帮

一、渔舟唱晚

王勃的《滕王阁序》中"渔舟唱晚，响穷彭蠡之滨"一句，被后世人广泛引用，成为名句。在一般人的感觉中，鄱阳湖上的渔舟唱晚，当然唱的是鄱阳湖上的渔歌。其实不然，此句的解释应为："傍晚在渔舟中传出的歌声，响彻彭蠡湖滨。"是从鄱阳湖渔船上传出的歌声，唱的是什么歌？应是鄱阳湖区的民歌。

不敢说没有，但事实上鄱阳湖渔歌很少。虽然现时有不少标榜的鄱阳湖渔歌，但多为现代人的创作，真正历史意义上的渔歌是极少的。

民歌理论认为：民歌从大的方面分为山歌、小曲和号子。民歌的形成和人民群众的社会生活有着最直接的紧密关系。例如珠江流域，过去广大渔民成为该区一个重要的社会阶层，民歌以渔歌——咸水歌最为突出。

由此推论：鄱阳湖渔歌很少的原因恐怕是，鄱阳湖渔民不是鄱阳湖区的重要社会阶层。

这是必须承认的历史事实。

鄱阳湖的捕鱼人，大部分是亦农亦渔，小部分是纯渔民。亦农亦渔的都是湖岸村庄的本地人，青砖黑瓦、土坯草屋地居家过日子，几亩水田、几分旱地地耕种做营生，只在早晚或农闲的时候，才划了自备船只下湖，撒网放钩，捕些鱼虾卖了换钱，作为副业收入贴补家用。他们一脚踩在坚实的岸土上，一脚踏在浮晃的船只上，两脚都不空，生活过得也算稳当。小部分纯渔民，主要指的是外地来的客籍渔民。有江苏安徽过来的。"祖籍苏皖下江，全家住在船上，道光年间河青荒，生计无主张。告别家乡泪汪汪，摇船走过长江，鄱阳湖上难落跫，日子好心酸！"这首歌谣，曲调现在几乎没人会唱了，但歌词却在苏皖籍渔民家族中世代口耳相传，以示不忘根本。还有是从湖北麻城黄冈等地来的，却是循着鱼迹来到鄱阳湖，发现这里水美鱼肥好捕捞，就留下来不走了。还有些是从上游五大支流下来的渔民，同样是因鱼而来因鱼不走的。这些纯粹的渔民在岸上是上无片瓦，下无寸地，只能在水上漂浮，以船为家，白天出湖下江打鱼，晚上找个避风港湾过夜，天长日久，避风湾就成为他们的村庄了，岸上人称之为渔村。这些人慢慢地也就成了鄱阳湖渔船帮的主体。

在视土地为生命的农耕社会里，不是万般无奈的人，是绝对不会放弃岸上稳实的土地而到江湖上做一个漂浮的人。亦农亦渔的渔民当然是以种田人自诩，生活方式、风俗习惯、文化追求和岸上人不会也不敢有区别，他们唱的歌只会是岸上人唱的山歌、小调类民歌；号子也会哼一点，那也是岸上人做坯造屋、筑堤建坝、搬运打夯时用的。纯渔民的心情最是复杂，作为客居，他们想融入当地社会，成为当地人，但又怕子孙忘了根本，所以想方设法努力保持和当地人的区别，例如语言。时至今日，这些来鄱阳湖落户的外地渔民，最长的历史按上面那首歌谣唱的，从道光到现在都差不多二百年了，最少历史的也已经历经了四五代，但他们还是顽固地保持着原籍口音，在鄱阳湖当地的语言中，显得突兀特殊，格格不入。而那原籍口音，又因在异地他乡语言环境的包围影响下、在世代相传不经意间的衰减中，都产生变异了，以至于他们的语言鄱阳湖区的本地人听了是外水佬的话，但让真正的江苏安徽湖北各地的家乡人听了，又是变腔变调带外地口音了。鄱阳湖口的渔家每年都要提前一天过年，月大在腊月二十九日过年，月小在腊月二十八日过年。这些渔户是清代晚期由湖北黄冈迁到鄱阳湖口的，是老祖宗留下的规矩，他们代代不忘。这些渔民也许早年的祖辈们还会唱些家乡的歌谣，但后代们更多的是向地方文化妥协和融合，学唱着鄱阳湖区人的民歌。更主要的是他们白天下湖，虽然有着独特生产生活的封闭环境，这样的环境是容易产生独特文化的，可惜这样封闭环境中的人数太少，仅仅是一家船或两三家船的三五、七八、十几个人，又仅仅是一个捕鱼的作业时间而已，一到歇工和晚上就靠岸了，和岸上环境与人群又衔接沟通了，那种独特封闭环境又被打破了。所以就这样，在鄱阳湖区形成了一种当地渔民不会去创造、外来渔民也无法创造渔歌的特殊情况。

鄱阳湖上少渔歌，在鄱阳湖渔舟上渔民唱的歌大都是鄱阳湖区岸上人的山歌、

167

小曲和号子。对于有着中国第一淡水湖称号的鄱阳湖来说，这是一种无可奈何。

而就当代歌曲创作来说，中国五大淡水湖中，老二洞庭湖有《挑担茶叶上北京》、老三太湖有《太湖美》、老四洪泽湖有《洪湖水浪打浪》，都是脍炙人口的经典创作歌曲，老大哥鄱阳湖却没有一首能在全国唱响的歌曲，对于鄱阳湖人、对于江西的歌曲创作者来说，同样也是一种无可奈何。

二、客居是家乡

在鄱阳湖船帮中，渔船帮是分布范围最广、人数最多的船帮。

按鄱阳湖区各地县志记载，至民国年间，最多的市县如南昌、鄱阳、余干县皆有专职渔民万余人，其他县份如永修、都昌、九江、星子、湖口各有专职渔民五百到千人以上。把这些人数相加起来，是远远超过鄱阳湖其他船帮的。如果再把各县亦农亦渔的人，和五大支流以及支流的支流亦农亦渔的人算进来，那就是一个极其庞大的职业人群。

鄱阳湖渔民，特别是外来客居的纯渔民，是被岸上人边缘化、冷落化、也最瞧不起的族群。

在鄱阳湖周边市县历史上，一直都是把渔船帮列为流动人口。虽然渔船帮有相对固定的歇息停泊地点，有的甚至有渔村，但他们也确实是在流动，随着鱼汛跟着鱼群在流动，在春夏秋三季在鄱阳湖内和鄱阳湖长江口一带捕捞，哪里打的鱼就在哪里岸上随手卖掉，三五天半个月不回来是常事、一两月的不回来也不稀奇。"寒露霜降水退沙，鱼落深潭客归家"，只有冬季，渔民才会回来歇息较长时间。从这句渔谚来看，他们也把自己人当作客人了，虽说"客归家"了，但渔民的家就在渔船上，岸上没有土地可种，更没有宅基地可盖房造屋，他们只能把避风湾当作安家的地方，以姓为帮，"湾船湾帮当"，同姓的船湾在一起，算是有个相互依靠吧。就这样，多少年多少代地生活过来了。后来有老渔民年纪大了，实在熬不过在江湖上漂泊受风寒的日子，就试探着在一直湾船的港湾湖滩上搭个茅草棚歇息。岸上人看到了，并没在意，反正那湖滩是个无主草滩，岸上村庄谁也不管，是由湖水管着的，退水宽涨水窄，哪年涨大水就会全部淹没了，所以也就没有人上前说什么。试探成功！更多的渔船帮人上草滩搭棚了，你一间我一间的；又有人大胆，砌上了泥坯接着用上了火烧砖和黑瓦片。按建筑学上的说法，茅草屋算临时性建筑，砖瓦屋可就算永久性建筑了。见岸上仍没人说话，就争相模仿，渐成规模，成了湖岸边的一个

168

村落了。这个村落又有一个特殊性，村人都在湖上有船，早晚在村中生活，白天上船下湖打鱼，就是年年涨大水，他们也不怕，家人全部退守船上，让湖水把个空屋子淹了，退水后晾干了再搬进去住。多少年后，这个村子就被地方认可了，成了本地的一个渔村。例如湖口的马家湾渔村和县城内的茅屋街就是这么形成的。

渔船帮人在岸上人印象中，一般都是面孔黧黑，勾腰坐臀，走路八字步，摇摇晃晃地像总在船上似的；更重要的是一口外水话，一听就知道是渔船佬；还有一身的鱼腥味儿，岸上娇气的女人侧身经过总要情不自禁地耸着鼻头皱起眉头。岸上人一般称渔帮人为"渔船佬"，这里面是有些歧视意味的。渔船帮人虽说可以自由卖鱼，但却被地方鱼行鱼牙子鱼贩子控制着，在价格上受着欺压。好像官府也从不把渔船帮当回事，除了收税，只在渔船帮为捕鱼水界打架闹事时，才肯出面做个调解。对于地方事务渔船帮是从来没有说话的份。很长历史以来，因渔民生活在船上、生产生活习惯不同等原因，本地人家都不肯和渔船帮开亲，渔船帮只能在渔船帮中互相通婚。

渔民客居他乡，饱受歧视，政治上没地位，生活上没保障，在湖上打鱼过日子，就犹如是在阎王爷嘴里扒米粒一样，生死常在风浪一瞬间。渔民多是只有渔船和渔具，别无他物，是属于鄱阳湖区最为贫寒困苦的族群。

然而，渔船帮却是鄱阳湖上最勤劳、最智慧、最浪漫的船帮。

清晨，当岸上人还在睡回笼觉时，渔船帮的船儿就悄然地出湖了，桨叶轻轻划破水面的平静，船头撞散弥漫的晨雾，船影朦胧，渔人绰约。昨天傍晚下的钩网，赶早要收了；收了后再放下，有一早晨可忙的。待拢岸时，天已大亮，岸边的集市开了，拎着一篮子鲜鱼赶早市，正好卖个新鲜。上下午是网船的天下，打鱼船星星点点地布满整个鄱阳湖上，撒风网的顺风抖搂出一张张罩网，抛向空中一个个潇洒虚幻的大圆；拉大网的逆风扯起一片片帆篷，拦起水底一道道深沉真实的网阵；扳罾的却总是起起伏伏，把一方方网天按捺下湖，把一兜兜银鳞翘扳上岸。金光灿灿的太阳、银光闪闪的网罾、波光粼粼的湖水，这场景是极美的。在湖上来往的运输船也总是来来往往，身影儿一晃就过去了，不肯停留，生怕湖岸上人多看了。唯有渔船帮人大方，他们把那打鱼作业时最美的画面、最动人的场景反复表演、重现再重现，让岸上的人可以看在眼里记在心里，拍进相机里画进图画里，把美的瞬间化为永恒保存下来。到半下昼时分，那些放钩放网的船儿又出湖了，仍是收钩收网，收早上放下的，再放下晚上留下的；那装满鱼的篮子又拎到湖岸上，这回赶的是晚市，趁着人们做晚饭前卖出，还是卖了个新鲜。等拎个空鱼篮子回船上时，又有雾了，这回是暮霭起来了，此时的湖边又是船影朦胧，渔人绰约了。湖岸上是万家灯火，鱼味飘香，湖水边是渔火点点，渔舟唱晚了……又构成了鄱阳湖一道独特的风光，让文人们诗兴大发，写出了诸如："从来应识鄱湖令，记得渔灯照水光"；"沙际日斜渔火乱，岩巅花落鹧鸪啼"；"踏破水天空界月，一声渔唱蓼花洲"；"江干夜泊渔火明，光芒射水如流星"；"渔人短掉歌清夜，野鹤长鸣掠太空"；"九派烟波静，归帆一叶轻。渔灯连夜市，江月带山城。"等诗句，数不胜数。

知道自己的劳作与生活会给岸上人带来美感，渔船帮人却没有什么得意，那种美感是要付出代价的。试想想，一条大网湿水后几十斤重，把那几十斤的东西连续地抛出百多次，人累不累？就是扳罾，一天几百次地起落，再美的动作重复多了也就乏味了。这种无根浮萍、风雨飘摇的日子外人看着是风景，真要过起来却是苦不堪言的。

那些无法说清、无法穷尽的五花八门、精妙绝伦的捕鱼方法，充分显示了鄱阳湖渔船帮人生存的大智慧。在江湖上行走，鄱阳湖渔船帮又是最讲义气的船帮。尽管鄱阳湖区人有些歧视渔船帮，但渔船帮还是心存感恩，是鄱阳湖接收容纳了他们，也是鄱阳湖人买吃他们的鱼鲜，是他们赖以生存的衣食父母。

鄱阳湖渔船帮有个帮规：每年新捕的第一条鲥鱼，要送给所在地县长尝鲜。

鲥鱼为溯河产卵的洄游性鱼类，每年定时初夏时候从海洋进入长江，最为娇嫩，据说捕鱼人一旦触击鱼的鳞片，就立即不动了，所以苏东坡称其为"惜鳞鱼""南国绝色之徒"。春夏之交，端午前后，是捕捞鲥鱼的季节，鄱阳湖渔船帮凡捕到第一条鲥鱼，必定要用鱼篮连同几条鲥鱼一起装了，篮上披上红布彩带，敲锣打鼓地送到当地县衙，谓之请县长尝鲜。当地县长也必然会率众隆重接收，会给捕到第一条鲥鱼的渔民奖赏，然后设宴请地方乡绅一起品尝。这样的尝鲜形式会成为一种庆祝活动，有着岸上人新米上市的"尝新节"一样的意义。捕到第一条鲥鱼的渔民也会因此荣耀一年。

另外，在捕捞到较大较多鱼时，渔船帮人也会隆重地抬鱼游街展示。时至今日，湖口县76岁的老渔民吴东久，还为二十世纪五十年代亲自参与抬过一条三百余斤重的大黄鱼，在湖口县城老街游行而得意。他说："那条大黄鱼最后被剁成一小段一小段，便宜卖给了看游行的人。渔船帮的人不吃独食，好鱼要大家一起分享。"鄱阳湖区其他县都有过一网捞上三五千公斤的凤尾鱼，挑鱼游街的传闻。

最让渔船帮露脸的活动，一是每年端午节各地举办的龙舟竞赛，有着常年划船的经验和体力的渔船帮，是龙舟赛的主力，几乎每县每年的龙舟冠军都被渔船帮人夺去。也只有这样的活动，岸上人才会把渔船帮当作了平起平坐的对手。另一个是每年的元宵彩灯活动，虽然不分名次，但渔船帮的《彩莲船》《打蚌壳》一直是最受岸上人欢迎的。彩灯活动多在岸边集镇街头表演，彩莲船里是挑选出来长得最美丽的渔家姑娘，一长白胡须的梢夫手持一柄小红木桨在船头引路，船后跟着嘴鼻扑着白粉、摇着一把破芭蕉扇的丑角儿，两边还有一溜十岁左右的渔娃子渔妹子，手持鱼、虾、龟、鳖、蟹、鳝、蚌、螺等多种纸扎的彩灯围着。表演时，梢夫和船娘配合做出划船和捕鱼的动作，那些彩灯当然是捕获的对象，多方躲避最后还是被梢夫的网罩住了，那丑角却在后面故意弄出许多的滑稽丑态引人发笑，最后的表演是一片歌声："彩莲船哪（哟哟），四只角哇（呀子哟），鄱阳湖上（呀依之哟），鱼儿多哇（划着）！……"这歌儿由梢夫和摇彩莲船的姑娘、丑角三人分段领唱，有老的词儿，也有新编的词儿、应景的词儿。那衬词却是众人合唱着的。那曲调儿上口，一节一拍全合着划船的动作。这歌儿不知唱了多少年代了，唱的人是顺口溜，看的人也是溜口顺，看热闹的人也一齐跟着唱了起来，所以这最后的演唱其实是全体人众的演唱，掀起了元宵灯节的高潮。

以智慧而生存，以勤劳而收获，以感恩而融合，以客居而家乡，渔船帮就这样成为了鄱阳湖九帮十八派中的第六大帮派。

171

三、鄱阳湖鱼说

鄱阳湖渔船帮以捕鱼为生，那就必须得说说鄱阳湖的鱼了。

鄱阳湖浩瀚深邃，在水面上支撑了一个生动活泼、五彩缤纷的人生世界，也在水底里蕴藏着一个鲜活神奇、趣味无穷的水下世界。

鄱阳湖由于江、湖之间物质和能量的频繁交换，加上静水、流水生境的互补作用，孕育出相当复杂的淡水生物群落，鱼类资源丰富，既是江湖洄游性鱼类重要的摄食和育肥场所，也是某些过河口洄游性鱼类的繁殖通道或繁殖场，对长江鱼类种质资源保护及种群的维持具有重大意义。

据江西省水产科学研究所最新的统计，鄱阳湖共有鱼类达到136种，分为定居性鱼类、半洄游性鱼类、洄游性鱼类、溪流性鱼类四种。主要有鳜、鲤、鲫、鲶、鲿、白、青、鲢、鳙、鲫、鳡鱼、鳗、针弓（鱼筬）、鲚（凤尾）、鮰鱼、鲈鱼、银鱼等50余种。还有其他水产资源，如螃蟹、甲鱼（鳖）、贝类、螺蛳、青虾、河蟹、龙虾、黄鳝、泥鳅等以及河蚌等；还有江豚（江猪）、白鳍（白鳍豚）等。这只是现代的统计，早年鄱阳湖的鱼类和水产资源肯定比这个数字大得多。现代化的文明使许多珍贵的鱼类消亡和濒危绝种，这已是不争的事实了。

在这里没有选用官方系统全面的鱼名资料，因为那些鱼的学名与鱼的民间俗名相差甚大，难以对照，看起来有些儿让人生疏，一般人不容易接受。那些鱼的学名还是让它们保持在专业的学术性书籍中吧。

就像岸上人类多层次的生存生活空间一样，鄱阳湖水中的鱼类也各有各的觅食方式和生活习惯。白鱼、红梢等浮水鱼在水面浅层活动，鲢鱼、鳙鱼、草鱼、鳊鱼等鱼在水上中层觅食，青鱼、鲤鱼、鲫鱼、鲮鱼等在水下中层生存，鲇鱼、鳜鱼、鲶鱼以及龟鳖鳅鳝等常在湖水底层草泥间栖息。而鲤、鲫、鳊、鳇、鲶、鳜、黄颡和短吻银鱼等，是在鄱阳湖定居的常住居民；青、草、鲢、鳙四大家鱼和中华绒毛蟹、白鳝则是半洄游性的暂住居民；而名贵的洄游性鲥鱼和刀鲚鱼，却是一年露一次面的临时居民了。

大鱼吃小鱼，小鱼吃虾米，虾米吃渣渣。这是鱼类的生存方式，也是放之大自然和人类皆准的物竞天择基本法则。鄱阳湖鱼类的食物链却有着较为温和的一面，除了鳡鱼这个鱼中恶霸好吃鱼类之外，鄱阳湖中的淡水鱼大多是草食性鱼类，食物链也极有层次，譬如草鱼、鲫鱼吃草，它的粪便是鲤鱼等杂食鱼的食物，鲤鱼的粪便会使微生物大量繁殖，微生物又是鲢鱼、鳙鱼等的食物，还有那黄鳝、甲鱼、乌龟、泥鳅等在水底钻翻，会加速有机质分解，为鱼类提供饵料。

鄱阳湖水肥草沃，是鱼类们的生活福地、自由世界，快乐天堂。鱼类们或一生厮守，在鄱阳湖出生成长，恋爱结婚，繁衍后代，直至衰老，始终情意深长、不离不弃；或心地志诚，平时在鄱阳湖中摄食肥育，繁殖季节结群溯水洄游到干流的各产卵场生殖，产后的亲鱼再返回鄱阳湖，算是去而又返，只把他乡当故乡了；或君子守信，再千里迢迢，路途艰险，说话算话，言（年）而有信（汛）一年都要来鄱阳湖一回，虽说是为了生产儿女，却也算是回鄱阳湖探了一次亲吧。

鱼类的洄游习性说到底是一种繁殖的本能，却也有着令人难以置信的轰轰烈烈、悲壮凄美。

张爱玲曾提到人生的三件憾事：一恨鲥鱼多刺，二恨海棠无香，三恨《红楼梦》未完。拿鲥鱼与花中极品海棠和书中极品《红楼梦》相提并论，可见鲥鱼也是鱼中极品。只是鲥鱼肉嫩味鲜美，却因刺多不能大快朵颐，张女士有些儿着急了。这么鲜美的鲥鱼只是未产卵前的鲥鱼，而产卵后的鲥鱼，因体能消耗太大，鱼体干瘦肉少，味质平淡，根本就不好吃了。这位触鳞即止、离水即亡的鱼中贵族，雍容华贵、典雅清高，世人难得一窥其鲜活美艳，却为了生育后代，心甘情愿地耗尽了它的心血和美丽，牺牲了它的美味和尊严。

据老渔民说，我们俗称的河蟹——中华绒毛蟹，去大海产卵时是从鄱阳湖、长江顺水漂流下去的，它们往往是仰面肚腹朝天，用光滑的背壳躺在水流上朝下淌走的，一路磨擦蹭刮，等它们漂到了大海产卵区时，那蟹壳已经磨薄得如同一张透明纸，可以清晰地看到蟹体的内脏。白鳝就是鳗鲡，自踏上去海洋产卵之路后，就一直不再进食了，一路只消耗自己蓄藏的脂肪，由于路途遥远，体能消耗过大，产卵后鳗鲡就死亡了。为了子孙后代，不畏千辛万苦，不惜牺牲自己，鱼类和人类在这一点上是本性相通的。

还有鄱阳湖人叫作大黄鱼的中华鲟也很了不得。中华鲟是古老的珍稀鱼类，是世界现存鱼类中最原始的种类之一，被誉为活化石。中华鲟世代在长江出生，在大海里成长，每年夏秋两季，成群结队的中华鲟历经3000多公里的溯流搏击，才游回长江，进入鄱阳湖产卵，繁殖后代。据研究记载，因中华鲟特别名贵，有外国人将它移居到自己的江河内，希望能够就此繁衍延续，但中华鲟总是恋着自己的故乡，再远也要千里寻根，洄游到故乡的江河里生儿育女。在洄游途中，它们表现了惊人的耐饥、耐劳、辨明方向和识途的能力，所以人们给它冠上了"中华"二字。

173

老渔民吴东久夫妇还曾给我详细讲述过鲶鱼产卵的情景。

春日下午，在石钟山脚下向阳僻静的石岩前，波光粼粼的湖水中，隐隐约约地来了一条二三尺长的大鲶鱼，油黄黄的身躯，背部微微黑些，一张大阔扁嘴，二条长须，肚子特别大，像个小铜脸盆般垂吊在腹下，这是条母鲶鱼，起码有三十多斤重。看它用触须东触触、西碰碰的情景，就知道是马上要产卵的，它相中了这石缝水势平缓，宽阔有余，夕阳照射后的水温也适应的地方。转悠了一圈后，母鲶鱼调头摇摇尾巴，笨拙的身子悠悠地往深水里游走了。它是来侦察的。稍过了会儿，母鲶鱼又回来了，和它一起来的是条公鲶鱼。公鲶鱼很矜持、很傲慢地在前面游，母鲶鱼则很谦恭地跟在后面，像是一位温顺的妻子跟在骄傲的丈夫身后。鲶鱼夫妻双双对对地并肩游弋了两圈，觉得没有危险后，两条鲶鱼先是用两对触须互相碰撞着，然后是身体的互相碰撞，嘴对嘴，头碰头，身子互相磨蹭着，尾巴互相拍打着，然后它们开始交尾，在水中盘旋，上下翻滚、你上我下、我上你下，弯过来、绕过去；再接着，它们所有的接触加快了节奏和频率。于是，这方水里就有了波浪，有了水花，有了响声了。两条大鲶鱼互相纠缠、盘绕、旋转、翻滚得越来越快，越来越激烈了，后来就扭在了一起，像一个缠绕的大麻花似的。可以看出，这一公一母两条鱼已进入到一种痴迷、一种忘我、一种超脱一切的情爱境界。它们已没有了一切，没有了恐惧、没有了危险、没有了敌人，没有了其他，只有你和我、我和你。交尾的鲇鱼到了最高潮时，两条鱼猛地分开了，那母鲇鱼往前一窜，极其幸福陶醉般地将身子一抖，从它的身后尾部"扑"地一下，射出了一团白莹莹、盈颤颤的鱼籽，像一团点点粒粒的星星一样，从水中缓缓成一片地朝上升起；几乎就是在同时，那公鲇鱼也随着母鲇鱼后也朝前一窜，身子一抖，从它的身后尾部也"扑"地一下喷射出一团黏黏的、白雪雪的浆汁，轻盈温柔地覆盖在鱼籽上面，就像是一团薄薄的云雾一样掩盖了星星……

吴东久说："鲇鱼是体外受孕。这是鲇鱼最忘乎所以的时候，砍生就是在这个时候用砍网去罩鱼的，一罩一个准，鱼逃都不会逃。"

她的老伴叶金莲却眼中含着泪水，叹道："鱼也是生命哪，看两条鱼那个样子，往往砍生的人都不忍下手哇！"

四、九十九样搞鱼法

174

《史记·货殖列传》："楚越之地，地广人稀，饭稻羹鱼，或火耕水耨，果隋蠃蛤，不待贾而足。"楚越地区就是如今的鄱阳湖地区。可见在两千多年前，鄱阳湖区人们就在打鱼捕捞，以稻米为饭食，做鲜鱼为汤饮了。所谓"羹鱼"，就是现时鄱阳湖的渔民用湖水煮的湖鱼，肉嫩鲜美汤好喝。

《星子县志》上有明代人吴守为一首诗："渔人湖上阵鱼丽，结队连舟十里围。击楫鸣榔同战鼓，烟蓑雨笠是征衣。水廉钻破金鳞牢，浪锦翻开玉鬣飞。网撒网收循序进，回来较胜猎禽归。"描述的是鄱阳湖上拉大网捕鱼的情景，这种捕鱼方式渔船帮至今仍在使用。

鄱阳湖渔谚："一百样的鱼儿，九十九样的搞法。"

这句渔谚里的数字，都是泛指其多。

鄱阳湖区到底有多少捕鱼法，恐怕就是老渔民都一时难以说得清楚。

鄱阳湖上的捕鱼船大致有网船、钩船、鸬鹚船、镶船、罾船等。其中网船又分为大网船、高网船、跑风网船，都是2—5吨的大船，8桨1梢，两边摇桨，10人左右操作，一般都是联合捕捞，气势最大收获也最多，一趟下来捕上几千斤鱼都是有的事情。钩船多为双人渔船，吃住都在船上，早年放铁鱼钩后来放丝网。鸬鹚船大多是两船配合，大船住家，小船驱鸟捕鱼，"嗬嗬"有声地吆喝着那在水面的七八上十只鹭鸶鸟儿，催着它们入水、叼鱼、送鱼上船来。镣船船体较小，载重半吨左右，只在冬季水退湖浅，把铁梳状上面有锐刺倒钩的镣，装在1—3米长的木柄上，在水里拖着捕鱼。罾船其实并不固定船只，一般小划子船就可以，在船头装上罾架就是罾船。捕鱼的工具更多了，大致可分为六类：网渔具类：大网、布网、高网、丝网、敲网、撒网、溜网、罩网、爬网、百袋网、罾等，这里面又可以网眼大小，一般用手指作为单位，从一指网直到八指网都有。钩渔具类：有钓钩、挂钩、拖钩、沿钩、划钩、绷钩、丝网，同样的里面有大小之分。杂具类：镣、鱼叉，叉里又分为鳝鱼叉、甲鱼叉、鲤鱼叉等。笼渔具类：俗称"倒须笼"的渔笼，分为花笼、泥鳅鳝鱼笼、虾笼等。渔濠类，又称濠袋。后来还有定置网以及现代的电网什么的，那都是有害渔网。

三月下钩，六月撒网，九月捕大捞，十二月打冬鱼。鄱阳湖渔船帮捕鱼作业有着无限风光，更有无穷情趣。

撒网的人用的网叫作旋网，玩的是潇洒。

旋网是用麻线织就，用猪血浆了，黑黑的发硬，耐得水浸。网下端折了圈尺余宽的网边，间隔着用网线儿缀吊着，形成一圈网兜儿，网底下坠了一圈铁网脚子，用来坠网沉下水底。网下大上小，慢慢往上收缩着，到网头上来束成一个尖，尖上系了根纲绳，尾端挽成个活环，扣在打网人的手腕上。撒网人船头一站，两脚稍微分开，很稳地像钉子般钉在船头不动。动的只是腰和手。理网，先从网脊上扯出一丝网来，咬在口里，再从这丝网开始，按顺序把网络一把一把地揽在手上，大手攥拢了，提起来，直腰，抬脸望前方，很是从容。后面的摇桨人赶紧打了两桨，对准了水面。撒网人先是向左后扭腰，大约不到九十的幅度，缓缓慢慢很傲然的样子，把网甩到了身后，似乎是停顿了一下，接下来身子猛地一抖，腰用力一扭，就把网从身后拖出，朝船头上空旋撒了出去，网从撒网人手上一把把地旋去打开来，嘴里咬着的那络网也同时松口脱去，一把是一个扇面，在空中组成张开了一个硕大的圆，标准的三百六十度；几乎是一刹那，那圆斜斜的，靠船头的低朝外的高，极快地向水面压了下去。这一瞬间是最好看的，那船、那桨、那人、那网，均以各自不同的优美姿态，组成一个群体造型，加上波光粼粼的水，丝丝扣扣的网眼，如果有一道斜斜的阳光照着就更好了，岸上人看见了都会情不自禁地发出一声赞叹："嗬，旋的好圆的网啊！"接着，摇桨人就往后扳桨，把船往后摇。撒网的人手牵着纲绳，让网慢慢沉入水底，然后才慢慢拉网扯纲绳。船用不着摇了，只让纲绳牵着走。把纲绳一小圈一小圈地挽在手上，渐渐就拉到网了，手上挽不下，就盘堆到脚下的船头板上，间而还把朝着水面绷得紧紧的网抖一抖，有没有鱼手上是感觉到的；有时有鱼窜到网上面来了，也不管它，连带着网一把揽到船头上；到后来手上的网就重了，而且抖动个不停，是网着了不少鱼；仍不慌张，很是沉着地一把一把拉着，差不多到网底了，打桨的再把船往后摇几桨，前头撒网的人弯腰用力一拉，把网连着一兜蹦蹦跳跳、抖腮摔尾挣扎的活鱼拉上了船头。

扳罾的人讲究的是悠缓。

有两种罾：船罾在船上，岸罾在岸边，都是一张方网，八尺端方，用四根粗竹棍子绷起，顶上竹子交叉处连接了一根竹篙，以船头或石头为支点，另一头就架了两根木杆子，尾端用横木连着，压上一块不轻不重的石头。扳罾时，人站在这两根木杆子中间，把横木往下拉，借着压石的重量，把水里的罾网扳出水面来。

扳罾的人都是从容不迫，悠悠缓缓的。那明亮亮的清水里，先是四根竹棍子慢慢地从水里往上升，成四方形地往下扯着，悠悠地拉出了四个亮晶晶的网角，带出了粼粼的波光水影；网角越拉越大了，向中间包抄着，似乎要兜出罾中间的那方平静的水来。然而不能，水是不动的，罾动也枉然，水都从网眼里筛滤了。水又像是很滞黏似的，把罾兜底儿恋恋地黏扯着、托顶着，终归是黏不住、拉不了，才轻轻地一松手，那网底儿才忽悠悠一闪，晃出了水面，同时抖现了一罾底银光闪闪的鱼和虾来。

似乎扳罾天生就是老人们做的事，只有老人们那僵硬迟缓的动作，才能扳出这罾的优美来。也有年轻人试着来扳罾，他们有力气，扳得很麻利洒脱，但把罾扳上来一看，里面没有鱼虾；再扳，仍是如此。鱼虾都被他们鲁莽的动作惊跑了。这才知道，扳罾的慢，不一定是老人们手脚不灵活，而是非要慢不可，慢悠悠地不惊动罾里的鱼和虾。这是门技术。

一般设簖的也是老人，靠的却是一个守字。

设簖又称堑湖捕鱼。大多是在冬季，趁着水还未完全退下前，设簖人就划着小船、趟着浅水来了。靠湖生存的人，水情滩貌全在心里装着，你设你的簖口，我安我的鱼簖，都是往年的老规矩，没什么争议的。钉桩、设簖，先在船上住下，过两天水退下，再搭窝棚。这时水势都显露清楚了，又持一把铁锹，赤脚踩着淤泥沿圈好的水塘子走上一转，有往外泄水的就堵住，有淤隔了不通流的就疏通，大葫芦串小葫芦般的，一个大水塘子往往串上七八个、十来个小水荡子，目的只有一个：让水都朝鱼簖处流。再过个三五天，水退得远了，这方水就完全凸现了，这就是你的地盘，你的水域，也就是说：这一串葫芦般的水洼里的鱼也就归你了。余下的就是守箴。

守箴是很安逸的事。用大竹片排串起来的丈余宽的鱼箴牢牢地卡在出水口上，鱼箴里低外稍高，让哗哗流淌出来的湖水从鱼箴的一半漫过，又从竹片之间指来宽的缝隙中漏下去，只把那被水流冲过来的大大小小的鱼排箴阻住，或掉落入中央装的"箔溜"和"濠网"中；也有滑溜的鱼不甘心，又翻跳着跌回水流中，但没关系，不一会儿，它仍会被只朝一处淌的水流冲过来的，总归是逃不脱被捉的命运。守箴又是很寂寞孤独的事情。一个鱼箴要放干水，少则要半个月一个月的，多则甚至要更长时间，守箴人一守一个多月，除了白天有人定时来拿鱼外，其余时间都是一个人独立守孤滩，需要一定胆量和定力。

鄱阳湖上现在好像没有人再用鱼卡子捕鱼，鄱阳湖上现在岁数小的渔民也没有见过鱼卡子。

鱼卡子制作得很精巧。

用青皮竹子削出一枚枚竹针，两头尖锐，长短不一，最长的也不超过八分；用水煮沸后，在针的中间系了根细麻线儿；再用大拇指和食指捏住竹针两面尖头，小心地压弯，青皮当然在外，把两个针尖头压并在一起；然后小心地塞进空心芦苇管子或箬竹叶管子里去，麻线儿也牵了进去；又在弓起的竹尖弯中塞上一丁点儿鱼饵，再将麻线儿间距离地一根根系在大麻绳上。鱼卡子就做好了。这种鱼卡子材料低廉，除了麻线儿，竹子、芦苇管儿箬竹叶儿管儿都是自己可以到湖滩上去砍割的。用不着花钱。制作稍费点功夫，也要技术的。竹针易弯压折断，断了就没用，叶管儿也易绷破，破了也没用，很是个细作活儿。鱼卡子一做就是几百个的，用篾筐子装了，荡划子到湖边沿水里放了，一节节叶管子吊在水中成一排，芦苇管和箬叶管本身就有种水草清香，里面又放了鱼饵，吸引得大大小小的鱼儿最喜欢去吮嚼，一吮一嚼，就把个薄薄的叶管儿弄破了，里面被叶管壁裹绷着的竹针失去了控制，就弹开伸直了，正好卡在鱼儿的嘴里，鱼儿就像上了钩一样，再也是跑不脱的，单等着放鱼卡子的人来收了。扯着麻绳头一条一条鱼地拉上船，取下卡子，丢进鱼篮里，就好拎着上岸去卖了。

叉鱼、罩鱼凭的都是渔民的眼准手快，一般都是在浅水草滩中进行。先望水：找那水中刚淹没的水草看，定下个基本色，近水草是这般绿，稍远的水草是那般绿，再深的水里就不用看了，那水深，人走不过去。再根据基本色进行对照检查，这丛草绿得浅些，是有白鳞鱼儿潜伏着，总归是鲤鱼、鲫鱼一类；那丛草绿得深些，是有黑鳞鱼儿隐藏着，逃不脱是乌鱼、鲶鱼一类；有红色的不多，红荷包鲤鱼是顶稀罕的。当然这是大致分分，分得细的还有大鳞细鳞、黑色黄色的区别，还有草丛受光的角度、无障碍物干扰等等，这是门学问。是不大好说得清楚的。关键是要有草动，不动的草再有什么色也无用，没鱼的。草动才有鱼。特别是春上里，来湖滩产籽的都是大鱼笨身子，一肚子的籽，完全没了往日的灵便滑溜，一游动水路大，又行动迟缓，存心让人看出行踪。鱼产卵不像鸡生蛋，伏在那里光屁股用劲挣，鱼产卵要靠在草根上磨蹭、刺激着身子把卵排出来。鱼产卵是有节奏的，在草根上一蹭一蹭，像是在掸尾巴一样地抖动着，所以，湖边搞鱼人不叫鱼产卵，而是叫鱼掸籽。形象。

叉鱼用鱼叉，可以远些，只要看准了，手掷鱼叉"嗖"的一下抛去，叉尖儿直刺下水，后面的木棍子儿一倒，水中就翻出一块鱼白，那鱼虽然蹦跳着挣扎，却是再也逃不脱的，叉尖上有倒刺儿。罩鱼却是要近些，手提鸡罩样的竹篾鱼罩子，看准了地方，低哈着腰蹑手蹑脚地摸了上前，手够着了的时候猛地将鱼罩盖上去，再抓鱼就比瓮中捉鳖还要容易了。

还有一种赶鱼，顾名思义就是把鱼赶进网。赶鱼的工具有赶网和叉杆。赶网有半圆、有三角，网底却是一样的三角体，三围都是网拦着，只留前面的空了出来，叉杆只是一个三角棍，赶鱼也只能在浅滩浅水里进行，左手提网，右手提叉杆，尽自己手臂的最大距离打开揿入水中，左手不动，按住赶网在水底潜伏着张开个口子，右手把叉杆在水中一提一揿地朝网口按来，也就把那浅滩草中的鱼虾和潜伏在泥沼中的鱼儿往网口里赶来了，两手一合拢，左手就赶快提出来，于是在那湿漉漉地滴着亮晶晶水珠的赶网里，也就有了一些亮晶晶的活蹦乱跳的鱼和虾了。这种赶网捕的鱼都不大，但成本低廉、制作简单，也易操作，大多是岸边亦农亦渔的人得闲时的玩儿。

鄱阳湖还有种沉船捕鱼。每到农历八九月间，取一破旧小船，船内藏松枝，船身绕以缆绳，沉入湖沿深水处，再把绳索系在木桩上，冬日天寒地冻的鱼找暖窝，多潜藏船内，至腊月再将船取出，一船可获鱼二三百公斤，且多为鲇鱼。

和沉船捕鱼同理的是草把捉虾，只是用鄱阳湖边常见的香蒿草割上一把，松蓬蓬地绑扎了，随手就丢在湖水浅草滩，香蒿草有股子香味，那些虾米闻着都过来钻进去咀嚼那草，过个半天时间把草把拿出，里面就藏满了银光闪闪的河虾，把草把轻轻拍拍，一个草把一次会倒出三四斤虾米。这只是湖边孩子们的业余活动，童趣盎然。

开港捕鱼是一种藏鱼待捕的传统方法，始于明末清初。每年在秋天选择水深、

178

岩穴多、宜于鱼类冬栖的河港进行封禁，入冬再开港。届时，渔船云集，分段捕捞。这是一个有组织的捕鱼行动，且有多县联合进行，参加者要交纳租金费用，捕鱼的数量也多是以几十万斤为基数。

和淡水生、海水长的鲥鱼相反，河蟹是海水生，淡水长。每到十月蟹满黄时，在内湖、水库、池塘的河蟹就会陆续爬出，翻过湖堤塘坝，往湖里、江里迁徙，顺水流入大海产卵。鄱阳湖边渔民称为蟹翻坝，是照蟹的好时机。

照蟹极其简单，入夜后，在湖水边拉一根浸湿了的草绳，直线牵到二三丈远的一口埋在沙泥中的大铁锅边，锅口与泥沙一样平，把草绳头移至锅沿，在对面放马灯，笔直地对准绳头。把灯光捻亮，再找三块大石头竖在周围挡住，只让光照在水的一方，人在锅后的黑影里坐着，静静地等待着，水里的螃蟹看见亮光沿着绳索爬上来，然后跌入锅里，铁锅坚硬光滑，跌下去就爬不起来，人在后悄悄地捡了，前面的蟹跌下锅了，后面的蟹又爬了过来，再跌下去了，一晚上就这样爬上跌下，照蟹人会捡到十几斤螃蟹。这是利用了螃蟹的趋光本性。

鄱阳湖口江湖水交汇，形成一条五六公里清浊水流，这里的水流速湍急，从海里来的鳗鲡却最喜勇闯激流呛水而行，湖口的渔民每到农历五月时，就会在船头装上个像三角大铲子似的铲网，顺着清浊水线往下游铲去，那些上水的鳗鱼纷纷入网，在这短短的五六公里急水线上，一天能捕鳗鲡好几百斤呢！

在凤尾鱼、银鱼的捕捞季节，渔船帮常以一次性捕捞三五千公斤鱼为荣耀之盛事，而四处报喜宣传。

说不清的鱼，也说不清的搞鱼法，古往今来，鄱阳湖以其丰富、鲜美的鱼类资源，养育了世世代代生活在这里的人们；鄱阳湖渔船帮也以其聪明智慧，灵活多样的捕鱼方式，形成了具有鄱阳湖特色的渔业文化。"清明鱼发躁""水涨三尺，鱼涨三丈"、"涨水黄鸭头退水虾""七堑金，八堑银""春挂流水夏挂湾，秋挂草洲冬挂坑"……诸多的鄱阳湖渔谚，还有鄱阳湖区丰富多彩的渔俗民情充分说明了这一点。

五、张家帮、叶家帮

鄱阳湖渔船帮是个大帮，环湖十一县市、再加上五大支流的渔帮，人员众多，生活习惯、性格脾气也都各不相同，实在难以用简约的文字描绘出他们的全部人生状态。

　　我曾于1989年在《福建文学》10期上发表过一篇散文《张家帮　叶家帮》，稍做删减，特意放在这里，不敢代表鄱阳湖渔船帮，只能算是举例吧。

　　张家帮，叶家帮，都是渔船帮。

　　原先都是湖北人，找鱼打到鄱阳湖口来的。来了就不走了，以船为家，鄱阳湖上四处漂泊，各自繁衍成一大帮人来，姓张的就叫张家帮，姓叶的就叫叶家帮。岸上人分不清的就都叫作渔船帮。

　　其实也好分。

　　张家帮的钩，叶家帮的网，从打鱼方式上就可以分得清的。

　　张家帮人打鱼以放钩为主。钩是用铁丝弯成磨就淬火的，一枚有二寸长，尖尖地很锋锐，用纲绳儿串着，五寸距离一枚地排成三百六十枚，叫一挂，两头用竹浮子系了。

　　放钩收钩的是两个人，一男一女夫妻俩。男的在船头收钩放钩，女的在船尾打桨。小划子划动时，女的把一双桨进进退退、前俯后仰地摇着，动作很是优雅。船微微摇晃着，闪亮的鱼钩相互碰撞，发出叮叮当当的轻轻响声，很好听的。男的坐在船头，扭腰侧身，放钩时从手中牵出一串闪闪亮亮的鱼钩儿，放进闪闪亮亮的湖水中去；收钩时拉起一串闪闪亮亮的水珠儿，还有闪闪亮亮的白鳞鱼儿，摇头晃身抖尾巴，叫人看了很有趣，很优美。

　　叶家帮人打鱼以网为主，网是叫风网。样子有点儿难说清。要说就像个小三角窝棚，也有个小三角窝棚大，只不过这个窝棚是绳网织就的，用竹棍撑了成三角形，卧底的边用铁网脚子坠了，好沉入水底；窝棚的尾是一个长长的网兜，封了口的，一兜可以装五六百斤鱼；窝棚的敞口前三个交点拉了三根绳子，到前头又集中到一束，长长地连接船尾上。叶家帮人打鱼是看不到他们打鱼的。岸上人只看见他们的船扯着帆、鼓着风，在湖上跑来跑去像穿梭一样。其实那网就在船后的水里拖着，一路吞水吐水，只把大大小小的鱼留在网兜内。

　　那年头，鄱阳湖的鱼很多，鱼好捕，只用一种捕鱼工具就可以谋生。后来，捕鱼的人多了，鄱阳湖上的鱼少了，张家帮、叶家帮靠一种捕鱼方式就不行了。就互相串着，各种各样的捕鱼工具一起并用才能养家糊口。

　　光从捕鱼方式上来区分张家帮、叶家帮的人，就不大容易了。

　　好在还有一种区分办法。

　　张家帮的人好谈，叶家帮的人好蛮。从脾气性格上来分。

张家帮人下午四五点放钩，早上五六点收钩，拖得晚的也不过十点左右。从中午到下午就有好半天歇息的。歇了也不闲着：理钩、磨钩。

张家帮放钩用小划子船，吃住却另外有住家船。十几条住家船一起湾在湖边，一字儿排开，男女背靠背地盘腿坐在船头板上，一个人一块磨钩石。腿旁还有一蓝花茶壶，两只小盅碗。一篙钩放至齐手高，边理着钩边磨钩，那话儿也就扯不断地说了起来。

不是夫妻俩说，是一排男女都说。靠帮的船紧挨着，声音就小一点，隔了船的就大声叫喊着。说什么呢？水上人无非是说水上的话：说船、说钩、说鱼、说湖、说风、说浪；说男女、说子孙、说婚嫁、说病丧；又说家常，说人情，说风土，说世故……船上无遮无拦，船上人说话也无遮拦，直来直去，叽叽喳喳地说着，嘻嘻哈哈地笑着，吵吵闹闹地骂着，言语极其坦率，词汇极其丰富，生动活泼，妙语连珠。太阳在头顶上高高挂着，阳光暖和和地照下来，女人就在头上披条毛巾遮着；男人不遮不盖，任凭太阳把脑门晒出汗油来，闪闪的，像鱼钩一样发着亮光。

说干了嘴，就扭身抓起茶壶，斟一盅茶喝。那茶酽酽的，颜色透着黑，味儿发苦，但他们最喜欢喝。浓浓的一盅落肚，从嘴里到喉管到肺腑，直到心里，全身上下透着舒畅。

扯谈到兴奋处，就一拍船舱板，喝叫一声："好，痛快。来，喝酒！"就一齐歇了手，男人一头钻进前舱找酒瓶子，女的则翘着屁股到后舱生火煮鱼。不一会儿，十几根桅杆帆篷间就烟雾缭绕了，一排排绳钩间就鱼酒飘香了。搬开中间一条船头的钩篙子，十几个男女盘腿坐成个大圆圈，一人手上端个酒盅子。女人们忙一些，低着头从后舱爬到前舱，从这船走到那船，端上一瓦盆一瓦盆的鱼鲜来，有烧的、煮的、炖的、煎的、熬汤的；新鲜的腌干的都有。三四月一般是红鲤鱼、白鲢子、黄花鱼、黑胖头；七八月是鲫鱼、翘嘴白、鳝鱼、螃蟹。也有些时鲜瓜菜。男人们坐着喝，女人们站着喝。女人们要照顾儿女，也不忘记时不时地从自己男人手中接过酒杯，仰脸嘬上一盅酒。喝着酒、吃着鱼，说着话，那茶壶也在一旁搁着。茶也是要喝的。

湖边湾船的码头，中午是张家帮人的世界，那晚上可就是叶家帮人的天下了。

叶家帮人不打鱼拖网，歇下来的时候也有事做，要织网补网。不过织网补网有女人做做就行了。男人们无事，就在一起打赌玩。

打什么赌呢？赌水性，赌力气。

赌水性不赌游水，一赌憋气，二赌腰功。

赌憋气好懂。鄱阳湖的水清，水里丈多深都可以见人影的。一溜儿小伙子，一齐蹲入水底，睁开双眼，在水里互相盯着，看谁最后浮上水换气。怕水里晃，一动身不由己的浮了起来，就一头钻进船底下，用头顶着船底板憋在水里不动。

几个坐在船舱里的老倌子奇怪：刚刚开酒瓶喝酒时还听见外面小伙子吵吵嚷嚷的要打赌，怎么这瓶酒喝光底了，却还不见小伙子们说话呢？出来一问，说是他们还在船底下憋着呢！老倌子就摸起船篙在水里一阵乱搅，又往船底下捅。才把几个小伙子捅了出来。一个个红着脸怪老倌们："你们捅什么捅？要不我还可以憋半个时辰哪！"

赌腰功，岸上人就不大好懂了。其实不过是用绳子把人手脚绑了，用小划子船荡到湖心，把人抬了丢下水，划子不管径自上岸。那水里的人靠着腰身的蚴动划行，看谁先游上岸。

这些水性赌腻了，他们就来赌力。

叶家帮人先是赌抬船篙。一根二三丈长的船篙子，平放在船帮上，单手抓梢尾，要把带着铁钎篙头的篙平抬起来，靠的全是手腕劲。再就是赌顶船板，两人船头两侧一站，一手捏住船板一头，同时用力顶牛，力气大的进，力气小的退，一退就跌下了水。

这还不过瘾，就来赌爬桅杆。

爬桅杆就像表演杂技，不是抱紧柱子爬，而是只用手和脚，胸肚子不准碰桅杆，碰了算输。十几根桅杆，十几个人，一声号令同时往上爬，先到为赢，后到为输。一个猴似的窜了上去，蛇般地溜了下来，胆大的，上去了不愿溜下来，抓了杆顶木葫芦上的绳头儿，双腿一弹，"唰唰"的，人扯着绳子吊了下来，"哗啦啦"地却把顶帆篷拉了上去，获得下面一阵惊讶和喝彩。

叶家帮人打赌不赌钱、不赌物，赌的是酒，输家不喝赢家喝。傍晚到湖边看叶家帮的人，谁脸上最红谁就是最有本领的人。

叶家帮的人还好烟，男男女女都吸。那时有旱烟水烟之分，叶家帮的男人吸旱烟，女的吸水烟。两种烟都响，响声却不同。男的是"吧吧"响，女的是"咕咕"响。老老少少都吸，三岁伢子屁股后也吊着杆包铜皮头的烟杆儿。

那年在屏峰湾，排帮放排碰漏了渔帮的船，两帮人吵了起来。排帮仗着人多势众，打伤了船帮的人。叶家帮人生气了，就一夜从水底下潜了过去，几筒烟的功夫，就拆散了一个排把子，把百多立方的木头放了漂。全是水里来水里去的，用的是憋气功夫，水面上一个浪花儿也不打。等排帮人惊觉时，叶家帮人早就回到船上抽烟去了。

　　排帮人一状告到管码头的余姓头首。照老规矩，余姓头首召集了水上岸上的九帮十八家来"理论"。这回张家帮人出面了，就去了几个人，端了蓝花茶壶、小茶盅，到岸上三堂六面一坐，续上壶滚开水，斟出盅发黑的酽茶水，嗫了一盅，张家帮的人开谈了。一个个从容不迫，有条有理，从前因说到后果，从直理辩到歪理，口吐莲花现，舌头上滚春雷，说得排帮的人张口结舌，目瞪口呆，说得水上岸上九帮十八家人都点头称是，拍案叫有理。张家帮的人茶壶刚续了三道水，一案就断了下来：排帮败诉，给渔帮赔礼并付治伤钱。

　　赢了官司，张家帮、叶家帮的人却不先忙着庆贺，而是出动了所有的打鱼船，帮着排帮人把漂散一湖的木头全找了回来。得财不得气，占气不占财，渔帮人争的也是一口气。得理要饶人，都是水帮人，能帮的还是要帮一把，不能让排帮的人太亏了。排帮人感动，也不说客气话，只扛了一头猪，抬了二坛蛤蟆石出的上等"蛤蟆酒"，放了一挂千子鞭，送到渔帮来。

183

　　张家帮、叶家帮人也不推辞，叫女人把肉烧了煮了，又把从湖上捕来刚出水的鲜鱼，煎得喷香的，用大瓦盆装了二十几份，把排帮人全请了过来，就在湖滩上席地盘腿而坐，摆了个和气宴。打开酒坛子，排帮、渔帮两家子在一起推杯换盏，握手言欢，醉了个天昏地暗。

　　就是靠着一身好打鱼功夫，靠着张家帮的嘴，叶家帮的力，靠着两帮人你帮着我，我帮着你，同心协力，张家帮、叶家帮才在这异乡异水、异地异人的鄱阳湖上生存下来，扎稳脚跟，不走了。

　　日子过得也艰难，成年累月水上漂，像个浮萍，处处无家处处家；岸上没有一寸土地，风里来浪里去的，还有冰寒雨雪，天灾人祸，水里讨口饭吃实在不容易。那年老爷庙遇龙卷风，一次就翻了渔帮十三条船，六七十口性命。生老病死全凭天作主不说，那年月湖上还有劫船杀人的水盗芦席帮，碰上了能保全性命，就是老天开了眼了。

　　好在张家帮、叶家帮人生性豪爽，遇事想得开，且把苦难当欢乐。白天放钩撒网、捕鱼捞虾；夜晚几杯老酒，一筒烟一壶茶，倒也优哉游哉、乐乐呵呵的，无事早睡。没什么玩儿，就鼓起干劲生孩子。一条住家船上，后舱住着夫妻俩，隔块布帘子，前舱一床破棉絮盖住了七八个光屁股的儿女。荡划子出湖打鱼时，就用根绳子把孩子串了，一个伢儿腰眼里绑了个大竹筒浮子，怕的是跌下水淹死了。

　　这都是早些年间的事情了。

后来，张家帮和叶家帮的船常湾在一起，张家帮人扯谈时，叶家帮人也来听；叶家帮人打赌时，张家帮人也来看；男也来，女也来。时间长了，年纪大的人就走开了，留下青年人。于是，大声扯谈就变成了悄悄细语、窃窃私话了，说的是张家帮的小伙子，听的是叶家帮的姑娘。于是剽悍的争斗就变成了暗暗拉扯，偷偷拥抱了，拉的是叶家帮的后生，扯住的是张家帮的丫头。

再后来，张家的父母就帮儿子打一条新住家船，给女儿打一条小划子；叶家帮的父母就帮儿子置一部风网，帮女儿打一篙鱼钩。又一齐吹吹打打，该娶亲的娶了亲，该出嫁的出了嫁，张家帮和叶家成亲家了。

再后来呢，张家的儿子会拖风网，叶家帮的儿子会放绳钩；张家帮的女儿会吸水烟，叶家帮的女儿会喝酽茶。又都会喝酒，都会生孩子。生了孩子也还是用绳子串了，腰眼里绕了个大竹浮筒子，光着屁股在船头玩耍。

再后来，就分不清张家帮和叶家帮了。他们都上岸了，像岸上人一样愿干什么就干什么，该做什么就做什么；也像岸上人一样，盖了个砖瓦的小洋楼住着……

再后来呢？鄱阳湖上水帮里就没有什么张家帮、叶家帮了。

第八节
湖盗芦席帮

一、关键是"芦席"

鄱阳湖上湖盗芦席帮是一个无法知晓谜底、令人困惑难解的谜。

二十世纪八十年代末期，在吴城第一次听说"湖盗芦苇席帮"，那位健谈的渔家老婆婆说，湖盗专在水上活动，不敢上岸公开露面，人死后没有棺材下葬，只能用芦席卷起来埋了。湖上人因此就叫湖盗帮为芦席帮。也由此以为，"芦席帮"只不过是湖上人对湖盗帮的一个俗名俚称罢了。

其实错了。

鄱阳湖湖盗芦席帮有一个需要厘清的定义问题。

查阅鄱阳湖周边县市的志书，在"大事记"中，以前的历史老志书把"起兵""叛乱""造反"等与官府作对的人都称之为"匪盗"，而现代的新志书却统改称为"起义"了。"起义"者多为农民，也有茶农茶商和其他人众，均不提"盗匪"二字了。例如 2004 年版《九江市志》的"大事记"中就有"宋乾道七年至九年（1171—1173）江州茶商起义"、"淳熙二年（1175）四月，茶户赖文政起义，自湖北转入湖南、江西，多次打败官军。九月，辛弃疾诱杀赖文政于江州，起义被镇压。"唯独 1990 年版《星子县志》"大事记"载有一条："嘉靖三年（1524）星子典史陈嘉年率 24 人追捕抢掠商船的强盗，不幸全部淹死。"这条虽是因为记录典史事迹而载入志书，但无意中写下的"抢掠商船的强盗"七个字，倒可以说明一点：在鄱阳湖上抢掠商船的强盗，才是真正的湖盗。

"抢掠商船的强盗"，也许与官家认定的起兵造反相比，是一件小事，所以历史志书都忽略了记载，而现代志书也既因没有历史传承，又因现时湖盗已经绝迹，所以无所记载，湖盗一项就在鄱阳湖周边县市的所有志书中缺失了。

但对鄱阳湖来说，湖盗确实存在，就如同她的水流波浪、游鱼湖草、船家渔家和她日夜厮守一样，湖盗始终是她生命躯体上的一个痛点，生活流程中的一处溃疡，或隐或现，若即若离，时疼时痒，忽起忽落，痛苦千年。

好像很难说清楚什么人才是真正的鄱阳湖湖盗。

湖盗首先一条必须是在湖上活动，并借助湖水和船只为工具进行作案。在岸上强抢强要、敲诈勒索、杀人放火、四处流窜的强盗，或啸聚山林、占山为王、拦路剪径、打家劫舍的强盗，都只是一般意义上的强盗，不能算作是湖盗。

借助于湖水和船只进行抢劫的强盗，鄱阳湖上也有几种。

他们本是岸上的强盗，因某个"生意"的对象是在鄱阳湖上或船上，他们就驾船下水，到湖上进行拦截抢劫，一声呼啸，劫住目标船只，该杀的杀了，该绑的绑了，要抢的货物也抢下了，再一声呼啸，扬长而去，然后弃船上岸，仍回自己的老窝。这一类的强盗，不包脸不蒙面，行不改名坐不改姓，亮出的就是本身的江湖名号，抢劫的对象也十分清楚明确。他们下湖不过是作案的地点变化不同，算不上是湖盗，只能说是票友，来湖上客串一出恐怖剧目罢了。

还有一些本是岸上干干净净的平民百姓，正好遇上天大麻烦事儿，铜钱压了手，走投无路了，就纠聚了几个人，驾船到湖上，埋伏在偏僻水道，瞄准了一条船，蒙上脸面，亮出刀具，迅速逼上前去，狭路相逢，不怕死的是赢家。他们一般不去伤人，只抢那值钱的货物。那年头，鄱阳湖的货物数瓷器、食盐和茶叶值钱，但瓷器、食盐都和官府沾边，有后患，不好抢也不敢抢，所以他们大多是抢劫茶叶船。抢到茶叶后再运到就近集镇的茶庄茶店卖掉，拿卖茶的钱把麻烦事消解了，回家照样过以前的平常日子，便又是干干净净的平民百姓了。他们是在湖上用船只作案，但大多数干的是一锤子和几锤子买卖，干的事也就只有他们几个人自己清楚，连家人都瞒了，对外是打死也不说，所以他们也不是真正的湖盗，最多算偶尔"失足"吧！

也有外地船家，货物遭真正的湖盗抢劫后，想想反正无路可走，终是个绝望，不如干脆一不做二不休，湖盗抢我我也抢别人，就豁出命来抢他一回、劫他一遭，于是撕块黑布包了头面，只露两只发红的恶眼睛，找了些菜刀鱼叉，看准了人手比他们船上还少的货船下手了。有得手的，绝处逢生，人生来了个大逆转，立即潜逃，往后再也不敢来鄱阳湖了；那失了手的，只能落荒而逃，就是被捉了，反正也是烂命一条，什么也无所谓了。这类人不是湖盗，只能算是赌徒，很另类的，是个案，极少见。

要是在灾荒年月，那些日子过不下去的岸上人纷纷下湖为盗，专门抢劫来鄱阳湖的外地船只，本地船只抢得少，怕有熟人认出会有麻烦。这些人虽分散却伙子多，三五成群的，也有些饥不择食，不讲潜规则，影响湖上的正常秩序。好在这样的湖盗算是"临时工"，灾年过去了，他们又立马上岸，老老实实地种田地去了。要紧的是这一帮伙的人不能多了，有个五六十、百把两百人，对不起，这就有暴乱造反起事之嫌，官府就会紧急调动军队前来湖上镇压，不会让这伙子人做大成了气候。

鄱阳湖上人所说的真正的湖盗芦席帮，都是一些老字号的湖盗帮，十几或二三十人一伙、一伙三四条船，他们以水域划分，平时也只在较为固定的水域范围内作案，案子也不是很大，条把船、船把货吧，一般不杀人，抢到了货物就算了。老在湖上行走的鄱阳湖船只遇到这类湖盗，知道自己撞上了枪口，只好自认倒霉，知趣地赶紧拱手交货，不会做任何反抗；要是这船货特别重要，丢弃不得，也有办法，可就近在岸边找人帮忙从中说合，议定价格，用金钱把货物换回。总的一条，不能让湖盗白忙乎一场。湖盗们做了一回"生意"，又视货物的"肥""瘦"也就是物值的多少，间歇休息上那么一阵日子。湖上的几个大船帮，一年内总会轮流地被湖盗们抢那么个几回，也不会吱声。不过真要是哪一个船帮连续被抢次数多了些，就会通过人找湖盗问个原委，湖盗还果真会有个回复，但绝对不会退还赃物，只是把这笔账记下，在下年抵销，来年少抢你这个船帮罢了。湖盗还会和岸上官府有某些默契，在需要的适当时候会"走风""失手"，让巡检捕快当场抓获一两次，逮捕一两条船三五个人，让官府好给上面交差。这被破获的湖盗案一般都是些小规模的抢劫案，被捉的湖盗坐个半年一年的牢就会释放。这就是湖盗的潜规则。

千百年来，鄱阳湖区流传着不少这样的故事：某县某镇某乡某村，不知哪年住进了一位来历不明的孤寡老人，无儿无女也无亲友，独自生活着，深居简出，很少和人来往，但好像又受着某种看不见的暗中照顾。人们先还有些诧异，但时间久了也就习以为常。过了些年后，这老人自己动不了，就请了个人照顾，一直到死。却在死后的那天下半夜，呼啦啦来了一大群蒙面人，用带来的芦席卷了老人尸体，抬进湖边船上驶进水中不见了。人们这才忽然明白过来，这位老人是湖盗，他因年老了被送到岸上寄养，如今死了，按湖盗帮规，他被湖盗用芦席卷了，下湖安葬去了。

在鄱阳湖上和船只上生活，以湖盗为终生职业，死后用芦席卷了下葬的人，才是鄱阳湖真正的湖盗。鄱阳湖人称湖盗为"湖盗芦席帮"，"芦席"二字是关键词，是对湖盗的一种界定和强调。

二、湖上的狼

湖盗芦席帮人数虽然不多，且又很分散，但在鄱阳湖九帮十八派中却占有重要地位。

鄱阳湖区各地码头集市，经常会召开九帮十八派会议，商议有关管理事宜；在年节日前也会有些招待会性质的聚餐活动，表示对九帮十八派的感谢之情；湖区碰到重大事情如战争、灾荒、大型庆典等活动时，官府也会邀请九帮十八派的人开会协商。作为九帮十八派其中一帮，湖盗芦席帮都在受邀请之列。

湖盗芦席帮参加地方活动的方式很独特。

有些活动，湖盗芦席帮会亲自参加，例如：屏峰湾、姑塘、青山、吴城、康郎山、瑞洪等地类似年会性质的会议。这些都是鄱阳湖上重要的港湾码头集市，年会又决定着一年的事项，里面包含着湖盗芦席帮的利益；再说这些地方都在湖边，远离县城、有进退的空间。因是年年的老例，这几个地方开会安排得也巧妙，选在较为偏僻的房子里举办，众人在厅堂内，湖盗芦席帮安排在包间密室里。包间密室内不管来人多少，都要办上一桌酒席，坐在里面可以听到外面的说话声，和大厅里的人不碰头不见面；也不用人侍候，只把菜盘端到门口，由里面的人接进去，喝酒就自斟自饮了。来去也是由天井和墙头、窗口翻进翻出的。据说，屏峰湾历来是在湖边的令公庙里开会，那个厢房只有庙里的哑巴老和尚才能进去，湖盗的意见会写在纸条上，让哑巴和尚送出来。康郎山也是在康王庙内。但是其他环湖周边县城码头和官府的活动，湖盗芦席帮就不敢来了，怕不安全，但会委派人参加。这委派的人多是临时指定，主持者事先并不知晓，到开会时，突然有一个平时想都想不到、和湖盗八竿子也打不到一起的一个人，畏畏缩缩地来到地点，递上一个信封，说是有人叫他来此开会，他不敢不来。这个人或是地方乡绅，或是某一教书先生，或一农民一渔民，亦或是一街头乞丐。要是后几位，必定还带着一句话：叫我来的人说了，你们会给我工钱的。主持人没奈何，散场时也果真会照办，给对方一份工钱，同时还给对方一封信，那里面是开会的全部内容，请来人转给湖盗们。

邀请湖盗芦席帮参议地方事务，是一种礼遇，也是一种尊重，说明地方上是把湖盗芦席帮视为鄱阳湖九帮十八派中平等的一帮；既体现着湖盗芦席帮有在此说话议事的权利，同时也表示着湖盗芦席帮有共同维护地方的一种义务。这是一种极微妙的关系，个中原委很难用言辞表达清楚。按说湖盗芦席帮做的是危害地方利益的事情，有的不仅谋财还害命，让受害人恨之入骨，这样的湖盗必抓之杀之才是，怎么还要和他们暗通款曲、苟且来往，岂不是与湖盗沆瀣一气，助纣为虐了吗？

其实不然。

鄱阳湖胸怀博大、宽容大度，慈善悲悯，只要是来她这里的生物，她都能滋润、哺育、养活，都会有办法让其生存。鄱阳湖人也同样地豪爽大方，通情达理，仁至义尽，只要是在鄱阳湖上讨生活，不管是谁，不论好歹，都会想方设法地帮助你，哪怕是从自己饭碗里强行分匀去一份吃食，也尽量地以礼相待，以诚相对。这是无奈之举，也是仁义之举，更是聪明之举。鄱阳湖其他帮派和湖盗芦席帮的关系，就像湖水和湖草一样，既然湖草割不绝，就用湖水来淹没，把湖草规范在一定的水域内，限制着湖草无休止地蔓延。和湖盗芦席帮搞好关系，形成默契，也是让其行为有所控制。湖盗可以强行索食，我们也可以无偿供养，但不可贪得无厌，要有一个底线。湖盗芦席帮在湖上形成了各自的活动区域，所以一方湖盗芦席帮也有维护一方湖区水域的责任，不能让其他的湖盗来干扰。更有一个说不出口的原委：湖盗芦席帮对九帮十八派也有着一个制衡与调和作用。鄱阳湖上任何一个帮派做大了，就会对其他帮派产生影响；哪个帮派有超出本身帮派的作为，也必然会损害其他帮派的根本利益，这时候只有湖盗帮能制约。这种制约是赤裸裸直截了当的，又是无意识歪打正着的：好哇！既然你们赚钱多了，那就得多抢你几回了！很有些枪打出头鸟、出头橼子先烂的意味。而这种意味会让那逞强者有骨鲠在喉，咽不下吐不出的难堪，最后无可奈何只好有所收敛。有时候帮派之间生事，官府都调解不了，只好请湖盗芦席帮出面，湖盗芦席帮和所有帮派都只有抢和被抢的关系，所以说话会不偏不倚，公平公正，说了话就要生效，谁敢不听就对谁不客气。用个不怎么恰当的比喻：鄱阳湖上的湖盗芦席帮有点儿像草原上的狼。草原上如果没有狐狸吃兔子，兔子会把草吃光，但狐狸把兔子吃光了，草没兔子吃又会疯长，影响到其他物种的生存，这时候就需要有狼来吃狐狸了。嘿嘿，狼无意中起到了平衡生态的作用。

海盗在大海上横行，除了倚仗船只以外，还因大海太大，有众多人迹不到的无名小岛可以作为巢穴藏身，安营扎寨，设灶造锅，大碗酒大块肉地逍遥自在；又陆陆续续地抢了些女人来，先是做压寨夫人，再是做喽啰老婆，一起来生儿育女，天高皇帝远，老婆儿女近，就在岛上过起日子来了。等抢来的钱财花得差不多了，再集合起来，扬帆出海，抢他个天昏地暗，换了吃食，又可歇他个一两个月了。这样的海盗，要没有能力当场抓现行，让他们逃走了，是再也寻找不到踪影的。近些年的索马里海盗就是如此。湖盗却不同。鄱阳湖虽然浩瀚宽阔，有数不清的湖汊港湾，其五大支流和支流的支流更是拐弯抹角，岔道横出。但这湖却是在内陆，在江西省的中心地带，千多里湖岸全部围满了市县乡镇村庄人家，是岸上人烟辐辏，湖上舟楫如林的江南繁华地面。虽然湖岸也有偏僻冷野山坳，却山不高峻涧不险深，做不了山寨，藏不住人。也有芦荡草滩，却是春盈秋枯，涨水一片湖、退水一摊泥，根本无法长期居住。湖上也有个鞋山孤岛，处于湖水中央，是一处旖旎风光，也是一处热闹香火，人们络绎不绝地摇船上山，朝拜大姑娘娘庙，谋子求嗣，湖盗不可能在此筑巢。都昌等县水域也有几个小孤岛，却也是太小藏不住人。如此一来，鄱阳湖上还真的是没有湖盗芦席帮驻足的地方呢？好在活人不会被尿憋死，湖盗芦席帮最后采取的方式是以船为家，在湖上自由流动，哪儿都是家哪儿也都不是家。湖盗芦席帮的船都是鄱阳湖上其他船帮常用的船，人额头上也没刻"湖盗"二字，穿戴更和湖上人没什么两样，高兴起来随便靠上哪个县镇码头，装作是商船上岸办货，转了几天也没做成生意，开船离去，又到别的集市港湾溜达去了；要是不高兴了，就把船驶进一僻静港汊幽深芦苇荡，晒晒太阳喝喝小酒，懒懒散散地歇上几天。等玩够了歇够了，再想办法做上一笔"生意"。湖盗芦席帮的这种生活也就像湖上其他船帮人一样，都是在湖上漂浮船上摇摆的日子。有区别的是其他船帮要用各自的生产方式花费精力来谋生，湖盗却是从别的湖帮人嘴里强行抢下一口吃食，花费的只是无良、缺德和凶恶、残忍。

三、罪恶传奇

凌晨的湖上腾着大雾，只留下一片混混沌沌、迷迷茫茫的白色世界，分不清哪是水，哪是岸，湾泊在湖边一处避风的七八条渔船正在沉睡之中，猛然一声呼啸，船前船后亮起了一排火把，火把中闪耀着大刀的亮光，在梦中惊醒的渔民们顿时恐慌：四更煞来了！于是渔船全部遭殃了。据说，"四更煞"是鄱阳湖上最凶残的湖盗芦席帮，喜欢在凌晨四更人们睡熟时抢劫船帮渔帮，还好乱杀人，抢劫完成正好天亮，就伪装成一般的船只离开，白天决不惹是生非。鄱阳湖水帮人一时闻之色变。

枯水季节，湖道狭窄，一条货船小心翼翼地拐过一处崖嘴时，突然从崖壁间闪出了两条棺材板船，迎头直撞了过来。货船头的撑佬刚来得及反应，大喝一声："当心！"话音未落，忽的一下，几条长绳钩如闪电般从两条棺材板上射出，牢牢地钩住了船舷。几乎是在同时，从石崖壁缝中也伸出了几只长杆挠钩搭住了船帮。这条船是再也逃不脱了，他们遇到的是鄱阳湖善使挠钩的湖盗芦席帮。

长天阔水，风顺帆扬，一条大罗摊子船走得畅快，迎面也有条大船过来，两船接近，对面船上撑佬远远地一脸笑，大声招呼着："老大，好快的船哪！"这边船上忙回答："今天风好，顺风顺水！"一语未音，对面船就靠近了，又是一声招呼："老大，接着！"迎面抛来的是一条绳索，这边船上人猝不及防，有人伸手接住，也有人反应过来，刚说了声："不好，是湖盗！"那绳索却已经套上了人身体，或是船上的桩头，或是绞锚关，或是桨桩，或是舵把，那船霎时就拉近了，再有两个篙头勾住了船帮，接着有人飞身跳过船帮，一系列动作都是在一瞬间完成的。这条船就这样地被湖盗芦席帮劫持了。

湖盗帮也有单打独斗的。据说曾有过一个湖盗，湖上名号"孤老六"，专抢大船。孤老六潜水本事了得，他会从船离码头时就悄悄地潜入船底，待船到湖中无人处，他才从水底翻身扒上船来，亮出一把短刀，五六个船佬都不是他的对手，伤人却不致人性命，最后只有听命于他，有钱抢钱，无钱时就会抢值钱货，也不多要，装在大货船后随带的小划子船上，然后跳上划子船悠悠然地荡划而去。

鄱阳湖上还传说出现过一个女湖盗，人长得很美貌，但从来是蒙面抢劫，无人见过她的真面目。女湖盗养有一只鹰鸟，抢劫时只要她一声口哨，鹰鸟就会飞到被劫人的肩头，被劫人要是不听命令，它就会啄瞎他的眼睛。

鄱阳湖上的湖盗芦席帮，都很具有传奇色彩。

湖盗芦席帮抢劫钱财的方式五花八门，销赃的方法也同样五彩缤纷。

因一直是在船上活动，储藏空间有限，湖盗抢了东西回来，一般都会尽快出手，将货物变成现银。抢的要是整船货物，比如稻米、茶叶、麻布、食油、日用杂货什么的，他们会将船开到附近的集镇上，人却摇身一变成为客商了，上岸找到些商行店铺洽谈生意，要不直接在湖边商船里找买主，价格比市价要便宜，很快货物脱手了，拿了银钱走人。有的湖盗找机会在湖上抢劫了整船整批的食盐，然后再整船整批地卖给走私盐商，虽然价格低贱，但做的是无本买卖，赚的是纯利。有时还连船连人连盐连"盐引"一并抢了，然后把"肉票"关在湖内隐秘地方，湖盗则公然将盐船开进原定送达的码头，以原主人身份交货收款，返回湖内后，再把"肉票"放了，让真正的船主盐商叫苦不迭，却又无可奈何，反倒为了没丢性命而庆幸。有的湖盗甚至干脆押着盐商去送盐，为保自家和船上其他人性命，盐商也只能唯唯诺诺地听从。那码头集市的买家有时虽然也看出有诈，自己心知肚明，但是决不敢当面揭穿、对人说破的。对于那些抢来的零星散货也好处理。要是农副产品，湖盗有时直接会去湖边集市，蹲在地下摆一个小摊坦然地做起买卖来了。有些日用百货摆摊不好卖，湖盗会送到湖区有联系的店铺里慢慢地卖。一些长久且稍有规模的湖盗芦席帮都在岸上有几处这样的销赃店，有的甚至就是湖盗自己派人开的，外表上看起来是一个正正经经的生意人。哦，鄱阳湖区也有着某地一店老板死后的当天半夜，突然来了一帮人把尸体用芦席卷了下湖的传闻，这老板就是湖盗，开的也是湖盗芦席帮的黑店。还有某一集镇上的某布店和某裁缝铺，某天半夜有人敲门，开门一看，不见人的踪影，门前却放着一堆布匹。老扎的店老板和裁缝师傅明白，这是湖盗销赃来了。也不声张，把布匹收了，也知道"潜规则"，按照市价折半准备好银钱候着，等些时日，有时甚至是一二三月后，半夜又有敲门了，隔门问一声，外面要是说声收布钱，就把准备好的银钱从门缝里递过，人走了，关上门，这事儿就算是过去了。还有些东西湖盗芦席帮抢了却没有用处，就会送人。有一年，湖口屏峰湾集市湖滩上忽的一夜堆满了瓷器，全是廉价的民间生活用瓷。有消息传开来说，湖盗芦席帮抢了一船瓷器，用不了，全部送人，谁要什么谁就去拿什么。以致后来好几年，常在屏峰湾来往的渔家、船家、农家，都不用花钱买菜盘饭碗了。

好像鄱阳湖上的湖盗芦席帮一般不怎么去抢劫瓷船帮。这里面有个缘故：瓷船帮运的都是瓷器，瓷器又分为两种：一种值钱的，一种不值钱的。值钱的瓷器大多是官窑瓷品，且多是皇家御制，是一些精心烧制的珍贵器皿，不是运进皇家官府就是出口国外，这样的瓷船有官兵押运，不好抢劫。就是抢劫到手，因是官窑定制，器皿上都有铭记，没有哪个地方瓷商敢收买，更没有哪个瓷店敢出卖。抢来了不能出手，不如不抢。就是真抢了，官府也一定要下大力气追查缉拿的，不破案决不会放手，所以不能抢。另一种不值钱的，都是民窑烧制的老百姓的日常生活用瓷。因是民用就有些粗制滥造，粗杯糙碗，劣坛贱罐什么的，费劲抢了一船货也值不了几个钱，既当不得饭吃也要不了这么多的碗吃饭，就是送人也还要找地方，麻烦，不如不抢。湖盗不抢瓷器，却会抢买瓷器的人。这要费点工夫。湖上船只装了什么货物可以从船型吃水各方面去分析辨别出来，但买瓷器的人虽然带有不少银钱，但外面看不出来，这就需要侦察了。湖盗有专门"踩水"的人，打听到某瓷商带船下湖了，尽管知道瓷商必定是有人同行护卫，湖盗也会想办法冒险一年抢劫一两回的。

瓷船帮同属鄱阳湖上九帮十八派之中，也是湖上讨生活的人，湖盗芦席帮就得一视同仁，该抢劫的还是一定要抢劫，要不然对别的帮派不公平。这是强盗逻辑，也是湖盗之道。

四、帮规与底线

逼上梁山。《水浒传》不光为全天下的强盗找到了做强盗的理由，还为盗贼蒙上了一层草莽英雄的光环。所以历来才有"少不读《水浒》，老不读《三国》"之说，这两本书对这两个年龄层次的人来说，都有着诱惑唆使、学习教坏的嫌疑。

鄱阳湖上的湖盗芦席帮是不是"草莽英雄"不可知，但湖盗芦席帮肯定都是"逼上梁山"的。湖盗不好当，不是走投无路万般无奈的人，是决不会下湖当湖盗。当了湖盗，就意味着脱离了原来的生活环境，一去不返再无回头之说了；也意味着要抛弃以往的一切所有，包括亲情、友情、人情，而成为一个绝情的人；还意味着从此一辈子生死在湖上，死了入不了祖坟山上不了祖祠堂，只能卷进芦席埋在湖草丛中。何况，并不是什么人都可以当湖盗，更不是谁想当就能当上湖盗。

没听说过鄱阳湖上湖盗芦席帮，有入帮要杀一个人或是拎个人头做所谓"投名状"的传闻。但没有一定的特长和特殊的本领的人，是进不了湖盗芦席帮。最基本的是识水性会游泳，这是湖盗的护身要领；其次必须要会驾船：掌舵、撑篙、摇橹打桨；然后才是其他本领：耍大刀、舞长矛、使短剑、放暗器，扒船舷、爬桅杆、吊舵尾、凿船底，甩绳索、抛铙钩、搭船篙、丢船锚，这些本领会任何一项，都是抢船劫货的一招；要是善易容化妆、乔装打扮，作假造伪、神机妙算，都算一门绝技，也能用得上。这些都是技术层面的，还需要有一个支撑这些技术的精神底子，那就是：心狠手辣！湖盗芦席帮干的就是抢船劫货、索逼钱财的勾当，玩的就是丧尽天良、昧尽人心、缺德带冒烟的游戏，容不得半点善良慈悲，带不了一丝同情怜悯，抢他个六亲不认，劫他个地暗天昏。

加入了湖盗芦席帮，就必须遵守帮规。湖盗芦席帮的小帮规各伙子有各自不同的差异，但大的帮规如：忠义、不背叛不出卖帮内兄弟、一日入帮终生在帮、死后用芦席卷了下葬等几条却相同，这是鄱阳湖湖盗芦席帮的基本原则。虽然岸上一些帮派、包括黑社会帮会也有"一日入帮，终生在帮"的帮规，但那样的帮会只是一种组织，你人在帮会却可以从事其他职业。但是湖盗芦席帮既是组织也是职业，加入了湖盗芦席帮就必须以湖盗为终生职业，没有改变的退路。这一条帮规很残酷，把那些将当湖盗视为权宜之计的人全逼退了。这一条又和后一条联系上了，当了一辈子的湖盗芦席帮，死后当然只能用芦席卷了下葬。

在鄱阳湖上当一辈子湖盗，有挥舞刀枪、抢劫船货的痛快酣畅，有大碗喝酒、大块吃肉的豪爽潇洒；也有刀口舔血、走风弄险的忧惧恐慌，还有凄风苦雨、流浪漂泊的苦愁烦闷，更有无家无室、断子绝孙的绝望悲怆。湖盗芦席帮可以上岸大把地花银钱到妓院找女人，却无法讨老婆成亲。湖盗没有固定居住地，也就没有办法安家结婚生孩子。也有极个别的湖盗在岸上找一女子生孩子，却是不敢公开结婚更不敢公开做爹。真正一辈子当湖盗的人也极少，像上面所说的能够老了被送到岸上寄养，死后再卷芦席下湖安葬，得以"善终"的湖盗很罕见，是会被正在当着湖盗芦席帮的湖盗极为羡慕的。

鄱阳湖区还有道德底线和不见文字的潜规则，也是湖盗芦席帮不可触犯的。

清末时期，一条从赣江来的大货船经过周溪湖面时，碰到一条渔船，船头一个年轻渔姑放声号哭，扬手朝货船求救。货船很是小心，远远地问询，渔姑哭说刚被湖盗抢了，打伤了她的爹娘和兄弟。货船上人看去，果然船头船尾和船边有几具尸体。货船上的人动了恻隐之心，把船靠上，那渔姑一脸泪水，扒着船舷不放，连声感谢。就在此时，那躺在船头的尸体却一个鲤鱼打挺，跃上货船，一把扭住货船人，一把匕首对准了咽喉；同时，船尾的尸体也从船板上跃起，持刀冲上货船，把这条货船活生生地抢了。那渔姑上大船来后，扯掉胸前两团棉花球，货船人怎么也不相信眼睛，这么好看的一个渔家妹子竟然是男子扮装的。此事后来引起了湖上水帮人的公愤。先是有都昌县的红船会提出抗议：湖盗芦席帮利用人们的慈善心进行抢劫，冲破了鄱阳湖人的道德底线，破坏了湖上的传统规矩，以后谁还敢在鄱阳湖上救生捞取浮尸；接着九帮十八派也对湖盗芦席帮下了通牒：限时交出化装作案的"渔姑"；同时，鄱阳湖所有的湖盗芦席帮也共同下令追杀"渔姑"。这下湖盗芦席帮为难了：从湖上水帮的道义来说，他们违背了救生大忌，该交"渔姑"抵罪；但湖盗芦席帮如交出"渔姑"，又违背了不能出卖抛弃兄弟的帮规。此事的最后结果是：该帮帮主亲自站了出来，在周溪镇码头赤膊背着一捆荆棘，在自己身上三刀六洞，自杀身亡，既为违背了水帮道义谢罪，又维护了湖盗帮规。从此以后，鄱阳湖上再也没有哪家湖盗敢用装死乞怜的方式来进行抢劫。

鄱阳湖人允许湖盗芦席帮在鄱阳湖生存，并容忍其从口中抢去一份吃食，但也有一定的尺度，不可让湖盗芦席帮做大成势，也不允许太作恶。像上面说的湖盗"四更煞"实际上是鄱阳湖存在时间最短的湖盗芦席帮，仅仅半年后，就被鄱阳湖水帮捐资请官府派兵剿灭了。

湖盗芦席帮也有为湖上人做善事时候。那是在岸上大灾荒的年岁，或是湖上某水帮遇到了大灾难的时候，在万般无奈之下，岸上水上会有人请湖盗出面，到湖上进行"义盗"：到湖上拦截过往船只，请求给予帮助，有钱的出钱，有物的出物，无钱无物的也要挤出自己的口粮救济一把。有点像强制性的募捐活动，钱财是必须要捐的，但湖盗也绝对不会伤害人。做"义盗"是明目张胆的事，湖盗会公开在船上扬一面"义"字旗，拦住过往船只后也开明布义，告知是为救济某灾区而为，所抢的钱财货物也必定是会全部、一分不余一粒不剩地交给灾区。有的时候，某灾区还会邀请地方德高望重之乡绅出面，在湖盗船上公开露面，以示义盗之事不假。而这些乡绅也以为荣誉之责，不会推辞，日后也不会被人指责，官府亦不会追究。同样，能被请为参加"义盗"的湖盗芦席帮也会以此而荣耀，被鄱阳湖其他湖盗芦席帮高看一眼。

有鄱阳湖区人的道德底线和湖盗芦席帮自身的帮规限制，鄱阳湖上的湖盗芦席帮千百年来始终存在，一直自生自灭，总有却总是不会太多太强势，就像是米饭里总会有沙子一样，虽有时被硌牙，但因为被硌了牙才越发的感觉出米饭的糯软和香甜。湖盗芦席帮，在鄱阳湖的历史上，就像是浩瀚碧水上的一根断草、一叶飘萍、因其的残屑映出了水的完美，因其的枯黄衬出了湖的碧清。

第九节
柴炭草船帮

一、争来的帮派

鄱阳湖上早年没有柴炭草船帮，柴炭草船帮是争来的。

据说，清雍正年间，掌管鄱阳湖下游屏峰湾集市码头的余姓九房召集湖水岸上帮派议事，发帖请来了排帮、粮船帮、盐船帮、瓷船帮、茶叶船帮、渔船帮，以及湖盗芦席帮，加上岸上为水帮人服务的各杂小帮统称为岸帮，共是八大帮派，商议屏峰湾码头管理事宜。

当时没有柴炭草船帮。

时有湖口县柴夫，会同都昌县炭佬、湖上运柴草的船家等商议后，分头串通纠集二县柴夫炭佬、湖上草船舵手撑佬共一千多人、五十余条草船，于一夜之间，挑来了千担青梗、枯毛柴和黑白炭，把方圆不过里余的屏峰湾集市堵塞得水泄不通；湖边水上，五十余条垛满柴草的草船一字排开，拦阻了港湾进出口的船只；千余名柴夫炭佬舵手撑佬一个个手操扁担、冲钩、船篙，倚柴炭、立船头横目而视，大有一把火可把屏峰湾烧成赤地之势。

与会的八大帮派头首震撼，不得已一齐出面持大红帖子恭请柴炭草船人众推荐代表出席会议。从此，柴炭草船帮纳入鄱阳湖九帮十八派，登堂入室，名列第八帮。

鄱阳湖柴炭草船帮为统称，下分设三帮：柴帮、炭帮、草船帮。又以"义"字为柴炭草船帮宗旨：义柴、义炭、义船。以"义"结盟，代代相传，绵延三百余年。

这仅仅只是"据说",没有任何文字依据,无法考证。

鄱阳湖区岸上湖上皆以柴草为生活生产燃料,无论是岸边乡村的烟囱大土灶,还是湖上船家的敞口小泥炉,烧的都是木柴。鄱阳湖流行一句俗语:"喉咙深似海,灶门大似窑。"说的是天长日久的消耗,数量也大得惊人。鄱阳湖区人烟辐辏,船只盈千累万,那湖岸"午村茅舍起炊烟"、"薄暮归来渔火闹"的情景意境,都是不知多少柴草的焚身燃体而来的。好在鄱阳湖区属丘陵地带,山不甚高却逶迤绵延,山水相依,气候温湿,适合柴草生长,盛产各种薪炭林,春萌夏长秋盛冬枯,周而复始,有着丰富的自然资源。开门七件事:柴米油盐酱醋茶。柴为第一件。鄱阳湖岸的孩子几乎都有过上山砍柴的经历,那种过度的辛劳苦累深深刻印在脑海里,成为长大后不断的回忆和感叹。湖上船家孩子没有上山砍过柴,却都有着在排帮扎排的湖滩上剥过树皮的童年记忆,剥下的树皮一片片地摊在湖岸晒干后,折成同样的长短,藏在船尾舱,留着烧炉子煮饭。树皮是从木头上剥下的,木头却是从山上砍下的,没上过山砍过柴的湖上孩子,就这样间接地接受着山的信息。

岸边乡人夏秋季节砍了柴,挑下山来在房前屋后堆成一个个高大圆形的柴垛,把湿的青柴压着自然干燥,谓之压青。储备着一年慢慢地烧茶煮饭用。湖上船家光靠剥树皮是不够烧用的,船上空间有限,也不可能储备太多的燃柴。怎么办呢?那就随时向岸上购买吧。岸上本有卖柴人,卖柴供城镇居民生活用。但使砍柴卖柴形成规模和职业,则是烧窑。

烧窑有砖瓦窑和瓷窑两种。

中国房屋建筑历史上,青砖黑瓦一直是江南民居的基本形式。砖瓦窑就是专门烧做房屋用的砖瓦。当年做"知青"下放农村时,我参加过烧制砖瓦的全过程,那都是最劳累的营生。记得有一次搭坯,刚把一团熟泥砸进坯架,随之鼻血喷射而出,止都止不住,染红了砖凳。好在那时候不过十七岁,歇息了半天,睡了一觉后,第二天又去搭坯了。最难熬的是烧窑,虽说只不过是十天之内的事,却是日夜不停,二十四小时两班轮着烧。两个人一班,一人烧火,一人搬柴,也是轮换着干。先是慢火还好些,柴投进窑里燃烧得慢,烧火和搬柴都不甚忙;但三四日后,窑烧得热旺了,就像饿急了的人见了食物嚼都不嚼一下,就囫囵吞咽进喉咙一样,那窑炉口似乎有了一股子强大的吸力,再多的柴投进去瞬间就"蓬"的一下给烧没了,这时候烧窑叫打紧火。打紧火是烧窑的关键时刻,一时半刻也不能缺柴少火,要不然会影响砖瓦的质量。打紧火也是烧窑人最劳累的时候。窑口投柴人根本不能停一下,忙不迭地往炉口塞柴,还是来不及不够烧似的。搬柴的人更是苦了,窑场门口早就堆满了柴捆，前前后后有万多担，起先总是担着心，这么多柴怎么烧得完呢？没想到仅仅五六天时间，那柴就被烧去了大半了，自然是先搬身边近处的柴捆，周边搬空了再搬远处的，等到烧紧火时，柴需要得多了，搬柴的路途却远了。前两天晚班，凌晨四五点时人净犯困，想睡觉，到打紧火的晚上人忙得一身大汗连瞌睡也忙没了。依稀记得我烧的那座砖瓦窑在当地只能算是中等规模，但烧一次砖瓦也要烧掉七八上十万斤柴草。

这种砖瓦窑在鄱阳湖两岸很多，也是靠着这些民间土砖瓦窑，鄱阳湖人才有了遮风避雨、安家乐居的场所，保证着世代繁衍、子孙绵长的需要；也使得那种青砖黑瓦、耸脊翘檐、高低错落、几重几进、庭院深深的房屋村落，构成了独特的江南民居建筑艺术风格。

这种砖瓦窑还形成了一种"寒窑文化"，在中国戏剧中广泛应用，如京剧《王宝钏》《狸猫换太子》、黄梅戏《天仙配》等，都是以废弃的破砖瓦窑作为主人公的住处，成为贫困潦倒、命运多舛的隐喻意象。

瓷窑，顾名思义，是烧制陶瓷的火窑。在鄱阳湖水域，从唐朝的丰城洪窑到宋元时期的景德镇青白瓷窑、吉州永和窑、南丰白舍窑、赣州七里窑以及明清时期景德镇瓷器一统天下时，烧制陶瓷的燃料主要是松柴和槎柴。松柴俗称为把柴，是将大松木锯成小段，再劈成片，一把把地干净撒落；槎柴，则是各种杂树的枝杈，连着叶子。据有关资料载：景德镇瓷窑萧条时数十座，繁盛时数百座，明代时窑小，一窑用柴180担，合9000公斤。清代时窑大，一窑用柴500担，达25000公斤。一千多年来，景德镇"柴船才拢槎船开"，"火光炸天""昼间白烟掩盖天空，夜则红焰烧天"，烧掉柴草的数量大得无法估量。

砖瓦窑和瓷窑的用柴量巨大，且是常年用柴，在附近靠山的村民中就出现专门以砍柴卖柴为生的专职人员，俗称柴夫。柴夫又有部分人兼作炭佬，秋末上深山烧炭，然后冬季挑下山卖炭。

江南一带乡村冬天御寒的方式是烤火取暖。乡间一般人家在堂屋地下挖一火炕，围上砖块，以柴块、根蔸生火，一家人围坐火旁，谓之烘暖。火上吊一铁钩，三餐时可挂鼎罐煮粥烧饭，闲时吊水壶烧水。其烟火烘烘、热气烘烘、人身也暖烘烘的，更有馋嘴伢儿偷偷在灰堆里埋上一两只红苕，等到大人察觉时，却已经是满屋子飘香了，很有一家其乐融融的味道。地炕的最大缺点是烟大，满屋子烟雾缭绕，把房梁屋檩以及屋内所有东西都熏得乌漆墨黑，那人眼睛也因烟患而红肿，出门见风就流泪水。所以家境稍好的人家就不烧地炕，而是用木炭取暖。木炭红火旺盛，无烟无雾，灰也很少，极是干净。文人雅士、富贵人家除了烤火取暖，还喜欢用炭火煎茶，讲究那个情调儿。好像中药用砂罐炭炉文火慢煎，药性更入味些。

《红楼梦》第五十三回中，黑山村乌庄头给荣国府送年礼的单子上有"银霜炭上等选用一千斤，中等两千斤，柴炭三万斤。"可见"钟鸣鼎食"的富贵人家都是用木炭取暖过冬的。银霜炭，又名银骨炭，鄱阳湖区俗称白炭，是一种优质木炭，《清稗类抄·银骨炭》："银骨炭出近京西山窑，其炭白霜，无烟，难燃，不易熄，内务府掌之以供御用。"柴炭就是一般的黑木炭了，供城镇人家使用。"三十晚上的火，年宵夜的灯"，鄱阳湖区的民俗：大年三十除夕夜，家家都要烧一盆旺盛的炭火，以求得来年家道兴旺、生活红火。

那些用不起木炭的人家，冬日取暖也有办法：煨烘笼。

烘笼多为瓦盆，也有铜器，里面储着柴灰，柴灰里埋进烧过的柴块或炭块，让其慢慢地暗燃，把手脚贴上煨着，也是很暖和的。人们还发明了围桶和站桶，围桶是可坐的圆桶，里面放烘笼，人坐在上面屁股生热，全身也就暖和了；站桶是给小孩用的，下阔上紧，齐腋高，把小孩放进，双手在外可活动，身子站在桶内，底下有烘笼保温，小孩子浑身不冷。

烘笼还可以用锯屑和窑米做燃料。锯屑是锯木头锯下的屑末。窑米是烧砖瓦窑时把烧过柴渣扒出，用水浇熄，成为一小节一小节的黑渣子，就像一粒粒粗大的黑米，所以叫窑米，也有称为火尸。火的尸体，生动形象。用窑米烧烘笼比锯屑更好，就像碎木炭一样，没有烟。砖瓦窑上人就把烧窑的窑米积攒了，自有人到窑边花钱买了，用草船装运走。

人是最适应环境的灵长物，总是在想尽一切办法去和大自然抗衡，保护着自己。

柴和炭被柴夫炭佬从山上砍来烧来，挑下山后，草船就义不容辞地担当了运输这份责任。早年间，景德镇瓷窑的松柴是将整根的松木用扎排的方式自昌江运来，因而称之为水柴；槎柴则从各乡村用草船装运，所以称之为船柴。天长日久，景德镇附近的山林砍伐殆尽，不得不向外地购运，那在昌江上来往的运柴船就更日益频繁了。鄱阳湖区的砖瓦窑也是借助湖上草船装运柴草。湖区周边城镇历来依靠草船运送燃料，草船逐步形成了湖上的小帮派。

无论船只和人数，草船帮比湖上其他八大帮派都要少得多，又因分散，集中不了力量，因此多少年来，草船帮一直被湖上人忽略了；而柴夫炭佬们又因是在岸上活动，算不上湖上人，湖上帮派也不把他们归纳进来。虽经多年努力，但柴夫、炭佬、草船人仍游离于鄱阳湖大帮派之外。也正是有感于人少力单，难成气候，柴佬炭夫草船人总结历史教训，三家联合，壮大队伍，一起出面抗争，终于借屏峰湾的机会为自己争到了应有的名分，树立起了鄱阳湖柴炭草船帮的鲜明旗帜。

鄱阳湖柴炭草船帮应算是一个岸帮和水帮结合的帮派，所以名列鄱阳湖九大帮派中的第八帮。

二、鄱阳湖草说

在成立柴炭草船大帮之前，鄱阳湖草船帮是个小帮派，专指在鄱阳湖上运送柴草的船帮。

柴草，在鄱阳湖可以是泛指：即从山上砍伐下来的柴薪燃料；也可以是分开专指：柴即柴薪类，草即草类：稻草和湖草。

鄱阳湖区山地土层深厚，雨量充沛，适宜各种林木生长，杉、松、樟、槠、栎、株、檀、桦、栗、檫、桤、楸以及油茶、油桐、乌桕、漆树和毛竹等资源丰富，而特多的栎、株、檀、桦、栗、映山红、木荷、枫香等阔叶树木，乃是砍柴烧炭的主要材料。

鄱阳湖的水草有种植和野生之分。

稻草，系水稻收割脱粒后，余下的草茎，是属于种植作物。鄱阳湖区一般种植双季稻，分为早稻晚稻。早稻四月栽插，七月收割；晚稻八月栽插，11月收割。还有部分糯谷，成长时间要长些，插完早禾栽糯禾，却要到10月间才能收割。稻谷颗粒归仓了，稻草被扎成一小把一小把的，一把称之为一帚，竖在田里晒干后，挑到牛栏附近堆起来，留着冬季喂耕牛。耕牛是农耕社会时期的重要生产工具，耕田耙地全靠它，被鄱阳湖区人誉为"农家宝"。牛出的是力，吃的却是草，春夏秋可以放牧，在早晚和驾轭的空隙在田埂地摊上吃些野草，农闲时让一牧童骑上，或在山坡或在湖滩上信步由缰，用长长的舌头撩拨嫩盈盈的青草入口，要是那牧童会吹笛子就更好，清脆嘹亮的曲调伴着清新鲜美的草食，牛吃得愉悦，膘也长得快。冬天却是不行，外面冷，也没有青草可吃了，农家喂养牛的食料就是干草了。一天丢几帚干草到牛栏里，让牛儿吃了，然后慢慢地反刍倒嚼，悠悠地度过漫长的冬季。也有贫困人家，房子是土坯草顶，草顶上盖的就是干稻草。稻草盖顶用的是集体力量，一层两三层稻草是挡不住雨水的，但七层八层十几层，那雨水再大也是淋不透了，所以草屋的顶都很厚，没有个一尺也有七八寸厚，这样的茅草屋有一个好处是保温，冬暖夏凉；也有个坏处是不经久，两三年必定要换一次稻草，还特别怕风。杜甫

《茅屋为秋风所破歌》诗中的"八月秋高风怒号，卷我屋上三重茅。"那屋上的三重茅就是干稻草。不过《三国演义》里诸葛亮住的茅屋就不一定是稻草，他在山里，可以用芭茅。山里的芭茅茎长叶宽，盖屋顶比稻草要好得多。还有乡间农村的偏散房屋、厨房厕所牛栏猪圈磨坊油榨凉亭，都是盖稻草顶的。稻草也可以编草帘子，用于遮盖柴火盖砖坯什么的。鄱阳湖区人还喜欢用干稻草铺床，铺得厚厚的，上面再薄薄地垫上一层棉絮，比现代的沙发床还柔和舒适，人睡上去窝成一团，暖和极了。最有趣的是干稻草可扎草把龙，孩童们用根小木棍擢上一节草把，再用草绳串起来，七节九节十一节的，就成草把龙了，在元宵节时舞上，可上各家各户讨要爆花糖吃。湖口县的草龙却极有讲究，是用稻草一根根地编织出来的，这是门子绝技，别的地方没有的。

稻草有富余的也不打紧，可以销售出卖。在鄱阳湖口对面长江北岸湖北的黄梅、武穴，安徽的宿松、望江、东至等地都是芜洲地，世代只种棉花，他们过冬的牛草和平日的生活用草都习惯到鄱阳湖区来买，隔湖隔江的，就用船一趟趟地装运而去。

鄱阳湖的野生湖草就更是多了去了。

据有关资料统计：鄱阳湖湖草常见的有 79 种，主要是麻皮草、苦草、其亩、湖蓬草、湖柴、河柴、苔草、春耕冬草、冬芋、藜蒿、蒿白、烟草、芦苇、野水芹水车前草、紫云英、水田碎米荠、水竹叶、冬瓜禾等等。湖草皆是大自然的随意儿，和湖水闹着玩儿似的捉迷藏。春水还未上涨时，那草儿就你一丛我一束地在湖滩上发芽了，极嫩绿的颜色，给人以清新悦目的感觉，渐渐地旺盛后就开花了，红、绿、紫、黄、白各种颜色都有，近前看似稀疏散落也没有多么的热烈，但远远一看却满湖滩一派绯红鲜艳。再过一段时日，梅雨季节带来了春水涨盈，把湖滩上的草儿一寸寸地淹没。草儿却不着急，任凭大小鱼儿在它们草间游玩嬉戏、啄食着它们的草叶儿，也随意地让母鱼们摩擦着它们的根茎儿撣籽产卵；再后来水大了，那湖草也就随遇而安，半截身子站在水里，草尖儿仍随风摇曳着；就是全身沉入了水底，也仍是轻盈地在水中游摆着，尽量地呈现着它们的青翠和柔情。待秋季湖水枯退，湖草儿又立即在湖滩上现身了，趁着寒冷的冬天还未来之前，赶紧着蓬蓬勃勃、弥漫成势，那花儿也又艳极一时，向天地展示着顽强的生命力。这段时间不长，却是湖草最为辉煌的日子。接着秋风肃杀，草木一秋，它的生命也走到了尽头。湖区人知道，该是打湖草的时候了。

打湖草，是鄱阳湖区重要的农事活动，分春秋两次，春天打秧草，专打湖上的红花草，这种草绿盈润肥，是用做秧田最好的基肥。秋季打湖草，品种要杂一些，可以田地沤肥料，也可以用作牛羊过冬饲料。似乎没人召集，待秋水一落老港，人们就从四面八方，三五成群地坐着草船奔湖洲而来，船上带着搭草棚的材料、锅盆碗盏和换洗衣服，打一季湖草是要个十余天半个多月时间的。先搭好草棚安顿好后，就下湖打草了。打草其实是割草，妇女是主力军，姑嫂小妹子一齐上阵，一手揽草一手挥镰，"唰唰唰"地风卷残云，满湖滩霎时就弥漫着一股浓烈的青草气味，飘散到湖上行走的船上，让人久久沉醉。割下的湖草，男人们把它们挑到草船上，运到对岸的家乡，再挑到地里四散撒开来，待翻耕后慢慢地沤着腐烂，就成了上好的肥料。还有的要堆起来，留着做牲畜饲料。打草季节是草船最忙碌的时候，草船名也由此而来。

鄱阳湖上的湖草是打不完的，还留着丰富的湖草是给水鸟野鸭们。那些迁徙的候鸟冬来春去，鄱阳湖是它们越冬的好地方，群群天鹅大雁白鹤野鸭等竞相飞到这里，湖草是它们的主要食物，天鹅喜食苦草、雁鸭们爱吃苔草，鄱阳湖是最慷慨好客的家庭主妇，凡来鄱阳湖的生灵活物都是她的客人，她都会热情大方地招待好。

湖草又是鄱阳湖区人的救命食物，那些马荸、苦菜、水芹、鸡勾草、芦荻、地菜、灰茶、马齿苋等等数不清的湖草和野菜，是帮助湖区人民灾年度过饥荒的扶危解困之物。

鄱阳湖上还有众多的水生植物，如菱角、野莲、芦苇、茭笋、芡实、水葫芦、水浮莲、水花生、鸭舌草、金鱼藻等。红菱白藕总让人想起一些美好的诗句：杨万里的"早藕凝雪松，新菱剥酽红"，邓林的"青枫翠竹春屏叶，白藕红菱晓镜花"，等等。宋人王希吕也写过一首："荷花过眼作鲜妍，小艇初疑久自便。日日孤山山下路，红菱白藕不论钱。"王希吕是安徽宿松人，又当过江西转运副使，在他的家乡长江边有座小孤山，而在鄱阳湖中有座大孤山，两山相隔不过几十里水路，又都盛产菱藕，这首诗里的"孤山"，也不知王希吕是指的哪一座。鄱阳湖芦苇成片，粗壮高大，可编芦席可当柴，有很好的经济作用；水葫芦、水花生、金鱼藻等都可做猪饲料；芡实、鸭舌草则可入药治病。有些湖草还是美味菜肴，茭笋、水芹菜都是鲜嫩、清新爽口的上好水菜。被人称为"鄱阳湖的草，城里人的宝"的藜蒿，是鄱阳湖最多见的水草，也是季节性最强的蔬菜，鄱阳湖区民间有说法是"正月藜，二月蒿，三月当柴烧。"藜蒿出于自然，营养丰富，掐其嫩茎，折成一段段，有一股特殊浓烈的药香，初食有些儿异味，食后却恋而不忘，藜蒿炒腊肉是鄱阳湖区的一道名菜，以其"脆嫩爽口，醇香柔润"而入选"十大赣菜"之一。每年新春鄱阳湖人腊肉出风时，藜蒿也悄然上市了，这时候随便走进鄱阳湖区的哪个集镇和村庄，街头摊贩摆满了青翠鲜嫩的藜蒿，户户人家餐桌上都是红青相间、油光闪闪的腊肉炒藜蒿，鲜味满口，香气扑鼻。等藜蒿老了下市了，腊肉也吃完了，这个美食就要等来年了。

诗情画意的菱藕，粗壮高大的芦苇，各种水草饲料，美味菜肴都是靠草船运送出去的；到藜蒿上市时，草船就成了藜蒿的专用船，一船一船地出湖入江，上水下水，把鄱阳湖水草的特有风味带到四面八方了。

三、柴夫、炭佬、柴妹子

柴炭草船帮人数最多的是柴帮。

柴帮却也是结构最松散的帮派。

实际上，鄱阳湖区乡村都有自己的山林，有自己的柴山，供村人家中自用。作为职业柴夫，他们砍柴要到远处大山去才行，那些山是公共山林，谁都可以砍伐。

我当年下放的湖口县武山地区，属湖口县与都昌县交界之地，有些村庄还与都昌县的村庄成犬牙交错状。所以我们烧砖瓦窑，请的就是都昌人砍柴。记得是三个人，也不是什么强壮汉子，却极有能耐。其中有一人是从来不穿鞋的，赤脚上山砍柴，赤脚挑回，那脚底厚厚的如同铁板，从来就没听说过被木桩、竹茬戳破扎伤过。他们砍柴也只带一柄冲钩和一把砍柴刀上山，捆柴用的是柴棍子，把那种皮厚有韧性的手指粗的柴棍子，拧绞成"柴缟"捆柴，先用冲钩一头刺进柴捆，然后把冲钩扛在肩上背起柴捆，再将另一尖头刺进另一柴捆，肩头移至冲钩中间，身子稍稍下蹲，再猛一挺起，一担柴就起肩了，呼啦啦地挑下山来。他们一天早上、中午、下午上武山共砍三担柴，每担都在二百斤以上。之所以记得这么清楚，是因为当年烧窑时我们要背柴到窑门口，那晒干了仍有七八十斤重一只的柴捆，累得他们不知骂了多少遍砍柴人。

这些以砍柴为职业的零散柴夫，没有砖瓦窑邀请砍柴时，就会集中到湖边码头集市附近来砍柴卖。也只能挑最近的公共山林去砍柴。清早天未亮就上山去，一般几里十几里路程，到了山上天才大亮，砍好柴后，挑着一担柴像是挑起了一座小山，柴捆子苋沉沉、梢颤颤的，手臂粗的冲钩也被压得闪悠悠的，一路走来，回到湖边，已是半上午了，给柴包头过秤，边吃着家里带来的干粮边赶路，又上山砍柴；等再次挑回来过秤时，已经是半下昼了，每天就只能砍两担柴。有时还能在上下昼回来的空隙兼着帮柴包头装柴上船，赚点小工钱。再抽空到不远的集镇匆匆转一下，然后腰里别着砍柴刀，肩头扛着冲钩，冲钩头上吊着米袋，米袋里装着刚买的米，急急地回家去了。家里还等着这袋米煮夜饭呢！

柴包头是鄱阳湖区的一个特称，指专门收购囤积买卖柴炭的人，他们多是本地人，这湖滩山涧属于他们村庄家族。来鄱阳湖买柴都是批量的，一船一船地收购，不可能现砍现收，炭帮又是个散帮，卖柴而聚，卖完而散，所以平时必须要有储备。柴包头就起了这集中转手的作用。起先，柴包头只是村中某人，从族中申请，取得可堆放柴草的滩涧的管理权，而后坐地做庄，平时收购柴草，有钱付钱，无钱先欠着，待有船来买柴，集中卖了，再付款给柴夫，自己也从中赚些差价和手续费用。时间长了熟了，也赚了些钱，慢慢就做成专业，人称柴包头。

那年月份，鄱阳湖畔所有的湖边集市港湾旁都会有一个柴码头，总有柴夫卖柴，总有客户买柴，也总有草船运柴，一年四季都忙乎着不停。

一过立冬，几乎是在同一天早上，鄱阳湖上所有的柴码头忽然涌来了一大帮担着炭篓、鸠面鹄首、乌手黑脚的人；也就是在这一两日，湖边码头上就湾泊了许多从南京、安庆、九江等地来的买炭船，再加上柴炭草船帮自己的草船，一时间闹哄哄的。收炭、过秤、装船、升帆、起锚，一艘艘装满黑白炭的船下了湖，又来了一条条柴炭船。那些炭佬们也像走马灯似的你来我往，炭来担去，总要把屏峰湾喧腾个一两个月的。

一见炭佬们来了，忙忙碌碌的鄱阳湖人才忽的明白过来：冬天来了！

这些炭佬也都是平时的柴夫，只不过秋末后就上山烧炭去了。他们在山上搭棚住下，先是砍炭棒，一般是砍三四寸直径的小树，最好的炭料是桦、株、檀、栗等杂木，烧出的炭一色的没有空心，一敲"当当"作金属响声。然后把柴棒竖立堆砌成窑的形状，再把湿润的黄泥巴覆盖埋上，用夯夯结实。炭窑头高大到尾部渐小，烧窑是从尾部点火，从尾至头逐渐烧过，至窑头就算是一窑炭烧好了，这里面看火是个技术活儿，像烧砖瓦一样有专门的看火师傅。炭的火功好表现在：烧得透，焖得及时，一根根龇牙裂缝，面带白霜；不掺假，不掺潮，不垫碴，炭头少。装篓后，一篓不超过三十斤。三十斤是炭，四十斤是柴，二十斤以下是火尸，那是焖晚了火，炭性过了，轻飘飘地烧起来不发火。还有白炭，那是炭中的精品，专门用特殊火功烧出来的，一根根雪白如霜，烧起来没有一丝烟。

大部分木炭被外地客商买去运走，成为城市集镇过冬的取暖燃料。只有少部分木炭被一些炭佬一担担地挑着，在湖边集市上转悠做零卖。白居易的《卖炭翁》中有："可怜身上衣正单，心忧炭贱愿天寒"的诗句，这恐怕是天下所有卖炭人的普遍心态。鄱阳湖区的炭佬们也总是盼着变天：刮风、下雨、降雪、冰冻，呵口气就结霜，家家屋檐吊冰凌。天越冷越好。天越冷，炭就越卖得出好价钱。一下雪，炭就翻倍涨价。做炭生意的盼望天冷也是自然的。查看《湖口县志》，在"灾异记"中屡有"弘治元年，长江鄱阳湖冻冰，可行人"；"康熙九年冬大雪数十日，禽兽冻死，鄱阳湖冰合，可行人"；"康熙五十四年冬江冻，舟楫不通，米价昂贵"；"同治四年，十一月大雪，湖水冻合"等记载，可见那年月气候是比现时要冷得多，由此也可见炭佬们的生意很好。

在鄱阳湖人的眼里，炭佬的形象永远是一件破棉袄、腰系一根草绳、一条破棉裤、草绳扎裤腿，湿破鞋上绑着茅草，来时一担炭，去时一根扁担，双手笼在袖筒里抖瑟瑟地畏寒怕冷又盼着天寒冷的模样；在鄱阳湖人眼里，炭佬们卖出的炭是那么好，又干、又脆、炭头少，无潮无碴，烧起来红通通、火艳艳、暖融融的……

冷和暖就这样都集于炭佬一人之身了。

柴夫炭佬都是穷苦人。鄱阳湖区是岸上没有土地、水上没有船只的人，也没有其他职业，只好去做柴夫炭佬，挣那一份难挣的下苦力的钱。

鄱阳湖畔还有一种不劳苦的卖柴人，算不上是柴炭帮的人，但却也在卖柴，卖的却是一种趣味和情调，鄱阳湖船帮人亲切地称之为柴妹子。

柴妹子都年轻，十三四五六岁，都是含苞欲放的小姑娘。脸上露红露白、身上显山显水，又一律长发辫、红头绳，穿红一齐穿红，着绿一齐着绿，都用一块蓝布印花围裙拦腰扎起，把个好看的腰身突出。这些妹子不是一家人，只是岸边附近村里的妹子，结伴一起湖边来卖柴。柴妹子都不是家中的正劳力，是未成年的半大姑娘，在家中等待出嫁的妹子，所以父母对她们都很宽容，让她们卖柴，为家里换些油盐钱，也让她们顺便去湖边集市玩玩。柴妹子卖的柴小巧，是专门卖给船上人烧炉子用的劈柴。湖边码头泊得船很多，大船小船，高桅矮棚，打鱼装货的各式各样，但要吃饭却是一样的，要吃饭就要烧火煮饭也是一样的，要烧火就要买柴还是一样的。柴妹子的柴就专门卖给船帮人。一尺长、二寸宽的柴劈得很均匀，三块一把，二十把又做一捆，一担二捆四十把，不轻不重五六十斤；扁担也是特意削的，轻弹弹地刚好专挑这柴。妹子们一路走来，步儿走得一致，一手扶着扁担，一手在身前身后甩着，配合着腰扭胯摆，圆圆的柴捆子坠着扁担一起一落，颤颤悠悠地，更有那几人一齐换肩从脑后飘甩起的长辫子……早上的太阳从她们身后射来，水边的船家们就有些花眼了，看不清柴妹子的模样，只恍惚觉得有几个挑着花篮的仙女从那五彩霞光中飘荡而来。沿着湖边船头缓缓走来，柴妹们一般用不着吆喝叫喊，船帮人看见就会叫住她们买柴的。那年月，柴价好像是固定的，不需要问价也不需要还价，湖边的柴妹子卖柴，永远是二个角子一把三块劈柴。要是碰上湖上雾大，看不见人影时，柴妹子们也会吆喝。几个柴妹子一齐喊起来，声音有浑厚的、高亢的、清脆的，就犹如一个小合唱，高音中音、三度五度和弦全有了，划破蒙蒙晨雾，借着水波儿的传递，在整个湖湾回响："卖柴、卖柴啰！……"

这是鄱阳湖早晚期间最美的一道风光。

这些柴妹子一般卖不了几年柴，她们很快就会出嫁了，做媳妇，当家庭主妇了，她们就不会再来湖边卖柴了。不过，湖边那些比她们小的妹子们又长大了，也就会接替着她们去湖边卖柴。再过些年头，当年卖柴的那些柴妹子的女儿也长大了，当年的柴妹子就会让长大的女儿也来湖边卖柴玩。就这样，一茬接一茬，一代接一代，鄱阳湖畔就总有卖柴的柴妹子。

四、高高在上的草船人

秋去冬来，湖水也不知不觉地消瘦了，鄱阳湖正经历一年一度的枯水时期，民间俗称为水落老港。老港是指湖中最深的老湖港水道，再干枯的年月老港的水也不会断流。老港固然狭窄了些，但却是最忙碌的水道，湖上行驶的船只都拥挤在这条水道上，你避我让地相拥穿错而行。

却有一个庞然大物迎面而来，看前后似有两船头尾，船身子却只是一个，横横正正、蓬蓬胀胀的有三丈长宽，高过两三人，埋了桅杆一半，帆篷所以只扯了上半截，犹如一方头直脑的怪兽横冲直撞而来；更怪异的是船头虽然也有两个人，却懒洋洋地靠着那方篷物一动也不动，那后舵位上却不见有舵手掌舵，任凭这庞然大物肆无忌惮地顺流而下。慌得其他的船只赶紧躲闪，生怕避让慢了被它撞着了。直到那大物悄无声息地擦身过去了，这船上的人才抽得空闲出来，朝着那方蓬松看不见的顶上喝叫一声："你照护一点哪，差点擦了我的船！"这时，那顶上才探出一人头脸来，嬉笑着："你把心放进肚子里去吧，我把着舵呢，碰不了你的一根屌毛！"这边船上人擦把脸上的汗，笑着回骂着："你的屌毛才多呀，把你的屌毛擦掉了，你莫要哭啊！"那上面的笑声更朗了："你呀，跳起脚来也根本碰不到我的屌毛，我高高在上呢！哈哈哈……"那笑声随着蓬然大物渐行渐远了。

这庞然大物原来是运送柴草的船，那高高在上的是坐在柴堆上的草船帮的人。

鄱阳湖上的草船大多是宽大的扁船，柴草是蓬松货，装运起来占体积，却不占重量，所以是尽量将柴草加宽堆高，因此在装码上是个技术，要用蔸压梢的方法，在船的两边悬出近一捆柴的位置来，相当于把船体加宽了一倍，再一层层地码高，直至超过两人的高度。这样的船吃水还是不深。大多的时候，为了充分利用运力，鄱阳湖上草船装运柴草都要两船并运。

两船并运鄱阳湖船家俗称抬帮，抬帮又分硬帮、软帮之说。把两条同样大小的草船，用大横木在船前船后并排铺架固定起来，使两船合一，成为一条两船体的大船，同进同退，这叫抬硬帮。这种硬帮两船中间可以多隔出些空档，上面排木堆柴，使两条船扩充到有三条船宽。而抬软帮只是在两船间用绳索牵扯连接，两船之间可有少许的前后移运，只是不能再加宽了。抬帮的船装运柴草，扩大成为近三船体宽的面积，故高度也可以相应地增加，有些胆大的草船甚至堆放到三米高，那抬帮的船就像一座柴山似的，又高又大。岸上人远远地看见高大的柴草船在湖中行驶，总有些疑惑：这柴草船上堆满了柴草，只在船头留有一小方块空地，站一船佬撑篙打桨；船后也只空出一个舵位和桨位，可那舵位都被前面柴草遮拦了，舵工怎么样扶舵呢？说这话的是不懂行的岸上人，他的眼睛也只注意到舵位上无人驾驶，却不知道朝上看，在那船上柴堆的最高处，坐着的那人就是舵工，是他在操纵着这条草船：在一条船的舵把上绑上一小节横档，横档两端接上两条绳索，然后把绳索从舵位牵连到柴草堆上，再把两条绳索绑到一根两尺宽木棍两端，就成了一个活动舵了，扶舵人坐在高高的柴堆上，把那两尺木棍横在胸前，双手握住，前后操作舵棍，绳索就连着带动船舵左右摆动了，控制着整个船体行驶。那另一船的船舵就提起水面，不让它起作用了。

抬帮的运柴船扯不起帆篷，顺风顺水时也不需要扯帆篷，那高大的柴堆就成了一面风帆，可以阻风，被强劲的湖风推动着，鼓荡而行。逆风溯流行船时，边呛是打不成的，那就全靠船头船尾打桨为动力了，好在两条船，船头船尾都可打双桨，四人八桨齐动，人劳累船速慢，但总归是在行船。上面操舵的人一点也不轻松。坐在高高的柴堆上，视野可算是极为开阔，但手上两根软绳儿，根本不像下面的舵把那样把握实体，自由摆动。而是一松一紧，左摇右摆的，实在不好控制，只能把那横棍儿直直地绷紧了，才能使下面的舵位能够固定不动，对准航行方向。湖上风大浪大，水底水流湍急，那舵棍儿不用大力就松动了，一松动舵就摆动，舵一摆动船就摇动，偏离了方向不说，还会摇动了柴草散堆的。虽是秋冬季天冷，湖上风又大，但坐在柴堆上的扶舵人却累得一身汗水，冷风一吹背脊发凉，那滋味很不好受。

鄱阳湖上草船帮都是短途运输，多是半天一天的运程，就是那专运景德镇烧瓷的槎船，也都是有基本固定的路线，路途也不长；就是运柴草到长江对岸的外省芜洲，也只是在离鄱阳湖口仅八里之隔的长江北岸。偶尔也有上海苏北等海滩地区来鄱阳湖买柴做燃料，买的也是硬劈柴，鄱阳湖一般草船运不了，要请其他船帮的大船来运输。更多时候，草船帮装柴卸炭的时间比运输的时间要长，往往在这一湖边码头装柴炭，二三百担二三万多斤柴、四五百担一万多斤的炭装船码堆，起码要用上个大半天，开船走个二三十里地也不过半天左右时间，到了另一湖边码头，再从船上卸下柴来又要用个小半天时间，一天就只运得一趟货了。

鄱阳湖草船帮都是些小型船只，平舱敞篷，方便装柴，船上装了柴草，没有空间不说，起伙烧饭也不大安全。在码头装卸柴时，草船帮人只能在湖岸边随便找几块石头支起，架上藏在船尾舱里的鼎罐菜锅，柴火倒是随手就有，简单地弄点饭菜，马虎吃了。运输途中草船帮人是没有热饭菜吃的，只能吃点早晚烧饭剩下的冷饭或干粮了。因为没有住家舱，所以也没有地方睡觉。平时到晚上就只能在中舱支起三块竹簸篷片，从舱里扒出藏在里面的被服，蜷缩着睡了。平时运柴时，这些竹簸篷片是丢在柴草顶上的。要是柴草装得晚了，要等第二天早上才起程，那晚上他们就只能睡在柴炭堆里了。

208

有时候白天，草船帮人或在船头船尾打桨，或坐在高高的柴堆上操着船舵，边啃着冷饭干粮，扭头四顾，高天蓝蓝、湖水清清，湖岸上集镇上炊烟四起，想着那炊烟下屋子里的饭菜飘香，就有些儿好气：我们这些运柴草专供人烧煮热饭热菜的人，自己却只能在这里吃冷食。这人呀，活着是不是有些不公平？有时候晚上，蜷缩在船上的炭篓堆里，湖风阵阵吹来寒意，冻得人睡不着，仰头望着天上的明月繁星，想着那岸上人家里炭火通红、举家围坐的情景，心里不由地升起一股暖意，那烤火的炭可都是我们草船运送去的呀，冷了我们，暖了千万家。这人哪，活着是不是就是这点儿意思？

第十节
岸　帮

一、非帮之帮

岸帮是鄱阳湖水上人对岸上人的统称，有广义狭义之说。

岸帮的广义，是水上人区别岸上人的一个概念，是指在岸上生活的所有人，只在水帮人当中使用。例如湖上两船对话："哎，刚才镇上好热闹的炮仗，足足响了两个多时辰了！""哦，岸帮米铺的儿子娶了布店的女儿，今天结婚办喜事呢！"岸帮的狭义，是指在湖岸专为湖上水帮人的生产和生活而提供管理、劳动力、生产生活资料的各等人众。这话有些儿拗口，用一句话来说就是：为水帮人服务的岸上人，称之为岸帮。

把岸帮列为鄱阳湖九帮十八派的第九大帮，既是湖上流动族群对岸上人固定族群的认同、衔接和融合，也含有水上人对岸上人的感恩意义。是岸帮帮助了水帮，使水帮人在鄱阳湖上生存、发展，岸帮和水帮是一家人。

为水帮人提供服务的岸帮主要有几个方面。

官府的目光虽然一直密切注视着鄱阳湖水帮，但他们只是透过波光水影，看到了金银铜钱的闪亮。历朝历代官府都把对水帮的收纳赋税作为主要政务。鄱阳湖岸除了各市县的码头集市有专门的税收人员，还先后在青山设盐税关，在姑塘设钞关，拦截湖上来往运输船只收缴税款。后来官府又将姑塘海关交给洋人管辖，鄱阳湖上络绎不绝的船只带来的滚滚白银，也就源源不断地流入了洋人的腰包。除此以外，官府对九帮十八派的控制能力极差，任凭水帮人自生自灭，很少能帮水帮人做点善益之事，就连湖上的剿匪缉盗，往往都是要水帮人凑足了银钱款交上，才肯派兵下湖草草走一趟，敷衍了事。

湖边码头集市的管理倒是具体实际。虽说这种管理有着占地划界、坐庄称王、黑白两道、横行霸道的性质，也存在着欺压盘剥的现象，但毕竟是给水帮人提供了避风的港湾，拢岸的泊位，装卸的码头，买卖的市场，补给的平台；能让水帮人始终摇摆不稳的双脚感觉短暂的踏实坚硬，看惯天水一色的眼睛体验稍许的缤纷斑斓，日夜飘浮不安的心灵享受须臾的平静安宁。当船头抵触岸土，发出低沉的响声时，漂流的船儿靠岸了，就如游子踏进家门一样，水帮人全身心地放松了。

鄱阳湖岸的码头都由地方家族和团体把持。水帮的船只可以自由进港湾船，但靠了码头就得归码头管，要交码头钱、要租借堆储货物处、要请搬运工人装卸等，这都是些实实在在的，码头收了钱也为船帮提供了服务。就是像屏峰湾那种因枯水聚涨水散的临时集市，也由本土的家族管理，对占地较多、占时较久的水帮如排帮、粮船帮、柴炭草船帮等，临时性地收取一点"写水钱"，但对零散的船只则分文不取，任其湾船靠岸进集市，买东西自由；要是卖东西，对不起，那也得要按照集市的规矩交摊位钱。这些码头集市都有黑社会的介入，但那也只是对码头管理权的争夺，一山容不得二虎，谁掌管了码头集市，谁就是码头集市的主人，水帮人只要照样交码头和"写水钱"，其他也没有什么大影响。

码头是停泊船只转运人货的水陆连接点。集市则是码头的雏形，发展壮大了就会成为码头，落后衰退了就慢慢消亡了。码头也是水陆文化的交汇处，水上岸上各种文化的相互交流、碰撞，产生出了惊涛拍岸、波澜壮阔的戏剧效果——码头是最出故事、故事也最惊心动魄的地方，那故事中的主人公往往会被神话被放大后，在岸上水上久久地流传。

在日常生活中，和水帮人接触最多的只是码头上普普通通的搬运工。

蓝色大披肩布，是鄱阳湖沿岸码头搬运工人的标志。这块披肩布三尺见方，只是普通的粗土布，白色不耐脏，黑色又有些忌讳，染成蓝色最好，既耐脏又顺眼。披肩布扛包时可以披在肩头，遮住头脸衣服挡泥灰；可以当包布，把一些零碎货物放在布中，四角拎起搬走；天热时可以揩脸擦汗，天冷可以裹体取暖，休息时披肩布铺地可坐还可以睡觉。在鄱阳湖码头上看到肩头搭着、腰上束着块蓝布的人，必定是搬运工人。

鄱阳湖岸边的货物堆积如山，鄱阳湖码头集市上的搬运工人也成千上万。搬运工是一种特殊的职业，他们的搬运工具是大棒杠、粗麻辫、长麻绳、大箩筐等，他们的特长是和船打交道。扛包在起伏不平的跳板上下他们悠然自得，挑货在摇晃不定的船只来回他们如履平地，负重在窄小偏斜的船舷上左右走动他们沉稳矫健。他们用肩头在湖边架设起一条人体运输带，从岸上码头到船跳板到船上舱中不停地运转，给人呈现的是凸突肌肉的胳膊大腿，是虎背熊腰，是不屈的脊梁，是剽悍、强健的力量美。还有的是从心底里哼出的搬运号子。

鄱阳湖区搬运工人的号子丰富多彩，各地码头形成了各地的独特风格。小时候，经常在湖口码头看搬运工人劳作：货堆前站了两个人，是专门帮着货物上肩，工人们排着队，一个个走过来，两手一扯披布，反手一翻，那披布就像一只蓝蝴蝶般飞过人的头顶披上了肩头，微微蹲身，待上肩两人把一个鼓满的麻袋拎起，搁到了肩头后，腰身一挺站立稳了，稍稍地颠闪了一下肩头，把麻袋调整到一个合适的位置。这一连串的动作很有气派，也很潇洒。然后人才抬脚走了，麻袋很沉，谷包有一百五十斤，米包重一百八十斤，把那人的头压得歪向一边，却是压不弯腰的，只脚步沉重，踩踏在地上一下一下如打夯般有力；同样有力的是号子，几乎是合着脚步同行："嘿哟、嘿哟、嘿哟……"前面一个人哼着，后面一个人也哼着，于是一连串扛着的粮袋，就在码头上连接起一连串的号子，从岸上货堆延伸到湖边船上，似乎他们肩头扛负的不是粮包，而是号子。小时候不懂事，总觉得有些儿奇怪，搬运工人怎么扛着重包才哼号子，卸了重负轻松走回来时却只是喘大气，反而不哼号子了，难道那些号子是被重负压出来的？如抬盐袋，四百斤一袋的大盐袋要两人对抬，那号子就有点像说相声里分捧哏逗哏一样，也会分个呼应，后面抬杠的人是"逗哏"，发出的号子是高音："嘿哟！"后面抬杠是"捧哏"，回应的号子是低音："哈呀！"那俩人就在这一高一低的"嘿哟、哈呀！"声中，脚下步调一致地前行，那坠吊在俩人中间沉重的盐包却是不摇不动，沉默着被搬运走了。最喜欢看的是搬运大件货物，那是集体行动。那年月，常有下游南京上海等地官府和有钱大户，来鄱阳湖山区谋得建筑府第的大房梁檩木或石柱石墩，这些大圆木大块石，都有一千多两千斤，需要多人合抬。这会儿就可见到号子的威风了：一块巨石用多根粗麻辫拴了，套上两根长杠捧，杠棒上再套五六根短杠棒，两边各站着五六个人，一声招呼，两边十人十二人全部蹲身把杠棒放到了肩上，蓄势以待，领号人就亮开嗓子，喊出了"起肩"号子："嘿的呀……啦！"那音刚落到"啦"字上，全体工人就亮喉应和："哟嗬！"就在那号子声中，一齐进力，站立了起来，巨石被抬离了地；领号的人又打出一声号子："嘿的呀……啦！"这号子声较悠长了一些，抬杠的众人在这悠长的号子声中

211

稍稍地沉一沉，让肩头适应重量，再共同回应一声："哟嗬！"然后领头号的人再打一声"嘿的呀啦，昂哟！"众人应了声："嘿哟！"方才共同起步，往前走了；这回打的是"抬货"号子，也是一领众和："嘿的呀啦，昂哟！和哟！昂哟！嘿的呀啦、哈呀！昂哟，嘿哟……"一声接一声，有高亢嘹亮，有粗犷深沉，十几个男子的声音惊天动地，脚步也整齐一致，那场面更是震撼人心。

记得二十世纪六十年代初期，湖口县的码头工人曾组织过一个劳动号子的节目，一群老码头搬运工人登上舞台，身披蓝披肩布，完全是本色地表演了一整套的搬运号子，这种"天籁"般原生态的音舞，沸腾起全场观众的激情，最后是近千人的齐声加入："昂哟、昂哟、昂哟……"掀翻了剧场，声震湖口，在鄱阳湖、长江上空久久地回荡。时隔五十多年，那场号子的余韵仍在当年看过表演的湖口老人心头萦绕，说起来仍都会眉飞色舞，情不自禁。

鄱阳湖岸边码头上的搬运号子，是支撑鄱阳湖水运千年兴盛的灵魂。

鄱阳湖岸上各地还设有一些会馆，是以籍贯、行业为基础建立的一种机构，属同行乡帮会馆，明清时期最盛。会馆由同行同乡共同捐资，在岸上建馆舍，派人管理，供同行同乡聚会联络感情、行业洽谈业务开会和往来接待，当然也为同行同乡做些对外联系、沟通、调解等工作。鄱阳湖区会馆主要集中在江西四大名镇：景德镇、樟树镇、吴城镇、河口镇。景德镇的会馆至清末时还有 20 多所，吴城镇最盛时有会馆 48 座之多。这些会馆基本上都是同乡会馆，对来鄱阳湖水域活动的同乡商船渔船都会提供一些帮助，也被九帮十八派划归为水帮人服务的岸帮之列。唯有景德镇的会馆天后宫，曾是古陶瓷运往海外经销的集散地，算是和鄱阳湖水帮联系最直接的会馆吧。

鄱阳湖管辖码头集市的家族和团体各自有帮派，但他们都有固有的地盘，只是在自己的"一亩三分地"里使用权限；码头搬运工人亦是各有帮派，但也只是在所在的码头上活动；各地的会馆主要意义只是在同乡同行业方面；还有很多其他为水帮人服务的人众和行业，他们因零散更不成帮派。所以岸帮其实从来不是一个帮派，只是九帮十八派之中的非帮之帮。

二、杂树繁花

一湖一社会，一船一家庭，水上的世界是凡人世界，做苦力营生，食人间烟火，养家中老小，有生老病死，离不开柴米油盐酱醋茶，离不开五行八作下九流。那些平时的日常生活也和岸上人一样，米店买米，茶店买茶，杂货店里打酒兑醋购咸盐，烧柴有岸上柴妹子送到船头来；做衣服请裁缝上船住几日，一家老少一人做一身；理发可以像岸上人一样找师傅承包，约定日子定期湾船拢岸剃头；病了请郎中看病，上药店抓药；生孩子请接生婆，死了找棺材铺买棺材；水上人没有祖坟山，只能在岸上荒山选一坟地下葬。孩子读书有点困难，不过那年月湖上船家的孩子一般都不上学读书，不方便也没那个闲钱，再说不识字照样能驾船打鱼。湖上人也有和岸上人不同的，船家渔家各有其船家渔家的特殊性，就需要岸上的专门人员和专业技艺了。天长日久，在岸上就形成了一批专为水上人服务的特殊行业和工匠，他们是生活在森林中的一棵棵杂树，成不了片，长不成林，构筑不了蔚为大观，但杂树同样可以开出繁花，鄱阳湖九帮十八派也因了这些杂树繁花而生活得斑斓陆离，五彩缤纷。

为水帮服务的特殊行当太多，只能有选择性地略说了。

船木匠是替水帮人造船的木匠，多是师徒关系的小组合，也无固定地点，邀请打船的东家船湾泊在哪里，哪里的岸滩就是作坊。俗话说："造屋打船，昼夜不眠。"打船是和岸上人做屋一样的隆重，开工、下水都要披红挂彩，放炮仗，办酒宴，热闹一番。打船一般都要一两个月的，前期也看不出什么稀罕，师徒几人整天锯呀刨呀凿呀钻呀地忙个不停，却是东一块弯板西一根直木的；待到后期组装时，师傅指挥着徒弟们装呀拼呀接呀钉呀乒乒乓乓地大响，把那些弯板直木安装拼接好，就成了头板、平板、升板、拖泥板、趄头板、风梢板，就成了大梁、拐子梁、桅门梁、绳篷梁、一字梁、舵门梁，就成了滚头、铺头、檐架，绞锚关、边饰桩，就成了前舱、浪舱、大舱、后舱什么的，一条船的形状就全出来了，可以下水了；再在水上给船栽上长桅杆，挂上帆篷，安上舵桨，一条崭新的货船或渔船就造好了。

213

湖上船家流传着不少船木匠会安"鲁班"的故事。"鲁班"其实是一种类似于蛊咒的技巧，因传说是木匠的祖师爷鲁班传下来的，所以称之为"鲁班"。说要是打船的人家如果亏待了船木匠，船木匠就会在新打的船上安上"鲁班"，这样的新船下水后，一批帆篷船就往后坐，不往前行反往后退了。这都是传说，都只是听人说过，但谁也没有亲眼见过。再说，湖上船家请船木匠打船，必须是当作贵客般热情，从来不会也不敢亏待的。

锚铁匠也是铁匠，也为岸帮人打其他铁器活儿，只因是在湖边，为水帮人打的东西多些：锚链子、篙头子、桅箍、篙箍、网脚，船钉：分船钉、梁钉二种。当然也打鱼刀、渔叉什么的。这都是些小铁件，大铁件是打拴船的船锚。

船锚最小的三五十斤重，最大有四五百斤重，铁匠铺内不好操作，就临时在门前空场上搭个简易炉，安上双柄大风箱，架上大铁砧，铁烧红了，师傅用大钳夹住大铁，红艳艳地往铁砧上一甩，两个徒弟抡起胳膊打甩锤：从背后抡过头顶往前甩打，一下下沉重有力，砸得地皮也在颤动。上午四炉火，下午四通锤，四个锚尖，一个锚杆就打好了，傍晚是一炉主火，组装成锚。这时岸上水上人都会来围观了。天已暗了，湖上弥漫上一层夜气，衬得炉火红了。因是焊接，这炉火就要烧得炀化一点。师徒三人全脱了上衣，露出了黑黝黝的脊膀，师傅抬锚杆，徒弟俩夹锚齿，几乎是同时，师徒三人忽地一声大喝："起！"抬起了一个闪烁跳跃着璀璨火星的红火球出来，小心翼翼地往大铁砧上一放，周围的人霎时杳然无声了；猛的，又是师傅三人同时大喝："嘿！"大小锤轮番砸下，"笃！咚！空！扑……"一道光焰四溅、迸出满天火星，射在三个光脊梁的英武汉子身上，射向了蒙蒙夜空，把已是暗黑了的港湾照亮了；随着"嘿"声、锤声与火光的是围观的好几百人同时发出的惊呼声："嗬！"这一瞬间竟如此辉煌！

验匠其实是修船匠：检验船修理船。

214　　船只在湖上行驶，总免不了磕磕碰碰，时间长了船体有的地方会腐烂、会绽缝、会裂口，这就要找验匠来检验修理了。船家把船拖上岸，在滩头底朝天倒覆起来，验匠拿一把平口验凿，持一柄小验锤，还有一堆麻丝，一摊油灰泥，在船体上一溜轻轻敲打过来。验匠的修理技术主要表现在检验上，看似平平的船体，验匠只听声音就能辨别好歹，什么木质什么声音，烂了、裂了又是什么声音，又沿着这周围轻敲了一圈，判断出方位大小，一丝儿破绽也瞒不了验匠。把裂缝、烂缝找出，用平凿除掉烂木屑，有锈钉断钉也拔掉，重新钉钉，再用油灰泥搅拌麻丝，往裂缝中填塞，验凿平口顶住油麻，用验锤打，打紧了，捶牢了，再在外用油灰泥抹平，船缝就补好了。也有些木工活，补补断舱面板，嵌嵌大裂缝。事不会多，活儿也不重的。

验匠靠耳朵吃饭，耳朵特别灵敏，在湖边验船时间稍长一些，和船家渔家人熟悉了，背身只要一听脚步声，就知道是谁来了，更神奇的是你把一家人和其他人混在一起，不让看人只让听声音，一人喊一声"验匠师傅"，他就能辨出第几和第几、第几是一家人，屡试不爽。前些年看电视剧《暗算》，里面的瞎子阿炳是靠耳朵辨音侦听敌台。不由想起了家乡的验匠，当年要是去鄱阳湖边找验匠，听力不说比阿炳强，但却敢保证一个个都和阿炳差不多。

棚匠其实是专门编织船上用的棚毡子的篾匠。

船棚毡子就像岸上人的屋瓦一样，凡是船舱都要盖棚的，只不过大小多少不一。

四尺见方的篾毡子，大船四张盖一个舱，小船只用一块就蒙了个严实，叫乌篷船，也叫乌梢子。实际上，棚匠编的篾毡子都是金黄的颜色，散发着一股子清新的竹子香。船家买去后，打桐油、抹猪血，才弄黑了。

看棚匠编毡子是一大享受：先是破竹，势如破竹，玩的是大气；接着是削篾，讲究的是游刃有余；编毡子则是心灵手巧了。编毡子不用篾刀，只用一把竹尺，四尺长。这里面有个传说：本来篾匠的尺也和木匠、石匠一样是五尺长，但篾匠讲义气，见裁衣匠无尺，就截了一尺送给了裁衣匠。所以篾匠用的四尺尺，裁衣匠却只用一尺尺。就用着这把四尺尺，棚匠蹲在地下，两手飞快地上上下下把经片分开，用尺一隔，随手在身边抽出一根纬片插入，用竹尺拍拍紧，再又飞快地下下上上把经片交错分开，再织进纬片……动作快得旁人看不清楚，只看见竹片飞舞、手指飞舞，"啪！嗒嗒……" "窸窸窣窣"一阵柔响，一会儿工夫，竹毡就编好了一大块。那年，南京的排帮大老板来鄱阳湖，和人说起洋人弹钢琴，可怎么比画水帮人也不明白弹钢琴的人的手是怎样灵活，后来大老板看了棚匠编毡子，才恍然大悟地说："看，弹钢琴的人的手就和棚匠的手一样灵活！"水帮人一齐也明白了，点点头："啊，那真是个巧手！"信服了。

钩匠是专做渔家人放钩用钩的匠人。

钩匠做钩有专门的钩柜：小矮桌大小、底下是柜，两扇门，里面放钩；柜面上有一把前后装有木柄、前柄套在圆铁环上的长平口锉，一把小锤，一块平口錾，显眼的是嵌在柜沿有一排高低凹锉口、另一端有弯钩模子的厚竹片。磨钩师傅人坐在矮竹椅上，系一条长黑围裙，遮盖住膝盖，挽一卷铁丝在手，拉出一节，将铁丝头搁在已有凹槽的竹片上，右手拉锉在上面锉动：忽……沙，忽……沙，拉出一条银色的细粉屑，沿着平锉的运动在他膝盖围裙上洒成一条直线；左手边翻动铁丝，上、下、左、右，一会儿工夫就把圆铁丝锉成四方尖头了；顺手往竹片模子上一按一扳，铁丝就照着模子弯成钩了，角度正好；再放平口錾上，錾口前有小挡板挡住控制长度，右手操锤："笃、笃、咚"！敲打三下，錾断了，"叮"的一声掉到下面一堆钩子中。平錾不锋利，有些钝。就是借着这个钝口，先两下将钩头处敲扁平，往后渔家系在钩绳上，这个砸扁的铁丝头正好带住了绳子不滑脱。这一套工艺都是设计好了的。技术就在那锉的功夫上，四方头均匀，厚薄一致，完全得靠手上掌握。最关键的技术是淬火，不过这一点外人看不到，钩匠淬火都是关了店门悄悄进行的，保密。

鄱阳湖使用的鱼钩分为划水钩、歪嘴钩、鳜鱼钩、鲤鱼钩、鲫鱼钩等十几种，看似不起眼的鱼钩，也是能出大师的。二十世纪三四十年代，长江中下游、鄱阳湖区曾有鱼钩方面的流派，湖口独为一派，就叫湖口划水钩，领魁的名师叫汪和茂，名头很响，上至鄱阳湖上游的鄱阳、吴城、都昌一带，下至长江沿岸安庆、南京、芜湖的渔船都来湖口买汪和茂的划水鱼钩。

这都是些专为水帮人服务的行业工匠，还有很多只是兼顾着水帮的行当职业，比如车船桅上吊帆篷用的辘辘（滑轮）的车匠，本身是做伞的，有车伞顶、伞节、伞柄的木车床，车辘辘只是个附带。用料也不同，桅辘辘要用檀木，结实耐用，还香，所以车辘辘的车匠铺里有着一股湿润润的檀木清香，水帮人上岸就循着这香气去买桅辘辘。还有桶匠，又称圆木匠，专做圆木家什，船家渔家使用的鱼划盆、鱼木盆、鱼端盆、鱼瓢等等，一应渔船货船上用的小巧圆木器都是桶匠做的。水帮人还喜欢买桶匠做的七巧套桶给小孩子玩，看似饭碗大的小木桶，里面却藏了六个小木桶，一只套一只，最后小的桶只有大拇指粗，最后盖上个豆瓣大小的木盖子，就成为一筒实木了。这是件精美工艺品，最小的桶也是用杉木桶板镶的安销子做的。卖棉纱线的人叫线匠，挑着箩筐到湖边叫卖，鄱阳湖上渔家织网，船家挂帆，用的都是棉纱线。卖线论斤，卖绳论尺。钩绳要几斤线？网线要几斤线？还分几指网；帆上的吊绳几尺几丈？拽绳要几尺几丈？篷上的细绳儿要几多？粗绳儿要几多？还要分几吨的船位，几大的帆篷？线匠全晓得。钩绳网绳，细帆绳都是现备的，粗长的拽吊绳就要现合了。合绳很好玩：叫两个买绳的船家帮忙，湖滩上一头站一个，一头人持一架有三五个摇钩的板架，一头人持有一个大摇钩的板架，先摇动三五个摇钩的板架，把三五股细线先绞紧，然后线匠站在大钩一头，将有几个凹槽的梭状线滚夹到三股五股细线中间，叫大钩开始摇动，把三五股细线拧绞在一起，由于线滚的作用，几股细绳就很均匀地成麻花状紧紧拧在一起了。线匠也帮岸上要用绳的人合绳，还卖做鞋、缝衣的棉线，绣花的丝线，这些都是岸上女人才用的，湖上渔家女人得空要织网磨钩呢！

工匠手艺，做好了，就成为一门艺术，被称之为工艺了；众多的工艺为水帮人服务，也就成为一种文化了。把岸上为水帮人服务的所有职业行当都归统称为岸帮，这其实是属于文化上的认同；水帮人和岸帮人一起，组成了鄱阳湖九帮十八派，这其实是对鄱阳湖文化的高度概括和统一。

216

三、红船与红船局

红船没有作为单独的帮派列入鄱阳湖九帮十八派之中，但却载入了鄱阳湖地区的志书里。

1990年版《星子县志》"大事记"中有"康熙二十五年（1868），知府周灿设救生船（俗称红船），以救危难。""康熙四十八年（1709）饥荒，张象文出任南康知府，增造红船。"清同治版《都昌县志》"解支"中也有"水驿红座等船水手工食修造工料等银五百五十两"的记载。资料还记载：在明、清两代，南康府都有一个特殊的机构——红船局，专司红船管理事务。

又有民间传说，朱元璋为报答曾救过他性命的老鼋，在鄱阳湖岸建定江王庙，人称老爷庙，敕令江西南康府造救生红船，专门在鄱阳湖上搭救落水遇难之人。

217

还有资料载：清朝末年，五品按察使高应瑞退休官场后，在武汉经营洋纱商行，于光绪丙午年回都昌多宝家乡游老爷庙，见"狂风浪涌、中流客商舟子尽葬身鱼腹"，遂起救生之念，便集资创办"同仁堂救生会"，打造了一条大船，船身涂以红漆，取名救生红船，用于老爷庙水域"水面天心"，救援那些在风浪中落水遇难的船夫渔民和过往客商。

关于"救生红船"之善举，旧时报端也存有报道。1933年10月16日《江西日报》报道，同仁堂于"光绪年间置办救生船二艘，数十年来，救护人命不下千余名"。1935年10月4日九江《浔阳晨报》载文，"鄱湖红船，救生功高。上月七日晨，狂风大作，舵工时隆焕手持千里镜，遥见波涛汹涌湖心船只颠覆状危，即领水手穿保险衣，开船赶往，当救得落水之熊太祥船中四命……又二十日清早，舵工胡德明巡湖，窥见扬澜兴船行正险，急速转舵赶往，见该船被浪击沉，急速将势将灭顶之船主王礼堂及一妻两伙，扯救过船……"1935年9月14日，国民党政府曾在批复江西省财政厅对救生红船拨款资助，蒋介石还以"南昌行营"的名义亲自下达文告，禁止过往军队征用红船驾具，以免贻误救生。此文告现存都昌县档案局内。

这就有些疑问了：红船到底是什么朝代什么人创办？是官办救生机构还是民间慈善团体？红船的活动范围是在全鄱阳湖区域还只是仅在南康府辖内？为什么除了星子、都昌两县外，鄱阳湖周边的其他市县志书上都没有红船的记载？

查阅南康府资料：宋代置南康军，明太祖洪武九年（1376）改为南康府，至清末辖：星子、都昌、建昌（今永修县）、安义共四县。由此可以推测：红船最早约在明代才出现，至清时已成惯例，并有所加强，在南康府设有专门的管理机构——红船局，属官办救生船；至清朝逐步转换为民间慈善救生团体，中间时有间断。清末由都昌县的"同仁堂救生会"接手续办。红船主要是在经常发生翻船灾难的老爷庙一带特殊水域救生用，所以同属南康府的都昌、星子县的志书都有红船的记载，但在鄱阳湖其他水域没有救生红船，所以其他市县的志书中也就没有红船的记载。

有关文章还提到：红船局曾独立建制，受南康知府大人直接管辖，最多时有十多条红船，组成了一个红船队，红船局并有店铺房产，在乡下还有田地出租；后来，红船还兼跑邮差、剿匪缉私；晚清时，红船会开始改制，一切开销不完全是官府独出，而改在当地征收"红船税"等等。因没有查阅到具体史料，只能存疑了。

从以上报刊报道上可以看到，红船在"光绪年间置办救生船二艘，数十年来，救护人命不下千余名。"那么，往前推至红船的创始年代明代洪武年间就有500年了，就算是按《星子县志》所载，从"康熙二十五年（1868），知府周灿设救生船，（俗称红船）以救危难"时算起，也有180多年。这么多年来，红船会救人可就无数了，虽然没有资料存留，但却真的是莫大慈悲、无量功德了！这里面又有多少惊涛骇浪、惊心动魄、惊喜交集的故事啊！

救生船谓之红船，是因为船身上涂满红漆，有着醒目作用，可区别于湖上其他船只，方便求救者看见。以前的红船怎么样不得而知，但民国时期的红船上舵工有千里镜（望远镜）、水手穿保险衣，可见配置还很先进；能够在大风浪中"急速转舵赶往"，"急速将势将灭顶之船主王礼堂及一妻两伙，扯救过船"，也可见船体较大船速较快，船上水手较多，都是有着丰富水上驾船和救人的经验。由些推测出历史上的红船亦是如此。鄱阳湖红船，就这样地载入了鄱阳湖的正史，也载入了鄱阳湖上九帮十八派的野史。

只是，因为红船毕竟是活动在局部水域的救生船只，又属半水半岸、半官半民的性质，难以明确归类，所以鄱阳湖人只好把红船与红船局算作杂帮，而划入九帮十八派中的岸帮之中了。

第三章 波澜篇

第一节
引子:"波澜"题释

　　湖上起风了，五六级、七八级，再大也有过十级以上的时候，但极少。上了六级的大风，湖上就会掀起两米多高的浪。船只出不了湖，只能把船在岸边湾着，还要小心地把锚加固，再拉条缆绳系在岸边大石或木桩上做保险，船上的东西也归拢了放稳妥了，以免船摇摆时倾倒跌落砸坏了。要是风再大了，有个七级八级的风，湖边也泊不住船只，就要找避风的地方湾船了。湖口县城有个西门塘子，从一个两三丈宽的城墙口子驾船进来，里面别有洞天，一个硕大的水面，停得下近千条船，周围被上下石钟山和陆地护卫着，是一个最佳避风港。在鄱阳湖沿岸，每隔不远的县市乡镇港口码头，好像都会有个稳妥的避风地方，每遇大风天气，湖上的船只都会朝这些地方聚集，一时间，这些避风港就满是拥挤的船只，水上是船如平地，水面桅如森林——光秃秃、没有枝叶的桅杆森林。

　　这时候的湖边几乎是见不到船只，连湖岸上也都是空荡荡没有人了，唯有鄱阳湖水面上，却正是风生水起，波澜壮阔。

　　历史上，除唐李纲、宋余靖外，还有太多的人都在诗中描写过鄱阳湖波澜。如宋苏辙："初疑邱山裂，复恐蛟蜃斗。鼓钟相轰武，戈甲互磨叩。云霓黑旗展，林木万弩彀。曳柴眩人心，振旅拥军后。或为羁鸳吟，或作苍兕吼。"明刘基："长江水浊湖水清，石钟涛激鲸鱼鸣。山头出云山下雨，扬澜左蠡何时平。"明方文："俄顷狂飙自西来，水声腾沸山崩摧。况兼雷雨助其势。"清杨大鹤："阴壑屯云状鬼物，恶沙横脚盘蛟螭。濯鳞喷泉涌百斛，白雨苍波堕银竹。大孤突兀虚无根，直作拳石为鲸吞"等等。鄱阳湖也曾因为他们的诗而一度名曰"扬澜"。

若是大好晴天，鄱阳湖的波澜是壮观的，也是瑰丽辉煌的。一向平展如镜的浩瀚湖面倏忽变成了山脉，波是激云滔天的山峰、浪是沉峡跌渊的山谷，飞扬四溅的水沫则是山上葱郁茂盛的森林树木。那翻腾的湖水又似满湖野马扬鬃、麋鹿亮角，熊咆虎啸，凤舞凰飞，兔窜雉扑，来回穿梭、纵横捭阖，热闹喧腾。把那水的翠绿，打开了，扬撒了，洒落了，让霞光镶上缤纷五彩，在云水间自由迸发、美丽闪耀；把那湖的碧蓝，掀起了，举动了，矗立了，让太阳镀上一派金黄，在天地间傲然巡展，灿烂辉煌。这样的波澜，每一片浪花都是珠玉，都是奇葩，都是精彩无限；每一道波涛都是丰碑、都是绝顶，都是举世无双！

若是恶坏天气，鄱阳湖的波澜是恐怖的，也是悲壮惨烈的。一向温顺柔和的湖水霎时变成了地狱，波是张牙舞爪的牛头马面，浪是阴森恐怖的阎王鬼卒，阵阵涛声发出的是厉鬼的摇铃呐喊。那湖水是浑浊黑色的，恶狠狠地煞气乱溅，胡乱翻滚，变幻出十八层地狱里的狰狞情景：刀山火海、油锅冰地、铁臼石磨、剪刀利刃、狼牙鼠齿，凄厉哭叫，痛苦悲号。雨也来落井下石了，从天而下，射出了一支支锐利的水箭，把湖伤得遍体鳞伤，惨不忍睹。雪也来助纣为虐了，不分好歹，洒落下一片片寒冷的雪刀，把湖弄得迷蒙隐晦，不知所措。这样的波澜，每一片浪花都是祸害，都是灾难，都是血色人间；每一道波涛都是悲剧、都是绝望，都是惨绝人寰！

鄱阳湖的波澜是能够充分引起人强烈感官刺激和丰富想象力的。

"波澜"一词的本意：波涛；引申意：比喻事物的起伏变化。在此"波澜篇"中，则是有意地扩大了这个词义的范围。把鄱阳湖与众不同的，而且超越，达到一种巅峰状态的事物，无法归纳在其他篇章，所以特意选择出来组合成篇；这些事物相对其他篇章的事物来说，有些突出、独特、奇崛、极致，就像鄱阳湖起了六级以上大风后的波浪高峰一样。因此就把此篇章定名为"波澜篇"。

"波澜篇"包含了鄱阳湖几个著名的重大历史事件和成就，如"沉郎阳海昏，起都昌吴城"、"魔鬼三角"老爷庙水域、朱元璋大战陈友谅，太平军与清军湖口拉锯战，以及庐山、鄱阳湖文学等几个内容。

自然界的自然行为，是不可人为的行为，像地域沉浮，江湖改道，是自然之力的必然结果，非人可预测，更是人力不可能改变；就是如老爷庙水域的灾患，按说人类既然可以明了其中原因，那必然是可以预防的，其实不然，人类的能力毕竟有限，有些自然之力是很难或者是根本无力抗拒的。这也就是为什么世界上留下那么多的自然之谜而至今无解、也是人类存在对自然对天地敬畏的缘故。这类内容因年代久远、历史资料匮乏而显得扑朔迷离，就是再有丰富的想象力，也无法再现那段历史的恢宏大气。

　　战争是人类社会发展的产物，鄱阳湖区的战争虽然是局域性的战争，却为新政权的产生和旧政权的巩固产生过决定性影响，带给鄱阳湖人的只是腥风血雨，家破人亡，灾难深重。庐山锦绣奇美，是大自然的宠儿娇子，后来却人为地成了一个充满戏剧性的历史大舞台，由最早的骗子滑稽戏开始，接着演出的全是政治的悲喜大剧。而文学则是鄱阳湖最大的幸运和骄傲，有如天上的太阳月亮一样，从古至今日夜高天照耀，使湖水日益流光溢彩，灿烂辉煌。这些社会内容倒是资料丰富，却限于篇幅，也只能简而略说了。

第二节
"沉鄡阳海昏，起都昌吴城"

一、枭首之地

"沉鄡阳海昏，起都昌吴城"，这是鄱阳湖区中最著名的沉浮事件。

鄱阳湖上早就没有了鄡阳城。岁月已将鄡阳城浓缩得只留下一块红砂石，历史又将其精炼成只有七个依稀可辨的字："鄡阳四十三都立。"这块红石门楣，迄今仍嵌砌在鄱阳湖边老爷庙东侧的一家门楼上，无力构筑一处风景，却默默无言地在诉说着一段历史的风景。

鄱阳湖上也早就没有了海昏县。它的县城消失了，县辖的土地也被拆分了，现在吴城镇芦潭还存留有海昏古仓廪遗址。2007 年在南昌青云谱八大山人梅湖景区挖掘了一座东晋古墓，墓葬内除了铜镜、墨碇、青瓷小灯盏等文物外，还发现了类似于现在名片的所谓"名刺"，上书："豫章郡海昏县都郎吉阳里骑都尉周涉年五十六字子常"。这算是第一次找到与"海昏县"相关的实物佐证。

历史上的鄡阳城和海昏县确实存在过。

清同治版《都昌县志》载："古鄡阳城在周溪司前湖中望中山，至今城址犹存。"另在汉班固撰写的《汉书·地理志》中，也早有记曰："豫章郡户六万七千四百六十二，口三十五万一千九百六十五，县十八"，"第十六鄡阳"。宋朝的乐史在《太平寰宇记》中也说，废鄡阳县在鄱阳县西北 20 里。明、清时代的地方志书如《江西通志》《南康府志》《鄱阳县志》都对鄡阳古县作了记载。同样，《汉书·地理志》里，曾提到汉高帝时豫章郡辖海昏等县。根据地方志记载，汉海昏包括了今日的永修、武宁、靖安、安义和奉新5个县。《太平寰宇记》中载："宋元嘉二年，海昏废，移建昌居之"。《九江年鉴》中说："汉中平二年（185），分海昏（故城在今江西永修县西北数里）。"1987年版的《永修县志》载："汉高祖六年（前201）置海昏县，为建置之始。"史志权威之书，白纸黑字，当然可信！

有关鄡阳县名历史上也有颇多争议。

清代金溪人王谟在《江西考古录》中说，鄡阳县，"疑即古枭阳国，加邑作鄡。改为县矣"。还有说是豫章郡为汉将灌婴于汉高祖六年平定，其一些属县亦为灌婴于是年所立。这两种说法都在地点、时间上有很大漏洞，不能自圆其说。

令人可信的说法是与杀人有关。

鄡，是一个冷僻字，音同枭。枭是一种动物，长得和猫头鹰极为相似，当枭的孩子出生后，会把父母吃掉，只剩下一个头颅。所以后来有一种古极刑名，即杀人斩其首而悬于木上示众，名曰枭首。枭加邑为鄡，阳为头，鄡阳意为斩首之地。

在鄡阳被斩了首的人叫英布，先是追随陈胜起义，在番阳（今鄱阳县）聚兵数千，跟随项羽攻秦，被封为九江王，后又叛楚归汉。刘邦立其为淮南王，辖九江、庐江、衡山、豫章四郡，与韩信、彭越并称汉初三大名将。汉高祖十一年，刘邦坐稳天下后，大杀功臣，韩信、彭越接连被诛。韩信临死前发出"狡兔死，走狗烹；飞鸟尽，良弓藏；敌国破，谋臣亡"的悲叹。英布害怕也会遭到同样命运，就率兵造反。刘邦亲自带兵征讨，英布兵败，只剩下百余人逃到鄱阳湖。刘邦派大将灌婴追赶。英布在兵败被灌婴穷追的情况下，在番阳找到了吴臣。吴臣是原番阳县令吴芮的儿子，而吴芮是英布的岳父，所以吴臣是英布的妻弟。吴臣假意要和英布一起逃亡。英布于是相信了吴臣，结果被人杀害于兹乡民田舍。兹乡，《史记索隐》注释为"鄱阳，鄡乡县之"。颜师古在《汉书注》中说："兹乡，鄡阳县之乡也"。英布被灭后，汉将灌婴就从鄱阳和彭泽两县划出部分土地，另置一县，名为鄡阳，意思是说这里是英布被斩首的地方，警示后人不可造反作乱。这就是鄡阳古县设立的经过和名称由来。

英布，这位有功于刘邦而最终又被刘邦所杀的历史名将，以他落地的头颅留下一个县名，也在鄱阳湖上留下了六百多年沉重的历史。

在一些史料的只言片语和民间传说以及现时的有关文章中，提到鄡阳县一度繁荣，有一条打金街，打金换银的店铺有说38家，有说70多家，在街道的两边排开，其富足可见一斑；又有海昏县是汉时的粮食基地等等说法，却是无法证实，姑且信之。

历史上的鄡阳县在今都昌县周溪镇司前湖中，海昏县治在吴城镇芦潭西北。从地图上来看，这两处地方现都在鄱阳湖面水域最宽阔的吴城湖面水底下，在未沉陷时应该都是在鄱阳湖东西两岸，于犄角之势扼守着鄱阳湖主航道两则。在水运一统天下的农耕时代，这可是物华天宝、肥沃膏腴之地啊！

鄱阳湖区本是江南鱼米之乡，鄱阳湖又是江西连通中国南北的最大水道，作为中心湖区的港口县，鄡阳、海昏两县肯定是得天独厚，水运繁忙，商贾云集，市场兴旺，经济增长。虽然改朝换代，屡有战乱，但除三国时期东吴周瑜曾在鄱阳湖操练过水军；东晋时期，大将刘裕、何无忌起兵征讨桓元，在鄱阳湖口的长江上打过一仗外，六百多年期间，鄱阳湖区基本上没有遭受兵灾，得到了很好的休养生息，鄡阳、海昏两县也逐渐成为鄱阳湖上的富庶之县了。六百多年来，鄡阳人岸上种粮麻，湖里捉鱼虾，集市做买卖，码头进钱财，生活越过越好了；海昏人更是守着粮仓不愁吃，小日子过得也很是滋润。鄡阳人那段因枭首置县的耻辱和警示记忆，也随着时间的流逝而越来越淡化，以至于完全没有了。

226

二、灭顶之灾

刘宋永初二年，也是公元 421 年的某一天。

早上的太阳在城门山头刚露头，把六百年的鄡阳县城照耀得一片辉煌。鄡阳城以学堂为中心，以东南西北四座城门为边沿，分为前后左右东西六条街；街中分巷，巷有三六一十八条，住居民千户万人。沉重的四座大城门打开了，城郊的乡民挑着菜担蜂拥进城卖菜来了；彭蠡湖边，收钩网的鱼划子也靠岸了，早在等候的鱼贩子们挤上前抢着鲜鱼。千百户的炊烟缭绕在青砖黑瓦的房屋上空，被霞光染成了五颜六色。就像湖岸其他地方一样，鄡阳人的日子过得懒散，早饭后城中各店铺才开门，噼噼啪啪下响板的声音此起彼伏，好像放鞭炮一样热闹。这时候，该走的船只离岸起航扬帆远行了，该来的船只也陆续先后到港了，于是码头上挑夫脚夫的脚步就与号子一齐响起。店铺里的生意自有伙计照应，那些店主、掌柜和城里的官绅富户老爷们，则忙着盘算中午该到什么饭店订餐，邀请什么人饮酒，又想着是带最宠爱的小妾出场，还是另请青楼的相好作陪。不一会儿，有许多手持大红请帖的小伙计就在鄡阳城的街头来往穿行了。太阳升高了，这会儿的街头更是沸腾了，女眷们出场了，一个个涂脂抹粉、花团锦簇，牵着宠物，带着下人，绸缎铺里买衣布，胭脂店里购花粉，又抱怨着食品店没有合口的点心吃；她们最喜欢流连的地方是在打金街。

打金街，本名学前街，因聚集了几十家金银首饰店而改变了街名。街道两边一块接一块，一块大似一块的金招牌，几十家店铺化金炉的火焰昼夜璀璨夺目，几百名打金师傅因鼓气吹火两颊浮肿脑后见腮，满脸如金子般苍黄；打金锤叮叮当当、此起彼伏地敲打着，无数大大小小成色不同重量不一的金银被郯阳人送到这条街上，然后变成项链、手镯、戒指、耳环、脚环、器皿以及人们智力想象到的饰物佩件礼品等，然后又被郯阳人拿出，把只具有保存价值的金属变为炫耀身份财富的虚伪标志，沉重地坠累在身体上招摇过市。郯阳人不差钱，正处于炫富晒阔的时代，有钱不用干什么？啊！

半上午了，县衙开会，官员们拖拖拉拉的，好不容易总算是凑齐了。县尉先报告说，有县人反映说郯阳城内出现了老鼠搬家，鸡上房，狗狂吠，猪拱圈，牛刨地，黄鼠大迁徙，蚂蚁大转移的现象，彭蠡湖中的鱼儿在湖上翻滚，跳上岸跃上船；郯阳城中还出现了城东井水深了城西井水浅了的情况，有人怀疑这是灾难的前兆。县令生气地说，郯阳县现在富足繁荣，是盛世年华，哪里来的灾难？这是有人在无事生非，制造谣言，败坏郯阳的名声，一定要禁止，要严查。县丞忙说县令大人所言极是，这些人确实是在无事生非，从端午节到现在，一个多月了，郯阳城里没有举办过大型娱乐活动，郯阳人闲得难受了，才造谣生事。我看我们该弄个事儿玩玩啦！一语提醒了众人，那些拿笔的主簿、带刀的捕头们纷纷建言，最后会议形成三点决议：一、要采取多种方式，大力宣扬郯阳的盛世年华，富裕生活和繁荣景象；二、追查谣言，查办造谣者；郯阳人要抵制谣言，自觉做到不信谣、不传谣。三、为了鼓舞民众士气，丰富郯阳人的文娱生活，定于月底举办郯阳县首届晒富节，每家每户每个人都可以亮出最富家底和最珍贵的财物，最后以价值高低评选出若干奖项。看看时间不早了，县令宣布散会，与会人员各自散去，忙不迭地去赶赴宴会去了。

227

中午喝罢酒，下午郯阳人无事可干，就喝茶耍钱，聊天清谈，消磨些时间，盼着晚上早点来临。晚上是郯阳人一天生活中的高潮。

这天晚上没有月亮，天上也只有少量的星星在畏畏缩缩的闪现。郯阳城中的灯火却一片通明，所有的饭店酒楼赌场人满为患，郯阳人纷纷出来饮酒作乐；赌场更是把骰子甩在大堆大堆的金银中间滚动；同样人多的地方是城中的妓院，一个个红灯高挂，女人如云，娇笑着哆叫着把那些买欢的男人搂抱进去了。一时间，郯阳城被一团灿烂与喧嚣笼罩，达到了骄奢淫逸、纵情声色的极端。

正寻欢作乐的郯阳人谁都没有空闲注意到：彭蠡湖上变天了！

不知几时，湖上起雾了，晕乎乎地让人感觉犹如在一场噩梦之中。这本不该有雾的季节在湖面上出现的这场怪雾定是灾难的先行。雾浪滚滚，天空中时而电光闪耀，狰狞着骇人的天眼；时而漆黑如墨，肃穆着恐怖的脸面。空气中还弥漫着一股刺鼻的气息。风来了，如呼啸的厉鬼老远地打着呼哨越来越强越来越响地来了；浪来了，如疯狂的毒蛇远远地蜿动着越来越快越来越凶地冲了过来；雨也来了，如一支支尖锐的箭矢漫无边际肆无忌惮地包抄过来。浩浩荡荡的大湖此刻竟像一个小锅似的被一只巨手端起来摇晃着，越晃越厉害猛烈了；大地在猛烈抖动，彭蠡湖水在猛烈翻腾，整个世界犹如悬搁的一只巨大的面筛，被大自然之巨手在来回抽动上下颠簸。狂风卷带着激雨在天地间狂奔，狰狞的闪电如魔鬼的獠牙向人世间张开。"轰隆"一声，有一道巨大的球状样的光像一团火突然从湖水中窜出，在天空狰狞一下鬼脸又倏然消失了，又"噼啪"一声，一阵巨大的鳞片样的光芒从天边猛地冒出；随后东一下西一下地窜出了无数种圆的、片状的、条状的、带状的、丝状的光芒，在天空中湖面上汇集成蓝、红、白、黄、橙等奇异的光彩，像是地狱打开了牢门，放出了一群张牙舞爪的恶魔，亮着千奇百怪的鬼眼。这些光此起彼伏，倏地又不见了，满世界又一片黑暗……

地动一下子停顿了，很短暂地停顿了。湖面先前的浓雾也消失了。就在天湖清晰的一刹那间，鄡阳城一片璀璨如满山遍野盛开的油菜样的灯光呈现了，在这短暂平静的夜的黑暗中熠熠发光。仅仅是那一刹那，猛然，那片辉煌忽的一下往下面沉了下去，犹如一个人猛然一脚踏空栽进一个深洞一样，又像是下面有一张巨口吸一口气吞没了似的，鄡阳城忽地消失了，坠入万丈深渊永不见天日了。天、地、湖的三堂会审判决了，大自然之力挥动了惩罚之剑，骄奢淫逸的鄡阳城终于也被枭首了……

请原谅我笨拙和荒诞的想象力，鄡阳城沉陷时到底是个什么样的情景，现在是谁也无法知晓了，我们现在所能知晓的是：鄡阳城沉陷了，连同它一起沉入湖底的，还有与鄡阳城成掎角之势在湖西岸边的海昏县。

三、江湖嬗变

鄡阳、海昏沉没了，美丽富饶的鄡阳平原也一夜沉入了水底，消失得只留下一个惊心动魄的传说；都昌、吴城浮起了，新的县镇也在瞬间脱颖而出，成为鄱阳湖区两颗光彩闪耀的明珠。

历史留给了后人太多的疑惑。

"江湖在于运动,生命在于嬗变!"哲学家说。

"鄱阳湖的历史,就是一部人类起落浮沉的历史!"社会学家说。

"啊,多灾多难的鄱阳湖,死死生生的鄱阳湖!"这是诗人在吟哦。

只有地质学家没有说话,默默踱步在湖滩上,伸手拾起一块石片,仔细端详着。日照中有一点两点的光斑在石片中闪亮,这是石英砂砾,典型的新生界第四世纪冰川期的构造石。

地质学家知道;发生在鄱阳湖这次的著名沉浮事件,其实是一次地质运动的结果。两千多年以来,长江河道不断南迁,古彭蠡泽的主体逐步演化,湖水慢慢淹没了南岸的城池,北面的湖床却慢慢显露了出来。江西省考古研究保护技术室主任肖发标说:"鄡阳城的消失,据考察来看,主要是这里的地质条件不好,城建得早也比较匆忙,当时修的靠城墙太近,城墙也很矮,是建在红砂岩上,洪水一冲,底下全淘空了,水患厉害满了过来,鄡阳城就沉没消失了。"

然而,却正是这一次的江湖变迁,鄱阳湖改变了受赣江水系的排挤,果断地将赣江入海右水道让给了长江,自己则向南开辟着新的领地,一路劈开挡道阻流的丘陵山麓,席卷了辽阔的鄱阳平原,抹去了平原上的古城鄡阳、海昏等城邑,迅速占领了广阔富庶的湖汉平原南部,从而形成了今天的"弥茫浩渺、与天无际"的新天地,开创了一个崭新的鄱阳湖。

改湖道、辟疆域、吞平原、吐沼地,占江汉,沉陷鄡阳海昏,浮起都昌吴城,大刀阔斧,义无反顾。鄱阳湖这是一种多么大的气魄,一次多么豪迈的壮举!

试想;如果没有这一次的江湖大变迁,鄱阳湖的出路何在?要么被赣江同化,汇流合一,那么就没有现在的鄱阳湖;要么被长江排挤,缩小范围,那也就不是现在的鄱阳湖!生存意识、竞争意识、开拓意识、拼搏意识,同样存在于大自然,同样适应于鄱阳湖!

而今,鄱阳湖纵横百里、面积逾万,汇赣江、抚河、信江、修水、饶河五大水系,辖沿湖十一个县市,以中国淡水湖之冠闻名全世界。拼搏的喜悦为痛苦的嬗变做了注解,含泪的昨天被崭新的今天所代替。

第三节
老爷庙水域

一、魔鬼三角

晴空丽日，蓝天白云，湖水也碧翠如玉，晶莹莹地缓慢流移。一条大货船扯起两叶大帆，顺湖张扬而下。正是三月阳春，天暖和得让人发困，船上除老大在后梢掌舵外，其余撑佬一个个懒坐船头，惬意地晒着太阳，向着岸边的老爷庙慢慢近来。他们是要到老爷庙来烧香求神，祈求神鼋大老爷保佑船只平安。却还是迟了，只是在突然之间，湖上变天了，刚刚还是春光明媚、风平浪静的湖面上，猛然刮起了狂风，把湖水掀起了滔天巨浪，又突下大雨，眼见得一阵狂风巨浪、大雨一齐扑向了那只大货船，一股浓黑的雾气也同时弥漫起来，湖上一片迷蒙，黑气沉沉了。阴暗黑糊中，岸上人只听见湖上风雨、怪啸、船体的碎裂和人的惊叫声。这一切都只发生在短短几分钟的时间内，不等岸上人完全反应过来，天又放晴了，湖面又开朗了，仍然是艳阳高照，湖水平静，似乎什么也没有发生过，只是那条大货船不见了，转眼就消失得无影无踪，一点痕迹也没有留下，水上没有破船、没有烂板、没有尸体、没有漂浮物，好像大货船几分钟前根本就没来过也没有在湖上存在过一样……

鄱阳湖老爷庙水域，又一次用神秘的无情之手制造了一起湖上悲剧，事后也还是那样不着痕迹，不露声色。

这样的坏事，老爷庙水域干得太多了。尽管历史资料上只留有老爷庙水域"水势澎湃、直当博射、横衡风触而起则波涛不时"的词句，没有专门的灾害记载，但当代有都昌县船督站的资料证实，自 20 世纪 60 年代以来，已有 100 多艘船只在鄱阳湖西部水域内沉没和离奇失踪，仅 1985 年 8 月 3 日就有 13 艘船在此接连失事。由此推论，那上溯千百年的历史中，在老爷庙水域沉船的数字可想而知是骇人听闻的，怕是有几千艘吧！人们还发现，在这块水域中，风浪最为肆虐、沉船最为频繁的多发在一块呈三角形状的大水面上，约占整个水域面积的 70% 左右；又是多发在每年的三、四月期间。

让人恐怖的是，老爷庙水域底下从来找不到一只沉船。老爷庙水域水深一般在三十多米，最深处为四十米左右。湖底除了各种大大小小的鱼蚌外，未发现任何沉船，甚至连一片船骸都未曾发现。那千多年来在这里沉没的几千艘大小船只，铺摆起来都会把这片水域排满，却都哪里去了呢？难道这片水域残忍之极，吃人不吐骨头，把所有的沉船和人物咬皮吞肉、啃骨嚼渣，连汤带水，全部都给消化掉了？

最著名的沉船是"神户丸"号。1945 年 4 月 16 日，2000 吨级的日本运输巨轮"神户丸"号，满载从我国掠夺的金银财宝和古玩等，从鄱阳湖起锚，准备顺长江入海回日本时，船驶到老爷庙水域，突然无声无息地沉入湖中，船上 200 余人无一逃生。其后，日本海军曾派人潜入湖中侦察，下水的人中除一人返岸外，其他人神秘失踪。返岸者脱下潜水服后，神态恐惧，接着就精神失常了。抗战胜利后，国民党政府邀请美国潜水打捞专家以爱德华·波尔博士为首的潜水队来到鄱阳湖，几经数月寻找打捞沉船，仍一无所获，几名美国潜水队员也相继失踪。40 年过去了，爱德华·波尔终于向世人首次披露了他在鄱阳湖底摄人魂魄的经过。他写道："几天内，我和三个伙伴在几千米的水域搜寻'神户丸'号，没发现一点踪影。庞然大物究竟在哪里？当我们沿着湖底继续向西北方向寻去时，忽然不远处闪出一道耀眼的白光，飞快地向我射来。顿时，平静的湖底出现了剧烈的震动，耳边呼啸如雷的巨声隆隆滚来，一股强大的吸引力将我紧紧抓住。我头昏眼花，无奈地随着吸引力昏昏向前。这时，一只大箱子重重地撞击了我的腰部，剧烈的疼痛使我的神志变得清醒起来。我用双手紧紧抱住大箱子，拼命与吸引力抗衡。白光在鄱阳湖底翻卷滚动，我的三个潜水伙伴随着白光的吸引力翻滚而去。我挣扎出水面，我的同伴却下落不明……"

因了这片灾难水域，人们在南岸修建了一座老爷庙，供奉着传说中曾为明朝开国皇帝朱元璋衔舵行船、护驾有功的鼋将军。为此，船只行经这里，船工们都要上岸焚香烧纸，杀牲畜祭奠。神殿前有一只小石鼋，头嘴朝天，专喝被剁头砍颈的鸡鸭猪羊的鲜血。人们乞求神王爷能镇邪避恶，保佑湖上风平浪静、上下行船顺风顺水。可这位龟样的鼋老爷只知道享受香火供品，却不肯有所作为，吃饱喝足后仍是睁一只眼睛闭一只眼睛，任凭它庙前的这片水域阴晴莫测、风浪不定，灾祸难停。

难道传说中的神王爷也是个怕恶欺善的势利鬼？只知道救援"天子"？不救助平民百姓？或是这片水域的魔法太大，连天子御封的鼋将军也管不了？

怪事还在连出不断。

1977年下半年，都昌县集中十几万民众兴修拦湖大坝，其中一条连接松古山的"下坝"，正好在老爷庙水域附近，一天夜里，正兴建的中间一段600米长、50米宽、高出水面4~5米的水坝，突然悄无声息地沉入了水底。

二十世纪八十年代，为了配合老爷庙区域的科学考察，中国人民解放军海军某部派出一支潜水队下到老爷庙水域探索，同样一无所获，带队的海军中尉申大海不甘心，在最后一天他独自下水，结果他却没有浮出水面，第二天，人们在距老爷庙15公里的昌芭山湖发现了申大海的尸体。昌芭山是个不足20平方公里的内陆湖，四面环山，与鄱阳湖根本不相通，而且它的水平面比鄱阳湖高出12米。申大海的尸体怎么会来这里，让人根本无法想象。

多少年来，人们一直在苦苦追寻，究竟是何方妖魔在此兴风作浪，为非作歹，祸害千年？

也曾有当地人盛传在此水域看到了水怪，有说水怪像几十丈的大扫把，有说如同一条白龙，有说像张开的大降落伞，浑身是眼睛；这些水怪出现时，挟风雨雷电，啸声震耳。又有人盛传在湖西部地区，目睹一块呈圆盘状的发光体在天空游动，像是外星人的"飞碟"。于是人们联想到老爷庙的建筑正处在落星山的东西线的上下正中，三角形庙体的三个直角和平面锥相等，毫厘不差，这使得人们无论站在哪个方向始终与老爷庙面对面。这么精妙的建筑是不是外星人所为？于是猜测沉船不断是和外星人的活动有关。二十世纪七十年代，湖口县高桥乡间湖边传闻发现大蛇，惊动了上海动物园的捕蛇队前来捕蛇，虽然最终无获而归，但民间传说那大蛇又逃回了老爷庙水域，是沉船的罪魁祸首。再后来，人们有了惊奇的发现：老爷庙水域正处于北纬30度的危险区域。

何为北纬30度？

有资料曰：大自然充满了一个个神秘的谜，在地球北纬30度附近，有许多神秘而巧合的自然现象引起了人们的注意。北半球的几条著名大河，如美国的密西西比河、埃及的尼罗河、伊拉克的幼发拉底河、中国的长江等，都在北纬30度入海。在北纬30度附近，山川怪异、奇观绝景比比皆是：地球上最高的青藏高原上的珠穆朗玛峰和最深的西太平洋马里亚纳海沟，人类叹为观止的远古玛雅文明遗址，神秘的北非撒哈拉沙漠达西里的"火神火种"壁画、死海，巴比伦的"空中花园"，举世闻名的钱塘江大潮、安徽的黄山、江西的庐山、四川的峨眉山等都是奇异幽深的神秘境界。北纬 30 度不仅是飞机、轮船经常出事的地方，而且有很多著名的自然之谜：埃及的金字塔之谜及狮身人面像之谜、死海形成之谜、百慕大三角区之谜、美国圣克鲁斯镇斜立之谜、中国四川自贡大批恐龙灭绝之谜，等等，不能不叫人感到异常蹊跷和惊奇，所以人们把这个区域称为"死亡旋涡区"。

为什么北纬 30 度附近会出现这些怪异现象？它们是偶然的巧合还是某种内在联系，这是无法猜透的谜。鄱阳湖老爷庙水域的加入，为北纬 30 度区域又增添了一处谜点，使之更加诡秘奇异、扑朔迷离了。

于是，老爷庙水域被认为有一种违反物理定律超自然神秘力量存在。这种超自然的神秘力量只有神祇和魔鬼才具有，老爷庙水域是害人的魔鬼水域，所以鄱阳湖人称之为"魔鬼三角"。

二、难解之谜

有关老爷庙水域之谜的破解，一直是鄱阳湖区的生死攸关的国事，也是鄱阳湖人寝食难安的窘事。千百年来，一直有很多的人为此探究不止，但终究是不得要领，找不到祸源，寻不到祸根，徒劳无功，最后的结论仍是一个"谜"字。

时至今日，国内外的科研人员，借助现代高端科学和精密仪器，借助现代化的潜水服，先后多次来老爷庙水域，对这一地区的水文、气象、地理、地质先后做了一些较长时间的观察、探测和研究，并反复下水搜寻，结果虽然解释了一些自然现象，但却仍是同样不能完全地揭示老爷庙水域之谜。

科学调查证明一说：水流紊乱形成旋涡。

老爷庙水域的水文情况相当复杂，几股强大的水流在老爷庙水域交汇。鄱阳湖湖面开阔，落差不大，流水缓慢，除主槽外，流速均在每秒 0.3 米以下。到了老爷庙水域后骤然狭窄，使流速逐步增大到每秒 1.54 米到 2 米，且主槽带还产生涡流，这就更增加了该水域的危险性。

科学调查证明二说：风景秀丽的庐山充当了制造老爷庙水域大风的"罪魁祸首"。

老爷庙水域最宽处为 15 公里，最窄处仅有 3 公里。而这 3 公里的水面就位于老爷庙附近。在这条全长 24 公里水域的西北面 5 公里，耸立着海拔 1400 多米的庐山。

庐山其走向与老爷庙北部的湖口水道平行。当气流自北面南下时，即刮北风时，庐山的东南面峰峦使气流受到压缩。根据流体力学原理，气流由此开始加速，当流向仅宽约 3 公里的老爷庙处时，产生了"狭管效应"，风速达到最大值，狂风怒吼着扑来，大风掀起了大浪。从搜集到的 20 多万个原始气象数据看，老爷庙水域是鄱阳湖乃至江西省少有大风区，最大风力达 16 级，风速可达每小时 200 公里，全年平均每两天就有一大风日。经计算，鄱阳湖水面刮 6 级大风时，也就是属大风日，波浪高达 2 米，此时每平方米的船体将遭到 6 吨冲压力的冲击。也就是说，一艘载重量 20吨的船舶，其船侧面积按 20 平方米计算，波浪对其的冲击力则达到 120 吨，超出船重量的 5 倍。老爷庙水域正处于地形的"喇叭口"当中，当冷空气南下、吹偏北风时，由于湖面出口变小和风速加快，以致湖面上波涛汹涌。春夏季节，湍急的风和湖面与陆地之间的势力差，又诱发了龙卷风，再加上几股强大的水流在此交汇，紊乱异常，形成强烈旋转的旋涡，造成船只颠覆。

科学调查证明三说：地下磁场诱发雷电。

经勘察，都昌镇、吉山、老爷庙到湖口一带地下均为石灰岩，其岩性钙质多、易溶，有形成地下大溶洞群及地下暗河的自然条件，而每个溶洞每条暗河的正上方都有自己形成的奇变电磁场，这种电磁场影响人们的大脑思维，还会诱发阴电阳电接触产生雷电。近年，沿湖一带多次发生因遭雷击而船毁人亡就是一个证明。

近年，又有科研人员提出一项新的见解：整个地球迄今还存在的地球形成期所具有的原始气体是鄱阳湖沉船的"元凶"。据研究，这些原始气体会因为地壳裂缝、地壳运动、火山爆发、地震等活动释放出来，形成海底水化天然气。中国科学院兰州地质研究所王先彬研究员和核工业总公司杜乐天高级工程师的研究表明，固有的特殊属性导致了灾难频发。这些特殊属性是——冰体溶解，会降低水的浮力，造成船只下沉；进入空气后，会在空间造成局部缺氧，导致发动机无故熄火；聚集在舱内的甲烷气体达到一定浓度时，如果遇上火花会发生爆炸，使船舶失事。科学家们甚至还推测，大西洋百慕大魔鬼三角区发生的灾难，也可用上述理论来解释。

以上的科学调查和研究，解释了老爷庙水域地形复杂、水流险恶、风浪比其他湖面风浪大的原因，所以造成了船只经过的沉没灾难。但问题是：风不会在短短几分钟时间内忽起忽止；风吹浪起，也不会在瞬息骤停，就是把摇晃的一桶水完全平静下来也要会儿功夫，要使偌大湖面风平浪静，恐怕不止转眼之间吧？还有地下水情发生变化不会影响到天气变化，为什么老爷庙前水域会在丽日晴空突然风吼雨啸？而一日连沉 13 条船只？而在阴雨连绵的日子却没有沉船发生呢？这样险恶的航道按说是根本不能行船的，但在平常日子里，老爷庙水域过往的船只络绎不绝，日行几十上百条月行几千艘，却又怎么平安无事了呢？由此，以上种种说法和猜测还是没有从根本上解开老爷庙沉船之谜。

至于有因为老爷庙的神灵即巨鼋化身，人们把甲鱼、乌龟等水族当神灵供奉，老爷庙水域方圆100多平方公里无形之中成了湖中动物的天然保护区，帆船行至老爷庙水域，艄公燃放爆竹，其声音即为信号，把鸡鸭等供品抛入水中，湖中的动物前来争抢食物，任何一条大鱼或江豚（俗称江猪）都有可能掀翻帆船的说法，这就更有些儿荒诞不经了。再大的大鱼或者江猪可能拱翻一条小渔船，但对一条重达十几几十吨的大货船，最大的可能只是会使船体破损漏水罢了，绝对不可能拱翻的。何况，就算水生动物能兴风作浪，总不见得还能吞云吐雾，昏天黑地吧？除非真的是水妖湖怪！

倒是一张红外线航空照片很让人震撼。照片上显示在两边陆地挟持的狭窄老爷庙水域中，一片深蓝色的湖水里，竟然横亘着一道浅淡色的堤坝，水流从坝顶倾泻直跌而下，在湖底形成巨大的旋涡。经测定，这座水下的隐形大坝是一座巨大的沙坝，长约2.5公里，呈东西走向，占老爷庙水域总宽度的三分之二还要多。有人推断，就是这座水下沙坝，把千百年来在老爷庙水域沉没的船只吞咽沉陷了，深深地埋在那沙的无限深渊里，就像沙漠里的"沉沙"一样，把人和物沉陷进去而外面不露一点痕迹。所以人们在水底找不到一片沉船的遗骸。这种推测似乎有些道理，却让人恐怖：要是哪一天，这座水中沙坝突然全部坍塌沉陷，那在老爷庙水域两岸，不又是要重来一次"沉鄡阳海昏"了？

据大江网报道：2013年3月8日，中国大陆首次内陆水下考古行动在鄱阳湖水域展开。随着专业考古潜水员浮出水面，发现了一艘长28米、宽7米的铁质沉船，这艘沉船可能属于二十世纪七八十年代。这是在这片被称为"中国百慕大"水域确认发现的第一艘失踪沉船。具体待考。

千百年来，尽管老爷庙前水域风云变幻，波起浪涌，南岸边的老爷庙却巍然屹立，那庙中的巨大老鼋背负着沉重的御赐千大石碑，上面御笔书写"加封显应元将军"七个金字，熠熠生辉；那巨大的鼋头被重碑压得扎脖拽颈全部探出，困难地昂起，面朝湖上，却是不能言语。那神橱里的将军老爷，因经年累月地享受人间香火，金身都被熏得有些儿暗黑了，他本只是个泥塑菩萨，也不会开口说话。也许他们洞晓一切，知晓谜底，可他们却都不肯开口，只是默默地伫立在岸边，默默观看着水面一切，让神秘的老爷庙水域，成为鄱阳湖上一个永远的千古难解之谜。

第四节
大战鄱阳湖

一、鄱湖论战

鄱阳湖是个不应该发生战争的地方。

鄱阳湖是一座柔美之湖，"浩渺湖面，天水一色；汀渚滩洲，鹤舞雁鸣，鹳咕鸥翔，历历在目；朝霞暮霭、虹销雨霁，风云开阖，波光耀金，舟楫出没，樯桅如林。"展现的全是一片美丽、恬静的景象，这样美的地方似乎不应该有刀光剑影、血腥杀戮；这样的湖水也似乎不应该飘浮战火硝烟、尸体残骸。在这样的地方打仗，是糟蹋美景，是暴殄天物，是毁坏自然，是丧尽天良！

鄱阳湖区好像也没有什么重城要地，非要用战争来征服不可。尽管说湖口县双钟镇与对岸的梅家洲犄角相对，是一个"江湖锁钥"，可以扼江控湖，算得上是一个军事要地，但从湖口走进湖区内，11个县市近百个乡镇珍珠项链般地围绕住了鄱阳湖水，这些县城说破天也不过都是些湖边小集镇而已，并没有多大的战略意义。也有两个大些的市级城市：南昌和九江，但也算不上多么重要。虽然在五代十国时期，南唐中主李璟曾迁都当年的洪都，即如今的南昌，但洪都实际上作为南唐国都仅仅只有四个月，就在李璟死后名存实亡，被后主李煜放弃了。九江也曾一度做过"伪汉王"陈友谅的"国都"，但随着陈友谅兵败鄱阳湖后，九江也顿时失去荣耀了：汉王都是"伪"的，那么这个国都当然也是"伪国都"了。为这些没有多大价值的城镇去打仗完全不必要。

鄱阳湖人也都不是好战之人。鄱阳湖人勤劳善良，宽厚大度，天生胆小，心慈手软，虽然为了生计逼急了也会打架斗殴，偶尔也会打死人，那也只是失手，属小打小闹，要让他们大规模地屠宰杀人，还是不敢的。鄱阳湖人知足常乐，不富也安，都说这里是"鱼米之乡"，米饭有得吃，鱼鲜有得尝，小日子过得不算滋润，但也能过得下去，就是碰上水旱什么的灾害年，咬咬牙也就挺过去了，"懒汉种田，张望来年"。明天还是有希望的。所以历史上也有鄱阳湖人起兵造反，响应者却不多，更不会云集，最终这些造反的人也没成大气候。鄱阳湖人也缺乏雄才大略的将帅之星，历史上在鄱阳湖统兵打仗的将帅都不是鄱阳湖人。近代倒是有个李烈钧，算是个例外。

事与愿违。尽管鄱阳湖区不适合战争，鄱阳湖人也不喜好打仗，但战争却像鄱阳湖上忽而起忽而消的迷雾一样，不可避免地常常降临鄱阳湖，屡屡强加到鄱阳湖人的头上。据统计，自西汉以来，鄱阳湖一带发生过的著名大规模陆战和水战就有百余次之多。

早在秦统一六国后，秦始皇就命屠睢率大军出彭蠡，溯赣江，过大庾，南征百战。百年后，汉武帝令楼船将军杨仆"出豫章，下横浦"，平定南越。东汉建安年间，东吴大将周瑜操练水军于鄱阳湖，挥师西上破曹操于赤壁。东晋时候，桓元篡立，大将刘裕、何无忌等起兵讨伐，追赶桓元到江州，大破其部将何澹之于鄱阳湖口桑落洲。隋朝统一江南，与南军大战彭蠡。宋开宝七年，宋将王明率军与南唐军在鄱阳湖水战，宋军大胜。南宋高宗绍兴元年，李成叛据江淮，攻陷江州；三月后，南宋军队大破李成于鄱阳湖。南宋德祐二年，元将伯颜率军至鄱阳湖，祷大孤山神，风息桥成，大军皆渡，江南遂成元域。元至正二十一年，朱元璋在鄱阳湖口大败陈友谅。明武德年间，宁王叛乱兵出鄱阳湖，略南康、安庆等地，顺江东下。清顺治、康熙年间，左良玉、金声桓、耿精忠等先后据守鄱阳湖口以抗清军。近代以来，在鄱阳湖一带的战事则更加激烈和频繁。清咸丰年间，石达开等主持西征战局，在鄱阳湖与湘军激战数年之久。1913年，李烈钧在湖口发动讨伐袁世凯的"二次革命"，此即历史上有名的"湖口誓师"。抗日战争初期，日军偷袭马当、再陷湖口，占领九江，会攻武汉，与中国军队在鄱阳湖、南浔线、武瑞线一带恶战。解放战争期间，鄱阳湖是中国人民解放军大军南渡的西端。

一直有说：鄱阳湖地处江西省北部，长江中下游南岸，为江南重要门户之一。如果得据鄱阳湖，可腰击大江，威胁江北，又可南向进取，竹破赣中，极具军事意义。水域内的双钟镇、石钟山、梅家洲、鞋山、南康镇、吴城镇等均为重要战略据点。

实际上，鄱阳湖的军事地位似乎并没有那么重要，中国的战争重要地位是在北方中原和南方沿海地带，这也是历史上重大战争都在南北地区发生的缘故，鄱阳湖算是不东不西、不南不北的中部地区，一直远离着这些战争的中心旋涡。在鄱阳湖发生的战争只是些非重要性的局部战争。譬如秦、汉二次征战，都不过是借道鄱阳湖征服南越；东汉周瑜更是暂借鄱阳湖水面练兵，为西出征战赤壁做准备；东晋讨伐也只到了鄱阳湖口，在江湖之口八里江处屠杀了万余叛兵，根本没进鄱阳湖；其他的一些小仗也有一些只是在长江边的九江打的，离鄱阳湖有段距离。就是在近现代战争中，李烈钧的总司令只当了一个多月，就因"袁军大集，败局已成，乃退离江西"，这也是鄱阳湖区持续时间最短的一次战争；解放军打过长江时，湖口虽说是千里战线的最西端，解放军却是在离湖口县30公里的长江下游彭泽县渡江的，然后再从彭泽走旱路来到湖口，湖口的国民党军队早就不知逃到哪里去了，解放湖口根本没费一枪一弹。可以这么说吧，以上这些战争都没有以鄱阳湖为主要征战目的。

至少有三场战争确确实实地是发生在鄱阳湖区内。一场是朱元璋和陈友谅的鄱阳湖之战，这是为朱元璋建立明朝的关键一战。朱元璋和陈友谅的大战是势在必行，但发生在鄱阳湖内却是阴差阳错。另一场是晚清曾国藩的湘军与石达开的太平军的湖口之战，这是中国近代历史上颇为著名的一次水战，也是鄱阳湖区持续时间最长的一次战争。这两场战争因其重大将作为单篇记述。夹在以上两次战争中间的，是明正德十四年（1519）明宗室宁王朱宸濠起兵一战。这场战争相对来说不算太大，但却值得注意：这是以鄱阳湖开始又以鄱阳湖告终的战例。"朱宸濠在南昌预谋反叛明中央政权，兵出鄱阳湖，叛军十万，势如破竹，陷南康，下九江，顺流而下，克安庆，逼南京，一时气焰甚大。王阳明老成谋国、围魏救赵，端其南昌老巢，朱宸濠临机失当，千里回师，与王阳明大战鄱阳湖，兵败被俘。"前后战事时间并不长，仅43天。

战争历来是利益集团的政治斗争，因政治斗争的需要，也是因人为的因素。历史无情地把鄱阳湖拖进了战争的深渊，给鄱阳湖区政治经济和人民生活造成重大影响。由于战争，鄱阳湖区的书院、寺庙、田地、民居等被毁损无数，商旅停业，庄稼难种，经济衰退，民生凋敝，百姓遭殃。特别是朱陈之战规模之大，清湘军和太平军的拉锯战时间之长，对鄱阳湖的损害也最大。在这两场大战期间，江湖阻隔，湖上禁航，生意做不了，运输没有了，鱼儿也打不得，船家渔家的船只被强行征用，船夫渔民被拉夫当苦力，整个鄱阳湖上，漂浮着数不胜数的尸体，愁云惨雾之间，湖水为之色变。而近代的日寇侵略和祸害，更是对鄱阳湖周边城镇造成了彻底的、无法恢复的毁坏。

千百年来，战争的凄风苦雨在鄱阳湖上空时隐时现，使美丽的鄱阳湖时而明媚、时而憔悴，时而丰腴盈美、时而疮痍满目，时而风平浪静、时而波澜不息。

二、鄱阳湖之战

鄱阳湖历史上发生过的百余次战争，但被冠以"鄱阳湖之战"名称的，就是专指朱元璋和陈友谅在鄱阳湖进行的大战。鄱阳湖区民间又习惯说成"大战鄱阳湖十八年"，这是夸张了。实际上鄱阳湖大战只是从公元 1363 年 8 月 30 日开始，至 10 月 4 日结束，前后不过 37 天，朱元璋在此役击败并杀死强敌陈友谅。这是中国元朝末年最重要的一场战役，也被视为中世纪世界规模最大的水战。

239

有关鄱阳湖之战的史料很多，后世演义的作品也不少，简录如下：至正二十三年（1363）四月，陈友谅再出兵进围攻江西洪都（今南昌），水陆两军号称 60 万人，陈友谅还动用水陆两栖作战，水船使用高大但是迟缓的楼船，却围攻洪都不下，朱元璋七月亲率 20 万人救洪都，陈友谅于是撤围，在鄱阳湖选择所擅长的水战迎战朱元璋。8 月 29 日，两军主力在鄱阳湖对峙，次日黎明开始大战，前三天明军船小兵少处劣势，汉军"楼船"居高放炮石攻低处明军船舰，朱元璋座舰也中弹攻毁，几乎被汉军俘虏，幸赖锦衣卫数船奔赴救出朱元璋。后来朱元璋采纳郭兴的建议，用火攻、投石机，第四天也即 9 月 2 日起烧毁陈军 20 几艘楼船舰船，汉军伤亡惨重，至少两万五千汉军兵战殁，陈友谅的哥哥也阵亡了，陈友谅悲痛不已，愤而于阵前杀明军俘虏，导致明军退无可退，非背水一战不可。之后陈军形势开始不利，鄱阳湖因为夏秋天日晒久导致水位降低，汉军楼船太重却吃水深慢甚至搁浅、不敢靠岸，明军则船小速快可利攻击，也可以靠岸扎水寨作持久战。9 月底，明军陆军克复南昌，部分明军舰队撤出至赣江、长江，仅留部分舰队与陈续战，等待明步军来援，完成水陆包围。到了 10 月 4 日，陈军企图突围退回武昌，在湖口受到明军岸上步兵万箭遮天连发阻截，陈友谅从船舱中探头出来，竟中流矢而死，陈军于此再丧 2 万兵，余 50 万兵溃散逃败。鄱阳湖之战于此结束。建国仅仅三年的"大汉"国，不久便土崩瓦解。朱元璋的明朝霸业也由此奠定了基础。

纵观鄱阳湖之战，兵力上朱元璋以 20 万对陈友谅 60 万，装备上朱元璋以少量"小船"对阵陈友谅的千条"楼船"。素质方面，朱元璋出身和尚，率部是初通水性的士兵；陈友谅出身渔民，率部却是久经水战的水师。在地利上，朱元璋虽是一条狡猾的强龙，但却是外地奔赴而来，打的是人地生疏的"客场"；陈友谅是条凶悍的地头蛇，在自家的地盘，打的是轻车熟路的"主场"。按说这场对比悬殊的战争陈友谅应该赢、朱元璋应该输，没想到老天爷却开了一个荒诞不经的大玩笑，竟然扭转日月，扳倒乾坤，让不该赢的赢了，不该输的输了，历史放弃了陈友谅，成就了朱元璋，也使鄱阳湖之战成为历史上一个以少胜多、以劣胜优的战例。

历史是让后人评说的，鄱阳湖之战也成为了后世史学家、军事家以及民间好事者反复探究的话题，自然就成败得失归纳总结了许多的理论，写下了许多的文章，不在此一一列举。

只是心中有好大的一份抱怨：陈友谅真的是不应该把战火烧到鄱阳湖来，鄱阳湖之战是在错误的时间在错误的地点打的一场错误的战争。

至正二十三年四月，陈友谅已经基本完成了近乎孤注一掷的战争准备——征集了达60万之众的庞大兵力，制造了至少一千艘以上的庞大战舰，筹集了充足的粮草军需。这时候一个机会闪现了：朱元璋亲自率重兵去救援安丰，应天（今南京）只留老弱病残驻守。如果陈友谅抓住这个大好时机，率兵直捣朱元璋的老巢，那么历史将会改写，朱陈大战也必然只会发生在长江下游的扬子江上。谁知陈友谅脑子却进水了，他对兵力空虚的应天视而不见，而是用重兵围攻防守顽强的洪都城，连续数月，久攻不下，让大好战机空失。这还不说，接下来，从安丰回军的路上，朱元璋在情绪冲动之下又犯了一个错误，派徐达、常遇春率大军主力围攻属于张士诚的庐州，就是今天的安徽省会合肥市。结果，久攻不下，主力部队师老于坚城之下，进退两难。这时候陈友谅如从洪都撤兵，率兵出鄱阳湖下长江，进攻应天，历史还是能够改写，朱陈大战的地方仍只会是在长江上。只是朱元璋白送的又一个好机会，陈友谅同样视而不见，在前后长达近一个半月时间里，始终无所作为，愚蠢得无以复加了。一直到朱元璋安顿好了大将谢再兴叛变带来的麻烦，将徐达率领的、被拖在庐州城下达数月之久的主力部队撤回到南京，做好了战争准备，然后从从容容地率领大军誓师出征，逆流而上，直入鄱阳湖。陈友谅这才撤洪都之围，东出鄱阳湖迎战，两军在康郎山水域遭遇。硬生生地把朱陈大战的战场拖延到了鄱阳湖上，一时间"呼声动天地，矢锋雨集，炮声雷鞫，波涛起立，飞火照耀百里之内，水色尽赤，焚溺死者动一二万"。直到最后陈友谅率楼船百余艘，冒死突围，行至湖口时，陷入朱军的包围，混乱奔逃中，又遭到泾江口朱军伏兵截击，一支箭矢射中了陈友谅的眼睛，并贯穿头颅，陈友谅当场死亡，终于放出了他一脑子的"傻"水了。

六百多年来，鄱阳湖区流传的众多民间传说都是把陈友谅当作反面人物来贬抑的，这并不是"成者王侯败者寇"，也不是"落井下石"，而是鄱阳湖人一直在怨恨陈友谅，用这种酒余饭后的闲聊方式，谴责陈友谅把平静的鄱阳湖无辜地拖进了战争的旋涡。

对陈友谅深怀怨恨的还有一个人：陈友谅的妃子。

有说陈友谅的这位妃子曾是"天完国"丞相倪文俊的爱妾，当倪文俊召陈友谅在丞相府密议造反时，这个爱妾曾经出来招呼茶点。谁知陈友谅见到这位女子后，惊为天人，一时间目眩神迷而不能自已，此后一连数日神魂颠倒，不思茶饭。因此，才有了倪文俊发动兵变，天完皇帝已经陷入走投无路的境地之际，陈友谅却突然临阵倒戈，保驾勤王，率兵打跑并在后来干掉了倪文俊的举动。兵变平息后，陈友谅做的第一件事情，就是将这位女子抢到了自己府上。后来，陈友谅在鄱阳湖与朱元璋决战，兵败身死时，他的臣僚部下逃跑的逃跑，倒戈的倒戈，投降的投降，只有这一位女子为他自杀殉情。

还有说陈友谅的这位妃子姓娄，极其聪慧，在鄱阳湖大战期间，常给陈友谅出计谋，让陈友谅反败为胜。每当陈友谅乘船出征时，娄妃会在吴城的望湖亭上远远观战。在又一次采用娄妃的计谋打了胜仗后，得胜归来的路上陈友谅非常兴奋，远远看见娄妃在望湖亭上等他，于是，他想和娄妃开个玩笑，就把自己船上的帅旗放倒，装着打了败仗的样子。娄氏在望湖亭上看见陈友谅的帅旗倒了，以为陈友谅打了败仗，而且连帅旗都倒了，陈友谅大概也性命不保了，于是就投湖殉情自尽了。后人为纪念娄妃，遂将望湖亭改名为"望夫亭"。

后一则民间传说，在鄱阳湖流传极广，鄱阳湖人深信不疑。

却是错的。

江西是有个娄妃，是上饶理学家娄谅之女，也是个才女，后为宁王朱宸濠的正妃，也是个贤妻。曾用头发书"翰屏"二字来书劝宁王朱宸濠守本分，好好做臣子；又多次用写诗劝说丈夫不要造反，其诗《题樵人图》："妇语夫兮夫转听，采樵须知担头轻。昨宵再过苍苔滑，莫向苍苔险处行！"可谓是晓之以理，动之以情。无奈朱宸濠冥顽不灵，终取灭亡。据说后来娄妃投水自尽，死后也和上面的民间传说一样，尸身不沉，逆流三十里。

想来，民间传说是把娄妃和陈友谅的妃子混为一谈了，理学家娄谅之女根本不可能给陈友谅做妃子的。只是两个聪慧的女人都是死得可惜，都是嫁了个没用而又自不量力的丈夫。

再细想想那则民间传说，陈友谅的妃子之死，也许根本不是因为陈友谅死了殉情自尽，而应该是绝望而死。凭着陈妃这么聪明的人，她相信自己的计谋一定能取胜，又远远一直在望湖亭上观战，知道战斗的胜负，所以她其实已经看穿了陈友谅是在开玩笑。但令她悲伤的是：陈友谅连这样重大的军国大事也敢促狭作假，也能开玩笑，这样任性胡来、随心所欲的人是绝对成不了气候，做不了大事，也成就不了霸业的，和这样的小人在一起，以后是避免不了要遭耻受辱的。为了以后自己不受辱，也不愿亲眼看到陈友谅的悲惨结果，不如提早结束生命，一了百了。

美丽、聪慧的陈友谅的妃子投江自尽了，只留下了一座"望夫亭"，让后世人在此惆望鄱阳湖，发出一声声叹息。

三、湖口之战

历史上，"湖口之战"也是专指：清咸丰五年（1855），太平军在鄱阳湖口与湘军进行的一场战役。

242 摘录有关资料，湖口之战的大致情况如下：

清咸丰五年（1855）5 月 19 日，洪秀全派春官正丞相胡以晃率战船千余艘，步军两三万人西征。1854 年 4 月，太平军承宣黄文金、胡鼎文以石钟山为城，兴土木，起硝馆、凿壕沟。10 月，清军总兵赵如胜率战舰攻打石钟山和梅家洲，未能得手，退守吴城。

1855 年 1 月 3 日，当湘军陆师尚未南渡时，李孟群、彭玉麟所率湘军水师即已进抵湖口，分泊鄱阳湖口内外江面。罗大纲采用疲敌战法。1 月 8 日夜，用满载柴草、火药、油脂的小船百余艘顺流纵火下放，炮船紧随其后，对湘军水师实施火攻。由于湘军预先有准备、未能取得多大战果。此后，太平军常以类似战法袭扰和疲惫敌人。太平军还在鄱阳湖口江面设置木排数座，四周环以木城，中立望楼。木排上安设炮位，与两岸守军互为犄角，严密封锁湖口，多次击退湘军水师的进犯。1 月 23 日，翼王石达开从安庆赴湖口坐镇指挥。湘军水师乘陆师进攻梅家洲之机，水师将领彭玉麟率军血战 4 小时，击坏太平军设于鄱阳湖口的木排。石达开、罗大纲将计就计，令部下用大船载以沙石，凿沉水中，堵塞航道，仅在靠西岸处留一隘口，拦以篾缆。1 月 29 日，湘军水师营官萧捷三等企图肃清鄱阳湖内太平军战船，贸然率舢板等轻舟 120 余只，载兵 2000 人，冲入湖内，直至大姑塘以上，待其回驶湖口时，太平军已用船只搭起浮桥二道，联结垒卡，阻断出路。湘军水师遂被分割为二：

百余轻捷小船陷于鄱阳湖内；运转不灵的笨重船只则阻于长江之中，湘军水师大小船协同作战的优势尽失。太平军趁此有利时机，即于当晚以小船数十只，围攻泊于长江内的湘军大船，并派一支小划船队，插入湘军水师大营，焚烧敌船。岸上数千太平军也施放火箭喷筒，配合进攻。湘军大船因无小船护卫，难以抵御，结果烧毁笨重大船 40 余艘，其余败退九江附近江面。2 月 11 日，石达开亲赴九江，派出近百艘小船，再次用火攻九江官牌夹敌军船队，夺得曾国藩的帅船，焚毁敌船多艘，气得曾国藩再次投江自杀。这两次大捷，是太平军半年以来获得第一次大胜利，也被历史称之为"湖口之战"。

然后，鄱阳湖区的战争却并未结束，此后，驻湖口的太平军分兵由都昌攻陷饶州（今鄱阳县），进军乐平、景德镇及安徽祁门、徽州等地；1855 年 6 月，太平军水勇进军姑塘、青山一带湖面。自 9 月 2 日至 12 月 28 日，两军水陆交战就达 14 次之多，非常频繁，形成拉锯式的相持之势。1856 年 4 月，彭玉麟督吴城，领水营进攻永修涂家埠，太平军失利。石达开、罗大纲第二次来到湖口，驻精兵排炮护卫。1857 年 7 月 2 日，彭玉麟率内湖水师对下石钟山、梅家洲排炮轰击和两岸船队围攻，无损而返。10 月 25 日，彭玉麟派兵进攻湖口、梅家洲，太平军分两岸迎战，双方展开激战。10 月 26 日，清军缘梯攻湖口县城，黄文金携家眷从文桥逃走，湖口县城被湘军占领。直到 1858 年 5 月 17 日，湘军合围九江，城破，太平军率将士进行英勇巷战，一万七千余名太平军战士，全部英勇牺牲。

243

湖口之战令人瞩目之处，是晚清两位中国近代史上著名的人物曾国藩、石达开，在鄱阳湖口做了一次最为精彩的战争表演。作为太平军最耀眼的将领、西征军的总指挥翼王石达开的表现是相当突出的，他二次亲自坐镇湖口，指挥太平军坚守要点，以疲惫敌人，并利用有利地形，抓住有利时机，采用灵活机动的战略战术，机智果断地分割湘军水师，进而主动出击，取得了重创湘军水师的重大胜利，使整个的西征战场的形势为之一变。而作为晚清的中兴大臣，曾国藩的行为也可圈可点，他虽败犹坚，锲而不舍，顽强再战，并能不惧危险，亲临战场，指挥战斗，而且在兵败后能承担责任，几乎自杀，显示出了独特的人格品质。一将功成万骨枯，这两位湖口之战的首领人物，用在湖口之战死亡的万千士兵的鲜血，为他俩的个人史册添上了浓墨重彩的一笔。

然而，兴，百姓苦；亡，百姓苦。

湖口之战，从 1853 年的 1 月 23 日至 2 月 11 日，仅 20 天时间，但从前期的准备到后续战斗，却是从 1853 年 5 月开始至 1858 年 5 月 17 日才结束，整整历时五年。战区从湖口、梅家洲、官牌夹、九江等长江的浔阳江一线，和湖口至内湖的都昌、姑塘、吴城、涂家埠，再至饶州的鄱阳湖全境，又进军乐平、景德镇及安徽祁门、徽州等地，把战火燃烧到了江西和安徽交界地区；这是一场旷日持久的拉锯战，也是一场最劳民伤财的战争。鄱阳湖口有着两座风光旖旎石钟山的湖口县，第一次在历史面前显示出了她"江湖锁钥""扼江控湖"的重要军事地位，但也让湖口及湖区人付出了极其沉重的代价。别的不说，仅在《石钟山志》上的零星记载中有：清军"乃江西战船系用民船改修"、太平军"自铁锁以下，皆贼之民船，湾泊约六十里，大、小约五千号"等等，就可以看出，交战双方掳掠了鄱阳湖长江上民间的大量船只，清军没有具体船数，但量必不少，多是从长江上抢来的；而太平军一次锁江就用了民船大小约五千号，想想这五千号民船牵涉的货运渔业人员就将是几万人，几近是把鄱阳湖上的货渔用船大部毁尽啊！又是要让江上湖上多少人员无船可居，无业可从，无计可活啊！这整整五年的战争，带给鄱阳湖区的是几十年也难以恢复元气的创伤。民间传说，此次大战后的多年，鄱阳湖人都不敢下湖捕鱼，因为那每一条鱼身上都纠缠着一个死难战士的冤魂；就是捕来了鱼人们也不敢食吃，因为那每一条鱼都是吸食死难战士的血肉而肥壮的。以至当时湖里的鱼太多，随便一棍都可打着好几条……

244

湖口之战，是留在鄱阳湖人民心中永难忘却的历史之痛。

第五节
云雾庐山

一、湖山辉映

庐山是大自然给鄱阳湖昭示的一个神迹。

作为物理意义来说，庐山是专门用来和鄱阳湖进行对比的：以山的奇崛峻峭，来衬托湖的平和坦荡；以山的雄浑苍劲，来展示湖的浩瀚渺茫；以山的锦绣葱郁，来辉映湖的斑斓碧透；以山的峰峦起伏，来对应湖的波浪翻腾。山水山水，有山有水才有风景。作为生命意义来说，庐山也是专门用来和鄱阳湖建构反差的：以山的沉稳端庄，来呈现湖之灵动活泼；以山的刚毅坚强，来反观湖的聪慧温柔；以山的蓬勃鲜活，来烘托湖的丰盈滋润；以山的高远胸襟，来体味湖的宽厚情怀。山水山水，有山有水才有世界。

要是没有庐山，鄱阳湖在感觉上就太过于平直了，只是茫茫大水，一望无边，空空荡荡，一览无余，没有水复山重、路转峰回的诧异，也没有平地拔兀、低落高起的惊喜；要是没有庐山，鄱阳湖在色彩上也太过于单调了，只是蓝天白云、清水悠悠，绿波碧浪，黑船白帆，没有远山黛影、霞染群峰的肃然，也没有林木葱茏、山花烂漫的赞叹；要是没有庐山，也就不会有那么多山湖遥望的诗歌了，陶渊明："采菊东篱下，悠然见南山。"谢灵运："春晚绿野秀，岩高白云屯。攀崖照石镜，牵叶进松门。"苏辙："微风吹人衣，雾绕庐山首。"李纲："波心突兀见星宫，云际峥嵘望庐阜。"曾棨："晴影遥连洞庭阔，黛光倒浸庐山长。"罗汝敬："我生癖爱山水幽，梦著只在匡南游。"彭汝砺："翠色苍茫杳霭间，舟人指点是庐山。"解缙："扁舟过彭蠡，远远见庐山。"最著名的是李白的《望庐山瀑布》："日照香炉生紫烟，遥看瀑布挂前川。飞流直下三千尺，疑是银河落九天。"要是没有庐山，在鄱阳湖文学浩瀚的宝库里，就将会缺少了包含量多达万余诗词歌赋的一个重要篇章啊！如从气象学上来看，如果没有庐山，老爷庙水域的风力就会失去了现在的威势，也许就不会成为千古难解之谜，而让世界反复瞩目。

其实，庐山并不大，北濒长江，东临鄱阳湖，是一座地垒式断块山，整个山体南北长 29 公里，东西宽约 16 公里，山体面积 302 平方公里，绵延的 90 余座山峰，犹如九叠屏风，屏蔽着江西的北大门，最高主峰大汉阳峰海拔 1474 米。这样的山，不仅和北方的崇山峻岭无法相提并论，就是在鄱阳湖水域源流的武夷山、大庾岭、罗霄山、怀玉山、幕阜山五座大山脉中，也是座并不算高大的小山峰。如果把庐山放在以上群山中间，充其量只会成为一个风景点，却无法再生另外的重大意义。然而庐山之所以是庐山，是因为她有她独特的选择。她不去与五大源流群山比高低，也不愿和湖区周边各地小山为伍，却凌空飞落到长江鄱阳湖边，呈现出一座平步青云，突兀而起，独具一格，与众不同的山的奇特景象。这一点，作为政治家的毛泽东早就独具慧眼地认识到了，他在诗词《七律·登庐山》中一语道破："一山飞峙大江边，跃上葱茏四百旋。"以独有的大气魄点出了庐山地势的妙处。

毛泽东的原诗前有小序云："一九五九年六月二十九日登庐山，望鄱阳湖、扬子江，千峦竞秀，万壑争流，红日东升，成诗八句。"后接受周小舟建议，将《序》删去。可见，诗首句的"大江边"是一个概括，是包括了鄱阳湖和长江。庐山选择在江湖边的九江落户，就自然而然地把自己融入大江、大湖、大山的浑然交汇的大格局之中，形成了奔腾、浩瀚、雄奇的刚柔相济的风格，借助于江湖的烘托，庐山脱颖而出，成了长江中下游一颗闪亮的明珠。

庐山素有"春如梦、夏如滴、秋如醉、冬如玉"之说，庐山年平均降水 1917 毫米，年平均雾日 191 天，每年 7 月到 9 月平均气温 16.9 度，良好的气候条件和优美的自然环境，使庐山在十九世纪末就成为世界著名的避暑胜地。高山流水形成了众多的激流和瀑布，山上的风光每一处无不和水紧密相连。三叠泉、含鄱口、如琴湖、大天池、芦林湖、黄龙潭、乌龙潭、碧龙潭等，都是靠水滋养着的。庐山多雾，人称"云雾庐山"，锦绣谷、五老峰、仙人洞、龙首岩、三宝树、秀峰、白鹿洞、观音桥等被云雾缭绕，因了雾水的薰濡才鲜润生活；也只有庐山才出产著名的"庐山云雾茶"了。

是浩渺鄱阳湖的水气蒸腾，造就了庐山水分充沛，丰润多姿。

正是因为有了鄱阳湖，庐山才有云蒸霞蔚，早晚不同地在天边变幻美景，让人目不暇接；才有雾绕霭缠，朦胧只是在眨眼转睛之间，依稀却是在人拉手牵之时；正是因为有了鄱阳湖，庐山才有夏日凉爽，成为避暑胜地，山上山下凉暑两重天；冬季才有冰挂雪凇，南方呈现出奇特的"北国风光"。山水山水，山有水的滋养才常青。正是有了鄱阳湖，庐山五老峰才在湖边打坐千年，看湖上风生水起，阅人间沧海桑田；含鄱口才在山头含情脉脉，揽尽鄱阳湖无边水色，聆听渔舟唱晚阵阵歌声。山水山水，山有水的辉映才会灿烂。也是因为有了鄱阳湖，庐山上才有了那么多眺望鄱阳湖的诗歌：刘长卿"青山不断三湘路，白鸟空随万里帆。"朱熹："及此一回薄，湖平烟波多。"黄镇成："蠡湖三百里，浪波何浑浑。"王世懋："苍虬绛节度峥嵘，下界微茫勺水明。"曹树龙："拟似巨鲸张巨口，西江不吸吸鄱湖。"王士禄："问何日，彭渡蠡口，一苇轻航。"康有为："荡云尽吸明湖水，招月来听海会钟。"等等，毛泽东在《七律·登庐山》中也不禁咏道："云横九派浮黄鹤，浪下三吴起白烟。"

唐代诗人白居易以"匡庐奇秀甲天下山"八个字，道出了庐山的秀美和品位。

庐山为以其美不胜收的山水风光吸引天下，人们趋之若鹜，纷至沓来。公元前126年，司马迁"南登庐山"，并将庐山载入《史记》。以后，中国文学大家相继登临庐山生活、游览，写下大量的赞颂庐山的诗词歌赋，使庐山文化成为鄱阳湖文学波澜中的一道巨大的浪峰。这将在后面的专门篇章中讲述。庐山东林寺，是佛教"净土宗"的发源地；庐山白鹿洞书院，名列中国古代四大书院之首；山北山南，两大文化圣地争相辉映。二十世纪三十年代，地质学家李四光在庐山首先发现中国第四纪冰川遗迹，从而创立中国第四纪冰川学说；十九世纪末二十世纪初，庐山出现了美、英、俄、法、日等20多个国家风格的别墅近千幢。二十世纪三十年代，庐山成为南京国民政府的"夏都"；中华人民共和国成立后，庐山上发生了一系列的重大政治事件；庐山上空的政治风云从此为世人瞩目。1996年12月6日，联合国教科文组织世界遗产委员会批准庐山以"世界文化景观"列入《世界遗产名录》。

二、静山美景

奇秀庐山，飞峙江湖，苍润高逸、俊伟诡特。这是联合国地科联专家在庐山成功申报世界地质公园时对庐山的评价。

庐山是一座率性的山，这率性是自然而然，随心所欲，不事匠心，随遇而安。龙首崖断成峭壁了，那就断了吧，孤悬空中宛如苍龙昂首，飞舞天外；锦绣谷花开了，那就怒放吧，四时红紫匝地，花团锦簇，满眼雕缋，灿烂如炽；秀峰聚会了，那就妖娆吧，香炉峰紫烟缭绕，鹤鸣峰鸣鹤飞翔，双剑峰芙蓉插天，姐妹峰娟娟秀女，文殊峰尖锥屹立，龟背峰脊如行龟，群峰玲珑秀丽，施研流翠，聚尽山南之美；三叠泉水流踏空了，那就跃起吧，一跃二跃三跃，一叠二叠三叠，立时空谷万丈，冰绡抖腾，明珠飞洒，光彩变幻，瑰丽夺目；仙人洞里来客了，那就住下吧，道教的洞天福地，飞岩可栖身，清泉可洗心，于是吕洞宾在此修炼成仙，后来毛泽东又写诗曰：“天生一个仙人洞，无限风光在险峰。”寺院里做佛事了，那就焚香礼拜吧，一时东林、西林、大林“三大名寺”，归宗、栖贤、开先、圆通“四大丛林”里，高僧云集，参禅事盛；白鹿洞设书院了，那就开讲吧，老师有李勃、李善道、朱熹、陆象山，四方学生慕名而来，“问俗良恳恻，怀贤增慨慷。雅歌有余韵，绝学何能忘。”

庐山也是一座安静的山，她安贫乐道，洁身自好，不事浮躁，心如止水，那满山弥漫缠绕的云雾，是她阻隔俗世喧嚣的帘幕。她更像是一位深藏闺阁的美女，娇容不可不面世，心扉却只向有情人才打开。来庐山的人都能感受到庐山的美丽和宁静，就像一位德国建筑师来到庐山后，不禁感慨地说道：“庐山的安静是可以使任何人去思考、去审视自己的心灵，因为它没有浮躁与喧嚣。”但能和庐山进行心灵对话的人并不多，能认识到庐山真正面貌并和庐山永远亲近的人更是极少。

晋代高僧慧远在庐山结社念佛，创立净土宗，历三十余年，影不出山，迹不入俗，修行为一代宗师。山水诗人鼻祖谢灵运对庐山心向往之，特来游山观水，拜谒山门，与慧远一见如故，心心相印，遂成忘年之交。东晋陶渊明生长在庐山脚下，青山绿水养育了他不与世俗同流合污的高洁人格，不肯为五斗米折腰，归隐山林，务农写诗，成为“古今隐逸诗人之宗”。唐代李白五次来庐山，庐山一次又一次地用醉美绮丽的风景慰藉这位伟大的诗人，给予他心灵的寄托，李白还报庐山的是留下了二十多首咏叹庐山的诗歌。白居易时值孟夏，却在庐山寻觅到了春天的足迹，以一首诗《大林寺桃花》在庐山上开辟出了一条烂漫“花径”。书法大家王羲之、颜真卿都曾隐居于庐山金轮峰和五老峰之中。文学家欧阳修也因贬谪而来过庐山；诗人苏轼、苏辙、黄庭坚、王安石多次寻游庐山；书法家米芾在庐山留下了大量的墨迹。明朝朱元璋、唐寅等也留下了庐山咏叹。哲学大师王守仁、黄宗羲多次寻访庐山；清朝康熙、乾隆曾给庐山题词题诗，袁枚、姚鼐、魏源、李鸿章、康有为都在庐山留有足迹和文字。近代，胡适、徐志摩、蒋介石、宋美龄、冯玉祥、李烈钧、于右任也与庐山的渊源极深。现代的毛泽东、彭德怀、林彪等人都曾在庐山掀起一次又一次政治风云……

数究来庐山的 1500 多名的历史名人，真正能对自然山水美觉醒，悟彻了庐山真谛，并最终与庐山永远相伴厮守的，只有高僧慧远和诗人陶渊明。他们两人，都是在庐山的感悟之下，一个以佛学"净土"立宗，创建"阿弥陀佛"修行四字真经；一个以诗学"隐逸"立世，创造《桃花源记》美好理想世界。最终俩人都成为一代"宗师"。而其他人呢？他们或是慕名而来，被庐山美景迷惑，情不自禁地发出几声赞叹，写首诗、题个字，却因俗事繁忙，扭头走了，却再也没有机会返回了；或是一次看过庐山，终生难忘，走了还恋着，走了又回来，一而再，再而三地流连忘返，那感触也越发地多了，诗歌也如飞瀑样地从心底奔泻而出，一首一首又一首，却还是呆不长，留不住，外面的世界在呼唤着，到底还是走了；或是因失意、遭贬、某种人生低谷阶段而来到庐山，把自己沉浸在庐山如画的景色中，以期抚慰心灵，也有的人试图隐居，他们的诗歌于是也就透现出几分对人生的感慨，他们待的时间稍长一些，却又因为人生有了新的起色，尘世有了别的追求，最后还是离开了庐山；或者本身就是庐山的匆匆过客，来庐山景也看了，诗也写了，该发生的事情也发生了，好了，他们和庐山就只有这么一点缘分，也就匆匆地下山了，走就走了，不再来了，庐山成为他们人生的历史，他的历史也就同样成了庐山的历史。他们几乎所有的人，都没有看清也没有看懂庐山。这一点，倒是苏东坡头脑很清醒，他在《题西林寺壁》，诗中长叹："横看成岭侧成峰，远近高低各不同。不识庐山真面目，只缘身在此山中。"

就犹如夜空虽然寂静，星星却繁密闪烁一样，庐山越是让人看不清越是叫人看不懂，也就越是吸引人们前来叩山问境，探究索寻，千百年来，来看庐山的人越发地多了起来，从而形成了庐山一种特有的文化现象。

三、喧嚣别墅

打破庐山的宁静，给庐山带来喧嚣的是外国人。

这位 22 岁的英国小伙子是名英国传教士，但却并不专注于传播洋教，而是带着发财梦想在中国淘宝。他受俄国人强迫租赁庐山北麓九峰寺僧舍改建避暑洋房的启发，在庐山的牯牛岭下发现了长冲谷，北有崇山屏挡，南向开阔，地势平坦，林木茂盛，空气清新，气候凉爽，是天然避暑胜地，适合建筑别墅的最佳之选。清光绪二十年（1894），他跑到九江县衙要求租下这块地，遭到拒绝后，中国教徒戴浩臣给他出了在中国最常见也最能成功的办法：行贿。仅仅用一只银质鼻烟壶就收买了九江府同知兼洋务委员盛富怀，于是一个"转租"骗局的演出开始了：深谙中国潜规则的盛富怀，先说服知县将这块无主的荒山租给德化县举人万和赓；盛富怀再让万和赓化名万启勋转租给英国人，又让这位英国小伙子改用中国名字签字，于是改名为"李德立"的英国人签下了这块占地面积约 4500 亩的山地、租期 999 年的契约。后来事情败露了，激起了民愤，惊动了朝廷，盛富怀受贿了一只银鼻烟壶最后却畏罪吞金自杀了；终于知道李德立其实是外国人的知县被撤职了；出主意的戴浩臣和转租的万和赓也都打入了大牢。更为可笑的是，万和赓盗卖庐山 4500 亩山地却只收到了李德立的地价银 100 元。尽管"骗子"李德立什么事儿也没有，但他却不甘心租地的事被搁置。直到甲午战争后，战败的清政府对洋人完全地俯首听命时，李德立借助英国使馆出面干预，使买山契约的"合法性"得到中国政府的承认，一场荒诞闹剧到此告一段落，其后却完全是李德立的精彩表演了。

250

就是以现时的眼光去评价，我们也不得不承认李德立的"庐山开发"是成功的。首先，他成立了牯岭公司，采取"整体开发，零散出售"方式，将租地划为 3.7 亩一个的小地块，编号向全世界出售，每号售价 300 元，让购买者自行建筑别墅，但又以保护庐山自然风貌为由，请来英国工程师甘约翰、德国工程师李博德进行全面规划，规定每一号的地面上只准盖一栋别墅，建筑用地的面积不能超过 15%，这是硬性规定，被写进了卖地合同，强迫执行；还在建筑风格上放任自流，鼓励自由发挥，根据购买者的国籍风情、文化底蕴以及个人的审美追求，建筑出欧美各国风格迥异的房屋，形成了庐山别墅群的多样化、个性化，能和庐山优美的自然环境完美结合，和谐地合为一体。在几年之内全部售完，牯岭公司营获巨利后，李德立又继续强占租借地四周，肆意扩张。

李德立的成功带动了美国、俄国、法国等国的商人纷纷来庐山强租倒买侵夺土地，建屋避暑，不出几年，牯牛岭地区的房屋如雨后春笋般建立起来。随后，有钱有势的中国人，也效仿外国人，纷纷涌上庐山建屋避暑。据 1949 年的统计，庐山约建有房屋 1000 栋左右，其中英、美、法、俄、德、意、荷、比、葡、挪、瑞、芬、日等 16 个国家的近代式别墅 636 余栋，还有英、美、法等国的会堂、教堂、学堂等建筑若干，以及中国人的别墅等等。此时的牯岭已经成为著名的山上之城、山林之城、云中之城了，又被人称为万国建筑博览馆。每年夏季的庐山上，在花岗岩墙红尖屋顶的别墅间出没的，有高鼻子蓝眼睛的外国洋人，也有中国的达官贵族们，他们在牯岭城中86家店铺里，用中外多种语音购货买物，又在多家网球场、俱乐部、游泳池之间玩乐休闲。到了晚上，庐山上的电灯明亮，闪闪烁烁，仿佛天上的星空一样，让山下的九江人仰望不止。那些好汉坡的轿夫们，轮流抬轿送人上山，千余石级的山坡如登天梯般陡峭曲折，直上云天，轿夫们抬着轿，沉重的脚步把一级级登山石板摩擦得锃亮光滑、凹凸不平。

庐山别墅群出现的结果，使得庐山不再安静了，这位深闺女子，被人掠开了蒙面的雾纱，无奈何地只好直面纷繁喧嚣的尘世。半殖民地式的开放，中西文化的交融，也让庐山早早地就经受着商业化、经济化的熏染。

其实，李德立还不能算作是庐山这座舞台的主角，他充其量只不过是临时性演员，按中国旧时戏班的演出习俗，在正戏演出前出场表演傩戏《跳加官》与《跳财神》一样，是为庐山这个天然大舞台正剧演出前"加演""暖台"的人，而后面演出的全是一出接一出的大戏。

先是赛珍珠出场了，演出的是一出轻喜剧。这位美国名字直译为珀尔·巴克的美国女作家，小时在中国镇江度过了她的童少年时代，长大后在庐山的别墅里，她完成了以中国为背景的长篇小说《大地》的部分章节，后来这部作品先后获得了普利策奖和诺贝尔文学奖。

接着是蒋介石上场了，他演的是悲剧。蒋介石自掌握国民政府大权后，几乎每年都要带着第一夫人宋美龄和军政要员来庐山避暑，他在山上处理军国大事，接见外宾，开办军官教导团，还和以周恩来为首的中共代表团两次来庐山，就国共合作共同抗日问题进行谈判，建立了抗日民族统一战线。这期间，美国派来的特使马歇尔"八上庐山"，把一个配角当得是"马不停蹄"了。蒋介石整个地把庐山当作了国民政府的"夏都"了，在长冲东则、秀峰寺后青玉峡旁、栖贤寺畔观音桥附近，都建有行宫。1948年8月18日，在中国人民解放军发动辽沈战役前夕，蒋介石告别了他亲笔题字的"美庐"别墅，匆匆离开庐山，不久也就结束了在中国大陆的表演，一去不返，最终老死在台湾。

再接下来，毛泽东、彭德怀、林彪等人陆续登场了，在庐山演出了毛泽东始终为主角，其他人轮流为配角的三场大戏，其中却有两场政治大悲剧。这两场大悲剧都是以"路线斗争"为主题，以会议为场景，情节紧张激烈，故事一波三折，出人意料，结局却都是两败俱伤。1959年的中共八届八中全会和1970年的中共九届二中全会，彭德怀、林彪先后被扮演了反面角色。

二十世纪末，曾去庐山采访，在"美庐"别墅院内，陪同的庐山朋友指着有蒋介石题字的卧石旁一棵大树介绍说：1959年庐山会议期间，彭德怀有感于"大跃进"和"人民公社化运动"出现的问题，在7月13日早饭后，他前来"美庐"，想和毛泽东当面谈谈，但是很不凑巧，习惯夜间工作、白天睡眠的毛泽东刚刚睡下。按照彭德怀以往的性格，他应该让工作人员把毛泽东叫醒，在抗美援朝期间，他就为了汇报紧急军情做过这样的事情，毛泽东起来接见了他，并且微笑着说："只有你彭德怀敢做这种事。"但在那天，彭德怀却犹豫了，只在这棵树下面徘徊了一会儿，然后转身折回了。然而，这位开国元帅到底没有失去当年打仗时的勇猛，骨鲠在喉，不吐不快，还是用写信的方式向毛泽东表达了自己的所思所虑，这就是历史上的"彭德怀万言书事件"。看着那棵大树下已经没有彭德怀脚印的泥地，历史似乎已经在此了无痕迹了。但如果当年彭德怀要是再敢叫醒刚睡下的毛泽东，两位历史伟人心平气和地坐下，好好地促膝谈心，也许就不会有此次的庐山风云突变，中国的某一阶段历史就会有另外一种走向了。

如今，虽经百多年的风霜雨雪、云遮雾罩，庐山的大部分别墅已经成为风光景点，为庐山旅游业继续做出贡献；但也有一些别墅因年久失修，破败坍塌，却遗迹尚存。1993年还曾有过庐山名人别墅拍卖的事情，其广告语："蒋介石失去的，毛泽东得到的，全部卖给你！"曾引起中外舆论一片哗然，最后却不了了之。

也许庐山别墅可以拍卖，但历史却是拍卖不了的！

联合国专家在庐山成功申报《世界遗产》时，评价庐山："庐山的历史遗迹以其独特的方式，融汇在具有突出价值的自然美之中，形成了具有极高美学价值的、与中华民族精神和文化生活紧密相连的文化景观。"

遗憾的是因本书年限原因，庐山的现、当代历史走出了本书的视线，所以不做详述了。

第六节
鄱阳湖文学

一、文学之湖

可以毫不夸张地说，不说在中国，就是在世界上，没有哪一座湖泊能像鄱阳湖拥有这么多的文学作品，更不可能拥有这么多著名的文学大家创作的著名作品。

也可以不无骄傲地说：鄱阳湖的每片水波，都是一篇华彩璀璨的文章；鄱阳湖的每朵浪花，都是一首光辉灿烂的诗歌，波文浪韵，繁星闪亮，构成了一座文学流淌奔腾的鄱阳湖！

时至今日，还没有见到有人做过详尽的统计：鄱阳湖文学作品到底有多少？鄱阳湖文学包括了哪些作家作者？鄱阳湖文学的成就到底又几何？

什么是鄱阳湖文学？近年来鄱阳湖人有些议论，有严有宽，不敢评说。在此简单一点：凡是和鄱阳湖有关的文学作品，就是鄱阳湖文学。

但真要统计鄱阳湖文学，却是一个极大的尴尬：鄱阳湖文学作品太多了，没有办法统计。

虽然鄱阳湖区各县市的志书上都设有专门的科目，选载文学作品，比如：《九江市志》"艺文著述"里，选载了近150首诗词散文；《鄱阳县志》在"著作"里选载了近80首诗歌散文；都昌县有人做过统计，收录在《都昌县志》里的诗文有189首（篇）；而有关庐山的诗文，有说是4000余首（篇），有说是万多件；其他各县志书虽因编撰体例不同，但也都收录了大量的历史诗文。仅把这些统计起来，也是一个浩繁的数字。然而，市县史志艺文收录的标准是"有影响的作品"，多是名人大家创作的脍炙人口、流传广泛的作品，也就是说选择的是"精品"，是在鄱阳湖文学"沙海"里掏出的"金"。可"沙"又有多少呢？围绕鄱阳湖现在有十一个县市，每个县市里都有本地邑人创作的文学作品，这又会是多少作者多少作品呢？尽管各县市史志书"对县人的著述书目力求搜集齐全"，但书目中的书里又有多少诗文，却是无法搜集齐全的；就是那些名家大师的作品，也因年代久远而失传，缺漏也肯定不少；还有历史上许多不大出名或者是不出名，但来过鄱阳湖写过鄱阳湖的作者作品，却是更难以搜集发现了。近年还有人统计过，收入《全唐诗》中写庐山的诗180首，加上写鄱阳湖、大小孤山等处的诗篇，合计就近300首。这仅是唐代。如此一来，鄱阳湖文学就将是一个海量的数字。这才方悟为什么查阅不到鄱阳湖文学的统计数字，原来是根本无法统计的呀！

只好从鄱阳湖文学的作家与成就上入手了。

这倒是顺利多了，就像是渔家早晚收网似的，牵着纲绳一拉，就从湖水中拉起一挂亮晶晶的丝网，网上满是一串串鳞光闪闪的鲜鱼一样，在鄱阳湖文学的历史长网上，捜起一个个名声响亮、如雷贯耳的大家。他们的名字是：释慧远、陶渊明、谢灵运、鲍照、宋之问、张九龄、张继、王维、王勃、李白、王羲之、颜真卿、刘长卿、杜甫、贾岛、元结、李勃、狄仁杰、韦应物、孟郊、孟浩然、韩愈、皮日休、白居易、王贞白、范仲淹、曾巩、欧阳修、米芾、周敦颐、司马光、王安石、苏轼、苏辙、黄庭坚、岳飞、王十朋、杨万里、朱熹、文天祥、辛弃疾、陆游、赵孟頫、洪迈、姜夔、倪赞、晏殊、晏几道、谢枋得、朱元璋、刘伯温、解缙、于谦、王守仁、徐霞客、汤显祖、唐寅、宋应星、袁枚、康熙、乾隆、曾国藩、张之洞、彭玉麟、石达开、蒋士铨、姚鼐、魏源、李鸿章、康有为，高心夔，以及后来的陈三立、蒋介石、李烈钧、杨赓笙、汪兆铭、于右任、胡适、徐志摩、毛泽东、朱德、董必武、萧克、杜宣、许德珩、苏步青、邵式平、郭沫若等等。从东晋到当代，可以说每个朝代都有享誉盛名的名人大家来过鄱阳湖地区，创作了描写鄱阳湖的诗文作品。鄱阳湖有幸，这些历史名人在鄱阳湖留下了他们的身影和足迹，也使鄱阳湖文学的成就达到了一个辉煌的高度。

稍稍地梳理了一下，且将鄱阳湖文学做如下归纳：

一代宗师：第一位田园诗人、"古今隐逸诗人之宗"陶渊明；

一座诗山：庐山诗群；

两大高地：山水诗聚集高地、田园诗开创高地；

四大名篇：陶渊明的《归去来兮辞》，王勃的《滕王阁序》，苏东坡的《石钟山记》，周敦颐的《爱莲说》；

八大名诗：陶渊明的《归田园居》，李白的《望庐山瀑布》《望庐山五老峰》，白居易的《大林寺桃花》《琵琶行》，苏轼的《题西林壁》《都昌南山》，王贞白的《白鹿洞》。

请原谅，在此对名篇名作的选择用的是极通俗又极苛刻的标准，只有两个字：传世。

可以说，现在被各地方志书、文献选录出来的鄱阳湖文学作品都是佳作，是优秀文学，也都是经过了历史的检验和岁月的沉淀，是被时空反复筛选下来的精品，这些诗文都是能够传世的。只是在这里所定义的"传世"标准却是大众化、通俗化的：这些诗文不仅在文学界文化界有影响，被知晓被传播，还能在普通大众层面上，也被广大老百姓所知晓、所传播，所口口相传。换句通俗的话说，就是这些诗文都要是家喻户晓、妇孺皆知。在以上所提出的名篇名诗里，一般普通老百姓，也许记不起全诗全文，但只要说出诗文中的篇名、某一句、甚至是某几个字，他们就都听说过，知道意思，就会会意一笑；或者他们的日常生活中，往往会在不经意间说出这些诗句，把高雅深刻的诗句当作随口的大众村厘俗语说出。这就是文学的大雅大俗，也是现时人们所流行的接地气接人气。这样的作品才是伟大的作品，也是文学追求的最高境界！

以上所提到的"四大名篇""八大名诗"中，都是可以选出中国老百姓耳熟能详的"传世"词句的，也只要提到篇名或词句，人们就知道是哪位作者哪个作品里的。如"归去来兮，田园将芜，胡不归"；"落霞与孤鹜齐飞，秋水共长天一色"；"事不耳闻目见，而臆断其有无，可乎"；"出淤泥而不染，濯清涟而不妖"。又如"采菊东篱下，悠然见南山"；"飞流直下三千尺，疑是银河落九天"；"庐山东南五老峰，青天削出金芙蓉"；"常恨春归无觅处，谁知转入此中来"；"千呼万唤始出来，犹抱琵琶半遮面"；"不识庐山真面目，只缘身在此山中"；"烟火楼台一万家。东风吹老碧桃花"。王贞白是一个例外，他的诗所见不多，鄱阳湖文学作品里比《白鹿洞》诗好的更是很多，所以有些史志都没有选载过他的这首诗。只是此诗中的"一寸光阴一寸金"，后《增广贤文》中补加上了"寸金难买寸光阴"，而组成了珍惜时间的一句名言，历代流传，在中国民间可以说是人人皆知，很有影响力，根据以上"传世"之标准，所以被列入"八大名诗"之中了。

在一座内陆湖泊的范围内，不仅涌现了海量的文学作品，其中又有大量的历史名人大家的文学作品，并且能够集中地出现这么多"传世"的文学作品，成为文学流派的开创、聚集高地，出现了一代文学宗师，而庐山诗群的出现更是一种罕见的文学现象，我们不得不为鄱阳湖惊羡赞叹。这也许应该是中国文学史上值得关注并为之研究的一种文学现象。

想来，不外乎有以下几个缘故。

其一，山水美景，激发了观赏者丰富的文学想象力。鄱阳湖波光变幻，船踪帆影；庐山峰峦叠翠，水扬瀑跌；山水融合，交相辉映，构成了一幅幅美丽多姿的自然风景，身临美景之人，视觉受到美的猛烈冲击，情绪被美强有力地感染，激发出了丰富的文学想象力，写诗作文就成为情绪宣泄的需要了，诗文也就如滔滔湖水般涌出；千姿百态、趣味迥然、不同凡响的自然景象也给作者提供了独特的文学视角，由此也就产生了题旨新颖、超凡脱俗、精彩绝伦的文学作品。李白的"日照香炉生紫烟，遥看瀑布挂前川"、苏轼的"横看成岭侧成峰，远近高低各不同"是如此，张九龄的"一水云际飞，数峰湖心出"、袁枚的"江尽入湖口，渔歌四处闻"、解缙的"凌波仙子夜深游，遗得仙鞋水面浮"、朱又孚的"烟凝树色日衔山，水漾湖光月满船"等等，亦都是如此。

其二，江湖水道，为大量的行旅游客提供了交通便利。在水运一统天下时期，长江黄金水道连通鄱阳湖，鄱阳湖再串起五大源流，构成了一个星罗棋布的水上交通网，特别是赣江还是通往南方沿海闽粤等地的主要通道，这就使得鄱阳湖、庐山与历史名人大家有幸结缘了。有一些人是特地访寻山水而来的，如谢灵运、王维、李白等；有些人是因事路过而来的，如王勃、苏轼等，有些人是因讲学而来的，如朱熹、陆九渊、王守仁、黄宗羲等；还有些人是因遭贬、押送而来的，如白居易、范仲淹、文天祥等，既然来了鄱阳湖、来了庐山，就不能不看风光美景，看了风光美景，也就不禁浮想联翩，诗兴大发，文人技痒，不得不写诗作文了，一下笔又文采飞扬，稍微一不留神，就流芳千古了。

其三，山水田园诗、隐逸文化、宗教文化，为鄱阳湖文学奠定了美学基础。谢灵运开创了山水诗派，陶渊明开创了田园诗派，鄱阳湖区美丽的自然山水，经谢灵运、陶渊明等人作品的描绘，焕发出了更加迷人的光彩，引起了后世一代又一代人的崇尚；使得来鄱阳湖区看自然山水、写田园诗歌的人趋之若鹜，络绎不绝，把鄱阳湖文学提高到了美学的更高层次。晋、唐宋、明清时期一些名士如陶渊明、李渤、白居易、颜真卿、欧阳修等都曾在庐山隐居，创作了大量文学作品；特别是陶渊明隐居田园、守志不阿的高尚情操，吸引了更多的后人来鄱阳湖寻幽探胜，顶礼膜拜。

另外，"庐山到处是浮屠"，众多的佛教、道教在庐山建庙立寺，从东晋南朝起，直至唐宋时，庐山上的寺庙多时 500 多处，少时 300 处，庐山成了修行者的宗教圣地，王羲之、陆静修、李白等都与佛道渊源颇深。

其四，名人名作效应，为鄱阳湖文学带来了繁荣景象。山不在高，有仙则名；水不在深，有龙则灵。鄱阳湖的山水也因有了历代名人大家的探访和作品而名声大作，游名人游过的地方，看名人笔下的风景，写名人写过的题材，犹如鄱阳湖潮水奔涌，一浪高过一浪，自古至今兴盛，现时则更是炽热了。名人名作，不仅为鄱阳湖撑起了文学的蔚蓝色天空，也为鄱阳湖如今的旅游业带来了日见丰润的效益。

恒河沙数，繁星璀璨，鄱阳湖文学以其特有的文学光芒，在中国文学史写下闪亮的一页。

二、高地美景

以一湖之魅力，成为中国文学史上的山水诗的聚集高地、田园诗的创始高地，这无疑是鄱阳湖的绝顶风光。

山水诗不是在鄱阳湖开始的，但创始人是谢灵运。写山水诗不能不来鄱阳湖，谢灵运果然就来了，写下了《石壁精舍还湖中作》《登庐山绝顶望诸桥》等诗篇，其《入彭蠡湖》诗中："春晚绿野秀，岩高白云屯。攀岩照古镜，牵叶入松门"成著名山水诗句。谢灵运还在庐山东林寺结识了高僧慧远，两位大师遂成忘年挚交。慧远不但和尚做得好，成了佛教"净土宗"的始祖，而且还写得一手好诗，其《庐山东林杂诗》中的"崇岩吐气清，幽岫栖神迹。希声奏群籁，响出山溜滴"也是山水诗的佳韵。随后，鲍照也来庐山了，他写有《登庐山诗》及《从登香炉峰诗》等，却是一封信《登大雷岸与妹书》写得最好："西南望庐山，又特惊异。基压江湖，峰与辰汉相接。上常积云霞，雕锦缛。若华夕曜，岩泽气通，传明散彩，赫似绛天。左右青霭，表里紫霄。从岭而上，气尽金光，半山以下，纯为黛色。"简直就是一篇优美的山水散文。江淹又来了，他的《从建平王登庐山香炉峰诗》："瑶草正翕袣，玉树信葱青。绛气下萦薄，白云上杳冥。中坐瞰蜿虹，俯伏视流星。日落长沙远，曾阴万里生。"诗的意境、技巧都更为高妙了。而后文人骚客纷至沓来，视野也更加开阔了，都把鄱阳湖和庐山的山水自然美作为文学描写的对象；到唐代李白、杜甫、白居易等大家加入时，审美山水，寄情自然，已经成为文学界的一种共同时尚了，尔后的朝代更是经久不衰了。山水诗在鄱阳湖已经蔚为大观，高密度地集结了，鄱阳湖成为中国山水诗的一大聚集高地。

　　与此同时，陶渊明出现了。这位把田园生活写入诗歌，于平淡自然中呈现出清新淳美的文学大师，在隐居田园的世俗生活里，无意之中举起了田园诗派这一面大旗，并以鄱阳湖为田园诗派的创始高地，身体力行地坚持高远的理想和志趣，千百年来一直受到后人的崇敬。

　　值得注意的是：以谢灵运为代表的山水诗派和以陶渊明为首的田园诗派，在鄱阳湖完成聚集和创始后，又在鄱阳湖这个山水自然结合的地区，将山水诗派和田园诗派自然地融为一体了，为后来的唐代山水田园诗派的形成提供了艺术借鉴，奠定了美学基础。

　　唐代的山水田园诗派，以反映田园生活、描绘山水景物为主要内容。继承和发展了陶渊明的田园诗和谢灵运等的山水诗。代表人物有盛唐时期的王维、孟浩然、储光羲、常建以及中唐的韦应物、柳宗元等，他们的作品较多地反映了闲适淡泊的思想情绪，色彩淡雅，意境幽深，多采用五言古诗和五方律绝的形式。王维、孟浩然、韦应物等都来过鄱阳湖，写过诗篇。王维的《远公龛》："松路向精舍，花龛归老僧。闲云移锡杖，落日低金绳。入夜翠微里，千峰明一灯。"孟浩然的《彭蠡湖中望庐山》："太虚生月晕，舟子知天风。挂席候明发，渺漫平湖中。中流见匡庐，势压九江雄。黯甚凝黛色，峥嵘当曙空。香炉初上日，瀑水喷成虹。"韦应物的《简寂观西涧瀑布下作》："淙流绝壁散，虚烟翠涧深。岩际松风起，飘来散尘襟。窥萝玩猿鸟，解组傲云林。茶瓜邀真侣，觞酌洽同心。旷岁怀兹赏，行春始重寻。聊将横吹笛，一写山水音。"等等，都是有名的山水田园诗派的体验之作。

　　至宋以后，以黄庭坚为首的"江西诗派"逐渐形成，诗派中大部分是江西人，也都来往过鄱阳湖，其中的祖可、善权本来就是两个著名的庐山诗僧，所以江西诗派中人写鄱阳湖和庐山的山水田园诗一定不少。黄庭坚就写过《宫庭湖》：其中"雄鸭去随鸥鸟飞，老巫莫歌望翁归。贝阙珠宫开水府，雨栋风帘岂来处"等，皆是风光佳句。

　　再往后，鄱阳湖区始终为山水田园诗创作的重要基地，历朝历代的文人们纷纷前来鄱阳湖采风写作，来庐山隐居生活，为鄱阳湖区留下大量的山水田园诗作，使鄱阳湖永远弥漫着一片清新隽永的盎然诗意。

三、湖光异彩

站在现时代的今天，我们仰望鄱阳湖文学的历史夜空，就犹如在观看一场美妙绝伦的焰火表演。

焰火刚刚开始，一团光球就猛地冲上了天空，观看的人惊呼声刚起，那团光球就爆发出一天金星，荡漾开来，化为满天的流光溢彩。这是从东晋发出的第一支烟花，名字叫《归去来辞并序》，燃放人是陶渊明；接着，一声巨响，一道闪亮的金色火光从湖尾往天空中射去，拉出了一道光艳的彩虹，在湖心的高空炸裂开了，迸发出了满天绚丽的火花。这只礼炮是从唐朝放来的，名字叫《滕王阁序》，燃放人是王勃；稍隔了一会儿，又有一只火鸟飞上了天，在炸裂声中，炫耀出一团极其灿烂鲜明的光焰。这是从宋朝射出的一朵礼花，名字叫《爱莲说》，燃放人是周敦颐。接着，又一道银色火花从湖头冲向天上，带出了一道耀眼的银色光弧，再猛力爆发，在夜空中绽放出了美丽的花朵。这支烟花是在湖口射出来的，名字叫《石钟山记》，燃放人是宋朝的苏轼。这些东晋与唐宋、湖头与湖尾发射的烟花礼炮都在湖心上空交汇，如五颜六色的巨大彩虹，横跨鄱阳湖，架构成时空交错的文学立体天桥。

随后，中国历史上有名的文人诗家，纷纷出手，把一支支文学的礼炮从湖的四面八方射出，在夜空绽放出炫目的光华，变幻出奇异的形态，又如流星雨般朝湖面流泻而来。杜甫是"松林兰若秋风晚"；宋之问是"复见吴州新草绿"；刘长卿是"白鸟空随万里帆"；杜荀鹤是"蒂花零落向秋深"；皮日休是"隔窗窥影尚凝禅"；黄庭坚是"云边钟鼓月边僧"；岳飞是"起身独自绕阶行"；杨万里是"雪点溅湿嫦娥衣"；刘伯温是"山头吐云山下雨"；汤显祖是"不知丛菊几回斑"；解缙是"珠矾翠同青如带"；王士祯是"倭鬓初成玉镜间"……一时间，礼花满天，流光溢彩，映照着鄱阳湖文学的波光潋滟，分外美丽动人。

如果说陶渊明的《归去来辞并序》《桃花源记》是他的人生宣言与理想追求，凸现的都是安贫乐道、崇尚自然的人生支柱，那么，周敦颐的《爱莲说》则是对君子人格的界定，是他拟定的做人的标准。

周敦颐从小就喜爱莲花，所到之处都凿地开池，种植莲花，并从莲花中悟出人格的品位，身体力行，从而成为程李理学的代表人。有关《爱莲说》的写作时间地点有争议，一说是周敦颐于嘉祐八年（1063）5月在虔州（今赣州）道判署内写作的，一说是在宋熙宁四年（1071）来星子任南康知军时写的。这都是不碍事的。古虔州即今赣州，从广义上来说，也是属于鄱阳湖流域。周敦颐最后隐居庐山濂溪书堂，死后葬在庐山脚下，应该说是魂归鄱阳湖了吧。把《爱莲说》算进鄱阳湖文学是完全应该的。

《爱莲说》是一篇精华之作，仅119个字，字字珠玑，不妨全文摘录如下："水陆草木之华，可爱者甚蕃。晋陶渊明独爱菊；自李唐来，世人甚爱牡丹。予独爱莲之出淤泥而不染，濯清涟而不妖。中通外直，不蔓不枝，香远益清；亭亭净植，可远观而不可亵玩焉。予谓：菊，花之隐逸者也；牡丹，花之富贵者也；莲，花之君子者也。噫，菊之爱，陶后鲜有闻；莲之爱，同予者何人？牡丹之爱，宜乎众矣。"

此文一出，其"出淤泥而不染，濯清涟而不妖。"遂成为传世名句，脍炙人口，历来为人所传诵。

《归去来辞并序》《桃花源记》与《爱莲说》都是鄱阳湖文学中耀眼的奇葩，陶渊明和周敦颐也是鄱阳湖畔的两位奇才，他们一个名为出世，虽隐居却满怀"桃花源"理想；一个名为入世，身在污世却洁身自爱保持清白。"文以载道""文与其人"，都在这两位有着伟大人格的大家身上得到验证。

王勃和苏东坡分为唐宋前后两朝人，都是一代才子，也都是路过鄱阳湖留下了千古名篇，但写作风格却迥然不同。王勃写《滕王阁序》时只二十郎当岁，年轻气盛，借得"神风"一夜赶到南昌，在滕王阁上挥笔一蹴而就，写下了《滕王阁序》，可谓才气逼人，酣畅淋漓。苏东坡写《石钟山记》时年近五十岁，是送长子苏迈去饶州德兴县（今德兴市）任县尉途经湖口，游览了屹立在湖口江边的石钟山，听说了山名来历的几个版本之后，产生了浓厚兴趣，决定实地考察一番。是夜，月朗星明，湖水微波荡漾，一叶扁舟载着苏轼父子，轻轻地打桨在石钟山的悬崖峭壁脚下悠悠而行，苏东坡站立船头，借着月光细细地察看山体，最终发现是山体石空，风吹水涌才发出了类似钟样的响声。回到湖边旅店后，苏东坡兴犹未了，才思涌动，又值夜暑未消，难以安睡，干脆燃亮烛光，于旅馆书案上碾墨铺纸，挥笔写文。这是篇亲身历经之事，心中早有腹稿，自然是洋洋洒洒，一气呵成。写毕抬头再看窗外，明月已经西斜，夜已是深了，气温也舒适多了，于是吹灯睡觉。那文稿还摆放在案桌之上，有湖上夜风悄悄进来，无意中看见了，慌忙转身又飞跳了出去，在湖上江上石钟山上到处高呼：苏东坡写文章了，石钟山要出名了！于是，鄱阳湖泛起欢波，长江卷起喜浪，石钟山则山响钟鸣：一代名篇问世了！

王勃和苏东坡应该是鄱阳湖的恩人，他们留下的《滕王阁序》和《石钟山记》成就了滕王阁和石钟山经久不衰的盛名，也开创了鄱阳湖旅游文学的先河。

写鄱阳湖的文章历史上还有很多很多，如慧远的《庐山记》，狄仁杰的《奏免民租税疏》，白居易的《草堂记》，李德裕的《大孤山赋》，黄庭坚的《清隐禅院记》，周密的《鱼苗》，童潮的《濂溪墓祠墓记》，徐霞客的《游庐山日记》，朱熹的《白鹿洞规》，李梦阳的《泛彭蠡赋有序》等等，皆是优秀的美文。

写鄱阳湖的诗歌就更多了，除了上文陆续提到的诗人作品外，还有张九龄的《彭蠡湖上》，王安石的《彭蠡湖》，苏辙的《除夜泊彭蠡湖遇大风雪》，王十朋的《襄溪驿》，文天祥的《吴城山》《由剑邑过吴城》《被俘北归路过吴城》，杨万里的《漱玉亭》，赵孟頫的《五柳堂》，虞集的《写庐山图上》，于谦的《渊明祠》，袁枚的《鄱阳湖》，江皋的《江洲竹枝词》，彭玉麟的《六十上本梅书寄舫》等等大家名作，难以一一列举了。

最著名的当然是"八大名诗"了，其中有七首诗都是在鄱阳湖西岸写的，唯有《过都昌》是苏东坡在东岸的都昌县写的。"鄱阳湖上都昌县，灯火楼台一万家，水隔南山人不渡，东风吹老碧桃花。"句句都脍炙人口，被人传诵，鄱阳湖人更是再稔熟不过了，都昌人则是骄傲与自豪了，出门在外介绍自己是都昌人时，都会加上一句"就是苏东坡的诗'鄱阳湖上都昌县，灯火楼台一万家'中的都昌县。"这首诗使都昌县名声大作。只是千万别误解会，此诗里南山非陶渊明诗中的"采菊东篱下，悠然见南山"的南山，而都昌的南山只是都昌县城旁的一座小山。不过"碧桃花"一词可又与陶渊明有渊源，按说苏东坡写诗的时候，南山上的桃花早就开过了，根本就看不到桃花，但偏偏要说桃花，可能实际上苏东坡只是因对陶渊明所说的"桃花源"的向往而发出的感慨罢了。

四、庐山神韵

庐山上的诗太多了，在这面积不到三百平方公里的山体上，好像每一座山峰都是诗风在飘扬，每一片山林都是诗情在荡漾，每一根草叶上都有诗韵在摇曳，每一条山泉中都有诗意在流淌，庐山是诗之山，是词之山，是诗歌之山，更是诗人扎堆儿的诗人之山。

历年来，一直都以为庐山所存诗只有 4000 多首，登临庐山的文人墨客 1500 多人，这是不准确的。2010 年上海古籍出版社出版了由庐山官方组织人员汇编的《庐山历代诗词全集》，共收录了三国至两晋南朝、隋、唐、宋、元、明、清、民国庐山历代诗词 16300 余首，作家 3560 余人，600 余万字，分 12 册出版。这应该是一个权威又精准的数据。也就是说，如按本书写作的下限来计算，自古至清代，实际描写庐山的诗词也达 13800 首，作家 2890 人。这么多的诗词汇聚庐山，这么多的作家汇聚庐山，这是独一无二的，是绝无仅有的，是鄱阳湖文学的一个神话，也是中国文学史上的一个奇迹。

没必要再重复一次诗人作家的姓名，因为前面来过鄱阳湖的名人大家都登过庐山，写过有关庐山的诗篇；也很难道出庐山诗词的全部精妙，仅循着庐山诗群中四位代表性的诗人陶渊明、李白、白居易、苏东坡的足迹，我们便可以一窥庐山诗词的风采和神韵。

好像陶渊明没有上过庐山，虽然他曾和庐山高僧慧远多有交往，由此民间还流传过慧远送客"虎溪三啸"的传说，不过东林寺只在庐山北边山脚下，算不得上山了。尽管陶渊明一直围绕着庐山居住，但他可能一生就没有上过庐山的主峰，没到过牯岭花径等地，所以也没有留下吟咏庐山岭上风光的诗篇。陶渊明就像他的人生断绝了名利场中的挣扎，而选择了淡泊朴实的田园生活一样，他也只是站在庐山脚下，以一颗平凡之心"看"着庐山顶峰，"种豆南山下"，"悠悠见南山"，"南岳无烟云"，"势翳西山巅"；也一直是只看不说，"此中有真意，欲辩已忘言"，始终与锦绣叠翠的庐山山上保持着一段从容不迫的距离。但是，陶渊明属于庐山诗人，他的诗也属庐山诗群，他也是永远留在了庐山的诗人。

李白曾五次登上庐山。这位一生游历过万水千山的大诗人，对庐山的壮丽景色情有独钟，他曾说过："予行天下，所游览山川甚富，俊伟诡特，鲜有能过之者，真天下之壮观也。"他也为庐山倾尽激情，写过《望庐山瀑布》二首、《望庐山五老峰》《赠王判官，时余归隐庐山屏风叠》《下浔阳泛彭蠡寄黄判官》《夏日山中》《山中与幽人对酌》《送内寻庐山女道士李腾空二首》《庐山谣》等 24 首诗。

"日照香炉生紫烟，遥看瀑布挂前川。飞流直下三千尺，疑是银河落九天。"此诗一出，天地为之一惊，丰富的想象，形象的夸张，把浪漫主义情怀推至极致，庐山瀑布从此天下闻名。而"庐山东南五老峰，青天削出金芙蓉。九江秀气可揽结，吾将此地巢云松。"却是描写景致细微准确、精辟独到，"青天削出金芙蓉"成为千古绝句，压倒其他歌咏五老峰的诗词。李白的其他庐山诗句，如"脱巾挂石壁，露顶洒松风"，"我醉欲眠卿且去，明朝有意抱琴来"，"山春云母碓，风扫石楠花"，"开帆入天镜，直入彭蠡东"等，都对庐山充满了喜爱和赞赏。

第四次上庐山时，李白带着妻子宗氏同来，在五老峰北侧的峡谷内筑草堂隐居，并有终老此地之意。谁料尘缘未了，半年多后又不得不离开了庐山。再五年李白第五次登庐山时，已经是六十岁的老人了，经历了李璘事件坐牢流放等一连串的挫折后，是庐山秀丽雄奇的美景抚慰了诗人，再次鼓舞起诗人寄情山水的豪情，他写下了《庐山谣寄卢侍御虚舟》诗："五岳寻仙不辞远，一生好入名山游。庐山秀出南斗傍，屏风九叠云锦张。银河倒挂三石梁，香炉瀑布遥相望，回崖沓嶂凌苍苍。翠影红霞映朝日，鸟飞不到吴天长。登高壮观天地间，大江茫茫去不还。黄云万里动风色，白波九道流雪山。好为庐山谣，兴因庐山发。"诗写得还是神采飞扬，意气风发，风格更是豪放飘逸，雄奇瑰玮，跌宕多姿，不变诗仙浪漫风采。

不管是云遮雾罩，还是雨雪晴霁，庐山还是庐山，李白也还是李白，李白诗就还是李白诗！

白居易却是有些不情愿地来庐山的。他是被贬谪江州，当了个有衔无权的六品司马，心情郁闷，无法排遣。恰巧送客在浔阳江头时，碰到位弹琵琶的歌女，琵琶女的身世触发了白居易的政治伤感，于是写下了长达 88 句 616 字的七言诗，发出了惊世骇俗的"同是天涯沦落人，相逢何必曾相识"的千古一叹，《琵琶行》遂成为千古名诗，白居易也因为写作此诗长长地吐出了盘桓于胸垒中的一口闷气，心情有所缓释。然后，白居易这才把眼光投注到浔阳城外的庐山上，他邀请朋友一起漫游起庐山来了。这一漫游才发现，"匡庐奇秀甲天下山"，"人间四月芳菲尽，山寺桃花始盛开。常恨春归无觅处，不知转入此中来"。这样的好地方，该有个供自己憩息的处所。于是，白居易在东林寺附近兴建了一座草堂，然后迁住入草堂，住了几天，颇为新鲜，兴趣盎然，就又写了篇《庐山草堂记》，表示以后要"左手引妻子，右手抱琴书，终老于斯，以成平生之志"。可见是想在庐山长期隐居了。

然而，白居易只是白居易，闲散只是他的无奈，隐居也只仅是他的权宜之计而已，一颗心还是盼着能"兼济天下"，有所作为的。当朝廷任命白居易为忠州刺史时，白居易虽然有些恋恋不舍，但"为感君恩须暂起，炉峰不拟住多年"，终是离开了庐山，结束了他在江州三年谪居生活。好在这谪居的三年时光并没有虚度，白居易写下了 300 多首诗，其中就有 60 首颂扬庐山的诗，既提升了庐山自然生态的文化品位，而且也增加了自然生态审美的人文意蕴，他的著名的两首诗《琵琶行》《大林寺桃花》也化为浔阳江畔的一座"琵琶亭"和庐山上的一座"花径"公园。白居易未能实现在庐山隐居终生的意愿，但他的诗文却与浔阳江与庐山长存，这就够了！

苏东坡是在贬官后再次调迁，去汝州赴任路经浔阳特访庐山的，虽然只是平级调动，但这却是他的人生又开始有了新起色，所以他的兴致很高。先是被满山的美景吸引，目不暇接，美不胜收，一心只想看景不想写诗了，却没料在这仙境般的庐山上，那些修仙悟道的和尚、道士，还有修身养性的隐士都知晓他的大名，是他的崇拜者，纷纷希望诗人品评吟咏，各处找他索句留题，想不写诗都不行了。苏东坡高兴了，放弃了初衷，于是十多天内，"芒鞋青竹杖，自挂百钱游"，边游历庐山，边沿途写诗，写下了《初入庐山》《登庐山怀李十使君渤》《过庐山下》《过圆通寺》等诗篇，让庐山上的那些僧道隐士们喜之若狂，也让锦绣庐山平添了不少诗人佳话。只是谁也没料到的是，当苏东坡最后来到西林寺时，面对寺门前的一面空壁，突然索笔，饱浸浓墨，挥毫题下那首总结庐山的哲理诗《题西林壁》，然后掷笔说道："谱庐山诗尽矣！"

好个率真豪放的苏东坡，看了十多天的庐山，写了十多天的庐山诗，最后得出的结论却是"不识庐山真面目，只缘身在此山中。"从此他再也没有写过庐山诗，也没有再来过庐山。在来过庐山有名的诗人中，也只有苏东坡没有表示过想在庐山隐居的意思。既然身在庐山看不清庐山真面目，那不如跳开庐山，去外面的世界走走吧，外面的山更高，水更阔，天更蓝，地更远！也许，这是苏东坡这首诗想给后人传达的另外一层的意思吧。

264 苏东坡的这首诗，又同时是对庐山诗词的高度概括，几千人写就的万多首庐山诗词，也同样呈现出"横看成岭侧成峰，远近高低各不同"的宏大气象，这些诗词也如同庐山美景一样，千百年来并且千百年后都会让人赏心悦目，流连忘返。

五、一代宗师陶渊明

真的是要感激陶渊明，因为有了他，鄱阳湖人才能在鄱阳湖文学里占有一席重要地位，才能在鄱阳湖文学中有了重要作品。

对照上文中鄱阳湖文学的代表作家的 80 多人名单里，江西籍的作家有 20 余人，占四分之一。但如按"鄱阳湖人"的"狭义"，即"生长在鄱阳湖周边县市的人"来说，却只有浔阳人陶渊明、杜宣、许德珩，鄱阳人洪迈、姜夔，湖口人高心夔、杨赣笙等七人了。如按本书的下限规定，就只剩下浔阳人陶渊明和鄱阳人洪迈、姜夔，湖口人高心夔四人了。其他的修水人黄庭坚，南丰人曾巩，广丰人王贞白，吉水人欧阳修、杨万里，乐平人洪迈，弋阳人谢枋得，临川人王安石、汤显祖、晏殊、晏几道，庐陵人文天祥，金溪人陆九渊，铅山人蒋士铨等，虽都是江西人，但却是鄱阳湖五大支流区域人，只是"广义"上的鄱阳湖人。而就鄱阳湖文学成就来说，陶渊明无疑是仅能与李白、白居易、苏轼、王勃等大家比肩的唯一的鄱阳湖人，因为陶渊明还是田园诗派创始人、"古今隐逸诗人之宗",所以,把陶渊明排为鄱阳湖文学的第一人,似乎并不为过。也使得我等后辈鄱阳湖人在回望鄱阳湖文学时,眼睛能够闪闪发亮,腰板也能够挺得笔直的了。

　　陶渊明是地道的鄱阳湖人,出生在柴桑县。古柴桑县有在如今的九江县与星子县二说,不过都没关系,无论九江和星子都属九江市,也都是在鄱阳湖畔;陶渊明一生也几乎是生活在鄱阳湖区,虽然有五次出仕的经历,但也多是待在家乡或附近,在外时间都不长,而后挂印归田,再也没有离开过家乡,死后也葬在庐山脚下。而就隐居来说,虽然有过几番挣扎,但陶渊明是隐得最彻底的一位人士,他既不是为了走"终南捷径",也不是为了"待价而沽",更不像那些故作高深的所谓隐士,摆出一副不同俗世的孤傲姿态,藏在深山过着与世隔绝的生活,而是只把自己当作一个鄱阳湖畔的农夫,活在普通老百姓之间,自耕自种,自养自活,"晨兴理荒秽,带月荷锄归";"相见无杂言,但道桑麻长";"得欢当作乐,斗酒聚比邻"。平民意识、普通观念、田园生活、自由心情,是陶渊明用后半生实践的终极目标。说到底陶渊明就是要做一个平凡的普通老百姓。他的目标是其他所谓的隐士们都不敢做也根本做不到的。

　　陶渊明身处的晋代,是隐士成风的时代。在陶渊明之前,庐山上就有"翟家四世"和刘遗民、周续之等隐士,名头很响。陶渊明之后,李白、白居易都曾在庐山隐居,并都发表过"隐居宣言",李白在《赠王判官时余归隐庐山屏风叠》诗中曰:"吾非济代人,且隐屏风叠。"白居易在《江州司马所记》中也说:"苟有志于吏隐者,舍此官何求焉。"但遍寻陶渊明的诗文,只查到三句含"隐"字的诗:"凤隐于林",是扬颂先祖业绩的;"良才不隐世",是赠友人的;"奇踪隐五百",是写桃花源的。可见,陶渊明自己是从来没有说过要做隐士的。

　　那些所谓的隐士们也许可以不要世俗的"利",但他们不可以不要清高之"名",隐士之名就是"名",所谓的"清名"。唯独陶渊明是名和利都不要的。他只要酒。

　　陶渊明好酒,喝了酒后也好作诗,但他也不像李白。李白喝了酒后浮想联翩,诗情豪放万丈。陶渊明就是喝了酒后写的诗也是出语平淡,不事雕琢,风格清新,意境却有着酒一般的醇美。他的《饮酒二十首》:"结庐在人境,而无车马喧。问君何能尔?心远地自偏";"清晨闻叩门,倒裳往自开。问子为谁与?田父有好怀";"故人赏我趣,挈壶相与至。班荆坐松下,数斟已复醉";"若复不快饮,空负头上巾。但恨多谬误,君当恕醉人"。通俗明快、生动形象地描绘出了一幅乡村农夫饮酒图。庐山南麓虎爪崖下的醉石尚在,相传是陶渊明当年醉酒的卧石。陶渊明也因此被誉为"饮酒诗第一人"。

陶渊明那些描写田园生活的有名诗句在中国可谓是家喻户晓，人人皆知："少无适俗韵，性本爱丘山"；"采菊东篱下，悠然见南山"；"种豆南山下，草盛豆苗稀。晨兴理荒秽，带月荷锄归。"；"相见无杂言，但道桑麻长"等等，文人雅士摇头晃脑吟咏时口角生香，村夫野妇张口随嘴念来也津津有味。他的文章《归去来辞》和《桃花源记》也都成为一种人生意象，既可是失意之人的自我安慰之辞，也可是得意之人的自我解嘲之语。陶渊明开创了田园文学这一文学潮流，不愧后世人称他为"百世田园之主，千古隐逸之宗"。

却有疑问：陶渊明在庐山脚下居住，一生基本上都生活在鄱阳湖畔，但他为什么在诗文中从来没有提到庐山和鄱阳湖呢？

有人会解释说，因为庐山在浔阳城的南边，晋代浔阳人称之为南山，不呼庐山的。南山在陶渊明的诗中是被多次提起的。其实，陶渊明的家乡星子县的玉京山，是在庐山的西南面，如按方位陶渊明应该称庐山为北山才对。

当然也有人说鄱阳湖在东晋时期还不叫鄱阳湖，那为什么陶渊明也没有在诗文中提到彭蠡湖、宫庭湖、扬澜湖等其他名称呢？

这倒是了。查阅所能找到的陶渊明诗文，确实是没有一件作品中出现彭蠡湖、宫庭湖、扬澜湖等名称，连"湖"字也只找到三处。陶渊明今存诗歌共 125 首，文 12 篇，虽然一句也不提鄱阳湖，但鄱阳湖却始终在他的诗文之中，请看他的《归去来兮辞》："舟遥遥以轻飏，风飘飘而吹衣"，写的就是回归状态。古彭泽县衙是在现湖口县的江桥柳德昭村，在鄱阳湖的东岸，离西岸的庐山南麓的柴桑故里不过百里，陶渊明乘着小船，迎着轻风，日夜兼程，归心似箭，喜悦的心情溢于言表。读这篇文章，我们都能感觉到鄱阳湖的风在陶渊明的面颊上吹拂，鄱阳湖的波浪在陶渊明的心中荡漾。《桃花源记》亦是如此，"缘溪行，忘之远近……林尽水源……便舍船……"那渔人肯定是鄱阳湖渔人，那驾船是在沿湖岸而行。再看他的诗，"鼓棹路崎曲，戢枻守穷湖"；"谁言客舟远"；"崩浪聒天响，长风无息时"；"掩泪汛东逝，顺流追时迁"；"洋洋平潭，乃漱乃濯。邈邈遐景，载欣载瞩"；"眇眇孤舟逝，绵绵归思纡"；"终怀在归舟，谅哉宜霜柏"；"扬楫越平湖，汎随清壑回"；"鲂鲤跃鳞于将夕，水鸥乘和以翻飞"；"气和天惟澄，班坐依远流"；"洲渚四缅邈，风水互乖违"；"目送回舟远，情随万化遗"等等，整个儿都在描写鄱阳湖的风浪水流、天水气象、舟船楫棹、鲂鲤水鸥，还有适时情思。

从交通上来说，陶渊明出行一是应先走旱路，到浔阳江头，再乘船长江东西而走；二是直接走水路，从鄱阳湖边上船，再走南北上溯江西内陆下出湖口进长江。肯定是第二条走鄱阳湖的路线更便利。鄱阳湖和陶渊明的渊源是绝对无法消除的。

但是，陶渊明却硬是不明写鄱阳湖，也不写庐山，吝啬得连湖名山名也一次不写进他的诗文。细想来，这其实是陶渊明的一种大隐之风。陶渊明的隐是一种忘怀名利，忘怀天地的大隐，是一种淡远名分，模糊关联的大隐，是一心挣脱所有的羁绊与束缚，只求得内心平静与安宁的那种大隐。"悟已往之不谏，知来者之可追。实迷途其未远，觉今是而昨非。"陶渊明对人生的大彻大悟的觉醒，是那样的震撼人心。既然陶渊明的人在鄱阳湖在庐山，鄱阳湖、庐山以及追求的田园生活都和他的身心融为一体、密不可分了，哪还有另外再提名称的必要吗？

从古至今，人人都荐赏陶渊明安贫守志的情操，但谁也做不到真正的陶渊明；就像后世人也写田园诗，但谁也写不出陶渊明那样的田园诗一样，陶渊明是屹立在鄱阳湖和庐山之间的一个绝世伟人，我们永远只有仰视。

六、吉光片羽

相对于繁若星空的鄱阳湖诗歌散文的创作来说，鄱阳湖小说的创作，只能用吉光片羽来形容了，数量是少了些，但分量不轻。

《汉书·艺文志》说："小说家者流，盖出于稗官，街谈巷议语、道听途说者之所造也。"由此可见，最初的小说含义是传闻的杂记，是篇幅简短的随记，内容广泛驳杂，无所不包。所以古代的小说一般称之为笔记小说。

鄱阳湖历史上是有过小说和小说家的。

最早的陶渊明算是一个。有一本名为《搜神后记》的志怪小说，它的作者旧题为"晋·陶潜"。陶潜即陶渊明。但此事历来颇多异议，大多的意见认为此书系他人托名之作，也就是说是有人假借着陶潜的名字出版，此书却并不是陶渊明编著的。想着陶渊明以诗文立世，品格高雅，没必要因此一本有争议的书而污其清名，所以不敢乱提。

鄱阳湖区真正有影响的小说作家和作品，应该是唐代王定保的《唐摭言》和宋代洪迈的《容斋随笔》。

王定保是南昌县人，《唐摭言》被定义为：古代汉族文言轶事小说集。此书共15卷，分一百零三门。每卷分若干标题，每个标题下或作综合论述，或分记若干有关故实，大致前三卷汇录科举制度掌故，十二卷进按类记叙科举人士言行。记叙详细、生动，但又少神奇怪异；且次序较有系统，是以前其他有关书籍都没有的。

笔记小说是一种笔记式的短篇故事，篇幅短小，内容繁杂。基本上受到史书体例的影响，多标榜其记事之确实，以史家的态度书写笔记，所以并非有意识的小说创作。王定保以《唐摭言》为书名，含有自谦的意思。"摭"，就是拾取、摘取。实际上，书中不但汇集了丰富多彩的资料，记述了大量的唐代诗人文士的一些遗闻佚事，可以窥见当时文人风貌之一斑；又保存了不少唐人别集所失载的断章零句，可以作为唐诗辑佚的重要依据。他还进行了加工、整理、分类，而且根据儒家经典和传统道德，结合各门的内容，针对当时社会的情况，写了二十多篇《论》《赞》，对一些问题进行了总结、评论，提出了自己的见解，有明确的所是和所非，不是"述而不作"，而是"有述有作"。《唐摭言》对于了解、研究唐代的社会、教育、科举、文学及人物，都有较大的参考价值。

这部成书于晚唐五代的笔记小札，在行文中有唐代白话，夹杂文言外，还有南方方言，其中他创作的词语还成为流行至今的汉语成语，如"脍炙人口"，就出自于王定宝《唐摭言》卷十："如'水声常在耳，山色不离门'，又'扫地树留影，拂床琴有声'……皆脍炙人口"。而有关王勃"时来风送滕王阁"的故事，最早就出自《唐摭言》书中。

有关王定保的生平事迹，现在知道的不多。说他是南昌人，唐昭宗光化三年(900)进士及第后，担任容管（今广西容县）巡官，后因战乱不能北返回南昌，在广州"避难"，入节度使刘隐处为幕客，刘隐去世后，其弟刘龑称帝，建立南汉国，王定保就一直在南汉国任职，官至中书侍郎、同平章事。他善文辞，曾写过一篇《南宫七奇赋》，"一时称为绝伦"。他"雅好著述，老而弥笃"，《唐摭言》就是其暮年之作。史料介绍说王定保是吴融的女婿。吴融是晚唐诗人，名闻当时，据王定保在《唐摭言》中所载，岳父吴融为其写作此书提供了不少的资料。正如纪晓岚在《四库全书总目提要》中所述："是书述有唐一代贡举这制特详，多史志未所及，其一切杂事，亦足以见名场之风气，验士气之淳浇，法戒兼陈，可为永鉴；不止小说杂家，但记异闻已也。"

所以敢说，《唐摭言》填补了鄱阳湖区古代小说的空白，南昌人王定保是鄱阳湖古代小说作家的第一人。

洪迈的父亲洪皓也写过笔记小说，曾著有《松漠纪闻》2 卷，为洪皓出使金国时期所撰，是有关金国的杂记，内容相当丰富。后来却因怕归宋回国时招祸害，只好忍痛一把火烧掉了。洪皓死后，他的两个儿子洪迈、洪遵根据洪皓遗留下的残稿以及生前所述，重新编辑整理成书。《四库全书提要》曰此书尽管"真赝相参"，然"究非凿空妄说者比也"，具有较高的史料价值。

洪迈是鄱阳县人，他写的《容斋随笔》被《四库全书总目提要》推为南宋笔记小说之冠。

《容斋随笔》是洪迈中年以后的一部笔记专集。全书记载的内容多为记述和评价历史或人物，此外还有《饶州风俗》等篇，详细记载了他的家乡饶州等地的风俗习尚。此书曾轰动一时，以至崇祯年间许多读书人见面时，都劝对方读此书；其对后世影响也很大，毛泽东一生喜欢阅读《容斋随笔》，这本书也是他临死前最后读的一部书。毛泽东是勤于读史也精于读史的人，他喜读《容斋随笔》，可见此书中有他认可的价值。《夷坚志》是洪迈晚年用心血写作的一部巨作，因散佚在宋代就无全本，流传至今仅存206卷，共2700多则故事。书中一些写实性的故事对后代文学创作产生过一定的影响，如《汉阳石榴》故事就已具备后世杂剧《窦娥冤》的雏形。

宋代，鄱阳县还出过一位笔记小说家，名叫张世南，他搜访异书，极力传写而成一本《游宦纪闻》。此书多记杂事旧闻，语多精核，虽然仅百余条，他包罗广泛，且多为实地所得，不尚空谈，具有较高的史料价值。

269

明末清初，新建县也还出过一个小说作家，名叫陈弘绪，出过《江城名迹录》《荷锄杂记》《寒夜录》等书，著作颇丰，但影响却不大。

第四章 环绕篇

第一节
引子：悠然人生

九答九问上天台哟，

晓得天上乌云哪方来？

晓得半升芝麻是几多粒？

晓得四两黄鳝几多头？

晓得一两灯草要点几多油？

这首《盘歌》是鄱阳湖区传下来的只有上首没有下首、只有问没有答的半首民歌。那下首没有传下来，也就没有人会唱、没有人能够回答了。然而这半首歌却一代一代地流传了下来。

仔细看看这歌词，却是寓意深长：天上乌云是指天气物候，半升芝麻是指岸上农产，四两黄鳝是指湖上渔业，而一两灯草则是指日常生活，都和鄱阳湖区人紧密联系，休戚相关，而且都是答不出的问题。也许有人以为第三题好答，四两黄鳝的头好数呀！其实不然，这是个陷阱题，四两黄鳝小的有好几条好几个头，大的却只有一条一头，你若答此却是彼，你若说彼却是此，怎么答都是个错。特别是最后一个问题刁钻，不问一两灯草是多少根，而问要点多少油，这也是个无解的问题。

这歌曲调也好听。二十世纪八十年代中期我在屏峰湾采风，听一中年妇女随口一唱，却是声高音响，生脆清亮，透着一股清凌凌的湖水味，有着悠远绵长的感觉。当问到为什么没有下一段时，中年妇女笑说："答不出呀。上辈人答不出就传到下辈人，下辈人还是答不出，就再传到下下辈的人，没人答得出，所以就没有下一段。我听我娘说过，我娘也是听她的娘说的，这是难人歌，也是湖边人过日子的歌。"

好个湖边人过日子的歌！

是呀，过日子不就是早看天气晚看云、关心着四季变化，耕耘着田地里不知收多收少的庄稼，捕捞着湖水里有大也有小的鱼儿，点灯照明、烧火煮饭、精打细算、勤俭持家、吃饱穿暖、生儿育女、传宗接代吗！鄱阳湖边人过日子，是再怎么绕也绕不开这首歌中唱的内容，似乎总是在预测着、重复着、追求着，坚守着，却又总是变化着，悲喜着、得失着、断续着。于是，这半首湖边人过日子的歌也就像鄱阳湖区过日子的人一样，从古至今流传了下来。

这也是首富含哲理的歌。歌在难人，求着解不了的答案；生活也在难人，不知结果的日子总是在过着，鄱阳湖人就这样一代又一代，一年又一年，追求着人的答案却永远不会知晓答案，把这半首歌曲世世代代地唱着，在鄱阳湖区把日子年年岁岁地过着。

鄱阳湖区是个什么概念？

有资料说明："鄱阳湖区指鄱阳湖的水域、湖滩洲地，分别居于沿湖 11 个县市（南昌、新建、进贤、余干、鄱阳、都昌、湖口、星子、德安、永修及九江市的市区）的行政疆域之内。它们的气候、水文、旱涝灾害、交通运输等，受鄱阳湖水体的影响较为直接，具有自然条件、自然资源和社会经济条件的类似性，所以这 11 个县市行政疆域总称为鄱阳湖区，共计面积 19761.5 平方公里。"

也有资料表明，鄱阳湖区在新石器晚期就有人类活动。在各县市考古发掘出来大批石器、陶器、石制鱼坠、骨制渔钩及甲壳上镌刻的甲骨文符号看，商、周时期已有人类在鄱阳湖区从事渔猎活动，并出现了文字交往。春秋时期鄱阳湖区先属楚，后属吴，秦统一以后，湖区由淮南的九江郡管辖，随后几番变化，至隋朝湖区剩豫章、建昌、湓城、彭泽、鄱阳和余干 6 县分别隶豫章、九江、鄱阳三郡。唐朝改湖区的三个郡名为洪州、江州、饶州。豫章又叫南昌，湓城变成浔阳。武德五年（622）从彭泽分立出都昌。顺义七年（927）升浔阳县蒲塘镇为德安县，升元三年，改浔阳为德化县，保大中年（943—957）升彭泽县的湖口为湖口县。太平天国三年（978）建星子县，六年（981）立新建县，崇宁二年（1103）置进贤县，至此共计十一县。这种行政格局，一直维持至民国，长期稳定不变。最后到辛亥革命后，德化县改名九江，建昌改名永修，这才完全形成现在的行政称谓。

再查阅资料得知：清朝初期，鄱阳湖区有人口 1200 万余人，至清末 1869 年，鄱湖区人口共计是 606 万余人。这是在经历了太平天国战争时期后的数字，那场十年战乱是鄱阳湖的浩劫，使得湖区的人口锐减。

但是，不管怎么说，鄱阳湖区是个千百万人口居住的地方，十一个县市近百个集镇千多个自然村庄，就如同蚕卵般密密麻麻地围绕着鄱阳湖，千百万鄱阳湖人守着翡翠般闪亮的一湖清水，构筑家园，居家过日子，繁衍生息。

如果从鄱阳湖的西岸九江开始，九江牵手星子，星子紧挨德安，德安连着永修，永修挽起新建、南昌、进贤，至鄱阳湖南底部，余干、鄱阳环护，再朝北部联都昌接湖口，就形成了一个沿着鄱阳湖湖岸线组成的不规则的环湖区域了，在这区域里生活的人们，是真正意义上的鄱阳湖人。

鄱阳湖是鄱阳湖人的母亲湖！

鄱阳湖区人过日子基本上可以用两个字来概括：悠然。

最早在鄱阳湖区使用悠然这个词的是柴桑人陶渊明，他的著名田园诗句"采菊东篱下，悠然见南山"，其"悠然"一词，在后世鄱阳湖人身上早已走出了安闲、舒适、深远、久远、辽阔以及韵味未尽等含义，而成为他们世代人生的诠释。

鄱阳湖区人过日子的悠然是对衣食住行的无忧。

生活在鄱阳湖区，就是生活在"鱼米之乡"，是饿不死的。鄱阳湖区的土地并不全是红壤土，而是以水稻土为多数的杂色土，土质肥沃，适合农作物生长，且又有鄱阳湖水的灌溉滋润，稻谷丰盈。吃饭不成问题了，也就讲究起来：做米粑，煎豆粑，打糍粑、煮米粉，还用来吊米酒、熬米糖、爆米花，把稻米功能用到了极致。湖口县甚至形成了一种粑的民俗：正月初一早上吃糍粑，意蕴着新的一年一家人心粘连、生活甜蜜；正月初二以柳心米粑待客，以示对亲友真心相待、洁白无瑕；小麦上场蒸新麦粑为尝新，庆贺度过了春荒之喜；做屋上梁、贺寿庆生等喜庆活动时吃发粑以祝家庭兴旺、高升大发；端午、中秋过节吃包心粑意为生活丰富，有滋有味；初冬煎豆粑做印粑，作为冬藏实储的具体体现，等等，形成了一套民俗体系，蔚为大观，丰富多彩。湖口还有"十指尖尖会绣花，十指团团会做粑"之说，把粑这一种民间吃食上升为识别人的才艺与人品、彰显一个地区的民风民俗了。鄱阳湖区还盛产苎麻，后来的土布也很出名，自己穿用不说，还可以外输换钱。就是碰到水旱蝗灾的年头，也不打紧，湖区人还有山林、渔业和水运的收入可以补充。虽然也偶有战争，但战事不大时间也不长，对湖区的影响也就不是很大，像清末的湖口之战和后来的抗日战争那种十年、八年的长期战乱历史上毕竟只有两次，总体来说鄱阳湖区还是较为安宁的。鄱阳湖区人住得也安逸。早先是住茅屋，竹木为架，茅草为顶，竹木原材料门前屋后的山岭上应有尽有，不费钱只需用劳力。后来进行改良，用土砖做墙了。打土砖是伤地气的事，是需要间隔好多年才能轮作一次。选一块黏性强的熟田，先牵牛儿拉一沉重石滚反复碾压，然后打夯拍结实了，再用铁铲切铲成一尺长、六寸宽、四寸厚的泥巴土方砖，晾晒干燥后，就可砌墙了，仍是泥水糊泥墙，也仍是茅草盖顶。这改良后的茅屋住得是冬暖夏凉。到后来就烧制青砖黑瓦，做木梁架的砖瓦屋，翘檐拱脊、白墙粉黛，很有气派。砖瓦屋一住千多年，秦砖汉瓦一直用到现代，历史够长的了。好在也都是可以自产的。行则更是得天独厚，几乎所有的村庄都有溪流港湾通往鄱阳湖，撑一竹筏荡一小船便可出门，农家物产，家养畜禽，都可装载，悠悠一三五里就有集市，二四六里便是城镇，可卖钱可换物，再买得油盐酱醋、布匹百货等生活日用品，又悠悠地摇划回家，极是便当。那做生意的跑运输的人，驾大船装重货，直下鄱阳湖径入长江，天南地北畅通无阻，活泛着呢！

要是临近湖边的居民，那就更是近水楼台先得月，多承受了几份湖的恩惠。

鲜鱼是天天有得吃的。城镇里的主妇烧菜，锅里放了水，炉里烧了火后，再去买鱼，出门就有一溜儿街的鲜鱼摊档，价格也极便宜，瞧着活蹦蹦的一条买了，就着腥手儿拐两脚路到湖边刮鳞扣鳃洗干净了，回转家来，直接往锅里一放，那水还刚刚滚开呢！"湖水煮湖鱼"是鄱阳湖传统美食，水本来就是在鄱阳湖里挑来的。乡村人家临时来客，都近午了，农妇却不着忙，边不急不缓地切着腊肉，边呼儿唤女去弄点菜来。半大的儿女应声出门，一个拎小箩一个提竹篮，不过一盅茶的功夫就回来了，带回的却是一箩白闪闪的银虾小鱼，一篮青翠翠的藜蒿水芹。原来俩孩子是去湖边现扳鱼虾现采湖菜去了，就像是去自家菜园讨菜一样方便。吃饭时一上桌，藜蒿炒腊肉、水芹豆干丝、盐水煮湖虾、辣椒爆小鱼，都是鄱阳湖好吃的名菜。

大凡临湖的城镇乡村，几乎是不怎么在家洗东西的，家家都备有大花竹篮小红木桶细篾筲箕。大花篮装杂物：上餐的碗筷盘碟、下餐的蔬菜瓜果，红木桶装昨晚一家换下的脏衣物，细篾筲箕装要淘的米，女人或是拎了挽了提了或是一担挑了，下湖去洗；路都不远，近的只要一二分钟，远的也不过七八分钟。天天来的湖岸，散落的石头就是捶衣石了。先是洗衣服，女人们会把棒槌打出如鞭炮声般清脆响亮的花头来。洗好一件，就在岸滩的石坡、树丛、草地上铺晒一件。半上午时分去鄱阳湖岸边看看，一湖滩形形色色的女人，一湖滩花花绿绿的衣服，煞是好看。待全部衣服洗好了，再来洗碗筷洗菜。说也神奇，人就只是在一个地方洗了许多的东西，那眼前的湖水一时被弄浑浊了脏污了，可湖上的一层一层的浪花过来一推一涌，那浑的污的全消失了，没有了，就荡然无存了，仍然是清凌凌的一片净水。最后是淘米，清清的湖水中就浮起一层白白的米浆来了，惹得小餐鱼儿一群群地都游了过来，看着就在眼前水里，却是再怎么样的快手也捉不到的。有带来的孩童拿件白衣张开在水底兜着，倒还是能兜住几条银色的小游鱼儿，却又随水放了，只是玩玩的。等着碗洗好菜洗好米淘好，那岸上晒的衣服也都差不多干了。那一片碧浪清波的泱泱大湖，都好像是湖边女人们手边的大水盆了。夏天傍晚的湖岸就更是有趣了，满湖满岸都是游泳的人，男人一律赤膊上阵，只着一条遮羞的短裤；小男孩则是全身裸着，把个小鸡鸡也晒得乌黑；女人女孩们虽然都穿着短衣短裤，但那平时从不外露的白嫩大腿也敢公开示人了。湖边的天然游泳池也是个天然无拘束的地方，人们游水嬉水玩水闹水，和鄱阳湖进行着最亲密的接触，把全身心都沉浸在母亲湖的怀抱之中。在鄱阳湖区，水性好是被人尊敬的。记得小时候，在我家乡湖口县，男孩子们最崇拜的是双钟镇派出所的一个人称周大个的公安民警，他的水性最好，据说敢从石钟山的矶头往湖中跳水。矶头离湖水面很高，底下就是苏东坡《石钟山记》里提到过的"下临深潭"，好像比如今的十米跳水台还要高出很多，能从这么高处跳水，可见水性不凡。

277

　　鄱阳湖人过日子的悠然还表现在忍劳耐苦，朴实执着，不折不挠，不急不躁，随遇而安，安贫乐道等等方面。

　　有资料显示，历史上长江流域多次发生大洪水，从 1300 年到 1950 年，平均每 14 年就发生一次大的洪灾，到 20 世纪下半叶，发生大洪灾的频率提高到每 3 年一次，进入八十年代，几乎年年发生洪灾。都说鄱阳湖是长江的肺，起着调蓄水量的作用。只是长江一涨大水就呛着了鄱阳湖这个肺，每每是江水倒逼湖水，形成湖水倒流的特殊景象。鄱阳湖素来又是"涨水一大片，退水一条线"，由于五大支流流域广，小的支流更是多，所以鄱阳湖流域降水丰沛，暴雨时各支流往往同时涨水，最后都汇聚到鄱阳湖内，形成了千百年来的老规律：每年都会涨水退水，都会让鄱阳湖周边县市受些影响；每隔几年就必定会涨一回大水，一涨大水就会淹没田地庄稼，断绝道路，还要逼进城镇村庄，淹进房子毁坏财物。鄱阳湖人向来采取的战略方针就是水进人退，水退人进。大水来了，能抢到手的庄稼就抢回来，拖着木盆，站在深水中用剪刀剪稻穗头，是发大水年头鄱阳湖区的一处风景。住处能立得住脚的就先立脚，跟着洪水玩游戏，大水刚漫进屋时还可在地下垫砖头，人踩着砖头行走；水涨上来，就加块砖头搭块木板。在窗台上架起炉灶煮饭烧菜照样吃得香甜，半截床腿浸了水依旧在上面睡得安稳。水要是再大了，就退而上楼。那些城镇里的小巷胡同里最有趣，平常日子人家是隔门相对，大水期间是楼对楼地搭跳板，窗口成了通道，一片水上的楼阁世界。水要是再涨，就只好放弃了住房，拿把大芭蕉蒲扇爬上附近的高坡和山上露营了。好在涨大水的季节都在夏季，不怕冷就是怕蚊子。集镇街上都成一派水国了，人们撑着用门板做的简易筏子行走，小孩子干脆就坐上洗澡的大澡盆双手划水当船到处游玩。被淹的高处楼房窗口竟然还有卖菜卖米的，再大的洪水人们的日子还是要过，生意当然就还是要做了。这发大水不像别的事物，谁也无法预料它涨多长时间涨多高水位，涨着涨着，哪一天忽的不涨了，接着又退了，先一天退一二寸，然后退一二尺的，再后来就忽然一下子全退了下去了。水退了，人就又回来了，望着家中一片泥淖，只是轻轻地叹了口气，说一句："今年的水真是大呀!"然后掏水铲泥，修墙垒壁，下门板开窗户晒房屋，再把家中被水浸渍了的家什东西一一搬到湖边细细地洗了晒了，再搬回家中，照常过起日子来了。那淹了的庄稼没了，田地还在，那就再耕再种，能赶到什么季节就种什么作物，多收少收都是个收成。湖区人没有难过也不会埋怨，更从未气馁过，住在湖岸水边，就准备着涨大水准备着水淹的，今年淹了就算了，明年多下点力气，把损失补回来就是。天不负人，湖也不负人，洪水给淹过的土地带来了新的养分，来年土地也就格外地肥沃了，种出的庄稼也会大丰收。

尽管鄱阳湖隔个几年就涨一次大水，家园屡屡被水淹，但湖区人从来没有产生离湖而去的想法，仍是一如既往地爱着这片湖这方水，和湖终生相伴，生死相依，一代接一代地厮守着鄱阳湖，湖边的集镇村庄也总不见少，而是越来越多，越来越大，日益繁华了起来。

沧海桑田，是自然界的规律。千百年来，鄱阳湖也"三十年河东，三十年河西"地变化着，湖区人不去和大自然较劲，却能顺乎自然，因势利导。沉了鄡阳就建个都昌，"灯火楼台一万家"又在湖岸闪烁;没了海昏就兴个集镇，"装不完的吴城"又在湖边崛起。那湖岸边的湖滩，今日水淹了就去捕鱼捞虾，明日出水了就来种稻植麻。幸运的是，鄱阳湖的水运却是千年不衰，湖区人也就用千年的聪明才智和辛勤劳动，把鄱阳湖的水运打造得风生水起，蓬蓬勃勃，向历史推出了的南昌、九江两大江南名城，也把湖区周边一溜转的县镇集市装点得明珠闪亮，名声遐迩。

鄱阳湖人的悠然也表现在崇尚山水，热爱自然，美化家园、享受生活上。

鄱阳湖属丘陵地带，依山傍水、环山绕水，偎水而居、枕山而眠，前脚下湖、后脚进山，皆是鄱阳湖区人居住的特点。鄱阳湖区的所有村庄中必定会有大树，或一棵或几棵，樟木居多，也有其他槐榆银杏不等，皆是几十上百甚至几百年的老古树，伞盖如篷，绿阴砸地，以为村标，也是村中聚会议事的场所；村庄周边必定栽种松柏杨柳，簇拥环绕着村子；竹丛是必不可少的，翠绿绿地形成一道美的屏障，还可以采笋伐竹，既好看又实用。家家院中都栽有果树，桃李杏枣桔柿，多种多样，春天一蓬花，秋天一树果；门前屋后虽然不去刻意种花养草，但有心种下的南瓜冬瓜会牵藤铺叶，开出一朵朵黄澄澄的大花；那无心野生的细丝蔓儿不知几时悄悄地缠满了篱笆墙，开出了一朵朵吹吹打打的喇叭花。

装扮着家园，耕耘着土地，深情地挚爱着这片山水，鄱阳湖人的日子过得不紧不缓，张弛有度。日出而作，日落而息，一年栽早晚两季水稻，播一季油菜、一季小麦，后来棉花传进来了，就还种一季棉花；再杂以少量的黄豆、芝麻、高粱、玉米什么的作物，仅是自用；又在田头地角种些豆角茄子辣椒等时令瓜果蔬菜，满足餐桌上的需要。清早鸡鸣而起，放出鸡鸭，捡起一只只还是温热的蛋，一天的生活也就由此开始了。早饭习惯喝粥，杂以米粑、红苕，腌辣椒咸萝卜就粥，开胃也经饱。上昼做营生，男人下田女人下地，赶着牛儿扛着犁耙，扛着锄头背着箩筐；老父亲则持柄铁锹帮着农田管水，老母亲在家做饭烧菜养鸡喂猪兼带小孩子，抽空还要纺纱织布；大些的儿女则上学读书去了。农活再忙营生再紧，半上午半下午时都会歇上一会儿，喝口茶抽袋烟，和相邻田地的村人聊聊庄稼话儿；正喂奶的女人则匆匆回家给孩子送奶去了。中饭有回家吃也有送到田地里来吃，马虎些，有昨天剩的饭菜热热吃了，没剩的就煮饭，简单一两个菜也就行了。大热天时会回家睡会儿午觉，也躲避正午的大热时辰。下昼的日子长了，下田地时就带些点心，一只红苕几块米糖，搪个饥荒而已；牛不用了，就放了缰绳儿，它自己会到山坡湖滩上去吃草。靠着湖边干活的人，立身伸腰擦汗的时候，会顺眼望一望湖上，湖阔水宽，帆影绰约，远处的湖岸山峦隐现，觉得很好看，心中会升起陶渊明田园诗中的那份意味，却是说不出来的，再埋头做营生时，就会多股子劲头了。黄昏的乡间最有诗意，上学的孩子回来了，男孩儿拎着柳梢条儿，女孩子挎着小竹篮子，来找父母。然后，男孩子去寻着自家的牛，吆喝牛弯下角来，踏着牛角爬上牛背，骑了扬着柳梢条子扯着嗓子唱着歌儿玩耍去了；女孩儿则去田埂地坝草丛中铲野菜讨猪菜。夕阳绯红着一张大圆脸儿，朝着西边湖水中慢慢沉了下去，湖风也微微吹来了凉爽。田地里的人们加紧了劳作的收尾，女人大着嗓门呼喊儿女，男人收拾着农具，敲打出叮当的清脆响声，然后，一家人暮归了：牛儿走在最前头，牛背上骑着男孩子，柳条梢儿还在，却串着一溜儿湖边摸来的小鱼儿；女孩子跟在后面，头上不知几时戴了一个缀满野花的花环；女人仍是挑着担子，男人仍是背着犁耙，一家人慢慢地走进了湖边坠着的那轮落日的光环之中，绯红中就有一列生动的剪影，暮霭也不知什么时候悄然蒸腾起来了，把田野、湖上弄得有些氤氲了。夜饭是农家一天最隆重的餐饮，虽然难得时日有大鱼大肉，但小鱼小虾却是从不间断的，又必定是把新鲜菜蔬精心烹饪了，三盆四碗地端上桌，一家人围坐一起，喝上几盅自烧的米酒，其乐融融。

在城镇的湖区人的日子要过得繁杂些，他们的生意在店铺里，营生在街道上，一天的忙碌一天的喧嚣，只有到晚上盘算了一天的收入，才关了店门、收了工回家。吃了夜饭后，用茶水漱了漱口里的鱼腥味儿，带着几分酒的微醉，从家里出门漫步到湖边，吹吹夜的湖风，看看夜的湖色，月光如水，水如月光，远山近岸在月色中朦胧隐现，夜航的船只在湖面闪闪而行，歇泊的渔舟在湖边传出阵阵说笑，身后的城镇房屋闪着点点灯火……不由的在脑海中想起了陶渊明、想起了"桃花源"，想起了"鱼米之乡""人烟辐辏""灯火万家""渔舟唱晚"等等词汇；又想着生意虽然没有赚到大钱，做工尽管挣得工钱不多，但养家糊口还是够用的，于是轻轻地打一个饱嗝，长长地舒出一口气，心中满满是悠然的惬意。

鄱阳湖区的城镇大多在湖边港湾处，村落又大多在丘陵的弯凹里，一方水土养一方人，山水相隔造成了"五里不同音，十里不同调"，各地有各地的方言，交流起来花错杂感的，也就产生了不同区域的"小文化"，风俗习惯各有不同，民间艺术五彩纷呈，你有你喜欢的剧种，我有我欣赏的灯彩；你唱你的山歌，我哼我的小调；唯有民间故事却是一个例外，呈现出一种开放，包容，互通、共有的趋势。

在鄱阳湖区流行、几近家喻户晓的民间故事主要有四大类：一是许真君的故事，二是朱元璋的传说，三是解缙的传说，四是鄱阳湖的传说。其中前三类都是名人故事。许真君斩蛟龙的故事流传很广。朱元璋的民间传说最多，大多是他和陈友谅大战鄱阳湖衍生出来的故事，无非是天助朱元璋、土地鼋蛛什么的都在帮着朱元璋。这里面自然有着后人的附丽，但这位平民出身、做过和尚的皇帝也是极会搞舆论宣传的，深知迷信的功能与神化的作用，他登基后敕封老爷庙、立《周癫仙人碑》、建康王庙等行为都是在向世人强调他是上天安排的真命天子，人们要忠诚于他，为他卖命。所以他的传说在鄱阳湖区越来越多，甚至就连他的一匹白马在湖区跑过，也会留下了马家湾、马影桥、走马坂、马迹岭、马当等一系列地名故事。解缙的传说却是真的有趣，全是些智斗贪官坏人、巧妙帮助老百姓的诙谐故事，所以喜闻乐见，传说不止。鄱阳湖的传说可以说是鄱阳湖民间故事中的精华，充满了湖区人民的丰富想象力和美好愿望，凡湖区一山一石、一草一木、一鱼一水产生物，几乎皆有故事传说，天落石钟、星子坠湖，绣鞋山、蛤蟆石，老爷庙、英雄石，凤尾鱼、江猪与白鳍等等，一个个故事又全都形象生动、寓意深长。小时候，这些民间传说是我每晚的睡前故事，我那一个大字也不认识的母亲，却能天天不会重复地把这些故事讲得有头有尾，有声有色，娓娓动听，使我童年的梦幻中充满了斑斓奇异的色彩。

鄱阳湖区一直流行着一句大俗话：日子长过命。意思是说日子没完没了，是过不完的，生命却很短暂，悠着点，好好享受现在的生活吧！这种朴素的哲学思想，深刻地反映了鄱阳湖人的处世心态。

历史上，长江鄱阳湖几番改道变迁，沧海桑田，水涨水落、夏盛冬竭，大自然的生存法则，有意无意地给鄱阳湖人揭示了物质与生命的意义；陶渊明不为五斗米折腰、固守寒庐、淡泊人生的精神追求，朱熹、陆九渊等人倡导的宋明理学和心学的人生哲学，当然也在祖辈的文化遗存中给了鄱阳湖人潜移默化的影响；无数次江湖上的战争，见识了太多的生死存亡、悲欢离合，"滚滚长江东逝水,浪花淘尽英雄。是非成败转头空"，多多少少会在世代的精神传教中给了鄱阳湖人触类旁通的观照。鄱阳湖人既有着鄱阳湖水对外流通、见识过外面繁华世界的开放意识，又有藏身于山坳水湾相对闭塞的地理位置，对自身生存环境认同的思想，更因着鄱阳湖区这份吃穿不愁，这份田园牧歌，这份心态平和，所以鄱阳湖人恋家守栈，不大愿意离开鄱阳湖，在家千日好，出外半时难。不大愿意出门，更不愿意出外打拼博取。当然也有人出门做生意，跑运输，但鄱阳湖区人绝对没有整个村庄集体出外的习惯，也极少有拖家带口出门闯荡的人，就是有人单身出外"打天下"，也是走走又回头，纵然是下决心走出去了，年终岁末，不管是有钱还是无钱，也都是要回家过年的。所以，"江右商帮"的"万寿宫"遍布全国，但大商人却罕见，在外当大官的人更极少；所以，鄱阳湖区历史上没有出现在全国著名的店铺字号，没有出现过名头响亮的商户，没有过上档次的庭院大宅和有规模的房屋建筑，水上也没有出现大的货运船队，渔家帮更一直只是孤船独网的零散作业方式。就是守着鄱阳湖，守着家园，鄱阳湖人也是因循守旧，独善其身，真有了几个小钱，或是小心翼翼地藏起来，或是只知道置田买地，却没想着拿出来投资生产，合作经营，实行突破，朝着更远大的目标发展。

鄱阳湖区特有的山水、渔耕、商埠、人文，构筑了鄱阳湖区的文化体系，形成了湖区特有的文化氛围，奠定了鄱阳湖人的遗传基因，存在于鄱阳湖人的生命记忆之中，也就造就了鄱阳湖人世世代代的悠然生活。

有数据显示：鄱阳湖有70%的水域在九江市境内，20%的水域在上饶市境内，10%的水域在南昌市境内。至2004年，环鄱阳湖地区人口680万余人，直接依靠或间接依存鄱阳湖生存的群众至少在200万人以上，其中约20万专业渔民是完全依赖鄱阳湖生存的。

在此"环绕篇"中，因新建县、南昌县、进贤县现今属南昌市，南昌市南昌县有着深厚的历史渊源，南昌市又是江西省的省会，为此特把三县（区）全都汇入南昌市篇中介绍；九江市亦如此。鄱阳湖沿岸历史上一些著名的城镇集市，如瑞洪镇、吴城、姑塘等镇以及屏峰湾集市，因都有所归属的县，所以也并在县篇中介绍。

第二节
南昌市（南昌县　新建县　进贤县）

一、水乡福地

见到一张彩色的南昌市行政区划示意图。南昌市仿佛一只刚从鄱阳湖中爬出来的神鼋，安义县是朝西扭动的头颈，新建县（今新建区）是张撑起来的两只前足，南昌县是宽厚的腰身，进贤县则是肥大的后尾，却把两只后足遮掩不见了，中心主脊骨当然是南昌市了。形象生动，有一种活灵活现的感觉。

之所以做这样的联想，是因为南昌市确实是从水中走出来的，也是水养着的一个地区。

资料介绍：南昌自古就是一座水城，城市因水而发，缘水而兴。南昌古民谚就有"七门九州十八坡，三湖九津通赣鄱"之称。水网密布，赣江、抚河、玉带河、锦江、潦河纵横境内；湖泊众多，有军山湖、金溪湖、青岚湖、瑶湖等数百个大小湖泊，南昌市市区湖泊主要有城外四湖：青山湖、艾溪湖、象湖、黄家湖（含礼步湖、蝶子湖），城内四湖：东湖、西湖、南湖、北湖。城在湖中，湖在城中。资料又云：南昌地处江西省中部偏北，赣江、抚河下游，中国第一大淡水湖鄱阳湖西南岸，自古就有"粤户闽庭，吴头楚尾"、"襟三江而带五湖"之称。

说起来也巧，开发南昌的也是一个姓名中带水的人。据《汉书》记载，公元前202年（汉高祖五年），汉将灌婴奉命驻军当地，修筑"灌城"，次年修筑城池，开创了南昌的建城历史，并取"昌大南疆"和"南方昌盛"之意，定名"南昌"。南昌还有豫章（汉）、洪都（隋唐）洪城等称谓。豫章是古赣江之别称，洪都、洪城的洪字带水，也都和水有关。

细看江西省地图，粗粗细细、丝丝缕缕的蓝色水线，就如同叶脉一样爬满了南昌市的版图。事实上，五座江河在南昌曼延的并不只是一条水流，赣江自滕王阁后分出了西支、中支、南支三条支流，从市区穿越，覆盖了新建县东部；抚河也分出了多条支流在中部南昌县蜿蜒；潦河南北两条分流进入前部安义县；锦江从新建县西部盘绕流插入赣江；玉带河在城区形成三支干渠，在市中心飘扬起一条长长的碧玉带；信江则兜着整个南昌地区的大尾巴，从进贤县三里章家村汇入鄱阳湖。而众多的湖泊却似满天繁星、密密麻麻在南昌地区四处点缀，如蓝宝石一样晶晶闪亮。使这只刚从鄱阳湖爬上来的神奇大鼋彩衣玉带，珠光闪烁，灵动鲜活，在江西省呈现出一种独一无二的地理景象。也无怪乎从建城以来，一直是历代县治、郡府、州治所在地，为江西省的省会。

南昌有这么多的水，好像可以和著名的水城苏州有一比了？

其实不然。

284

南昌没有苏州那样的山温水软、风雅云逸，也没有苏州那样的小桥流水、古典园林，更没有苏州那样的吴侬软语、娇巧精致。就如鄱阳湖是太湖的大姐一样，南昌有着大姐般的朴素平俗、敦厚善良；也如天然的赣抚信潦等江河相比起人工大运河而不事雕琢一样，南昌也有着自然的坦荡率真、豪放粗犷。平民化、草根性是南昌的最大特点，它的显眼建筑除了有名的滕王阁外，只有绳金塔、观音亭、万寿宫、佑民寺等屈指可数的几处，还都是拜宗教所赐，其他皆为一般民居。这一般民居不过就是草棚板壁、青砖瓦房而已，也有富贵人家几进几出、带天井的"土库屋"，也有街面生意人的前屋开店后房住家的商居模式，却都是格局局促、街衢狭窄、简单粗陋、俗味十足。难怪历史上唯一的一次南唐把国都迁到南昌，名谓"南都"，就遭到了跟随中主李璟过来的所有后宫皇亲、文武百官、富豪贵族的埋怨，认为南昌无论地理和人文，都缺乏王者的大气和国都的恢宏，更没有让他们享乐舒适和安逸的生活条件，仅仅四个半月后，随着李璟的病死，后主李煜就把国家机构迁回金陵了，连皇帝的遗体也一并运走了，留下的就只有一座长春殿，证明着南昌曾经有过建国都的那么一回事儿；再后来，因年代久远长春殿也坍塌毁没了。倒是被南唐改过的地名：南昌，却一直保持到现在。

南昌是注定没有帝王气候的，在南昌的明朝宗室宁王朱宸濠也曾想当皇帝，起兵造反，但很快就失败了，连国号都来不及提出，更别说建立国都了。

南昌却是个宗教的好地处。佛教最早于东汉时期传入南昌，有1700多年的历史。南昌是我国道教重要发源地之一。相传最早在黄帝时代，有掌管音乐的伶伦又称洪崖先生在西山修道炼丹，南昌隋代也因此称"洪州"；净明道、闾山派尊奉的祖师许逊，出生于南昌，也悟道于南昌，修道于南昌，最后合家一齐飞天成仙也是在南昌，人称许真君，"一人得道，鸡犬升天"的典故就来源于此。为纪念许真君而修建的新建县西山万寿宫，成为世界万寿宫的始祖。天主教、伊斯兰教等外国教派也都传至南昌六七百年了。据清同治年间所绘的南昌市区简图，在这只有数万居民的城镇，就有佛教、道教的寺庙宫观92处，清道光四年南昌就建有清真寺。最著名的当然是青云谱道观了。

南昌也是适合隐士的好地方。历史上隐逸人士较多，有伶伦、许逊、梅福、徐稚、苏云卿、张位等等。梅福是有文字记载的第一位隐士。梅福是西汉时代人氏，曾做过南昌县尉，官虽小却关心朝政，上书朝廷直陈正事，被朝廷斥为"边部小吏，妄议朝政"，险遭杀身之祸，于是辞官而隐居。他隐居的地点后来都成为南昌的地名，如梅岭、梅湖、梅家巷等。再一个人就是徐稚徐孺子了，他也为南昌留下了如悬榻里、徐家坊、高士坊等村地名，不过影响最大的还是王勃在《滕王阁序》中的名句"人杰地灵，徐孺下陈蕃之榻"；还有一个人叫苏云卿，南宋初名士，从小好学，精通经籍典章，绍兴年间来南昌，在东湖南岸结庐而居，白天挑水种菜，夜里秉烛织履，为人仗义，经常周济穷人，被人尊称为"苏翁"。后来苏云卿的同乡张浚做了宰相，派人来南昌请苏云卿出山做官，他推辞不肯，等第二天来人再上门时，发现书信未拆、礼物也未打开，苏云卿却不知所去了，从此再也找不到踪影。这位苏云卿在南昌虽然只留下了一个传说，却倒是位真隐士。

这么多的宗教在南昌盛行，这么多隐士来南昌隐居，看中的是南昌虽然闭塞，却风光优美、物产丰饶，能够自给自足，提供了很好的生存生活条件；南昌人也生性善良，实在笃诚，固守本分，不太愿意管别人的闲事，有着与隐士一脉相承的文化生成与交流的背景。就是那个八大山人，为政治避祸先做和尚后做道士，但却一直死死不肯离开南昌，53岁时，临川县令延请他随其僧长到临川作客年余，这使得他十分苦恼郁愤，遂佯为疯癫，撕裂僧服，独自走回南昌。可见这位孤傲的天才艺术大师，执着眷恋的还是生他养他的南昌。

说到底，南昌最主要的还是南昌人喜欢居住的好家园。

南昌的气候条件不算太好，夏热冬冷，是江南"四大火炉"南昌、重庆、武汉、南京四地之首；又是个水乡，地势低洼，下场大雨就水泄不通，发个洪涝就水漫金山；冬天里所有的水流湖泊都成了城乡间的通风管道，寒风凛冽，把个南昌吹得是冰心彻骨。南昌人却不怕。年好过，月难熬，日子总是要慢慢过的。天再热，谋生计做营生是不能偷懒，下力气流大汗也要撑挺着坚持着，晚上回到家来却是要吃个好饭睡个好觉，歇歇身子蓄蓄力气才是。夜晚的南昌市屋子里闷热，如蒸笼一般，人根本待不住，南昌人就到外面来睡。街本不宽，巷子也窄，但是露天且通风。街边人家、巷里住户就早早地挑来井水泼洒了。南昌市的水井多，几乎每个街口每条巷尾都有一眼或方或圆的水井，有不少地方至今还以井为名，如三眼井、六眼井，都是著名的老城区。井水冬暖夏凉，一二桶井水泼洒下去，那家门口就有了一块人工降了温的地方，摆上竹床或者懒人凳，周围散放几只竹椅小马凳，就是一家人晚餐的饭桌了。男的皆光脊梁，女的也是短衣裤，家常饭菜，各家各户都大致差不多，当家的男人大凡都会有从街头角落店打来的一角水酒，边和隔壁邻家扯几句闲话，边吃的欢喝的也欢。有蚊子也不怕，会有人家早从江畔湖边割了艾蒿草，晒干了绑成一把，点火燃了，冒出一股子浓烟，也不分你家我家，沿街口巷尾洒一路火星燎一圈烟雾，换得了稍许一会儿的自在。不过，再稍过一会儿，又会有别家的艾草把过来。这些薰烟的人大多是老人们。

晚饭吃好了，撤锅收碗，用一块湿抹布擦干净了，这竹床懒人凳又回归于为睡觉躺人的本能了。要是家里人多，睡的家什不够，就下门板，拼板凳，小的孩子找块洗衣板也能睡，却是人虽小但也有自己的铺位的意思。这么早是睡不着的，孩子们要先疯一阵。是黑夜，又是各家各户门口都摆设了诸多的障碍，所以捉迷藏是最适合的游戏，你躲在我家的竹床头，我藏在你家的大凳底，于是从街头窜到巷尾，追追赶赶地闹成一团；一些青年男女则暧昧一些，有事无事地总聚在一起，坐到哪一家的竹床、懒人凳上，说话逗笑，最刺激的是讲鬼故事，讲的人绘声绘色，听的人变形变色，在迷蒙的月光、昏暗的灯光下，胆小的姑娘就往小伙子身边靠，小伙子也趁着没人注意，用身子紧紧地抵住了姑娘。也就只敢出这么一点小格了，都是邻居，不敢造次的。家庭主妇们忙一些，先要洗锅洗碗，再一个个地把自家孩子抓回家来捺住洗澡换衣，然后自己洗了，衣服归拢了放到洗衣桶里，明早好到井边或小河边去洗，这才有空到外面坐一坐，仅仅是坐一会儿，看看时间，又起身去呼唤孩子睡觉了。只有那当家男子的悠闲才是真正的悠闲，澡早就洗过了，摇一把大蒲扇躺在家中最好的竹床或是摇椅上，松散着一天劳累乏了的身子，悠悠地扇着风，悠悠地看着孩子的打闹、老婆的忙碌、青年人的说笑，不管什么也不说什么更不想什么，完全是全身心地放松了；仰头看着天上，夜空澄澈、星光璀璨，满世界一片安宁，有夜风悄然起来了，暑热慢慢地在消退，人也就不知不觉地睡着了。

就是冬天，南昌虽冷，但有炒粉、有火锅、有辣椒，还有澡堂、有茶馆、有戏园子，南昌人的日子照样能过得火火热热，其乐融融。

南昌的炒粉很有名，是由优质晚稻米磨浆滤成，洁白、细嫩，可以凉拌、炒煮，放入姜末、蒜末、麻油、酱油、猪油、葱花、咸菜末，更主要的是要加上辣椒和胡菽粉，热腾腾一盘，吃起来真是个肉嫩粉韧、香喷味鲜，是南昌人一天不吃就想的主要食品。南昌历史上的火锅是只煮不涮，把肉菜等一起下入火锅中，边炖边吃，特别是鱼鲜火锅，鄱阳湖的鱼向有"千沸之味"一说，用火锅炖鱼鲜，大冬天也会吃出一身热汗，让人馋得是连舌头根也会被吞进去。南昌人好吃辣。好像有个辣名榜，湖南以最能吃辣排名第一，贵州第二，四川排名第三，江西排名第四。南昌人更讲究"辣得够味"，最爱香辣，鲜辣，甜辣。南昌的辣炒田螺是最能体现南昌饮食文化的精髓。

南昌的澡堂子是大池塘，南昌的男人们冬天都爱泡澡堂，泡在滚烫的热水里，骨头缝里的寒气都逼了出来，全身通泰。以前的大众澡堂没有衣柜，澡客的衣服全由跑堂的套在一起，用长篙子顶起挂在天棚的木桩子上。赤裸裸地躺在大堂排铺上，仰望头顶如森林般的挂衣，总有着担心衣服掉下来会砸到人的感觉，却是从来也没有发生过的事情。说也奇怪，这么多人进进出出的，那跑堂却从来不会取错客人的衣服，这好记性是一份职业技能，也是一份敬业精神啊！南昌的茶馆俗称茶铺，上茶铺品茶、过早、听说书，历来是南昌人的一种生活时尚。据资料介绍，至二十世纪四十年代，南昌还存有 200 多家茶铺，这在当时只有 20 多万人的城市里，几乎是每千人就有一家茶铺。南昌茶铺里的茶房也都有过硬的技巧，送茶时，一手提水壶，一手托茶盘，泡茶送点心一起上。泡茶时，一手揭开碗盖，一手冲茶，那长长的水注一断，茶碗里的水刚刚倒满，一滴水也不会洒在桌上。特别是那报账很有趣味，带着特殊的腔调唱道："哦，楼上某号茶座。某位客人结了账，香片几碗几角，点心几盘几角，一共几碗加几盘，毛巾把子小账在外。欢迎客人下次再来。"声音嘣脆响亮，悦耳有趣。老茶铺分高、中、低档次之分，老人们可以在低档茶铺里喝茶聊天，爱听书的人可在中档茶铺里听说传，高档茶铺则辟有雅室，并有清音曲艺、琴棋等文娱活动，也有唱灯戏的，是早期南昌采茶戏的雏形。

南昌采茶戏属于赣南采茶戏中五大流派中的赣北流派，至今有一百七十多年的历史，以南昌、新建两县为中心起步，经灯戏、三脚桩、半班等阶段而于清末形成、发展起来的，流行于南昌、新建、安义等地。主要曲调有"茶灯调"和由"茶灯调"发展演变而来的"攀笋调""秧麦调""下和调"等。传统剧目有以南昌汉族民间故事为题材的《南瓜记》《鸣冤记》《辜家记》和《花轿记》，合称"南昌四大记"，富有乡土特色。"哭不死的梁山伯，杀不死的蔡鸣凤"，是人们对南昌采茶戏常演传统剧目的谚语。

南昌采茶戏直到 1927 年才能光明正大地进入南昌城，演戏的地方先后在新昌舞台、新游禧场、升泰游禧场、洪都游禧场、民乐游禧场等等，南昌采茶戏登上了大雅之堂，南昌人也随之大雅起来，可以上戏园子看戏，日子过得也就越发地滋润了。

哦，南昌还有江西的省剧：赣剧。

赣剧是江西特色剧种，起源于明代的弋阳腔，旧称"饶河戏""广信班"，由高腔、弹腔和昆腔组成，至今已有 500 余年历史，二十世纪五十年代进入南昌后才被命名为赣剧。2011 年，赣剧入选第三批国家级非物质文化遗产名录。

南昌最好的日子是春秋两季，气温宜人，不冷也不热。春和日丽、秋高气爽，在这两个季节的日子里，南昌人都是要外出走一走的，分旱路水路。旱路爬山上梅岭，看山势嵯峨，览层峦叠翠，抱千年银杏，采十里杜鹃，阅洪崖丹井，听神龙瀑布，参翠岩禅寺，拜紫阳古刹；水路乘船走江湖，看霞鹜一齐飞，望长天共一色，游安义古村落，观京台古戏台，谒西山万寿宫，赏八大山人画，喝李渡古窖酒，吃军山大闸蟹。有看有玩有吃有喝，南昌人悠然自得，不亦乐乎！

说到底，南昌人其实是精明的，精明的表现是在平俗的日常日子里，善于发现生活中的美好，寻找生活中的安逸，享受生活中的快乐。千百年来，南昌人在南昌这片水网纵横的地方过着自然、平淡的生活，就像城外的西山是许真君飞天成仙的福地一样，南昌是南昌人过日子的福地。

二、南昌的软文化

都说"是真名士自风流"。

历史上来过南昌的真名士很多，却少见风流。

譬如张九龄、孟浩然、李白、白居易、杜牧、韩愈、曾巩、欧阳修、苏辙、周敦颐、朱熹、辛弃疾、陆游、杨万里、文天祥、汤显祖、宋应星等都来过南昌，也写下了不少有关南昌的诗文，但却好像没有在写出像他们在其他地方所写出的那样很有名气很有影响的作品，所以也似乎单独拎不起描写南昌的有名诗文了。

有一点是肯定的，不是以上文学大家们的才气衰减了，也不是南昌的景色触发不起他们的创作激情；他们都才华横溢，也都有创作冲动，也确实写下了作品，但总觉平平而一般，似乎有一种无形的什么东西在压抑着他们的才思，阻滞着他们的情绪。他们中也许有人思索过：是不是南昌的风水有限，这么多的佛道在此修行悟性，把那天地间的灵气消耗干净了？又是不是因为南昌的文化底蕴太浅薄，一篇《滕王阁序》就让王勃把南昌的文气全部带走了，以至后人无法超越？但是细细想想又不对了，南昌的风水很好，一直是风生水起，内有百花洲蓬蓬勃勃，外有梅岭郁郁葱葱，高有滕王阁、绳金塔揽天之胜，低有江河湖、港湾溪汲地之气；南昌的文化根基牢固，深远绵长。别的不说，南昌人会读书，多出才子，也多出大家名人。如晏殊、晏子道，这父子俩都是著名的词坛高手，开创了北宋婉约派词风，被历史合称为"二晏"。如南宋尚书邓琬，唐末五代小说家王定保，大宋一代名臣陈恕，元朝文学家熊良辅，明代戏曲家魏良辅，明朝理学家魏良弼，明代学者、诗人张位，明代状元舒芬，清代文学家、史学家、藏书家陈弘等等。王勃在《滕王序》中不也早就说过了，南昌是"物华天宝，人杰地灵"嘛！

也许有人根本没有在意，他们只是有些儿疑惑：自己在南昌，怎么就不会有神来之笔，写不出令天下人耳目一新的好诗文呢？

于是，这些文学大家带着疑惑、带着不解，也带着有些糊里糊涂而离开南昌，走了。

又譬如一向是风流倜傥、不拘形迹的"江南第一才子"唐寅。

唐寅来南昌是应宁王朱宸濠礼聘来教授娄妃绘画的，地点是在娄妃的梳妆台——南昌有名的杏花楼。杏花楼是座充满香脂姻粉味的楼台，聪明美丽的娄妃手下婢女肯定个个都是美貌如花，于是人们也纷纷期待着也许会有点什么风流事儿发生，结果却是让人大跌眼镜：这位曾在太湖边热热闹闹、潇洒浪漫地弄出过"三笑点秋香"风流韵事的唐伯虎，不但在南昌没搞出一点风流动静，最后却是因觉察出宁王可能谋反，将来会有天大的祸事，为了避免以后的连累，想告辞却又不敢得罪宁王，最后想出了个装疯卖傻的笨招儿，把自己弄得狼狈不堪地逃出了南昌，让所有的人都大大地失望了一回。

其实说到底，是南昌的文化环境与氛围影响了来南昌的名士，制约了他们的风流，南昌的平实、朴实、老实、现实、厚实，是一种无形的文化软实力，这样的文化软实力是会消解风情与雅趣，融化才华和激情的。

文化软实力是一种很难说清楚的东西，就像一个故意打扮得奇形怪状的人走上南昌街头，想引人注目。事实上南昌人也看到了，却一点惊讶的神态也不表露出来，任其从自己身边走过，就仿佛是一阵轻风飘过一样无动于衷，那眼脸上的淡漠本是刻意装出来的，却让人感觉是一种无意识的集体无视，集体的无视让那个想引人注意的人很觉无趣，于是蔫了萎了缩了，不敢再如此了。就像南昌街头泼妇骂街、蛮汉打架一样，围观的人很多，任凭泼妇把男女生育器官当歌儿唱、蛮汉把手上的棍棒要得如风轮溜溜直转，却少有人劝架，只是嬉笑地看着，但每当有泼妇骂出了伤人父母咒人子孙的话、蛮汉做出了要伤要害致人性命的动作的关键时分，围观的人群中就必定会有一声断喝冷冷响起，"哇西哩！"或是"做西哩！"随后有附和的声音四起，也是"哇西哩""做西哩"三个字。这是南昌方言，是"说什么呀""做什么呀"的意思。这断喝和附和，是一种不满，一种阻止，一种评判，是对触及了骂街、打架的底线的裁定。于是，事情发生变化了，矛盾达到了高潮后，被喝住了，转变为就坡下驴的解决矛盾的阶段了。还有那么多的名人诗文，写了就写了，南昌人看了也就看了，不言也不语。其实，南昌人心中是有评判标准的，那就是：有没有超过王勃的《滕王阁序》？没有。晓得了，那就放着吧。放着，是南昌人的一种态度，一种不伤人的平和态度。例如，王勃的《滕王阁序》之后，又有王绪的《滕王阁赋》，王仲舒的《滕王阁记》和韩愈的《新修滕王阁记》，以及很多后人写的诗文，南昌人就全部束之滕王阁了，放着。而挂在嘴角常说的呢，只是王勃与《滕王阁序》、只是"物华天宝，人杰地灵"、只是"落霞与孤鹜齐飞、秋水共长天一色"等等。

爱好并重视文艺的南唐中主李璟南迁南昌时，是带了一支画家队伍来的，翰林图画院的画家自然都是当时的顶级画家。但南昌人却一点也不在乎，只是装作很无意的样子，让李璟看到了一幅描写南方舟船的画作，自然而然地把南昌一位手工匠人蔡润隆重推到了中主面前，但这就让李璟欣喜若狂了，立即破格把蔡润录取为翰林图画院待诏之职。而董源、巨然等一大批南昌画家的出现更是让世人瞩目。由此想来，唐伯虎来南昌没有闹出一点风流韵事是有原因的，南昌是前辈画坛大师们的家居祖地，你"孔子门前卖字画""关公面前耍大刀"，一个后辈小子岂敢造次！

还有位意大利传教士利马窦，在万历二十三年（1595）来南昌，参观万寿宫时，因见当地人对神像虔诚地跪拜磕头，发出了好奇的怪声后，惹恼了南昌的香客，认为这个洋鬼子对南昌人心目中的保护神许真君有失恭敬，硬要揪着利马窦向许真君神像磕头跪拜，最后经人打圆场说情才肯放手。这件事给了想在南昌传教的利马窦深刻的教训，以至于后来在南昌居住三年的日子里，他都是经常身穿中式衣衫，手摇折扇，尽量去效仿一个南昌的读书人模样。虽然他这是为了便于接近南昌人，好传播教义，并没有背叛上帝，但也不能不说是对南昌文化的一种妥协。

想想看啊，南昌是一省首会，是首府城市，是江西的政治经济文化中心。南昌地处赣中，上溯赣江通闽粤至外洋，下走鄱阳湖过长江连通中国南北，船来客往的，什么样的事、什么样的人没有看过，什么样的世面没见过。不是还有个南昌人汪大渊，在元朝至顺元年(1330)，从泉州搭乘商船出海远航，历经海南岛、占城、马六甲、爪哇、苏门答腊、缅甸、印度、波斯、阿拉伯、埃及，横渡地中海到摩洛哥，再回到埃及，出红海到索马里、莫桑比克，横渡印度洋回到斯里兰卡、苏门答腊、爪哇，经澳洲到加里曼丹、菲律宾返回泉州，前后历时 5 年。至元三年(1337)，汪大渊再次从泉州出航，历经南洋群岛、阿拉伯海、波斯湾、红海、地中海、非洲的莫桑比克海峡及澳大利亚各地，至元五年(1339)返回泉州。汪大渊两次航海，比郑和下西洋早六十五年，比哥伦布发现"新大陆"更是早了 162 年。汪大渊花费了近八年时间，自费航海，把外洋的花花世界看了个够，回来后潜心写出了《岛夷志略》一书，对研究元代中西交通和海道诸国历史、地理有着重要参考价值，引起了世界重视。1867 年以后，西方许多学者研究该书，并将其译成多种文字流传，公认其对世界历史、地理的伟大贡献。汪大渊也被公认为元代著名航海家，西方学者称他为"东方的马可·波罗"。谁敢说南昌人没有见识，"哇西哩"？打住吧！

南昌的这种无视、喝住、放着的文化软实力是一种强身剂，使南昌人保持着清醒的头脑和足够的自信，维护并强化着自身的本土文化；却又是一道阻隔剂，妨碍阻隔了外来文化的传入、融合和杂交，束缚了南昌的政治、经济、文化诸多方面的突破和发展。不过这是后话了。

三、青云谱与"八大山人"

说到南昌，就像绕不开滕王阁、王勃和《滕王阁序》一样，绝对也是绕不开青云谱、八大山人和他的画。这两地两人两文艺是南昌的地标、人标和文标。只是说的人太多说的话也都已经太多，要想不重复别人说的话那也就无话可说了。

滕王阁前面断断续续地说了不少，可以不说了。八大山人也说过一些，青云谱却是没有说过的，所以绕不过了，就只好硬着头皮来说。

也总是要做一番介绍的。不妨直接摘录有关资料介绍好了。

"青云谱为八大山人故居。位于南昌市南 5 公里处，始建于西汉年间，称梅仙祠。至东晋大兴四年（321），为道士许逊之'净明真境'，唐贞观十二年（641），刺史周逊奏建，名"天宁观"。大和五年（831），改称'大乙观'，由道教天师万元振在此修道，至北宋至和二年（1055），敕建为'天宁观'。历代屡废屡建。清顺治十八年

（1661）改称青云谱，寓意'青高如云'。

"朱耷（1626—约1705），明末清初画家，中国画一代宗师。本名由桵，字雪个，号八大山人、个山、驴屋等，汉族，江西南昌人。明宁王朱权后裔。明亡后削发为僧，后改信道教，住南昌青云谱道院。擅书画，花鸟以水墨写意为宗，形象夸张奇特，笔墨凝练沉毅，风格雄奇隽永；山水师法董其昌，笔致简洁，有静穆之趣，得疏旷之韵。擅书法，能诗文。存世作品有《水木清华图》《荷花水鸟图》等。"

一直有种八大山人被后世人曲解了的感觉。

都说八大山人是个悲剧人物，有关朱耷的介绍都充满着"明朝覆灭""东扑西颠""窜伏山林""装聋作哑""隐姓埋名""遁迹空门""潜居山野"等词汇；给人形象也是"生活清贫，蓬头垢面，常喜饮酒，但不满升，动辄酒醉"；整个儿一个穷途潦倒，醉生梦死的样子。其实不然，既然能说明朝后裔朱耷为保命求生，不得已而伪装，为什么就不能说是在无奈之下，八大山人与清王朝进行的个人抗争呢？

不错，是抗争！

请看，这位朱耷把朱字拆开，把上四划给弟弟朱道明，让其改为牛姓，名石慧。牛石慧三个字草书连写起来，很像"生不拜君"四字；剩下二划自己用吧，改姓名为八大山人，又把这四个字草书连写成"哭之""笑之"模样。表示了明室朱家俩兄弟对满清王朝誓不屈服的态度，"生不拜君"，不尿你那一壶不说，还鄙视你，"哭之"是哀已不幸，"笑之"是讥尔不屑。这还不够，八大山人就画些孤傲鹰鸟、怪异禽鱼、乱石虬木、枯枝残叶来傲视人世，看看那些鹰鸟禽鱼的眼睛，一样样都是直翻白眼、冷冷睥睨，让人心头为之一凛，觉出了一股子寒意。朱明新朝当政，天下一片谄媚，就八大山人敢翻白眼！这就是抗争。谁又说八大山人不自由了？他是那个时代最自由的一个人，他可以在画纸上自由想象、自由构思、自由涂抹，自由绘画：眼睛本是圆的，他可以画成方形；有序的山水，他可以画出一片混乱；活着的鹌鹑、葡萄、水仙、鳜鱼，他可以全部画出死寂的神色；一团墨染就是一块山石，几条黑线就是三两枯枝，一只小鸡压住了一纸空白，甚至盖上一方印章就是一幅画作，等等。以艺术世界对抗现实世界，这也是抗争。

还有八大山人的先佛后道，也应该说是缘于抗争的选择。

八大山人有过十三年的佛教徒生涯，但在他39岁至62岁之间，却正式定居青云谱，成了青云谱道院的开山祖师。有说他的亦僧亦道的生活，主要不在于宗教信仰，而是为了逃避清朝满洲贵族对明朝宗室的政治迫害，借以隐蔽和保存自己。但入佛门也是一样呀，何况他已经在佛13年了，为什么又要改换门庭呢。这其中的原因一直

292

是说朱耷 36 岁时，想"觅一个自在场头"，才找到南昌城郊十五里的青云谱。

请仔细琢磨八大山人"觅一个自在场头"的意思。青云谱："园内有前、中、后三殿。前殿祀关羽，中殿祀吕洞宾，后殿祀许逊。后殿院中有桂树数枝，每至仲秋，桂香四溢，十分清幽。整个园内古树参天，曲径幽回，亭台玲珑。外有清泉环抱，内有异花奇草，闹中取静，悠然自得"，果然是个好场头不假。但"自在"二字值得玩味。想想八大山人学佛多年，曾潜居山野，奉母带弟"出家"至奉新县耕香寺，又迎母至新建县洪崖寺、在耕庵老人处受戒住山讲经；又有人考证，朱耷从 28 岁到 36 岁，曾带着母亲和弟弟住在绳金塔附近。他到过这么多的地方，也许都没像青云谱这样的好环境，但适合他居住的地方却不能说没有。他之所以选中青云谱，并因此弃佛入道，是因为那个"自在"二字。佛庙道院都是修身养性的地方，以静制动，清心寡欲，都是行为有所戒律但心灵自在之所处，但佛教只是吃斋念佛，就是做法事也是打坐跪拜、敲木鱼念佛经，没有什么行动；但道教却不同，除了诵咒画符外，还可以做法事降妖捉怪，驱邪除魔，既有着一份精神上的"自在"，还可有行动上的作为。许大真君就是仗剑诛蛟嘛！

可以想象一下，入驻青云谱后，原先的和尚八大山人摇身一变，成了一个道士了。做道士当然要做法事：摆一香案，燃起青烟，八大山人身穿玄色道袍，头戴冲天冠道士帽，一手持金色令牌，一手挥桃木长剑，摇摇摆摆地，口中念起咒语，烧起一道符咒，朝地一抛，猛然大喝一声："太上老君急急如律令！"长剑猛力劈下，把那些"妖魔鬼怪"纷纷拿下。何等的酣畅淋漓，何等的快意恩仇！殊不知，八大山人桃木剑所指，却是他心中的妖魔"清妖"，是夺他祖辈江山，并要斩草除根追杀明朝宗室弟子的清政府。汉人不是一直称清兵为"清妖"嘛！在世俗生活中，八大山人只能是个连自己本姓都不公开的隐匿者，但在道教的法事中，他却可以是一个大声喝令、耀武扬威、自由自在的"除妖捉怪"人。这是一种心灵的自在，也是八大山人认定青云谱是"自在场头"的本意。尽管这是一种心理上的自我慰藉，但也不失为一种抗争。

一个人力量有限，是无法和一个朝廷抗争的，处于劣势环境下的八大山人，能以这么种种怪异的方式进行抗争，实属不易，也实属智慧，而且还是天才的大智慧。谁是赢家呢？明朝成为了历史，清朝也成了历史，八大山人也成了历史，唯有青云谱还在，八大山人的画还在。

四、西山万寿宫与"江右商帮"

新建县的地形有点儿特别，县域被划为两半，分别在南昌市区的偏西南和偏东北两方，中间的土地被市区隔开了，全靠赣江主流为联接线，从新建县的西南区域下方绕过，跨过市区，再贯穿新建县东北方区域的中部，蜿蜒流进吴城湖面。这两方地域，西南一方紧靠西山山脉，属丘陵地带；另一方东南北三面环绕鄱阳湖水，是完全意义上的滨湖地区，山和水却是分得太明显太绝对了些。如此一来，那串联起两片区域的赣江是什么呢？好似是一条翠绿竹扁担。只是这扁担也太大了吧？又有谁有这么大的气魄，竟然把一个2千多平方公里面积、68万多人口的县并作一担挑了呢？

新建这县名也有些儿独特，新建新建，看字面总以为是新近建立的县，其实早在唐朝武德五年（622）就单独设县了，名为西昌，公元625年并入南昌县；公元981年划南昌县西北境（今奉新、永修一部分地区）十六乡另建一县，命名为新建县，未再更名。当年新建，以后年年新建，一千多年过去了，一直到现在还是新建，这可是个永远簇新永远鲜活的县啊！

作为南昌市的属县，新建县的历史人文一直是南昌市文化的组成部分，但却有一个地方，成了南昌市的骄傲，成了历代"江右商帮"的精神殿堂，那就是西山万寿宫。

西山万寿宫坐落于新建县西山逍遥山下，是纪念许真君而修建的一座宫殿。始建于东晋太元元年（376），历经废兴，鼎盛时期占地面积三万二千多平方米，规模之大，"埒于王者之居"，成为中国最大的道教圣地之一。宫门之内，正殿琉璃为瓦，重檐画栋，金碧辉煌，气势宏伟。绣金帷里，真君塑像端坐中央，坐像头部为黄铜铸成，重500斤。12真人分列两旁，吴猛、郭璞站立坛前。高明殿等三殿之前，6株参天古柏苍老遒劲，四季常青，相传最大一株为许真君亲手所植。宫门左侧的八角井，相传当年许真君铸铁为柱，链钩地脉，以绝水患。宫外还有大量的辅助建筑，如接仙台、云会常、冲升阁等，形成一个以万寿宫为中心的古建筑群。

有关许真君的传说故事，明显有着鄱阳湖区文化的渊源。许真君姓许名逊，字敬之，是晋朝人，和陶渊明同为一个时代。曾任蜀郡旌阳（今四川德阳市）令，所以又称旌阳先生。他居官清廉，为民兴利除害，后弃官东归故里，在新建县西山修身炼丹。这和陶渊明弃官归田隐逸田园是并行的。许逊精于医道，为人治病，药到病除，妙手回春，蜚声远近。时值南昌洪水泛滥，蛟龙腾云覆雨，兴风作浪，为害人民。许逊用神剑将蛟龙擒住锁于八角井中，从此水平浪静，风调雨顺，五谷丰登。这也充分反映了鄱阳湖区民众期盼灭绝水患的心态；相传许逊活到136岁时，在西山得道，"举家四十余口，拔宅飞升"，连家禽家畜都带去了。西山于是被认为是道教的"神仙的处所三十六洞天，七十二福地"的第四十福地，又称"飞升福地"。其实这福地的意象也出现在陶渊明笔下描写的"桃花源"中。西山万寿宫后来成为道教净明忠孝道的发祥地。净明忠孝道是以倡行忠孝净明，以天地合一，心净无染，大忠大孝为根本的一种修行方法，以"忠、孝、廉、慎、宽、裕、客、忍"为源，依此修行自然可以得道成仙。这也和鄱阳湖文化有着悠长深远的渊源。

所以难怪乎，历史上净明忠孝道在鄱阳湖区一带盛行，许真君受到江西人的崇拜，而西山万寿宫被誉为世界万寿宫的始祖，成为"江右商帮"弘扬忠孝商业文化的标志和载体。

何谓"江右商帮"？

赣商在历史上被称为"江右商帮"。源于明末清初散文家魏禧所著的《日录杂说》上记载"江东称江左，江西称江右。盖自江北视之，江东在左，江西在右"。遂得此名。江右商帮是中国古代商帮中最早成形的商业帮派，江右商帮称雄于明清两朝，人员众多，数以百万计，称雄中华工商业900多年，是中国古代实力最强商帮。

对江右商帮的历史形象，一直有一句精准描述："一个包袱一把伞，跑到天下当老板。"

这句话让人联想起二十世纪六十年代的一幅著名油画《毛主席去安源》。油画中，走在萍乡山路上的青年毛泽东，就是身穿青布长衫，手拿油纸雨伞。手拿油纸伞是寓意着毛主席为革命风里来，雨里去的艰苦。据说画作者当年曾到江西安源煤矿体验过生活，肯定听到过有关江右商帮的介绍，这油纸伞的构思是不是受到此启发而产生的，就不得而知了。但不能不承认的是，就是这把油纸伞的细节，使这幅主题先行的政治油画，产生了强烈的艺术真实感，引起了人们的生活共鸣，特别是触发了江西人深层的历史记忆，曾轰动一时。

"晴带雨伞，饱带干粮"，是鄱阳湖区送家人出门时必不可少的叮嘱语，且又多是出门做生意的商人。鄱阳湖区的商人到哪里去做生意了？江右商帮的生意又做到了什么地方？虽然时隔900多年，但现在仍然还是有迹可循，有物为证，那就是遍布中华各地和散见海外地区的万寿宫。

万寿宫，就是"江西会馆"，也叫"江西庙"，"江西同乡馆"，"豫章会馆"等，是以供奉许真君，兼有祭祀、议事、住宿、慈善、教育、娱乐等综合功能的建筑群。

明清时期，赣籍商人行走全国，并在经商地修建万寿宫，成为外地江西同乡的"江西会馆"。

有研究者经过查寻，确定明清以来，全国共有万寿宫达1450多座，省外实建800多座。天津、汉口的万寿宫，都属当地翘楚性建筑。云南省由北向南，直抵滇缅边境，万寿宫比比皆是，就连赣闽交界的边远山城长汀县里也有一座万寿宫。万寿宫建得最多的是四川省，共有300多个；北京的万寿宫从明初的14所，到清光绪年间增加到了51所。江西境内，建万寿宫更是蔚然成风。修水县建万寿宫50多座，宜丰、赣县都在30座以上。景德镇的万寿宫，规模宏大，占地面积2300平方米。在日本，江西富商从捐地建庙开始，与江浙商在长崎、神户、大孤、横滨以及马来西亚、新加坡等地建三江会馆。在印尼也建有供奉许真君的中国庙。新加坡和菲律宾碧瑶都各建有万寿宫。

建有万寿宫的地方，都基本上伴有江西街。江西街上都是江西店铺，既出售瓷器、中药、纸张、布尺、茶叶等江西特产，还经营食盐、绸缎、金银首饰、南北杂货、印刷书籍、钱庄典当、饭店旅栈等货物。江右商帮还在云贵川开采铜铁井盐，在苏北采盐垦殖，在上海、武汉、重庆、天津开钱庄、银行，参与股市和房地产活动，商帮街区不断扩展，日新月异。江右商帮被称之为徽商、晋商齐名的全国三大商帮之一。

万寿宫是鄱阳湖隐匿文化的又一具体表现。现在无法知道首创在外地建万寿宫的人是谁，但这人确是个天才的智者。实际上，商帮有业缘性的行帮和地缘性的省、府、县商帮。全国各地在外地经商的商帮都设有会馆，也都很直接地冠以省、府、县名，为某地会馆，标名是为同乡同行服务。唯有江西人精明，盖一座道教的万寿宫，是先请来了一尊保护神，有真神护佑，一般人是不敢欺负江右商帮的；神仙之宫，规格也就大了，这名字就会让其他省地的会馆黯然失色；盖宗教建筑，不会招人忌妒，官府也没有理由打压，更会得到信奉者的支持。其二，以万寿宫为商帮会馆，则是表明江右商帮崇拜许真君，倡行净明忠孝道的忠孝，讲究"贾德"，注重诚信。盖的是万寿宫，竖立起来的却是江右商帮经商宗旨的旗帜，是江右商帮的一种态度，也是一种广告宣传。其三，以宗教的名义，是不是会在地方税务、政治势力、江湖纠纷等等方面能有所规避和防护？各地情况不一，难以统一释疑，但肯定是有些裨益的。

于是，在凡有江右商帮的全国各地，都有江西街头耸立起雄伟的万寿宫，筑起举行庙会娱神的豪华戏台，有定期公选的会首或客长和常设的管理机构，购买义田、义山、义塚，保有相当可观能力救济困难同乡、捐助社会慈善公益事业的公积金，建有

296

自己的豫章小学以至中学，成了一个老少安怀、同乡和睦，商贸繁荣、文化发达的江右社区，万寿宫就是江右商帮的司令部，赣文化的灯塔，江西人诚实守信的商业道德也得到了全社会的公认。

江右商帮聪明矣！

江右商帮的聪明更多的是表现在做生意经商诚实守信，讲究职业道德。他们不卖假货、劣货，不抬高物价、欺行霸市，而且还遵守儒家的道德规范，提出了"君子爱财，取之有道"，并由此形成了"以诚待客，以义制利"，"和气生财，公平守信"，"货真价实，童叟无欺"等一系列道德要求，为"江右商帮"共同遵守。有的家族还将商业道德作为家规、族规的重要内容，要求全家庭的人员予以遵守。江右商帮的发达还得益于水运发达，物产丰富，鄱阳湖连接长江通往大运河，可谓是四通八达；特别是明清实行海禁，赣江鄱阳湖水道成为闽粤的唯一通道。江西有瓷器、茶叶、纸张、夏布、大米、药材、木竹、烟草、蓝靛、煤炭、钨砂等等，不仅丰富了商业兴隆的物质基础，也增加了经商的渠道和门路。

江右商帮是个大概念，囊括了江西省内各地的商人。皆以地区定名，清代的景德镇有"十八省码头"之称，商帮云集，其中较有势力的江西籍商人就有瑞州商人、奉新商人、南昌商人、建昌商人、临江商人、吉安商人、饶州商人、抚州商人、丰城商人、湖口商人和都昌商人。清代的河口镇"富商巨贾，共仰八帮"，其中江西籍商人占了三帮，即抚州商帮、南昌商帮和建昌商帮。不同地方的商人所经营的主要商品也大不一样，于是便有了临清药帮、河口纸帮、抚州粮帮、修水木帮、吉安布帮、景德镇瓷帮等等。这帮那帮的，但出了鄱阳湖，到了外地就都是一个大帮：江右商帮。

想当年，南昌市内水道纵横向，拥有数不清的水边港湾、集镇街市，也就有着省内最多的航船码头。譬如幽兰古镇、黄渡街、桐林铺、蒋巷街、市汊街、万舍街、滁槎街、泗港口、在港街、渡头街、罗舍街、冈上街、乐化老街等等，每座街市都连接着一条河流湖汊，都有一座座码头，码头边又都是舟船如梭、帐篷如帜。江右商帮准备好货物后，一定会特意先到城中铁柱万寿宫或西山万寿宫烧一炷香，磕上几个头，求上一道平安符，祈祷此行一帆风顺，生意兴旺；然后回到船上，必定是将请来的符供在尊贵之处，再扬帆出航，不出半日就进入鄱阳湖，湖阔风顺，浩浩荡荡，出湖口，入长江，转西东上下行，走向了全国各地。一路紧赶慢走，终于到了目的地，又必先去当地万寿宫烧香磕头，感谢真君一路护佑，再向会馆报到，拜见会首，然后有店的回店做生意。无店的就在万寿宫住下，会有人为你介绍商市行情，帮助联系生意；签署买卖合约时，会首到场充当中人；有纠纷争斗时，会有人帮着说合调解；孩子可上义学读书；生活上如有困难，会馆会给予救济；逢年过节，可上万寿宫祭神拜祖先，还可以神人同乐，观看戏台几天几夜上演的大戏。就是有老死病故的，会馆都可在异地他乡为你提供一块坟地。一座万寿宫，就犹如是江右商帮的驻外大使馆。把一座纯宗教式的建筑和商业经营行为自然、巧妙、几近完美地结合在一起，这是江右商帮的历史创举，也好像是前无古人，后无来者吧！

对于现在海外异地的江右商帮后代子孙来说，万寿宫是不是还具有文化寻根的意味呢？

五、董源、巨然和南方山水画派

进贤县也是个有一千多年历史的古县，原名钟陵县，晋太康元年（280）设置，至宋崇宁二年（1103）改置进贤县。进贤县名缘于唐代抚州刺史戴叔伦。这又是位弃官归田的诗人，只可惜他在上表辞官归隐获准后，却在返乡途中客死在四川清远峡。戴叔伦写过《女耕田行》《屯田词》等反映人民生活艰苦的诗歌，被誉为唐代地方官诗人代表，算是个贤人吧。因他曾随亲族避乱在进贤城东北山上名叫石头驿的地方居住，后人就把此山改名为栖贤山，后又因此山改县名为进贤县，有走进贤人居住过的地方之意。

与县名有着同样悠久历史的是李渡白酒。进贤县李渡镇有着1500多年的酿酒历史，早在元末明初，江西李渡就有"赶圩李家渡，打酒买豆腐"之说，经历清朝的兴旺，李渡白酒更是闻名全国。2002年在考古发掘的李渡烧酒作坊遗址，显示出元、明、清、近代、现代6个时期的酿酒遗迹，证实了李时珍在《本草纲目》中关于李渡烧酒的记载："烧酒非古法也，自元始创之。"

然而，在进贤县的历史上，最著名的却是董源、巨然和南方山水画派。

中国山水画历来有北方和南方画派之分。南方派山水画家用秀润、淡雅、温和之笔墨，皴山、点树、染云。其山石无奇峭之笔，平缓如丘；其树木也无峭拔之势，多用湿笔点缀成林。其用墨亦是淡墨、湿墨为主，有一种淡雅、温润的情趣。南方派山水画家，在构思、创作时处处都以秀雅温柔为最高审美标准，使其作品具有温柔之美。为五代、宋初南方山水画的主要流派，对后世影响很大。以董源、巨然为一代宗师，始称"董巨"；惠崇、赵令穰、赵干，江参、米芾米有仁父子、法常、若芬以及也是进贤人的刘道士等等，都属南画体系，至元代而大盛。

无独有偶，董源、巨然两位画家都是进贤人。

298

　　董源，一作董元，字叔达，自称"江南人"，五代南唐画家，南派山水画开山鼻祖。擅画山水，兼工人物、禽兽。其山水初师荆浩，笔力沉雄，后以江南真山实景入画，不为奇峭之笔。疏林远树，平远幽深，皴法状如麻皮，后人称为"披麻皴"。山头苔点细密，水色江天，云雾显晦，峰峦出没，汀渚溪桥，率多真意。米芾谓其画"平淡天真，唐无此品"。存世作品有《夏景山口待渡图》《潇湘图》《夏山图》《溪岸图》等。

　　巨然，五代画家，著名画僧，早年在江宁开元寺出家。擅山水，师法董源，专画江南山水，所画峰峦，山顶多作矾头，林麓间多卵石，并掩映以疏筠蔓草，置之细径危桥茅屋，得野逸清静之趣，深受文人喜爱。以长披麻皴画山石，笔墨秀润，为董源画风之嫡传，并称董巨，对元明清以至近代的山水画发展有极大影响。有《万壑松风图》《秋山问道图》《山居图》等传世。

　　观赏董源、巨然的画作，山无高山，岭无峻岭，却是山峦连绵，云雾烟岚，山水树石都笼罩于空灵朦胧之中，显得平淡而幽深，苍茫而深厚；且有水有岸，有船有人，张网捕鱼，有村有屋，放牧牛群，一派江南山乡气象。画作又皆以花青运以水墨，清淡湿润，山石用笔点染，而山坡底部用披麻皴，显得浑厚滋润，江南山水的草木繁盛，郁郁葱葱俱得以表现，有浓淡相间、枯润相生、笔墨秀润、气格清雅、意境幽深之感觉，屹然是南昌地区丘陵、湖泊、风情、人事的艺术再现。元代画家吴镇看了董源的《夏山深远图》有感而发，题有一诗云："北宛时翻砚池墨，叠起烟云隐霹雳。短缣尺楮信手挥，若有蛟龙在昏墨。南唐画院称圣功，好事珍藏裹数重。崇山哭兀常疑雨，碧树萧森迥御风。鸟啼花落不知处，渔唱樵夫遢迤度。展舒不尽古今情，未容肉眼轻将赋。"可算是全面概括了南方画派的艺术特点。

299

　　想那董源、巨然二位大师，从小就生活在江南地区的特殊丘陵环境之中，鄱阳湖山水早就横桓胸怀，民风俗情也是娴熟于心。那董源平日写生作画，定然是扁舟轻桨，逍遥水上，眺望湖山，灵感泉涌，可能还有一壶李渡烧酒，就更是豪情抒发，泼墨如烟，把一草一木、一山一水，都在画纸上赋予了灵动鲜活的生命之光；那巨然和尚，虽无奈居京师开宝寺为僧，画的却还是家乡进贤的风景，在用尽南方派的皴、染、勾、点技法，涂绘山林烟润、苍秀葱郁的山野情调同时，他也算是神游鄱阳湖、栖贤山了。

第三节
余干县

一、馀水之干

鄱阳湖这个绿色的大葫芦，一屁股墩抵坐住了上饶地区的两个滨湖县：鄱阳、余干。

余干县古称干越，始建置于秦王政二十六年（前 221），迄今已有 2237 年历史了。县域东接万年，西连南昌、进贤，南邻余江、东乡，北挨鄱阳县，2331 平方公里面积由丘陵缓慢倾斜，过渡到湖滨平原，就像一块巨大的长簸箕，从东南徐徐铲入西北。信江恰恰地从余干中间顺势纵贯全境，分东西支流注入鄱阳湖。信江古名馀水，所以余干以境处馀水之干而得名，馀后改为余。余干人也就成了鄱阳湖的子民。

信江是余干县人的母亲河，一条大江串起了余江人世世代代的生活，也为余江架起了一座流动的水桥。在水运一统天下的岁月里，武夷山脉下东南部的福建等地，怀玉山东头浙江省等地，以及江西境内的上饶诸县，货运皆从信江过往，至余干县进入鄱阳湖后，才能通达全国。浙闽赣三省的便利水运，给余干带来了"闽越百货集散"之繁荣。那信江在余干境内一路招摇，把数不清的舟舸帆船、土产杂货、浙闽客商带到了余干。在沿江两岸的港湾码头上，到处都是斑斓各异的服装，大相径庭的面孔，交错杂陈的语音，余干人见怪不怪，一律以客待之，请上集镇酒肆坐下，店家报出的菜名皆是余干特产，有枫树辣椒、乌黑鸡、藜蒿、粉丝、芡实等农特产品，还有鄱阳湖银鱼、酒糟鱼、黑蚬、青虾、鳜鱼、河蟹、乌鱼等水产品。价格都不贵，当然是要尝鲜的。于是叫上一坛康郎酒，点上个五荤三素，吃了个杯盘狼藉，却是辣嘴不辣心，鲜浓又开胃。酒足饭饱之后，来县城的客人还有个好游玩处：东岗岭。

东岗岭平地崛起在县城中心，山不大也不高，仅面积 0.11 平方公里，海拔 56.2 米。却被北宋文学家杨亿誉为天下绝景，谓："长洲茅屋，曲水渔罾，楼阁差参，峰岚远近。或白云，或返照，或残雪在树，或微雨弄晴，朝暮掩映。"山上有仙人茶灶、东山书院故址，干越亭，墨池等历史遗迹，伴有陆羽、朱熹等名人传说，留有刘长卿、张祜，宋米芾等名家诗句。"干越亭前晚风起，吹入鄱湖三百里，晚来一雨洗新秋，身在江东图画里。"王十朋这首诗可谓是一语道尽余干风景。

第二天一早驾船开头，顺江而下，半日到瑞洪镇，这里是鄱阳湖一个著名的货物集散地，可做生意可买卖货物。要还往前行的，再走半日，沿着余干的边界在湖边拐一个半弧形大弯就是康郎山了，在这里必定是要歇下，要上康王忠臣庙烧香。

康郎山是个面积仅 3.5 平方公里的小岛，屹立在余干县域最前端的鄱阳湖中，能抗风涛，又称抗浪山，往来船只多在此停泊避风。元末朱元璋大战陈友谅于鄱阳湖时，曾在此屯兵，康郎山湖面也是朱陈大战的主战场。朱元璋取胜后，于元至正二十四年（1364）夏四月在此建庙，祭祀死难忠臣韩成等 36 人。忠臣庙建是一座三进两廊四天井六棚相连为一体的抬梁式木构架，前进定江王殿，中进观音堂，后进忠臣大殿。红墙黄瓦，屋角翘然，描金描彩，宝顶流光，气势雄壮。庙宇临湖，湖上行船至此登岸瞻仰者颇多。明严州府同知甘瑾有《康郎山》诗云："云拥惊涛立半空，凭虚览胜倚孤篷。神祠箫鼓喧初日，贾客帆樯逐便风；平野欲吞吴地尽，众流不与海门通。楼船百战今何处？唯有湖山在望中"。

301

韩成是朱元璋的部将。在与陈友谅的水战中，朱元璋的座舟在混战中慌不择路，搁于浅滩，为陈友谅部将陈英杰所困。这时，与朱元璋外貌相似的韩成挺身而出，换下朱元璋的衣服，站立船头朝陈英杰大呼道："陈将军，你若能放了我的部下，我就投水而死。"陈英杰以为他真是朱元璋，于是答应了。韩成遂投身入湖，陈英杰指挥众将士下水打捞尸体回去邀功。朱元璋趁机逃出重围，再次组织全军反击，终于射杀了陈友谅，彻底摧毁陈军。

民间传说康郎山与江西"老表"一说有关。说鄱阳湖之战时，朱元璋曾受箭伤，多亏康山老乡救治，临走时朱元璋和老乡约定，以后如找他就称为是"康郎山的老表来了"。朱元璋登基几年后，鄱阳湖地区发大洪水，康郎山百姓记住朱元璋临别时的话语，风尘仆仆上京，进皇宫大门时，说："我们是太祖的康郎山老表"，皇宫的卫士便放他们进了皇廷。朱元璋果真对康郎山的"老表"旧恩不忘，免了他们的田赋。从此，一句"老表"在全国叫开了。此传说孰真孰假不论，倒还是有些生活情趣。

说到底，这忠王庙与民间传说，都是有意为朱元璋粉饰。实际上，朱元璋称帝后，大封功臣，却根本忘记了韩成。韩成老母丧子后，生活无依无靠，对朱元璋非常不满，就在金陵（今南京）拦住了朱元璋的銮驾，站立桥头，历数韩成鄱阳湖救驾之功，痛斥皇上忘恩负义。朱元璋一听是韩成之母，又见她一身乞丐打扮，立即向韩母赔礼道歉。后来，朱元璋追封韩成为高阳侯，封其妻为诰命夫人，招其子韩锦虎为驸马，还将韩母接进皇宫，盛情款待。直到高阳侯府建成后，才将韩母送回。至今，在南京还留有骂驾桥和韩家巷。

这韩家母子倒都是大气之人，儿子忠得干脆，毅然代主而死；母亲恨得也干脆，敢对皇上骂大街。好在朱元璋也不是小肚鸡肠，当街被骂也没有生气发火，更没有老羞成怒，翻脸不认人，对韩母实行打击报复，而是知错改错，也是一个大气之人。所以，有关忠臣庙引发的一系列传说故事，获得了后人的敬佩，忠臣庙也由此成了鄱阳湖上船只的庇佑庙，韩成等死难忠臣成了湖上百姓的保护神。

拜过忠臣庙，再开船就离开余干县了，前面是鄱阳湖绿色大葫芦的大肚腹，湖宽水阔，扬起帆篷，就可以一往无前了。

二、与君相知

山荫水养的好地方，自然也是人文荟萃，余干倒是出了几个有意思的历史人物。

吴芮，余干县善乡龙山南麓（今社庚乡）人，据说是春秋时吴王夫差的后裔。秦始皇统一六国后，在全国推行郡县制。鄱阳县，是秦王朝首次在江西设置的县，吴芮被乡亲们举荐为番阳（今鄱阳）令。颇有政绩，深得民心，被百越人尊称为"番君"。当陈胜、吴广举起反秦义旗时，吴芮率百越人起兵响应，曾被项羽封为衡山王，后归顺刘邦，以吴王之后的身份，与韩信等人拥刘邦为帝，刘邦也诏封吴芮为长沙王。这是第一个被封王的鄱阳湖区人，也是刘邦在位剪灭异己时，唯一保留下来的异姓王。

吴芮无疑是个杰出人才，青年时，常研究《孙子兵法》和《吴起兵法》，带领族人演练阵法。他十八岁时就统制兵马一万七千多人，部队军纪严明，很受百姓拥戴。

他听从母亲梅氏的建议，藏兵于民，兴农兴商，又大胆革除弊政，轻徭薄赋，减轻百姓负担；带领百姓兴修水利，制定一系列鼓励农耕的措施，提高了农民的生活水平。吴芮还独具慧眼，将女儿嫁给英布，最后翁婿双双封王。吴芮的妻子长沙王妃毛苹也是位历史上著名的才女，据说情诗《上邪》就是她所作：公元前201年，吴芮与毛苹泛舟湘江，庆祝自己四十岁的生日，长沙王妃毛氏则面对明月，深情地吟咏出千古绝唱："上邪！我欲与君相知，长命无绝衰，山无棱，江水为竭，冬雷震震，夏雨雪，天地合，乃敢与君绝。"诗中女主人公以自然界五件不可能发生的事情来表明自己对爱情的忠贞不变，一个情感真挚，气势豪放，突破封建礼教的活脱脱女性让人震惊赞叹。此诗后被收入汉乐府民歌中，成为著名的古代爱情诗篇。

可惜的是，在吴芮夫妻双双死去后，其儿子吴臣却做出了叛卖亲人，诱骗枭杀妹婿英布而有悖于伦理的事情，让后代鄱阳湖人凭吊吴芮时，总觉着有份遗憾在心头。

梅鋗是吴芮的同乡，余干县梅港乡人，自小生得虎背熊腰，魁梧英俊，臂力过人，也极善打仗。梅鋗后来成为吴芮的部将，跟随吴芮打天下，先被项羽封为十万户侯，后被刘邦封为"台侯"，"食台以南诸邑"。实际上，据《史记》载当时"大侯不过万家，小者五六百户"，"十万户侯"其实只是个空头衔而已；而台以南即台岭(大庾岭)以南。当时台岭以南已为南越王赵佗所据。梅鋗也只是个没有地盘的"台侯"。所以唐代罗隐有诗言道："采香径在人不留，采香径下一叶舟。桃花李花斗红白，山鸟水鸟自献酬。十万梅鋗空寸土，三分孙策竟荒丘。未知到了关身否，笑杀雷平许远游。"算是调侃奚落了一番。

不过，梅鋗在他一生漫长的征途中，却都留下了好名声，所到之处，当地的人们都敬慕他的英名，把他的名字铭记在城池和山水之中，与之共存，在安徽、江西、广东和湖南等地，留下了梅鋗城、梅岭、梅港、梅溪、梅村等名称。梅鋗去世后，他的遗体运回家乡梅港安葬，后人在他墓地建造了一座寺庙，名曰应天寺，塑像供奉。梅鋗生前没有属地，死后倒拥有多座庙宇，特别是在"台以南诸邑"越族人居住地，更是乡乡都有"梅溪公王庙"，享受世代香火，还有遍处纪念他的地名和梅花，也算是不亏了。

1300多年后，南宋诗人杨万里踏着当年梅鋗率六千子弟进入岭南的足迹，沿途所见到处都是因纪念梅鋗而栽种的梅花，触发诗兴，写下了不少诗句，其中"一路谁栽十里梅，下临溪水恰齐开，此行便是无官事，只为梅花也合来"为天下人熟知。

余干还出了宋右丞相赵汝愚、宋工部侍郎李伯玉，南宋著名理学家饶鲁，明礼部侍郎李伯玉，明理学家胡居仁等等一批雄才俊杰。

唐人刘长卿、韦庄，宋人黄庭坚、辛弃疾，明人朱熹等人也都来过余干，写有不少诗作。刘长卿的《登余干古县城》诗："孤城上与白云齐，万古荒凉楚水西。官舍已空秋草没，女墙犹在夜乌啼。平沙渺渺迷人远，落日亭亭向客低。飞鸟不知陵谷变，朝来暮去弋阳溪。""古县城"是指唐以前建置的余干县城。刘长卿这诗是登临旧县城吊古伤今之作，在唐代即传为名篇。

三、瑞洪遗韵

从鄱阳湖驾船逆行，扬帆穷尽北湖区的茫茫大水，穿南矶、过康山，视线就短了，两岸的景色历历在目；再拐过梅溪咀，水线也嘈杂多变了，船就好似在岸堤相夹的水缝中梭行，终于来到了瑞洪镇，必定是要扳艄进港，好好地歇息一晚，攒足劲头，往下的航程就是出湖入江了。行走信江，一路就艰难得多了。

瑞洪镇位于余干西北水乡，是个唐武德九年（626）间建的商埠，原名洪崖乡，因朱元璋驻军而后改名为瑞洪。瑞洪镇水路东溯信江，经鹰潭通上饶，西注鄱阳湖直通长江。守着江湖口，瑞洪镇掌控着"闽越百货所经"，集散起周边县地物资，千年古镇，闻名遐迩，素有"余干小南昌"之称。

瑞洪镇依托信江流向而建。和当地其他城镇一样，一条石板砌街，青石麻石相间，仅里路之长、宽不过两丈的老街分称上湾街、中湾街、下湾街；中湾街为商业区，上、下湾是手工业区。街边店铺因水道而设，商铺亦多滨水，虽也有粉墙黛瓦，雨梁相续，有的屋檐还雕梁画栋，游龙浮凤，古朴而生动，但临街商店却都是响板铺面，有着百余家吧，算是固定商家。镇上人的日子过得不紧不慢，吃好早饭开店门，随着通街"噼噼啪啪"下店铺板的响声，那四乡八邻的村民也纷纷赶来了，他们肩挑手提的都是当地的土特产，聚集在街旁，比邻设摊，这是临时商贩。于是乎，一天的买卖开始了，摊贩上卖的是菱藕鲜果、鱼虾鳖蟹、时令蔬菜，店铺里卖的是布匹、烟丝、日杂百货，做买卖的论货议价，吆喝声此起彼伏，男人们的说笑，女人们的娇嗔，孩童们的嬉戏，还有那拉车的车轮嘎扭声，挑夫的扁担吱呀声，送货的跑街儿的脚板啪哒声，再加上下湾的手工作坊的劳作声响，全混沌成一派乡间俚俗之气，却透着一股子生动，一股子亲切，一股子温馨。那水边的码头虽然简陋，几块拴缆石，几块长跳板，却引来了大船小船，沿着街岸一字排开，带来了各地商贾聚集，沟通着余干、进贤、新建、南昌、湖口、都昌、波阳等城镇的商业交流。

于是乎，那湖岸就有着了一条条由码头工人组成的运输带，南来北往的货物直接扛抬进了商行店铺的前后门，那水那船那货，就与这岸这坡这镇沟连了、通往了，融洽了，连为一体了。

便利的水运交通，再加上瑞洪人素来忠孝仁慈，宽厚诚善，造就了瑞洪镇的兴旺发达，带来了千年的繁华鼎盛。

有两件事，可以证明。

史载，明末，万历进士李尔张、累官礼部尚书入参机务。"因患谏而谪瑞洪"，流落瑞洪街头，寓居在上湾风波亭附近，并在此搭起一幢草棚，每日烧好一缸红茶，以供往返者饮用。长年累月，拳拳爱民之心从未间断，且不收取分文，这草棚因而叫"施茶庵"。此茶缸必定不小，要是小了就不会称之为缸了。试想想，一缸茶水，可为多少人饮喝呀，每日一缸且从未间断，由此可见瑞洪来往人众之多，也可见李尔张为民办事持之以恒！

授人玫瑰，手有余香。这个每日施茶的李尔张不知是深感做善事之乐趣，还是觉得瑞洪街民忠孝仁慈，宽厚温顺，是个好居之地，以后竟然拒绝了朝廷的召回，就地削发为僧了。那个前来宣召的探花张瑞图也够意思，见李尔张其志不可夺，遂代予奏请立庵和购买田园供其赡用，并赠匾额以荣居，亲笔书写"妙觉地"三字，以作留念。古茶庵于是成为李尔张在此研究佛学和烧茶地方。李尔张还在此编著了一部上至三皇五帝，下迄明末的纪传体五言韵文——《鉴略妥注》，后成训蒙读本。

清代女诗人钟令嘉，出生于瑞洪，是著名文学家、戏剧家蒋士铨的母亲。钟令嘉20岁生蒋士铨，因家境穷困，丈夫蒋坚远行谋生，钟令嘉只好带着儿子寄食瑞洪镇娘家。从钟令嘉是钟家九女可以看出钟家人多，家境也并不是很好，但对钟令嘉母子不但没有歧视，反而非常照顾。蒋士铨在《清容居士行年录》中曾写道："诸舅视母，若未嫁时。"蒋士铨四岁时发病，"外兄克辅日走数十里外求医药，得不死"。五岁时瑞洪大饥，"滋生公家人及吾母皆啮糠籺，哽不能下。滋生公日以二钱购一镒米，以二钱易市脯一片，饲士铨，历二载如一日。"滋生公即蒋士铨的外公。俗话说，嫁出去的女，泼出去的水。钟家却能以此等情爱接纳照料出嫁的女儿和外甥，可见瑞洪人的心地善良，充满仁爱。

在瑞洪镇，还流传着钟令嘉教子的佳话：说是蒋士铨三岁时，钟令嘉把竹枝削成篾丝，折断，弯曲成各种笔画形状，组排成字形，抱儿子坐在膝盖上，一字一字地教，每日教十字；第二天，再让孩子自己拼字，直到没有错误为止。这是一种寓教于游戏的学习方式，可见钟令嘉之聪慧。夜晚纺织，钟令嘉将课本放在自己的膝上，把儿子放在膝下，口授句读，手仍不停地操作布机，孩子困倦了，让他睡一会，唤醒再读，往往到鸡鸣为止。等蒋士铨稍稍长大，钟令嘉又亲自执教诗文，她本是一个女诗人，想来教授儿子必是耐心细腻。都说余干话是最难听懂的土话，但那一首首优美的诗词从钟令嘉嘴里温柔地抑扬顿挫轻轻诵出，儿子听着犹如母爱天籁，旁人就是听不懂意思，但也如同听歌听曲，自是会别有情韵。后来蒋士铨考取功名，官至翰林。钟令嘉又写诗告诫儿子：文采莫骄人，安贫即报亲。知儿莫过母，钟令嘉认为儿子性格不合适官场，嘱其告归。鄱阳湖人骨子里都有着陶渊明的清高淡泊情结，蒋士铨母子更甚。乾隆三十一年（1766），蒋士铨辞官奉母南归。蒋士铨专门请人绘制了一幅《归舟安稳图》，画上一叶小舟，有母、妇、三子安坐其上。"舟有琴书，有酒樽茶灶，有僮婢，自奉粗足也；岸树有花，春波淡荡，游鳞不惊，汀鸥戏"，一幅怡然自乐，超凡脱俗的图景。钟令嘉在画上题诗曰："馆阁看儿十载陪，虑他福薄易生灾。寒儒所得要知足，随我扁舟归去来。"归隐后，蒋士铨的文艺创作进入丰收季节，他的诗歌创作达到了成熟的新阶段；他的戏曲创作也完成了《桂林霜》《四弦秋》《雪中人》《香祖楼》《临川梦》等重要剧目。

站在瑞洪镇的三江口上，环顾信江、赣江与鄱阳湖水交叉汇聚处，一水红、一水黑、一水白，三色水面景色壮观，渐渐你渗我透他融地混为一体，流泻成了鄱阳湖浩瀚如天、滔滔不绝的蔚蓝色，人的心情都会开朗通达起来。

据说瑞洪镇上那古施茶庵还在，但不知还会不会有人每天泡上一大缸茶水，供人饮喝，要是能去那茶庵坐上一坐，喝上一碗茶水，想定会是别有一番滋味。

第四节
鄱阳县

一、鄱阳西上是吾家

鄱阳县在鄱阳湖区似乎拥有好几个"第一"。

第一个建县：秦始皇二十六年（前 221）置番阳县，以处番水之北得名，西汉改番阳县为鄱阳县，一直到今；也是自汉至两晋及南朝，直至隋朝到如今都保持县名符号不变的古县。第一位县令：吴芮秦时任番阳县令，是鄱阳湖区的第一位行政长官。面积第一：县域面积 4215 平方公里，鄱阳湖区第一；省内仅次于修水县，是江西省的第二大县。人口第一：总人口至 2012 年达 157 万，名列江西省第一。

鄱阳县还和南昌市一样，也是鄱阳湖畔的一座水城，境内有饶河、昌江、乐安河、潼津河、西河、千秋河、送津河等大小河流 225 条，自东北往西南方向穿境而过，流入鄱阳湖；境内还有大小湖泊 200 多个，有名的汉池湖、焦塘湖是鄱阳湖的子湖，还有珠湖、雪湖、大莲子湖、大鸣湖、青山湖、麻叶湖等较大湖泊，水域面积达 948.7 平方公里，占总面积的 22.5%，因此有"中国湖城"的美誉。

最为要紧的是：鄱阳湖的名字来源于鄱阳县，是在鄱阳县建城八百多年后，因彭蠡湖水越过松门山直抵鄱阳县附近，因而将彭蠡湖易名为鄱阳湖。有史为证，《饶州府志》记载："鄱阳湖乃彭蠡泽之东南隅，延袤数百里，隋以鄱阳山所接，故名。"

想想看啊，一座中国第一大淡水湖——鄱阳湖，用的是自己县的名字，这该是多大的风光啊!

鄱阳县人出外介绍自己是鄱阳县人时,必定是会拿鄱阳湖做注脚的:"哦,就是鄱阳湖的那个鄱阳两个字,鄱阳湖还是以我县的名字取的呢!"鄱阳县人说这话时的那口吻、那神气,满是自豪与骄傲。

不过,在以上解释时,鄱阳县人经常会遇到一些尴尬。其一是这个"鄱阳县"、"鄱阳湖"的"鄱"字是个冷僻字,只是专用于鄱阳湖鄱阳县名,没有其他字意,一般人不认识,经常被认错,读作"潘 fān"或"番 fān",正确读法应该是 pó;二是二十世纪五十年代后出生、现时上了些年纪的人会很惊讶:"鄱阳县?好像没有这个县吧?只知道江西有个波阳县。"弄得鄱阳湖县人又得要再解释一番:"波阳县就是鄱阳县,波阳是鄱阳的简化。鄱阳县 1957 年 5 月简化为波阳县,2003 年 12 月经国家民政部批准,又恢复鄱阳县的。"如此这般一来,麻烦是有些儿麻烦,好在鄱阳县人都乐此不疲。

鄱阳县能让鄱阳县人值得炫耀的地方有很多。

鄱阳镇、鄱湖渔鼓、饶河戏、瓦屑坝,都是鄱阳县有名的事儿,是要单篇另述的。

鄱阳县的历史名人也多。

秦时吴芮首任鄱阳县令;东汉雷义廉洁不染遗金;东晋陶侃母子留下贤名;唐大历才子吉中孚、晚唐诗人陈陶;南宋爱国名臣洪皓、文学家洪迈,南宋词人姜夔,殉国名相江万里;元书法大家周伯琦、散曲名家汪元亨;明忠烈胡闰、天文学家童轩以及北宋、清代文、武状元彭汝砺、张鸿翥等等,都是鄱阳县的名人,在中国的人文历史天空上也都是一颗颗耀眼之星。

雷义的故事发人深省。雷义任郡功曹时,曾经救助过一个犯了死罪的人,使他减刑得以赡养一家老少。这个人为了感谢雷义的再造之恩,攒了两斤黄金送到雷家,但是雷义坚辞不受,这个人没有办法,只好偷偷地把金子放在雷家老屋的天花板上。过了多年之后,雷义修葺房屋,翻开屋顶,才发现那两锭金子。但送金子的人此时已过世,妻小也不知流落何方,无法退还。雷义便将这两斤黄金交付县曹,充入官库。想着雷义救助这个人,只是出于人道和在法律允许下才做的,应该是秉于公心,但如果接受了这金子,收了回报,那却由公心变为私心了,这是不可为的。这尺度雷义把握住了,所以他成了千古高士。

陶侃母子则是以另一种方式来阐述公和私的含义。

鄱阳湖区有句大俗话:"拆了扫帚当柴烧"。意思是家里再穷,也要善待客人。

这句俗话其实是从陶侃母亲湛氏"截发延宾"故事里演变过来的。陶母为了招待儿子的朋友，把自己珍爱的头发剪去卖了，换钱买来食品待客。这是以私为私，可以倾其所有。陶母教儿的另一个故事是"封坛退鲊"，因得知儿子托人带来的糟鱼是从主管的鱼品作坊拿来的，陶母重新封上坛口，叫来人带回去，并写信责儿："你当了官，拿公家的东西送给我，我不但不能要，反而为你担忧了。"这是以公为私，却是半点不能沾。一位贫家母亲，把公私分得如此清楚，实属难得。所以，陶母与孟母、岳母、欧母并称为中国古代"四大贤母"。所以，陶母教出来的儿子陶侃也就为人持重，谨慎细致，不尚浮华，公私分明，成为东晋时期著名的政治家、军事家。陶侃晚年病危时要回长沙，临行前将所有军资器杖和牛马舟船造册登记，加盖印记，封存于库中，钥匙由自己亲自掌握，准备交给继任者。这并非是陶侃不信任下属他人，而是他的主动负责和全部担当，所以一直传为佳话。

南宋名臣洪皓，奉命出使金国被扣留软禁，在金十五年后全节而归，被誉为苏武第二。明初忠烈胡闰，恪守忠君古训，坚持为建文帝服孝，而被起兵叛乱，登上皇位的朱棣灭杀九族。明朝名相江万里，虽是都昌县人，但元军攻下襄樊后，江万里辞职回鄱阳，在屋后芝山侧开凿一水池，池旁建一亭，题为"止水"。元军攻饶州城，江万里闻警曰："大势不可支，余虽不在位，当与国为存亡。"及待城破时，竟投止水池而死。此三人坚守的是民族气节与忠贞不渝，是追求道德上的完美。在温柔阴性的湖泽水乡，能有这样铮铮铁骨的强硬汉子，也从人文角度说明了水柔中有刚的特质。

309

洪皓的三个儿子：洪适、洪遵、洪迈，都是当官之人，也都是大学者，还都是诗文俱佳。特别是洪迈，花40年时间写成《容斋随笔》，虽然最终未及完成即去世了，但却留下了一部集中国数千年历史文化精华的奇书宝典。

姜夔则以清新的词风在宋代词坛独树一帜，其词《忆王孙·鄱阳彭氏小楼作》："冷红叶叶下塘秋，长与行云共一舟。零落江南不自由。两绸缪，料得吟鸾夜夜愁。"将身世之感与怀人之思纠缠并一处，蕴藉含蓄，别绕风致。他还是一位乐理家，精通乐律，有论雅乐的《大乐议》《琴瑟考古图》二卷专著。还留有"自制曲"与"自度曲"2卷，在其所传词作中，有17首自注工尺谱，这是流传至今唯一的宋代词乐谱文献。

鄱阳县的文艺家，都是有作品传世的。吉中孚的"气积鱼龙窟，涛翻水浪声"，陈陶的"可怜无定河边骨，犹是春闺梦里人"，汪元亨的"虎狼丛辨是非，风波海分人我"，彭汝砺的"寒衣万寻围翠竹，危峰一点缀青云"等等诗句，俱被后世千古吟咏。还有个女诗人陈长文，遭人陷害在狱中日夜写诗鸣冤，终被昭雪出狱，其诗句："但看洗雪出圜扉，始信白圭无玷缺。"一个冰清玉洁的女诗人毅然站立面前。周伯琦的篆书作品《宫学国史二箴》，现收藏在故宫博物院。《四库全书》就收录鄱阳县学者遗书 39 部 900 余卷。

还有历史上的大名人唐颜真卿，北宋范仲淹曾是鄱阳县的"父母官"。李白、刘长卿、白居易、贾岛、欧阳修、王安石、苏轼、岳飞等人都来过鄱阳县，都在鄱阳县留有诗作。

明代鄱阳县人童轩写过一首名为《题鄱阳小隐图》的诗，其首句："鄱阳西上是吾家，帘卷青山寂不哗。"一幅镇若自如的神态跃然纸上，可见鄱阳县人是很有底气的。

二、鄱阳古镇

乐安河和昌江在姚公渡合流汇成饶河，变成宽阔深厚的水流，浩浩荡荡一头扎进了一个小镇，从镇南边悠扬绕过，也在鄱阳湖水运盛世时，隆重地推出了饶州府首屈一指的繁华商业街市——鄱阳镇。

鄱阳镇，位于鄱阳县西南方，饶河北岸，几乎是和饶河同时起步，离鄱阳湖水路不到 34 公里。公元前 221 年成立番县，自秦代后，除两汉外，一直是鄱阳湖县治所在地，已有 2200 余年历史了。严格地说起来，应该是先有了鄱阳镇，才有了鄱阳县，然后再有了鄱阳湖。

鄱阳镇资格老矣！

鄱阳镇有"水临彭蠡湖，陆接吴越楚，舟车四达"的自然地理条件，是赣东北重要的物资集散地，城北"朝天门"外的定胜桥与洪家港一带，有直通安徽池州府的大道，陆地贩运商多由此进城；城西南"月波门"至东南姚公渡，是饶河沿岸商品装卸码头，有"千帆安泊，百货归墟"之说，沿河街设有各种货物的牙行。鄱阳镇虽然自古以来一直有着"十里长街半边商，万家灯火不夜天"的美誉，镇中一条老街自东向西，其实只有五里多长，不过一丈五尺来宽，但从水上陆上来此做生意的商客络绎不绝，街市上人来人往，日夜喧腾，所以被称之为"饶州第一街"。

老街商业自是繁荣，宋时兴起，逐渐发达起来了，县志载：清宣统年间（1909—1911）有商户 470 家。临街店铺多是老店，黑沉沉的老墙间、屋檐瓦楞下，却是一派闹腾的交易街市。货物在此转运，银钱在此易手，人生从此起步，事业由

310

此发达，鄱阳镇是鄱阳湖水运兴盛历史的有力见证。

有两处可以一窥鄱阳镇历史上的显赫。

一处是造船业。鄱阳县曾是历史上的造船基地。三国时期，东吴孙权曾聚集能工巧匠在鄱阳，建造战舰，如艨艟、舸舻、凌波等，有的船分上下五层，雕镂彩绘，精巧绝伦。隋大业二年（606）将饶州改为郡，郡守梁文谦、巡官刘宗宏将永平门外芦洲培土为市，江河湖泊相互通达连接，建立港口，以利船舶停泊，形成商铺码头重镇，并建造过高4、5丈、长20丈的大龙舟。唐代时的江州（今九江市）、洪州（今南昌市）、饶州（今鄱阳县）等都是主要造船地。唐太宗曾命大臣"诣洪、饶、江三州造船四百艘，以载军粮"，这只是官方的。民间造船的更是多了。据鄱阳《胡氏宗谱》载，元至正年间，鄱阳县胡家埠的胡氏75户，造船者达122人。胡家埠就在鄱阳湖县城的东面，光一个胡氏家族就有这么多人从事造船业。史载鄱阳县历史上还有伍家、刘家、张家、肖家、汪家以及古县渡、庙前、螺丝港等地有造船者。造的船光那名称就令人眼花缭乱，既有所谓的"饶河十八子"：饶划子、草托子、平头子、行江子、鸦艄子、罗荡子、土狗子、巴斗子、大肚子、抚舢子、沙排子、信舢子、鸡尾子、倒划子、桴艄子、东江子、西江子、鸦尾子等，还有料船、艨艟、暖船（用于护送官方家属）、纲船（用于走镖贡物）、驳划子、划子、官渡、官船、民渡、民船、小舰、小艇、龙舟、舸、舶、引江、沉船、高网、镣划子、川号子、临湘子、荆襄子、淮阴子、采莲（菱）船、雁排、鸟船、邦（班）船（客班，货班）、画舫、扯渡、千斤顶（用于建桥）、漏舱泻（撒鱼苗用）、游曲船、草（舶）船、航船、沟艭（千）子、趸船等达五十六种之多。这么多人造这么多的官船民船，都是从饶河下水，经鄱阳镇下达鄱阳湖，仅此一项就可见饶河航道之繁忙。

311

二是古建筑。时至今天，鄱阳老街还保留了较多的历史古建筑，古庙、古城楼、古祠堂、古民居、古街道、古巷子，以及成片保留下来的古街区，有延宾坊、德化桥、张王庙、永福寺塔、问铸堂、陶侃宅、文庙迎宾楼、饶河古码头、郭西庙、大成殿、碧云轩、张王庙、晏公庙、鸣山庙、东湖浮洲寺、筷子巷、激扬桥、德新桥、大龙桥、小龙桥以及诸多历史老会馆遗址等等。老街城市格局是宋代街巷式风格，小巷子众多。最老的建筑如文庙是晋代始建，已经有900多年的历史。据有关史籍载，鄱阳全县曾有牌坊118座，县城鄱阳镇区域内则立有95座。除"延宾坊""礼逊坊""光裕坊""联桂坊""锦标坊""乾坤正气坊""和众坊""顺化坊"等牌坊是纪念陶侃母子、戴松兄弟、范迁、江万里、彭汝励、胡闳、刘宗宏、谢枋得等历史名人，"吴楚雄镇坊""江湖枢钥坊"等牌坊是标明鄱阳地理形胜，这些表彰功勋、科第、德政以及忠孝节义所立的建筑物，有官府出资也有地方集资建造外，其他绝大部分是地名牌楼、宫观寺庙、家族祠堂牌坊，却都是由地方、民间、信众、家族集资建造。可见当年鄱阳镇人烟辐辏、人气兴旺，商贸活跃，经济繁荣，生活富裕。

有饶河在镇前滚滚流淌，有众多造船基地的舟船连续下水，于是，看准了财源和商机的生意人也就来往不停络绎不绝了，鄱阳镇自然而然地也就兴盛了起来。那些树立过又坍塌再树立再坍塌以至最后荡然无存的牌坊，就像过往的岁月日历一页页地翻篇过去了，但鄱阳镇的历史却不会消失，它们存在于鄱阳镇老街古建筑的遗址上，存在于鄱阳人世世代代的口耳相传里，存在于饶河、鄱阳湖的文化记忆中。

三、鄱阳渔鼓和饶河戏

鄱阳渔鼓和饶河戏并没有渊源。

鄱阳渔鼓和饶河戏在艺术种类上也不同属，鄱阳渔鼓是民间曲艺，饶河戏是地方戏曲。两个艺术门类的内容、特性和表演都大相径庭，好像也没有传承、借鉴的关系。

之所以把两门艺术放在一起讲述，却是有两个缘故：一是两种艺术都是在于鄱阳县逐渐形成的；二是两种艺术的最初受众都是鄱阳县人，而后才逐渐扩展到外地人。

这两种缘故又都是与水有关，两种艺术都是从外地缘水而来，到鄱阳县后经过改造与发展，而最终成为一种具有地方特色的艺术，又缘水而出，流行于饶河水域各地。

鄱阳渔鼓的形成，有两种说法，一说是湖北境内的渔鼓传入鄱阳后，吸收了当地的渔歌和小调等本地音乐后逐渐发展而形成；又一说是在清末由高安的道情艺人刘水德来到景德镇、鄱阳、乐平一带卖艺而传入。不管哪一种说法，都是从鄱阳湖传入的。湖北的渔民是来鄱阳湖打鱼的，传入路线是走长江、进鄱阳湖，直达鄱阳县；而高安艺人刘水德要从鄱阳湖以西的锦江下水，于新建县厚田镇境内从东岸进入赣江，再横穿整个南昌市境，从余干的康山进入鄱阳湖，然后才能去鄱阳、景德镇、乐平等地。鄱阳县有近20个乡镇在鄱阳湖畔，又是人口最多的县，所以拥有从事渔业的人员也是鄱阳湖周边县市最多的，这就给鄱阳渔鼓的形成提供了条件。鄱阳湖南岸鄱阳县一带渔民，晚上收网拢船，靠在湖边，一条条渔船舶帮拢帮，几十条船就连成一体了，成为个露天的大剧场，夜长无事，先是听"外水佬"唱渔鼓，那语言自是有些儿隔阂，听着不爽快，就有当地好事者接过渔鼓筒儿，敲打着试着用本地话说唱上一段，竟然换得了一片叫好声，于是兴趣倍增，索性放开手脚，把鄱阳本地的民歌小调全杂糅进去，唱出了一个新声；又把本地人知晓的传说故事一一改编说来，却是新的渔鼓词话本了。久而久之，一个新的渔鼓种类诞生了，在鄱阳县的周边都昌县、万年县和乐平县就传唱开来，也不知是谁开的头，更不知会是谁来结尾，知道的是从鄱阳县唱起的，于是就把这新渔鼓叫作鄱阳渔鼓了。鄱阳渔鼓有两种渔鼓形式，一种是小扁鼓，搁在竹架上用小棒敲打；另一种是竹筒蒙鱼皮的渔鼓，托扶在手臂上，另一手指拍打。两种渔鼓都另有一简板伴同。

饶河戏又称饶河调，大约于清乾隆年间，鄱阳人在南戏和弋阳腔的基础上经过改造发展，变一唱众和、锣鼓伴奏、以板击节的高腔，与乱弹、徽剧、秦腔、昆曲等皮黄声腔熔融糅合，形成了唱腔丰富、剧目众多，乡土气息浓郁的地方剧种，因其源头南戏和弋阳腔都是外地从饶河传入，其新剧种形成也是在饶河边的鄱阳县，所以定名为饶河戏。饶河戏流淌着浓郁的江南水乡气质，彰显着饶河流域的独特风情，鄱阳县人素有看戏之风，大凡酬神、开谱、做寿、婚庆以及做屋架梁、重修庙宇、扫除瘟疫、庙会、祈祷太平都要请戏。随着鄱阳商业的进一步发达，各地商帮纷纷在鄱阳兴建会馆，还有城乡大量的宗族祠堂，使饶河戏得到进一步推广和普及。饶河戏也走进了城镇的茶园、剧场。不论春夏秋冬，一年四季，演期多则十天半月，少则三五天不等，通宵达旦，长演不衰。专业性的长班，业余的太子班和自由组合只唱不演的"串堂班"，在鄱阳县域遍地开花了，看饶河戏渗透到鄱阳人生活中的方方面面，以至在鄱阳县民间流传着这样一句俚语："一天不看饶河戏，心中发闷人无力。喉头发痒就想哼，唱过之后来力气。"

313

遥想当年的鄱阳县，白天的商业喧闹刚刚过去，随着月亮在东山升起，夜晚的鄱阳县又沉浸到另一种娱乐的痴迷之中了。人还是白天的那帮人，但身份变了，白天的主角经营者生产者，晚上就变成配角观看者欣赏者了。在县城鄱阳镇的茶园、剧场的舞台，乡间农村的草台上，丝弦管乐阵阵、水袖靠旗翻飞，西皮激越，二黄沉郁，"噫""啊""呃"长吁短叹，唱的是《打目莲》《岳飞传》《西游记》《花田错》《芦花河》《降天雪》等200多个正本剧目和300多个折子戏，演出的是"彩富班""明经同乐""火斗笠班""老艺红班"等"四大名班"以及诸多长班太子班。自然台上是疯子，台下是傻子，红火爆热，喝彩叫好声一片，把个鄱阳城乡闹得沸沸扬扬。

而在饶河边、鄱阳湖畔，则是另外的一番意境：月朗星明，船卧桅立，船民渔家足不下船，懒坐船头，一壶老酒，二碟下酒菜，边喝边吃边听渔鼓。那渔鼓也是从左右边的船头唱来的，和其他船头不同的是前面吊了一盏亮灯，灯光下照着一渔鼓艺人，一手敲渔鼓，发出"朋朋"之声；一手摇摆简板，发出"啪啪"之音；夹和着两种声音其中的是鄱阳县方言说唱，说的是《三矮子扳笋》《余老四拜年》《毛洪退亲》等等；唱的是《珍珠塔》《红梅记》《白扇记》等等，平板叙事，慢板抒情，快板渲染情绪，故事曲折，情节动人，曲调丰富多变，音乐质朴优美，富有水乡韵味。这回说唱的人是有板有韵，那鼓声、板声、说唱声被身边船下的水波儿传递着，一跳一跳地泛往远方；这回听的人是有滋有味，那情绪随着故事的进展，被屁股坐的船儿下的浪花推涌着，一阵一阵地在夜湖里摇晃。这样的场景有多少？去数一数饶河岸边的桅灯，去数一数鄱阳湖南畔的渔火，就会知晓。

饶河戏从清末至今，也有百多年历史了，后流行于饶河大地和信江流域、赣北地区，乃至安徽东至、祁门等地，也是赣剧的一支重要流派。鄱阳渔鼓的历史似乎更老些，一直活跃在赣东北地区，后来成了江西道情的一个较为著名的分支。

四、瓦屑坝的呼唤

瓦屑坝位于鄱阳县城西南十公里的莲湖乡。

莲湖乡是鄱阳湖中的一个岛乡，四面环水，北宋时乐史所著《太平寰宇记》在"鄱阳县"下载："莲荷山在县西四十里彭蠡湖中，望如荷叶浮出水面"，是古代鄱阳湖地区的水运交通枢纽，有优良的土质资源，制陶工场宏大。瓦屑坝地表布满砖瓦陶瓷碎片，绵延长达20华里，最迟在唐五代，这里曾烧窑制陶，历经1100多年风雨。瓦屑坝桃花渡码头有千年古樟一棵，杈分枝多，叶茂干粗，三人环抱不及，苍劲挺拔，四季常青。

瓦屑坝，就是这样一个如今毫不起眼、连县级地图上都没有标记的地方，竟然是四百多年江西移民历史的风暴眼，一百多万移民的遗传记忆点，是中华民族移民文化的精神符号，更是长江中下游地区的古饶州移民后裔一致认同的根。

有关元末明朝至清嘉庆年间的大移民事件，本源于元末的残酷战争。皖鄂豫川是战争最直接的受害地，大片土地荒芜，成了百里无人烟的"宽乡"，而受战争祸害较少的江西因经济重点的南移，逐渐成了人口稠密、地少人多的"窄乡"。于是，为了恢复经济，明朝廷制定了移民垦荒为中心的振兴农业的措施，江西人无辜地成为战后的牺牲品，付出的是离开家乡故土、拆散家庭亲人的惨痛代价。

看看莲湖乡的地理位置，就可明白当年把移民聚集点放在这里的原因。其一，莲湖乡是一个被水四面隔断的岛地，只要控制了船只，就无人可以逃离；其二，莲湖乡位于鄱阳县的西面，在鄱阳湖上与南昌的南矶岛、余干的康山岛成犄角之势，最西边的龙口村直插鄱阳湖水中，是天然的水码头；其三，鄱阳县是饶州最近鄱阳湖的县，莲湖乡又是鄱阳县最近鄱阳湖的乡，要离开饶州，必须经鄱阳县莲湖乡走鄱阳湖。

当年移民时的那场景肯定是惨不忍睹。史载明朝大移民的办法大体有遣返、军屯、商屯、民屯等多种，但更多是采用招诱、强迫的办法。徙民条例是按"四口之家留一，六口之家留二，八口之家留三"的比例迁徙，凡不从者绳捆索绑，一串一串连接起来押送走了。那些老弱的爹娘追在后面，跌倒在地起不来，边爬着边伸手呼喊；那些年幼的孩童则是牵衣顿足，拦路哭喊爹娘。在饶州府，村村有移民，家家成散户，处处可见悲壮景象。一群群移民被强行押送，沿乐安河、昌江到瓦屑坝集中。这里官府早就设局驻员了，于是忙着给移民发放"川资"，编排船只。在等待的时候，这些移民已知是无法逃脱迁移的命运了，离开故乡是无可逆转的了，他们现在能做到的只是好好记住家乡，记住家人，记住他们离开的地方。他们用含泪的眼睛仔细地看着眼前的这块岛地，发现脚下的泥土中有不少的陶片瓦屑砾，又听人互相传说这地方叫作瓦屑坝。然后，他们就带着满地是瓦屑、带着瓦屑坝这个名字的印象上船了。船走鄱阳湖到达湖口，然后再分流，顺长江而下的，去了安徽各府县；逆长江而上的，到了湖北各府县；而后，还有移民去了苏、湘、川等地。瓦屑坝，瓦屑坝，四百年前的瓦屑坝，就这样一次次地集中起江西移民，一次次地送走江西移民，却是一次次对家乡故土的诀别永别。随着朝廷的一纸"禁止回迁"令，那百万江西移民就这样被斩断了回乡路，成了异地他乡人了，生儿育女，繁衍后代，故乡的印象于他们是渐行渐远，天长日久，与故乡失去了联系的移民逐渐忘记了祖先的具体地点，只记得瓦屑坝这个故乡的符号与标记了。

请原谅我们的迁徙先民的忘性吧，当年的移民多数没有文化，没有资产，更不可能有文字记录，他们在新的迁居地面临着的是生存考验，没有精力也没有能力来做有关历史文化遗存的事情；而时间又太无情了，它慢慢地淡化了故地，消融了家乡，屏蔽了祖先的信息，当他们历尽艰辛在他乡定居后，留给后代的记忆只是他们的出发地——瓦屑坝。

瓦屑坝，就这样成了一个移民民系的历史记忆了。它是存在的，是在湖北、安徽、湖南和江苏等地江西移民的族史家谱中，是在百万江西移民一代又一代的寻根意识里，是在众多江南移民后裔的寻祖追思中，是在如今大量移民后裔魂牵梦绕、远行朝拜中。

瓦屑坝，就是在鄱阳县最靠近鄱阳湖边的一个叫莲湖乡的地方，它在鄱阳湖水的伴和下，四百年来一直在深情地呼唤着。

第五节
永修县

一、海昏秀域

永修县最早的县名叫海昏县，就是那个与鄡阳县一起沉入鄱阳湖的海昏县，后来海昏被分拆和并入建昌，把县治迁到今艾城附近，就把县名改为建昌县了。直到1914 年因与四川建昌道同名，遂取"泮临修水，永蒙其利"之意，才改称永修县。

由此算来，永修县名虽说历史不长，仅有 101 年，但县史却很悠久，《永修县志》载："高祖六年（前 201 年），置海昏县，县治设今天吴城芦潭西方北。"该是有 2217 年了。

2000 多年的历史，因修河穿境而过，造就了沿河一路上的柘林、白槎、虬津、艾城、涂家埠等有名的商埠集镇，更是造就了修河、饶河与赣江直通鄱阳湖的集合点吴城的繁华。在水运一统天下的时代，永修县仅凭着吴城，就在鄱阳湖历史上占有重要地位。

永修县另一个有影响的地方是云居山。

二十世纪八十年代中期，曾去过一次云居山，至今留下较深印象是在高高的山谷间居然有一块极大极平的平地，在这块平地上有田地，种着水稻，种着蔬菜，而这一切又都是庙产——真如禅寺的财产。那年月旅游业还没有如今这么兴旺，依稀记得听人介绍说真如禅寺的和尚就靠种这些田地而生活。当时的感觉是认为真如寺的和尚不容易，做了和尚还和山下的农民一样，要种田地。

查了一下资料，才知道云居山现在是国家重点风景名胜区，景区内人文景观还有瑶田寺、园通寺、祇树堂、云门寺、上方阉，并保存有近百座古墓塔、多处摩崖石刻和唐代铜佛、康熙千僧锅、白玉佛等文物。白居易等历代文人墨客在此留下270余首诗歌。景区自然资源有大面积原始森林，有千年古杉树、千年古樟树、千年古银杏树、千年桂花树、千年古栎树等等；有大中型瀑布，石鼓、石船、龟石、鸡石等象形巨石，还有明月湖、九曲洞等等。山上的真如禅寺是佛教禅宗曹洞宗发祥地，为全国佛教"三大样板丛林"之一，高僧辈出，禅风浩然。历代主持均认真奉行"农禅并重、冬参夏学"之祖训，以"世界最大、最正统的禅学中心"而誉播四海，使该寺禅风鼎盛。原来云居山的和尚果真并不完全是靠施舍和香火钱维生，而是吃斋念佛，自耕自种，既做和尚也当农民。这与当前一些以旅游兴旺的寺庙是有区别的啊！忽然想到，几时该再去一趟云居山，到真如禅寺吃一餐斋饭才好，想那和尚亲手种出的稻米、蔬菜，那可是完全没有沾染世俗气味的素食啊！

宋代圆悟，看这名字想必是一僧人，曾写过一首《题云居寺壁》的诗："不到此山游，不识此山美。此山雾腾云，明月一湖水。"清新妙句，一语道尽云居山韵味。

永修县唐有尚书左仆射杨子陵，宋有文苑名士李常、理学家李燔，南宋有金坛县令李成大，元有大司农燕公楠，明有赣州知府淦君鼎，清有礼部侍郎李凤翥等历史名人，都以自己的功绩印证着永修古有的"海昏秀域，地灵人杰"之美誉。

在清代著名建筑大师雷发达身上，民间和官方都有着强烈的传奇色彩了。

永修民间传说里，雷发达的父叔两人在雷家村祖茔山看中一处"冒青烟"的风水宝地，偷偷葬母后，怕雷氏族人找麻烦，就带着一家老小逃离永修去了南京。在官方志书的记载中，雷发达在明末清初居于南京，康熙二十二年，雷发达与堂兄雷发宣来北京谋生，应诏参与修建宫殿。康熙中期，主持故宫三大殿太和殿、中和殿、保和殿的修建，其中太和殿是国内最大的木结构建筑，也就是人们泛称的金銮宝殿。太和殿始建于明永乐十八年，先后称奉天殿、皇极殿。清康熙初重新修建，改名太和殿。工程开始时，因缺少大木梁，雷发达建议拆取明陵楠木旧历梁柱充用，被获准采用。上梁那日，康熙帝率文武大臣亲临行礼。谁知，大梁因卯眼不合，悬而不落，工部长官都慌了神，生怕误了上梁吉辰，急忙找来了雷发达。雷发达带着一把斧头，爬到梁上，"乓乓乓"用力敲了三斧头，就把大梁固定好了。康熙帝极为赞赏雷发达高超的技艺，当即召见雷发达，面授工部营造所长班之职。长班就是"样式房掌案"，即皇家建筑的首席建筑师。因此时人留下"上有鲁班，下有长班，紫徽照令，金殿封官"的歌谣。

以后，规模宏大的圆明园工程开始，雷发达调任圆明园楠木样式房掌案，也就是担任了工程总设计师的任务。雷发达专注钻研建筑事业，尤其在设计方面成绩卓著。他善于在继承前人传统的基础上，勇于创新，形成自己独特的风格，如中国古代建筑群采用中线南北纵深发展，采取对称布置的方式等。他在进行清宫设计时，不墨守成规，既在中线上的建筑物保持严格对称，又对主轴两侧轴线上的各建筑物采用大致对称，而显灵活变动的新格局。这样，不但突出了中心又体现了"居中为尊"的思想，而且形成了统一并有主次的整体，从此，雷发达被人们誉为"样式雷"。雷发达并著有《工部工程做法则例》《工程营造录》等著作。再以后，直至光绪末年，雷家子承父业，七代掌管"样式"房长达两百余年。当今中国列入世界文化遗产名录的建筑，有五分之一为雷家设计，如故宫、天坛、颐和园、避暑山庄、清东陵、清西陵。雷家也被尊称为"样式雷""样子雷"。北京图书馆藏有雷家设计图纸数百幅。雷发达的名字也被载入《世界著名科学家简介》。

雷家风水宝地葬母的民间传说，似乎是后人因诧异雷家世代都出能人而虚构出来的故事，不过雷家葬母后才离开永修却有道理。雷发达的父叔肯定都是有一身木匠好手艺，但因家贫在村里没有地位而憋屈，早想离开老家到外面寻找机会，只是母亲病着不敢走开，现在母亲死了安葬好了，他们一家才毅然地离了永修，走向了一个施展才华、建功立业的外乡世界。

319

据说，雷发达出走后再也没有回过永修，有一次都到德安了，却因侍卫语言上的误解，把德安话中的一天路程听成了一千路程，使雷发达还是与故乡擦肩而过了，这应该是雷发达的终生遗憾吧。不管怎么说，毕竟是葬在永修故乡的祖母，生育了雷发达的父叔，才有了雷发达及后代子孙；也是永修故乡的"风水"，孕育出了雷发达这样的大师级工匠家族！

一个人的生命定位是故乡，这无法选择和改变；一个人的生活定位在哪里，是可以选择的，也是可以改变的。但是，生活定位的改变是要背离生命定位，叛逃故乡的，这于背离者、叛逃者来说，将是一生的心疼！

二、装不尽的吴城

对于永修县来说，吴城只是属下的一个集镇；但对于鄱阳湖来说，吴城是一个中心，既是鄱阳湖水域的中心，也是鄱阳湖水运的中心，还是湖岸码头集市的中心，更是鄱阳湖区经济文化的中心。

吴城地处永修县东北部，鄱阳湖西汊。由四个嵌在鄱阳湖中的岛屿及其周边草洲水域构成。与新建、都昌、星子三县水域草洲相连，与德安、鄱阳、余干三地隔湖相望，如以湖尾的鄱阳县到出湖口的湖口县为直径来测量的话，吴城恰恰地是处在中间。

历史上，除了东吴国大将太史慈驻过兵外，唐宋以后，每个朝代都在吴城设置所谓的"关卡"，有时派一员千总，有时安一员把总。吴城是朱元璋与陈友谅大战鄱阳湖的主战场，有名的望湖亭就是娄妃跳湖的地方。明宁王朱宸濠为争夺皇位而起兵，吴城是他的基地之一。清康熙三年，设置正规水师营，拨千总一员镇守。咸丰五年，设置江南水师。曾国藩奉旨驻吴城练兵，与太平军大战鄱阳湖。

在水运一统天下的年代里，吴城镇是不想繁华都不行！

吴城初名吴山，古属艾地，在汉代已呈街市雏形，南朝宋元嘉二年（425）大水淹没海昏县城，部分人家就近迁徙，吴山这边居民骤增，商业也随之繁荣起来，逐步发展成一个货物集散中转及手工业加工的大商埠大集镇，从此，吴山易名吴城。民间有"沉掉海昏县，飘起吴城来"的传说。吴城的极盛期约在清朝中期，这也是中国闭关锁国时期。清乾隆关闭了沿海四个海关，只留下广州一个通商口岸，规定全国的货物只准从江西这条运输线经过，从长江进入鄱阳湖，入赣江，翻越大庾岭，经珠江水系，运往广州出海。这条钦定的国际贸易运输线，把鄱阳湖水运推向了繁盛的极致。由于吴城扼江西水路咽喉，是吞吐省内外商货的枢纽，因此有"装不尽的吴城，卸不完的汉口"之美誉。当地也流传着"嘉庆到道光，家家喝蜜糖，狗不吃红米饭，十八年洪水没上堪"的民谣。此时吴城镇人口近10万，常住人口7万余，流动商旅2万多人，其街区有"九垅十八巷、六坊八码头"，繁华闹市有上街头、下街头、豆豉街、万寿宫、后河街等处。全镇工商业者260户，有布匹、百货、南杂、烟酒、饮食服务、牙行、金融、手工业等。行业中最占优势的有五大行商，人们称之为"茶商、木客、盐贩子，纸栈、麻庄堆如山。"八大码头每天停泊船只多达千艘。史称："西江巨镇，拔起中流，蜿蜒数里，大江环其三面。民萃族而居，日中为市，商艘趋之。"从清至民国时期，吴城镇与上饶的景德镇、清江县的樟树镇、铅山县的河口镇，并称为江西四大名镇。

从"装不尽的吴城"这句话来看，吴城的货物是以装运为主的。装运的是什么货物呢？除了上面所说的五大行商所经营的茶、木、盐，纸、麻外，还有粮食。粮食也是江西的主要出口品，却为什么没有列入吴城行商之列呢？这里面想是有两个原因：一是粮食以漕粮为主，是官方操作，民间经营的量小；二是在鄱阳湖上经营转运稻米的主要是抚州帮，大宗生意由他们做去了，吴城其他商人所以较少染指粮运。这以上的茶、木、盐、纸、麻、粮六大宗货物，除了盐是从长江外运进鄱阳湖外，其他五项都是江西以及邻省县走鄱阳湖水路运出去的物产；而下游进入鄱阳湖上溯五大支流的是淮盐以及南杂百货等等。木材转运对吴城商业的支撑作用最大也最长久，始终为"大宗过境商品"。在吴城的整个水运数量之大，无法想象，其采购、交易、运输等情形，在前面都有过阐述，故不再重复了。

吴城镇的街市也与其他湖边集镇港湾码头的大同小异，只不过吴城更热闹更喧嚣更奢华罢了。有几点可为例证：一是上面民谚所说的"家家喝蜜糖，狗不吃红米饭"，鄱阳湖区的红米饭应该是指红高粱米饭。高粱虽然不是鄱阳湖区人的主粮，但也是杂粮，一般是舍不得给狗吃的。可在吴城，狗却是不愿吃的。可见吴城人富裕，家家喝上了蜜糖不说，连狗吃东西也挑三拣四了。二是当时吴城的"节"多。随着经济的繁荣，来自全国各地的水客和商人为了集会、寄寓、联系业务、解决纠纷和储存货物的需要，纷纷在吴城大兴土木，兴建同乡会馆，最盛时全镇会馆达48座之多。有湖南、湖北的全楚会馆、山西会馆、广东会馆、浙宁会馆、福建会馆、徽州会馆、麻城会馆、吉安会馆、抚州会馆、武宁会馆、奉新会馆、都昌会馆、龙南会馆、建昌会馆、江西会馆（万寿宫）等等。这些会馆在进行商业活动的同时，也把各地的风俗带到了吴城，如徽州会馆供奉朱熹，福建会馆供奉天后娘娘，山西会馆供奉关羽，其他会馆也都有自己的保护神祇，每逢这些神祇过生日，都会举行庆贺活动；再加上各地又有不同的地方节庆日，一搞节庆活动同乡人都聚集到会馆中，举办仪式和会宴数天，还请外地戏班唱几天大戏，届时几天几夜灯火不熄，鼓乐喧天，围观者众多，热闹非凡。于是，在当年的吴城，就出现了像如今现在的年轻人一样，中国的传统节日和外国的洋节日一齐过的现象，本地节日外地节日都过，所以吴城镇人几乎天天过节庆，日日有活动。三是第二次鸦片战争后，九江辟为对外开放的商埠，外国资本很快涌入吴城，"美孚""亚细亚""福丰"等诸家"洋油"公司先后在吴城开业，规模最大的福丰煤油公司还把分公司设在南昌。往来吴城与南京、上海、武汉及九江、南昌之间的大小轮船也很频繁。四是1925年，江西第三大火力发电厂赣明电灯公司在吴城落成，使吴城成为鄱阳湖畔最先亮起电灯的地方。每当夜幕降临，吴城灯火通明，成为喧闹的不夜城。

只是有一点思索：按吴城镇当年的盛世规模，其常住人口、建设规模、经济总量、影响程度、湖区地位等等，比湖区大部分的县城还要好，却为什么一直只是保持着一个集镇的建制，而没有人想着去把它提升为县级城市呢？比如在吴城再恢复一个当年的"海昏县"？如果历史上能把吴城提升为县级城市，那么相应地在行政、规划、经济、人口等等方面，就会有一个县级的要求和目标，也就会有一个县级的管理和扶持，那么吴城的发展就可能会更快一些，达到的目标就会更高一些。那么，历史上的吴城镇可能就不是吴城镇了，而是吴城县了，甚至还有可能成为吴城市也不一定。

这一点并不是我的主观臆想。事实上，吴城镇在历史上就处于古海昏县的附近，鄱阳湖上其他县如鄱阳、都昌、星子、湖口等县城也建在鄱阳湖水边，吴城地处鄱阳湖中心地带，作为县城地点是完全可以的。如果是担心水运衰退，吴城繁荣难以为继，后续不足，也不是理由。在明代就开始实行海禁，虽然断断续续；清康熙也实行过海禁，其间有三百多年，鄱阳湖水运一直兴旺；从清乾隆只留广州一个海关后，内陆货运必走鄱阳湖，到1838年鸦片战争开始，也有80年间，更是鄱阳湖水运的鼎盛时期。也就是说，从明至清，怕是有四百多年时间，鄱阳湖水运是长盛不衰。担心水运衰退之说在当时恐怕只能说是鼠目寸光吧！千百年来，在吴城竟然没有一个人想着把吴城做大做强，历代管辖吴城的官员没有？吴城的本地居民没有？在吴城做生意的各地商人没有？就连吴城籍的历史名人如清代进士、副左都御史叶一栋，晚清安徽巡抚吴坤修等也都没有对家乡进行过一点思考与筹划？这不禁让人觉得有些奇怪了。

那么，到底是什么原因使人们没有考虑把吴城镇升级，历史对"装不尽的吴城"竟然没有一点要求和期望，只是任凭吴城的水运随波逐流，对吴城的经济发展不疏不导，对吴城的集镇建设放纵自行，导致吴城一千多年来发展缓慢，坐失良机，未成大业，由盛转衰，最后终被日寇铁蹄践踏，毁于战火呢？思来想去，恐怕只有一个原因：水。

仍是上面那句民谚，最后一句是："十八年洪水未上堪。"堪是吴城当地土话，意思是岸。十八年洪水没有上岸来，是说在嘉庆到道光年间，在吴城有十八年没有发过大洪水了。吴城十八年没有被湖水淹过，这是多么值得庆幸的事情啊！所以被吴城人编进民谚之中，与"家家喝蜜糖，狗不吃红米饭"一起，是最为吴城人引以为豪的三件事情。

吴城地处赣江、修河尾部，每年受修河和赣江水系影响，枯水期水落滩出，形成草洲河滩及大小湖泊，河流蜿蜒一线；丰水期水位高涨，河流湖泊融为一体，一片汪洋。"夏秋水连天，冬季滩无边"，"高水是湖，低水是河"，"洪水一片，枯水一线"，是鄱阳湖的自然地理特征。吴城的生死存亡是和水紧密相连的，也是深受湖水的控制。千百年来，鄱阳湖水涨水落，吴城镇也就时淹时现，洲地也就时宽时窄，就是建有"九垅十八巷、六坊八码头"的主要街市也只是为十八年洪水未淹而庆幸。所以，吴城千百年来只是忙于和鄱阳湖水玩进退游戏，水涨了收缩，水涨了扩大，有十八年不涨水就赢得了十八年的发展，随时只是在做着会被湖水淹没的打算，根本无暇也无意识去做强大吴城镇的美梦。当年，古海昏县城不是很繁荣吗？湖水不是一夜就把它淹没掉了吗?! 历史的教训不光是写在史册中，还深深地铭刻在鄱阳湖人世世代代的生命遗传基因中。

吴城镇没有充分利用水运一统天下、鄱阳湖的强大优势和机遇发展壮大起来，并不是什么人的错误，只能说是吴城的遗憾，鄱阳湖的遗憾，历史的遗憾。

三、鄱湖鸟，知多少

"鄱湖鸟，知多少，飞时遮尽云和月，落时不见湖边草。"

一首民谣唱出了鄱阳湖另一个美丽的世界。

鄱阳湖属吞吐型淡水湖泊，涨水时所有湿地草洲被淹没而成为水乡泽国，为鱼儿扩展着嬉戏的世界；而当洪水退去，洲滩显露，水草丰美，则又成为各种水鸟的乐园。

还记得小时候在湖边集市见过卖鸟的人，皆是一身黑，黑衣黑人，唯有眼睛中布满红色的血丝，黑布棉大衣上水雾湿淋的，那是夜里在湖滩打鸟所致。他们卖鸟是在地下摊成一堆，只论只数不论重量，价格也不贵，每只鸟都是血淋淋的，那黑色的鸟倒不十分明显，白鸟身上鲜红的血迹就让人有些触目惊心了。好像我家里是极少买鸟吃，母亲的理由是鸟是被铁铳打死的，身上有好多的铳子儿，这些如小中药丸似的铳子儿怕拣不干净，会被家中些伢儿吞进肚子里。小时候不懂也不识鸟，长大后才知道那些白鸟是白鹭、白鹤、白鹳，那有着长长的脖子的大鸟竟然是白天鹅，不由得在心里感激母亲，她的谨慎让我们现今心里少了许多的负疚，也少了一份罪恶感。

也听卖鸟人讲过在湖滩上打鸟的事，印象最深的是打排铳，一般的时间是在凌晨天未亮时进行。这是宿鸟防卫最松懈的时候。在一只只船头上架起一大排的大铁铳，枪口从高过芦苇到朝着半空，按顺序逐步抬高；先是划船借着芦苇荡的掩护，悄悄地摸到鸟群栖息的滩涂，待布好阵后，猛然先放一铳，把鸟群惊起，在鸟群飞逃的瞬息时间里，把船头上的排铳燃放，刚好打着了飞起的鸟群，那逐步提高的铳口正好是打着越飞越高的鸟的。这是一种事先精明的计算。拿打鸟人的话来说："那落下的鸟儿就像下暴雨一样，啪啪啪地从天而降！"剩下的时间就是拣鸟了，多时一次会收获千余只，这会儿天也开始明晰了起来。

那年月，鄱阳湖边集镇上卖鸟的很多。鄱阳湖上的打鸟人也就像湖上的打鱼人一样，只是一份职业而已。听他们讲打鸟的故事，也就如同听湖上渔民讲打鱼的故事一样。

找不到历史上鄱阳湖上鸟儿的资料和数据，据湖边老人说，过去的岁月里，往来鄱阳湖上的鸟儿怕是有好几百种、千百万只吧。

这么多的鸟儿是从哪里来的呢?

大部分是从外面飞来的。这些都是候鸟，每年10月至来年的3月，它们是从寒冷的北方飞来，来到鄱阳湖这块水落滩出、水草丰茂、饵料丰富的地方栖息过冬；也有小部分是鄱阳湖的常住居民，那年月，你到鄱阳湖边去看，那在湖上围绕着帆篷，"欧欧"鸣叫的白鸟儿是湖鸥；在湖岸水边单腿伫立，像哲人般久久沉思的是鹭鸶；更有许多不知名的翠鸟儿、红雀儿、黑翅子、花尾巴等鸟儿在芦苇荡中跳跃，在水草丛里欢蹦，在堤岸杨柳上鸣叫，在碧波湖水里交颈嬉戏。

这都是过去的事儿了，那年月这些鸟儿太多，来时铺天盖地，去时一滩空旷，这湖滩因了鸟儿的居宿也更肥沃了，来年水草将会更加茂盛。除了打鸟人把打鸟作为一种冬季短暂的小副业外，人们对鸟儿的来去也并未在意。鄱阳湖区人只是在秋季看到有大雁在湛蓝的天空排成一字形或人字形飞过时，才说了声："嘀，大雁来了！"主妇们也就知道该是为家人准备棉衣了。

那时候并不知道秋天飞来的大雁其实是在鄱阳湖过冬的。它们是鄱阳湖的亲戚，每年在固定时期飞越千山万水，克服重重困难，前来鄱阳湖探亲，短暂地住上一季，度过寒冬后再告辞返回。人不认亲不要紧，鄱阳湖是认亲的，她用她丰盈的水草和湖水中丰富的小鱼小虾、湖泥里密集的螺丝蚌壳招待着这些远方来的亲戚，待它们吃饱喝足休息好后，天气转暖了，再客气地欢送着它们鸣叫着飞翔而去。

时至今日，世界自然环境的日益恶劣，造成了候鸟难觅冬栖地的境况，鄱阳湖却在这时凸现出她一湖清水的好处了。作为水运衰退渐而失往昔风采的鄱阳湖在自然环境保护方面，不失当年本色，仍然是候鸟的最佳栖息地，吴城镇也成了著名的"候鸟王国"了。

吴城湿地空旷、平坦，大小湖泊星罗棋布。有大湖池、常湖池、中湖池、朱市湖、梅溪湖、大汉湖、象湖等七大湖泊。不知何时，在一片污染的荒野里苦苦寻觅的候鸟们，终于在鄱阳湖看到了一片绿洲，于是，远离多年的亲戚又来往了，而且越走越频繁越走亲戚越多了。

据有关统计，现在历年来吴城的候鸟有310种，其中典型的湿地鸟类(水鸟)159种。按居留型分，留鸟45种，冬候鸟155种，夏候鸟107种，迷鸟3种。有13种为世界濒危鸟类。属国家保护动物的有54种，其中一级保护动物10种：如白鹤、白头鹤、大鸨、东方白鹳、黑鹳、中华秋沙鸭、白肩雕、金雕、白尾海雕和遗鸥；二级保护动物44种，如小天鹅、卷羽鹈鹕、白枕鹤、灰鹤、沙丘鹤、白额雁、白琵鹭等等。大批候鸟来自西伯利亚北部科累马河三角洲、英迪吉尔卡河和勒拿河之间及蒙古、朝鲜、日本、我国的西北、东北等地。吴城是世界目前最大的越冬白鹤和东方白鹳群体所在地，也是迄今发现的世界最大鸿雁群体所在地。白鹤种群最大时达2896只，占全球总数的98%以上，因此，吴城也被人们形象地称为"白鹤王国""鹤乡"。在吴城经常可以见到五六万只各种鸟类欢聚一堂的壮观场面。

除吴城外，在鄱阳湖区新建县的南矶山、南昌县的象山、都昌县的泗山、星子县的沙湖山、余干县的康山等地，也都逐步成了候鸟的自然保护区，吸引了大批量的候鸟来栖息过冬。

曾去吴城观看过候鸟，那是一个令人心醉的场景：一汪汪湖泊清水倒映蓝天，一丛丛绿草青翠无边，一只只的白鸟儿如同一朵朵白莲花游弋在湖面上，白长的脖颈好似莲杆儿柔美，那鸟头儿就是莲杆上欲开苞的小荷尖儿了，星星点点落满一湖；岸水边，白鹤闲庭信步，白鹳引颈欢鸣，秋沙鸭摇摇摆摆，白额雁跳跳蹦蹦，白天鹅则始终保持着一分高贵的矜持，扬着优雅的长脖子款款而行；最惊艳的是众鸟儿一齐飞起的一刹那间，仿佛一片白云猛然升起，群鸟展翅，扑腾而上，一时遮天蔽日，满世界全是鸟儿悦耳的鸣叫声，满眼都是那种美不胜收的鸟儿飞姿、那种妙不可言的鸟儿翔态……

真好为吴城庆幸，虽然鄱阳湖无奈水运衰退，吴城惨遭兵灾火殃，但仅仅七十年，吴城又以"珍禽王国""中国第二长城""世界第八大奇观"而被全世界所瞩目。

这也是我把鄱湖鸟放在这一章节讲述的原因。

第六节
都昌县

一、万家灯火

苏东坡《过都昌》诗中曾言道："鄱阳湖上都昌县，灯火楼台一万家。"可见宋代的都昌是个人口稠密的大县城。但究竟有没有一万家呢？有人说这只是诗人的浪漫，是形容繁华的一个虚数，又有人说是实数，宋代在都昌县城居住的人家确实有万家。

现有资料证明：都昌县人口自明洪武二十四年（1391）有记载始，至清同治八年（1869）基本呈递增趋势。洪武二十四年都昌只有 38919 人，清道光元年（1821），都昌人口已逾 50 万之众，至同治八年高达 599852 人，为历史上有据可查之人口最多年份。宋代前虽然没有文字记载，但从明洪武二十四年都昌人口有 38919 人来分析，在经历了宋末明初的大战乱，特别是朱元璋和陈友谅大战鄱阳湖的兵燹以后，鄱阳湖区人口锐减的情况下，都昌县还有近四万人，由此推论都昌县以往人口必定不少。苏东坡 1084 年来鄱阳湖，在都昌县南山夜宿时，见到的都昌县城的灯光楼台可能是有"一万家"。

都昌县原属鄡阳县，鄡阳县大部分沉没后，鄡阳县撤销，境域并入彭泽县，直到唐朝武德五年（622），割鄱阳湖雁子桥之南境置县，因县北有都村，配以昌字，取名都昌县。"沉鄡阳，浮都昌"的故事，证明了都昌县有 2000 多年的历史。

都昌县处于鄱阳湖东部的中心，虽然北东南三面分别与湖口、彭泽、鄱阳三县接壤，西部一面环湖，却是有一半县域拥抱着鄱阳湖，又正好是在鄱阳湖大葫芦的掐腰地方，和对岸的吴城镇隔湖相望。二十世纪八十年代末，我还在都昌县乘坐过小客轮去吴城。在地图上看似触手可及，但小火轮在湖上却走了大半天。记忆中这可是专跑都昌至吴城水路的班轮，存在有很长久的年代了。

历史上，除了船只外，都昌和西岸来往的途径还有一座千眼桥。

千眼桥始于都昌县多宝乡西山蒋公岭脚下，横向过鄱阳湖面，直线通往星子县南康镇前的渔村，是都昌过鄱阳湖至星子、庐山去浔阳的一条湖中直路。以前从都昌至星子，夏季涨水有船可渡，冬季枯水则要蹚水踏泥跨湖，北风凛冽，涉水者往往苦不堪言。明崇祯四年，都昌县令钱启忠领头倡导捐俸集资，花两年时间建有一里路长的石桥，人称"钱公桥"。清嘉庆二年，在浙山阴做县令的都昌人刘达桂，再联络星子名宦黎序等人，捐俸集资，历时五年，横跨水流，用由5—10根左右的松木大柱立于湖泥中支撑做成桥梁墩，3根长条花岗石铺成桥面，建造了一座长2930米，宽1.2米的石板桥，与钱公桥连成了一体。茫茫湖上，远远望去，宛如一条青龙蜿蜒穿越鄱阳湖。因桥有983孔，故得名为"千眼桥"，也称"千孔桥"。从此，这条涨水时隐匿在鄱阳湖底，枯水时显露出水面的千眼桥便成了都昌、星子两县沿湖民众便捷往来的要道，也成为"为民办事"的一个见证。

星子历代是南康府府治，都昌县隶属于南康府。据都昌多宝的老人说，那时都昌的读书人要考秀才，秋季水位低，无法乘船，必须从都昌各地来到蒋公岭，经过千眼桥，到星子参加考试。蒋公岭是两岸人来往歇脚的地方，岭上有一幢庙，旁边的山头上建有一座简易的三层石塔，上面有一空孔，庙中和尚晚上在孔内点亮油灯，给过路的人指示方向，这就是灯塔了。有一些来南康府参加考试的学子，因为没有考上而无颜见江东父老，就来而不返，成了星子的移民。从此，蒋公岭旁的三层石塔就成了他最后的家乡印象，那微弱灯光却只能是在他的心头默默亮起了。

都昌人走旱路却是到景德镇从事瓷业的，那是都昌人在外地创业的辉煌典范。

都昌人素来豪爽，性格干脆，做事有决断，邻县人称"蛮都佬"，可见都昌人强悍。强悍的都昌人敢于在外地他乡打拼，闯出了一番大世事。更是借助于鄱阳湖之便利，用心经营都昌本土，使都昌县傍鄱阳湖烟波浩渺处，浮峰峦叠秀于绿水上，田园阡陌，凝翠载红，点缀其间。牧童笛晨，渔舟唱晚。黄庭坚赞叹这片土地有如"李成、范宽得意图画"。

李成、范宽都是北宋著名的山水画家，他俩在中国画史上都很有名，黄庭坚以他们的"得意图画"来比似都昌的风光，当然是赞美都昌。问题是李成和范宽都是北方画家，画的也都是北方山水，黄庭坚为什么要拿北方的山水画来比拟都昌，又为什么不就近用进贤县的董源的画作作比呢？董源是五代著名画家，不但是历史上与李成、范宽并称的北宋三大家，还是南派山水画的开山鼻祖，董源的南方山水画肯定更接近都昌的现实，但黄庭坚却偏偏舍近就远、舍实求虚，这里面到底是什么原因？

唯一可解释的应是黄庭坚的感觉。黄庭坚以他诗人特有的感觉，认为都昌是个在柔美南方却接近粗犷北方性格的县。例如，看似山缠水绕的都昌，却是卧虎藏龙的地方，在国难之时能出现舍生取义，捐躯报国的南宋末左丞相江万里；都昌人争强好胜，豪爽气派的个性特征，也和都昌山水的雨弥烟浓、柔情万种迥然不同；又如尽管古鄡阳繁荣昌盛、纸醉金迷，鄱阳湖却能果断决然地一夜把它沉入湖底；平时风平浪静、温柔婉约的老爷庙水域，会在一刹那间变为波澜陡起、险象环生的"魔鬼三角区"；等等。所以黄庭坚以李成、范宽壮阔浑厚、雄奇险峻的北方山水画来形容都昌县，认为这样更能符合都昌的真实本质。

诗人的感觉只是诗性的率真。实际上，都昌县仍是鄱阳湖边的一个水乡泽县，境内有大港、大西湖、新妙湖、大输湖、大沔池、洲家湖、团子口等七大水系共大小河港39条，流往鄱阳湖；鄱阳湖中40多座岛屿有20座在都昌县境内，是一个水系发达，河港纵横，山清水秀，人烟稠密，最具江南姿态的地方。

都昌县有一大半的乡镇沿湖而居，其万户、周溪、都昌镇都是著名湖边水镇。都昌镇是县治所在地，素有"禹辙经临之地，鸿儒硕彦之乡""汇匡庐秀色""集风流善政"的美誉。镇内有座南山，以遥望县镇灯火楼台的景色，催生苏东坡写出了那首著名的诗篇；山上又有座清隐禅院，长年晨钟暮鼓，香火不断，黄庭坚曾撰《清隐禅院记》。另有古镇徐家埠，始于元末明初，历史上曾为漕运要地，以水陆交通方便五省通衢，商界如云。

有必要说一句都昌的土特产：都昌米饺、都昌豆参，还有薯渣粑。

都昌米饼俗称包心粑。又称饺头粑，是由米粉包皮，萝卜青菜等为馅，包成大饺子型模样的一种米制食品，口味多样，经饱耐饿。相对于邻县的包心粑来说，都昌的米粑显得粗糙厚实了些，由此可以体味到都昌人的实在。但都昌豆参却极其绵软精细，是由豆腐烹炸而成的一种油料豆腐，可单吃和混吃，如混同鸡、肉、鱼一同炊煮，能饱吸高汤浓汁，浑身水亮，一口咬下，热汤四溢，绵软如絮，鲜香满口。都昌名菜鲇鱼炆豆参，味道鲜美异常。只是这种豆参邻县也都制作，但怎么也不如都昌做的好吃，以至都昌豆参成为鄱阳湖一绝。据说，这和都昌的水质有关，但更主要的应该是都昌人的选料精细、制作的传统工艺与众不同吧！

历史上的都昌还有一种薯渣粑，是将红薯粉碎，用水挤出淀粉后的剩渣，包成一团团圆形的渣粑，随意丢到屋檐瓦上，任其日晒夜露起霉菌，成了一种霉制食品后，放在粥饭中煮后食用，其味有一种说不出的甜酸鲜美，食之有瘾，吃了还想吃，而这种薯渣，在邻县人那里，只是用来喂猪。

都昌县的这三种传统食品，有粗有细有随意，但却都是可口的民间家用食品，实际是很能体现都昌人外表实在、内质精明，化腐朽为神奇的性格。

二、都昌人与景德镇

也是因为人口的问题，促使了都昌人旅景业瓷的大发展。

都昌地处鄱阳湖畔，人多地少，风调雨顺的年月倒可安居乐业，但一遇到洪涝水患的灾年时，田地颗粒无收，老百姓的生活就苦不堪言了。生活的艰难逼得都昌人的眼睛向外，寻找出路。景德镇距都昌仅有百里之遥，水陆路均可。若走陆路，从中馆乡进入鄱阳县的油墩街，经田畈街，在金盘乡的分水岭下进入景德镇，辛苦点可以朝发夕至。虽然是晚上到达景德镇，但那"火光炸天"的"四时雷电镇"，对一路忍饥挨饿，怀揣着发财梦的都昌人是多么的有吸引力啊！

这里面有的是故事。

有资料介绍说，都昌人旅景业瓷"始于明，盛于清"。最早有两批，第一批未站稳脚，就被本地人挤走了。第二批，从干白土等劳苦活做起，才站住了脚。又遇到一个好机会，有一年宫廷要瓷器，因那时还未设御制窑，都由民窑包做包解，一些民窑负担不起，叫苦连天，有的竟卷款归田。本地人不肯干，都昌人就趁机取而代之了。景德镇瓷业还真是一个谋生的广阔天地，老的可以磨料，女的可以画坯，少的可以学徒，男女老少都有钱赚。于是都昌人亲帮亲，邻帮邻，你拉我携，来景德镇的人滚雪球般越来越多了，慢慢地渗透进制瓷烧瓷以及买卖瓷器的各个行业，尤以烧做两行、生产圆器瓷而蜚声景德镇陶瓷界，形成了一股强大的地方势力，最后在景德镇瓷业构筑了垄断地位，以致景德镇流传"十里长街半窑户，迎来随路唤都昌"的民谣。都昌话甚至影响了景德镇人说话的口音。

都昌方言的疑问词语"么得嘎"，意为"什么呀"，极其特别，远近闻名，几乎是人们认识都昌人的一个突出标志。想那"迎来随路唤都昌"，其实是十里长街到处听人在说"么得嘎"吧！

都昌人在旅景业瓷的一大特点是以家族、姓氏为主体。据 1962 年江西历史学会调查组统计，从乾隆年间起，殃葬于景德镇的都昌人，仅冯、余、江、曹等7姓就达千人以上，而殁葬于都昌本土的旅景者，其人数肯定比殁葬景德镇的为多。旅景的都昌人，先来4姓，继而24姓，再来48姓，计有70余姓之广大。可以说，都昌境内的每个村庄、每个姓氏家族，都有人在景德镇就业。景德镇后来所谓的"三窑九会"、"四窑九会"，其实就是都昌人经营的千余家的大中小窑户的厂长和小业主的组织，控制了景德镇的整个烧窑业和圆器业，在瓷业上实行了前所未有的大垄断。1910年景德镇首设商务总会时，商会的会员、议董和总协理都是按都（昌）、（安）徽、杂（鄱阳、浮梁、丰城、乐平、临川、新余、宜黄及外省各地）三帮来分配的，都帮为瓷业、徽帮为商业，杂帮有瓷有商。后来，都昌人陈仲西还担任了第三任会长之职。

都昌人旅景业瓷，不但促进了景德镇的人口剧增，促进了瓷业的发展，改变了景德镇的语言，还在文化教育卫生等方面都有所贡献。那生动活泼的都昌采茶调，以小巧灵活的"三角班"形式在景德镇红极一时，活跃在景德镇城乡的民间娶亲、嫁女、祝寿、祀神的各个场合，为整日里烟烧火燎、繁忙劳累的景德镇人带来了阵阵轻松和愉悦。

330

都昌人在景德镇发了财，有些钱留在景德镇用于事业发展，但不少的人却把钱拿回都昌老家，买田买地、做房造屋，为家乡的建设打下了基础。苏山乡鹤舍村有位叫袁蕃杰的人，靠卖豆腐营生，勤俭起家，赚了钱，就到景德镇做瓷器生意，红火了起来。此后他的儿子袁绍起继承了他的事业，发展到拥有七座瓷窑和数十家店铺和坯房。发了财的袁氏就把钱拿回家乡来盖房子，以至于现今保留下来的鹤舍村清代古建筑群中的大部分房子都是他家投资兴建的。更多在景德镇发了财的人衣锦荣归，在家乡修建精美的房舍，并雇用工匠在房屋木石构件上雕刻了大量的图案花纹，形成了一种独特的"花屋"建筑，有浅雕、浮雕、透雕，内容以花卉鸟兽、吉祥图案和历史神话故事和戏文人物，艺术高超、工艺精细，成为一种独特的上乘艺术品了。"花屋"以南峰镇和芗溪乡居多，

相传1926年，景德镇瓷商界曾有"三尊大佛、四大金刚、十八罗汉"之说，是本镇财主按照家产排列的诨号，其中三尊大佛、四大金刚，都昌各2人；十八罗汉，都昌9人；入选数占一半以上。由此可见都昌人在景德镇的财势了。

都昌人历史上旅景业瓷的成功，固然是借助了景德镇这样一个特殊的好平台，但也源于都昌人的努力和创造，是智慧、勤劳、艰苦，坚韧以及齐心协力、团结一致的结果。从柔美鄱阳湖走出去的"蛮都佬"，从都昌带去的是鄱阳湖的水，在景德镇制作烧炼出冰清玉洁的精美瓷器，产生出了可以说是都昌人旅景业瓷的辉煌文化，这给

后代都昌人应该是有所启迪的。

都昌人旅景业瓷的历史，是值得单独写一本大书的，它也是历史留给鄱阳湖的一份独特的记忆。

三、"止水"江万里

二十世纪九十年代初，电影《悲烈排帮》在都昌县开拍。三位编剧中，我和另一位都是湖口人，当然希望电影能在家乡湖口县拍摄，但也是编剧的导演却坚持定在都昌。电影讲述的是鄱阳湖上放木排的故事，湖口和都昌都是湖畔水乡，本来应该没有什么区别，导演看中的却是都昌县历史文化的沉积与留存。别的不说，光是道具剧组就随意从都昌乡间收到了几十杆有尺半长的竹管、如小儿拳头般粗的包铜烟斗，杆中间吊坠着绣有古朴图案烟荷包的旱烟杆。这在湖口是很难寻觅到的。以至那些饰演排佬的男演员们欣喜若狂，不管拍摄还是休息，一个个都是一柄烟杆不肯离手，把都昌老乡从烟荷包中掏烟丝，捻成团，塞进烟斗里，"卟"的一口气吹燃纸媒子，伸长手臂点烟，用力吸一口，然后缓缓吐出长长烟气的模样，学得是惟妙惟肖，活灵活现。

331

都昌的历史文化是有渊源的。

相传道教有三十六洞天，七十二福地，皆仙人居处游憩之地。世人以为通天之境，祥瑞多福，感怀仰慕。第五十一福地元晨山，即今都昌县苏山乡之苏山，据说孙真人、安期生等道界仙人曾居此修真过。苏山乡陶家冲，传说是陶侃的故里，这位清廉俭朴，珍时惜物，留下"竹头木屑"典故的中国古代著名的军事家、政治家，在县城西湖边留下了一座陶候钓矶，成为都昌胜景。北宋刘琦，驰骋中原，辱死不南，曾为宋学者以抗金十将之首载入青史。元代陈皓，是朱熹四传弟子，创办并讲学于经归书院，以"前圣继天立极之道，莫大于礼；后圣垂世立教之书，莫先于礼"，弘扬宋理学家县人黄灏、冯去非等研究成果，皓首释经，闭户课徒，他编注的《礼记集说》，明代以后成为钦点全国科举考试蓝本。都昌人余应桂，万历四十一年已未进士，最后官授御史。崇祯十六年（1649），起兵都昌反清，在鄱阳湖操练为水军，清兵破都昌时，不屈而死。《明史》有传。

最让都昌人崇敬的人是江万里。

江万里，原名临，字子远，号古心，都昌县阳峰乡府前江家人。南宋著名爱国丞相，民族英雄，是南宋末年仕林和文坛领袖，著名的政治家和教育家。与弟江万载、江万顷被时人和后世雅称为江氏"三古"或江氏"三昆玉"。江万里曾创办白鹭洲书院，道源书院、宗濂精舍等三所书院，培养出了一批以文天祥为代表的杰出人士，另外还有刘南圃、刘辰翁、欧阳守道、邓光荐等都是他的学生。江万里三度为相；一生为官清廉，政绩斐然，直言敢谏，忧国爱民。在元军大举侵宋，而权臣贾似道辈不理朝政时，江万里观大势已去，补天无力，以病退居饶州（鄱阳县）芝山，凿池芝山后圃，名其亭曰"止水"，借物明志，表示将于此以身许国。德祐元年（1275）二月，饶州被元军攻破，在国破家亡之际，78岁的江万里与其子江镐，毅然率家人17口投止水池殉国，希望以自己及家人之死唤醒"天下忠义节烈之士闻风而起，聚集万千众人之力，保江山社稷不移腥膻，道德文章不堕宇内"。江万里"止水"了，中华民族的脊梁在此时清脆地咯响了一下，又更加直直地挺立起来了。

投水殉国是江万里人格最辉煌的一幕，也是他人生最悲壮的一幕。江万里以他的纵水一跳，成就了他的古今之完人，千古道德风范之楷模。

令人感叹的是与江万里一同跳入止水赴死的其他十六位家人，查资料知道的有江万里的次子江镐夫妻与儿子江澄，江万里两个侄子江铭、江钰的妻子和子女，记载上还有个外甥，其他都是江家奴婢用人，如资料所说："左右携孙，自为纷纷，父忠子孝，兄贞弟烈，夫义妇顺，笑赴止水"，"从之者同知君，积尸如叠，不审其偕老之媛，而婢仆变亦争以尽。"这些人在史料上都没有留下名姓，但因是江万里的家人，也都有着与江万里一样的爱国情操，以死殉国，虽未名留青史，但在后世人心中，却有着和江万里一样的尊荣与崇敬。

只是不知道江万里的那个门人陈书器后来如何了？江万里临死前曾拉着他手与之诀别，流着泪说："大势不可支，尔虽不在位，当与国家共存亡。"陈书器是不是也投了止水？想着江万里是在元军将至江家时与陈书器诀别的，陈书器要逃跑怕是来不及了；他又是江万里的门人，在最后的关头还守在江万里身边，品行应该是江万里肯定的；江万里临死前嘱咐陈书器"当与国家共存亡"，想必陈书器一定会遵从师嘱。但问题是：如果陈书器也投了止水，那么江万里临死前对陈书器说的话后人又如何知道？实际上这话后人是知道了，都写进了史料，那是不是说明陈书器并没有投止水殉国？看来，既要把江万里殉国的壮烈义行让后人知晓，又要听从江万里的话为国尽忠，这是陈书器的两难问题，因寻找不到这方面的资料，只好存疑了。

在都昌江万里老家古心堂的门楣上，有这样一副楹联："兄宰相，弟尚书，联璧文章天下少；父成仁，子取义，一门忠孝世间稀。"表达了后人对江万里及与他一起所有殉难家人的无限崇敬和怀念之情。

第七节
德安县

一、从敷浅原到德安县

说起德安县，好像有些儿复杂。

首先是它的历史沿革。夏禹治水，"过九江至于敷浅原"。敷浅原即今之德安县。从汉高祖六年（前201）设历陵县开始，至南宋并入柴桑县，到隋朝历经柴桑、浔阳、鼓鬓、彭城、溢城等多次变化；唐朝又有"分溢城置楚城县""废彭城入浔阳"、并"废楚城县入浔阳"，武德八年（625）又以历陵故地置蒲塘场。咸通三年（862），并蒲塘场入浔阳县，四年（863），复置蒲塘场。前前后后变来变去的换了十多个名字，直到五代吴乾贞元年（927），取"德所绥安"之意，升蒲塘场为德安县后，才算是稳定了下来。一个县名就弄得这么复杂了。

第二是德安县的人口。德安从唐朝开始，不断地有外地人来德安落籍谋生，其中由官府组织迁入的就有好几次。明永乐二年（1404）朝廷下令从南昌、吉安等府向德安大批移民。中华人民共和国成立后，于1955—1956年两年从上海迁入4809人；1969年从浙江新安江迁入4050人。直到2004年末，德安县才共有16万人，是鄱阳湖区周边人口最少的县份。但也就是这个德安县，曾有过中国历史上的最大家族"天下第一家"——江洲义门陈，3900多人聚居一堂，合炊300多年不分家。在历史上德安竟然还有外迁人口的经历，宋仁宗嘉祐六年（1061），朝廷下旨把德安义门陈家3000多人口分流至全国16个省125个县市。一个本身人口不足，需要引进的县却偏偏要将人口迁徙出去。复杂吧。

其三是地域。按 2004 年出版的《九江市志》上的地图查看，德安县只是在永修县的江益镇与星子县的苏家垱镇的中间一个极窄的地方和鄱阳湖相连，湖岸线大概不过二三十公里吧；如按 2010 年的行政区划来看，德安县在鄱阳湖畔的地域划分给了新成立的县级市共青城市。也就是说，现在的德安是没有土地连靠鄱阳湖，也是没有湖岸线的。但是，无论历史和现在，作为鄱阳湖源流赣、抚、信、饶、修五大支流外的最大的小支源流——博阳河，不但在德安县全境流过，而且博阳河全长 93 公里，有 79.7 公里是在德安境内，也就是说，除了博阳河的源头瑞昌市南义乡湖炎洞的 13.5 公里是在瑞昌市外，几乎整个博阳河就是德安县的私家河了。最后博阳河从历史上的德安县域的南湖注入鄱阳湖，德安县所以应该名正言顺的算是鄱阳湖区县。

一个鄱阳湖边小县，因了历史和现实的种种变革，使得历史和现实都有些复杂，不大好用三言两语讲清楚。好在县治却相对固定，自西汉初有历陵县直到现今，蒲亭镇一直是德安县城所在地。自明朝建筑土城墙开始，后改石城墙，到清咸丰年间拥有周长 772.2 丈长，并有东、南、西、北、小北五座城门的城垣，护卫着具有两千多年历史的蒲亭小镇，逐步发展清末成为有 4 街 12 坊 20 条巷子的德安县城了。

博阳河率其大小支流 34 条从德安境内漫漶而过，使本是丘陵地带的德安县有着浓郁江南水乡的诗意美，构筑了德安历史上著名的"八景"：义峰耸翠、蒲塘落雁、南庄耕叟、金带河流、阳居仙迹、涅塘晓钟、乌石清泉、钓台渔唱，相伴而生的是有关的优美传说。小昆仑山是德安的一座名山，山中风景异常，鸟语花香，地势险要，气候宜人。山上的元阳寺，始建于宋嘉泰三年（1203），虽因战火屡毁屡建，如今整个建筑仍然雄伟壮观。

德安县的历史文化遗存好像也不是太多。

位于县城西 13 公里聂桥乡聂村境内有石灰山，属商代文化遗存，出土的陶器装饰艺术风格比较多样化，陶瓷生产较为规范，并出现了原始陶瓷。

2006 年 5 月，在德安县聂桥镇望夫山成功发掘出宋代彩绘壁画墓。墓室中的壁画精美绝伦，震惊世人。

德安县内戏曲有西河戏、采茶戏、傩戏等流行，德安西河戏是该县汤大乐兄弟集汉调、宜黄腔、昆腔、青阳腔、融合地方土语小曲而成。德安傩戏历史古老，以县城北的樟树乡最盛，每村一个傩班，俗称"案堂"，谓之"十二案堂"。

德安的历史名人也有些争议。

夏竦，北宋大臣，古文字学家。夏竦以文学起家，曾任多地官员，为老百姓做了不少好事，如在湖北襄州发生大饥荒时，打开公廪，向灾民放粮，同时又劝说全州的富人拿出余粟，共募集到十余万斛，救活灾民四十六万余人；仁宗皇祐辛卯年（1051）奉诏监修黄河堤决，躬冒淫雨，患病而死，也算是鞠躬尽瘁了；还知人善任，曾保荐范仲淹任自己的副使。特别是对古文字很有研究，在文学上造诣很深，著有《古文四声韵》五卷、《声韵图》一卷，有《文庄集》三十六卷收入《四库全书》。不过，夏竦性贪好财，积家累巨万，生活奢侈，又过于计较得失，倾侧反复，被御史斥为"奸邪"。

王韶、王寀父子，皆德安锹溪人氏。王韶系北宋名将，足智多谋，富于韬略。熙宁元年（1068），上《平戎策》，提出收复河湟等地，招抚沿边羌族，孤立西夏的方略，为宋神宗所纳。后屡建战功，曾一度当上枢密院副使等中央大官，以奇计、奇捷、奇赏著称，被称之"三奇副使"。王寀是王韶第三个儿子，25岁考上进士，后官至校书郎，翰林学士，兵部侍郎。王寀多才多艺，不但精于书画，诗词，同时也是名书法家。其词造意新颖，语俊而奇；书法曾汇集刻制而成丛帖《汝帖》。其诗《浪花》："一江秋水浸寒空，渔笛无端弄晚风。万里波心谁折得，夕阳影里碎残红。"一直被后人传颂。父子俩也可算是一代才俊，却都是早逝，死得也很悲惨。王韶晚年言语失常，像得了癫狂病。生毒疮以后，毒疮溃烂，甚至可以看见五脏六腑，享年仅五十二岁。《宋会要辑稿》刑法六之二三记载：王寀"因病迷惑，好神仙道术，徽宗重和元年召入宫中延神，为林灵素所陷，下狱弃市，年四十一"。父子俩最后都死在"神神道道"上，由此可以怀疑王家是否有精神疾病的遗传。

好在王家后代中出了个王阮。王阮是王韶的曾孙，南宋文学家。王阮官至临川知府，是个具有刚正不阿的秉性和凛然不可侵犯气节的人。隆兴元年进士，南康军大旱时，被朱熹邀赴都昌任主簿，大力赈灾，以廉洁闻名。后升至抚州知府。宁宗庆元初期，权相韩侂胄企图拉拢王阮，命王阮入奏朝廷，同时派人诱以高官厚禄，但王阮不受诱惑，坚辞不受，辞官归隐于故里。王阮诗文创作颇丰，有《义丰集》传世。其诗以格调高洁见重，常以爱国抗金为主题，如《次陆务观韵寄王景文》："朔风摇楚水，国步益艰辛。往事忽成梦，逆胡何日臣。凡今天下士，皆属座中人。尚被中原发，烦君与正巾。"诗人为国而忧的痛苦心情尽显字里行间。王阮死于嘉定元年，活了68岁，这在他家族中恐怕算得上是高寿善终的吧。

德安县有文章诗词传世的还有燕兰徵、权安节和王阮的父亲王厚等人。

博阳河也是鄱阳湖的源流，但因有赣、抚、信、饶、修五大支流在前，所以在一般性介绍鄱阳湖的文字里，博阳河都被省略了；只有详细的介绍中才在五大源流后说上一句"以及博阳河、漳田河、清丰山溪、潼津河等河流"。也就如同博阳河一样，德安县的历史文化在鄱阳湖历史中显得零落了些。但又如同博阳河虽然只是一条小支流，但仍能竭尽全力源源不断地向鄱阳湖供输源水一样，德安县给鄱阳湖的历史文化的贡献也是殚精竭虑、独树一帜的，仅"江洲义门陈"一项，就足以让德安县在鄱阳湖的历史上载有闪光的一页。

二、江洲义门陈

按最新的说法，陈姓在中国姓氏中排名第五，是超级大姓。"江洲义门陈"是中国陈姓的一个闪亮标签。"义门陈"的大红灯笼，从宋仁宗嘉祐八年（1063）在全国各地334个田庄高高挂起，红光泛透，把"义门世家"的匾额照耀了近千年。

顾名思义，"江洲义门陈"源于江洲。江州义门陈坐落在风景秀美的庐山脚下，清波碧浪的鄱阳湖畔，古属江州辖地。没有资料显示当年陈氏家庭的房屋田地范围，但江氏祖祠现属德安县车桥镇境内。以祖祠为中心，可以确认德安为江洲义门陈的源地。

义门陈是中国历史上最为罕见而神奇的家族，自始祖陈旺在唐玄宗开元十九年（731）四月从庐山龙潭窝迁来德安，开基创业，以忠孝节义为本，勤俭耕读传家，历15代、合炊330余年不分家，3900多人曾聚居一堂；实行一夫一妻制，大家一起劳动，财产共有，创造了聚族同居的世界家族史奇观，也留下了"百婴同堂哺""百犬同槽而食""永不分梨（离）"等佳话。是中国古代社会中人口最多、文化最盛、合居最长、团结最紧的和谐大家族，就如同国家的统治要有法律一样，陈氏家族的管理靠的也是一部《义门陈家法》。唐大顺元年（890），义门陈第三任家族负责人陈崇制订了《义门家法三十三条》，字里行间处处体现忠恕孝悌的思想。根据33条家法，义门陈家族内部管理有序，上上下下各有分工，无一闲人。家族内拥有学校、藏书楼、接待所、医室、祠堂、田庄管理部门等。

义门陈有两点很具有超时代的先进思想。一是家法规定，义门陈男子"皆只一室，不得置蓄仆隶及娶妾养婢"，一旦娶妾养婢将视为义门陈家族不肖子孙。又用家族统一管理财产、个人经济不独立来保障这一家法的严格执行。一夫一妻多妾制起源于先秦时期，此后历代奉行不疲，到宋代，蓄妾皆有一定规模，士大夫几乎人人蓄妾。在这样的大环境下，一个家族强制实行一夫一妻制是有困难的，但义门陈却做到了。义门陈的媳妇都是从外姓中来的，想那时周边的姑娘肯定都是愿意嫁到义门陈去的，至少在感情上能有专属。二是自办教育。根据义门陈的家法第七条、第八条的明确规定，在东佳山下（即今德安县爱民乡）创立东佳书院，这是我国历史上最早的私办大学，规模宏大，图书有数千卷，还有 20 项良田的收入作为教学经费，学生来源先是陈氏子弟，后来也顾及四方学子。教育出人才，至公元 1063 年，义门陈氏一家历代为官人数约 400 人，历受封赠 42 人，历代累计中举 120 余人，其中官至宰相 2 人、在京高官 30 人。

据说，义门陈家每日三时茶饭，男女分坐，分作两次进食。男子十五至四十岁的先吃，"取其出赴勾当"，是吃了饭后要及时劳作；四十岁以上的和家长同坐后吃，"以其闲缓"。但不管早吃晚吃，毕竟天下没有不散的筵席，义门陈到底还是分家了。一向在中国老百姓眼中的清官黑脸包公在义门陈分家的事情上是真正地唱了一回黑脸。"宋仁宗嘉祐七年，文彦博、包拯、范师道等重臣向皇帝上疏，论陈家朝野太盛，宜令分析，以保全之。七月，仁宗皇帝亲旨，对义门陈氏实施大分析，将三千九百余人分为二百九十一庄，分迁全国七十二州郡一百四十四县。至 1063 年 3 月分析完毕。"

朝廷的顾虑是必然的，义门陈人多势众，这于封建统治者无疑是一个潜在的威胁，虽然两代宋王再三对陈氏家族旌表谥号，又是赠联又是题诗的，极尽抚慰之情，但内心的恐惧却是日益犹增。想想都可怕啊，一个能把看家护院的狗培养成一只狗没有吃，其他九十九只狗都不肯进食的家庭，该是有多么强大的凝聚力啊！要是这样的家族有非分之想，那就将是统治者最强大的敌人哪！这样的"天下第一家"是非要拆了不可。不要去责怪黑脸包公等人了，他们是忠于朝廷才出如此之策。事实上，朝廷下旨分家，也暗合了义门陈家高层决策人物和家族中有识之士的心思。历经 330 年，形成了如今的 3900 余人的陈氏大家，已经到了尾大不掉、艰难维撑的情形了，人口在一年一年地增加，而居住的地方却难以增扩，再不分家，不说吃饭没地方可摆桌席不说，怕是要再分几批吃才行。唐僖宗李儇御诗《赞义门陈氏》："金门宴罢月如银，环佩珊珊出凤闱。问道江南谁第一，咸称唯有义门陈。"吃好了晚饭，月亮都大如银盘了。要是人再多了，最后一批人吃完饭怕是都要月儿西斜了。所以陈氏家族在此之前，内部也曾分迁过部分人出去。《旌表聚散履历》载：庆历四年，"家长以食聚太多，义门地窄，诸庄粮供太远，扒遣一千四百口，往居属县庄舍就食。嘉祐三年，众思时节归侍违远，聚会失期，似亏义气，告乞归宗。乃创小屋五百间，于东冲以处之。今之黄州庄回居院是也。"这些因吃饭都成问题而被迫迁居出去的人，又找理由返回来了，可见那次的分迁是失败的，也可见陈氏家族人习惯了吃大锅饭，不愿分灶另食。

应该说陈氏家族是以因势利导、借题发挥的心情接受了朝廷的分迁指令，也是以壮士断腕、破釜沉舟的悲壮方式完成了朝廷的命令。那种把祖堂的一口大锅吊到义门祠堂的大梁上，让它自由落下，摔成几片就分成几庄的操作方式，也极具"打破大锅饭"的象征意义。于是，291块大铁锅的碎片就代表着分迁往全国各地的义门陈的291庄，另有43处田庄为在外做官者购置，总共分迁为334庄。想那当年："奉朝命大决，分期割离恩义，其星散四方，哀苦不堪情状，鬼神当为之诉泣，山川当为之愁蹙也"的各地始祖们，领着其名下族人离开德安县车桥镇境时，怀中都必定是揣着用布细心包好的一块碎锅片，这些碎锅片有大有小，但却是远走异地他乡陈氏家人对义门陈鼎盛时期的最后见证。

纵观历史，义门陈分家是一种历史的必然。于朝庭来说，义门陈氏忠义孝悌，平纠纷，净争讼，知礼仪，忠国家，呈现一派耕读升平的景象，把义门陈氏作为封建家庭的样板分迁各处，教化天下，只是表面堂而皇之的理由，实质上是为了抑制义门陈氏"朝野太盛"，恐其危及朝廷统治，解除隐患的一种策略和办法。于义门陈氏来说，也是顺应天理人伦，遵循"树大分权，儿大分家"的中国文化传统，解决了义门陈日益庞大，族群臃肿，生活场地供应不足，管理越加艰难的迫切问题，也消除了树大招风、招嫉惹妒，使朝廷放心不下的潜在危险。更主要的是经过三百余年的人口和资本的积累，德安境内现在的逼仄空间难以容下膨胀的族群，更不利于义门陈的持续发展了，形势也逼迫着义门陈要去开拓更广阔的发展空间。在这一点，其实义门陈是早有准备的。资料载："把陈姓在郑州（今属河南）、潭州（湖南长沙）、黄州（湖北黄冈）、汉阳（湖北武汉）、安庆（今属安徽）、棣州（山东惠民）、松州（四川松潘）、泸州（今属四川）、光州（河南光山）、洪州（江西南昌）、舒州（安徽潜山）等地的产业，分为291份。""又把德化（江西九江）、瑞昌（今属江西）、星子（今属江西）三县田分为27份，德安、建昌（江西奉新西南）的财产分为20份，这些均不在291份之内。"可见当时义门陈在全国各地都有产业，义门陈分迁去的地方其实早就是陈氏家族的田庄。这些地方以前肯定也是陈氏家族的人在担任管理人员，下面另外请劳工而已。而现在迁去了陈氏人众，只是改由陈氏人自己全部经营罢了。义门陈毕竟是义门陈，是很有些有远见卓识之人的，他们的准备也是深谋远虑的，而且一切还做得是这么悄无声息，不慌不忙，水到渠成。

义门的迁徙与瓦屑坝的迁徙有着根本上的不同。义门陈的迁徙过程中，让陈氏人悲哭的只是族人的分离，是一种大名义上的陈家人的"割离恩义"，而不是真正的家庭亲人间的骨肉分离，分迁是按照族系分支进行的，保持了小谱系小家庭的完整性，这样的分离毕竟不至于那样撕心扯肉般痛苦。而且是皇上御赐分家，由江南西路转运使谢景初率众臣，奉旨临门监护分析；分析家产时也是按照天子御赐的编号进行，这一切都是义门陈的荣耀。而且在财产上得到了保证，迁徙者完全不要担心以后的生活无着落。这样的分家，对于家族中那些早就厌烦了家族家法束缚的叛逆之子、那些在德安憋闷太久早想外出的年轻之人、那些胸怀大志想在外面世界开创新天地的有识之士来说，却是新鲜的、开心的、充满期待和希望的大喜事，他们也许在表面上也为族人的分离表示出一份悲哀，但更多地却是在内心中欣喜若狂，兴高采烈，激动不已，跃跃欲试，一转身，他们迈开大步，朝着迁徙之路义无反顾地昂然走去了。

事实上的结果，自然还是应了那句古话："树挪死，人挪活。"江洲义门陈经过这次的分家大拆解，把义门陈的大红灯笼挂到了江西、河南、浙江、湖北、广西、江苏、安徽、海南、四川、山东、山西、陕西、福建、湖南、广东、上海、天津等16个省市共 125 个县，有了更好的生存空间，更大的发展空间，从此之后，在近 1000 年的历史进程中，义门陈后裔繁衍迁徙，瓜瓞连绵，枝叶越来越多，遍布全国各地。"一家繁衍成万户，万户皆为新义门。"这才有了"天下陈氏出义门"之说。

第八节
星子县

一、风景星子

在环鄱阳湖周边县市中，星子县占了最好的一处风水宝地。

星子县就如同一位湖畔女子，侧卧在鄱阳湖畔草滩上，头枕庐山汉阳峰，背倚匡庐南麓，双足伸进蚌湖、牛鸭湖，懒懒地面对鄱阳湖正在晨妆，那南康镇前湖中的落星墩，不过是她随手放入水中洗濯的一枚星状的首饰罢了。在郁郁葱葱的庐山和清清秀秀的鄱阳湖的衬映下，越发显得女子唇红齿白，粉面桃花，身材窈窕，娇美艳丽。

因庐山南麓在星子县境内，造就了星子县独一无二的美丽风景。有李白咏叹的"飞流直下三千尺"的庐山香炉峰大瀑布，有陶渊明描述的桃花源和栖贤两大峡谷，有被列入国家级文物保护单位的白鹿洞书院、观音桥、秀峰摩崖石刻，有人们慕名的四大名泉的星子温泉、天下第一泉谷帘泉、天下第六泉招隐泉、聪明泉，有被誉为宗教界五大丛林的秀峰寺、归宗寺、栖贤寺、万杉寺、海会寺；更主要的是，还有鄱阳湖。

有了鄱阳湖，庐山南麓的所有景色才会水灵才会鲜活，才会生动才会蓬勃，才会充满浪漫和豪放，才会具有粗粝的历史质感和润滑的现实情感。这就像女人的柔情能激发出男人的强悍一样，是鄱阳湖的水滋润幻化了南麓庐山奇幻的风景，让星子县风情万种、魅力四射，自古至今，把那些名流大家、文人骚客、僧人道徒诱惑得如过江之鲫，趋之若鹜。古代游历者，多是从鄱阳湖乘舟而来，经县城，沿驿道，一路领略湖光山色的，地方官吏往往疲于应酬。清代南康知府廖文英曾说过："名流墨客，络绎东舟，则湖上迎来送往倍难。"可见，历来名胜风景区的麻烦都是一样的。

自然风光带来的人文盛景，使星子县具有了深厚的历史文化底蕴。千百年来，儒家、佛教、道教文化在星子水乳交融、相互影响，是影响中国思想文化的理学和禅宗的兴盛区。

陶渊明故里栗里陶村、归田后醉卧松云、把酒赏菊的醉石馆；王羲之鹅池、墨池、玉帘听瀑读书的石屋；朱熹手书醉石等等历史文化遗存，让人们在星子有如行走在历史文化的陈列馆，随处都有惊喜。一座观音桥，只不过是我国最古老的石拱桥结构，于北宋祥符七年（1014）由江洲匠陈氏三兄弟所建。长约 24 米，宽约 4 米，单孔横跨于大汉阳峰和五老峰之间的深涧之上，以五排同型重各一吨多的花岗岩 105 块扣砌而成，结构紧密、造型美观，虽经千年，但如今仍然紧固如初，被誉为中国南方桥梁建筑史上的一颗明珠，让后人叹为观止。而白鹿洞书院却更是世界上最早的高等学府、名列古代四大书院之首。

1990 版的《星子县志》与其他志书的编撰有所不同，"风景名胜"章节中，在风景介绍后都附上了所选载的历代诗文，秀峰风景区有 40 篇，观音桥景区有 23 篇，归宗景区有 30 篇，康王谷景区有 5 篇，县城其他景区有 21 篇。这些诗文都是有影响的作品，涉及的作者也都是王阳明、元吉、李白、张九龄、范仲淹、来鹄、黄庭坚、朱嘉、米芾、顾贞观、苏辙、韦应物、白居易、王十朋、颜真卿、罗洪先、周敦颐等等名人大家，其他一般作者为星子创作的诗文更是不计其数了。可见星子县遍地是风景，处处有诗文，名人大家步履层层的好地方。

可以这么说吧，庐山文化有一大半在山南，也就有一大半在星子县，这其中包括游历、隐逸、宗教三大文化以及理学、书院、古建筑、军事、民俗等等文化积累，因在前面的篇章里都有过涉及，就不再重复了。

要重申的是西河戏。在"德安县"一章里曾介绍是德安艺人汤大乐兄弟集汉调、宜黄腔、昆腔、青阳腔、融合地方土语小曲而成。实际上，汤大乐于道光末年至同治初年（1850—1862）赴星子教戏，招徒授艺，建立了星子第一个弹腔戏班。1874 年，星子艺人周自秀出任班头，戏班定名为"青阳公主星邑义和班"，简称"义和班"，后来虽然曾分班又合班，但有过后 27 年的鼎盛时期，为星子县奠定了西河戏的基础，成了一个历史符号，促进着西河戏在星子县的繁荣。在多方努力下，2011

年，星子县申报西河戏正式入选了第三批国家级非物质文化遗产名录。

在一个地方起源并盛行过的地方戏曲，最后却由另一个流行的地方申报入选国家级非物质文化遗产名录的事情，并不是星子县才发生，在鄱阳湖周边其他地区也有。

星子县还有被宋徽宗赐名"金星宋砚"的星子青石砚，在 2006 年入选国家首批非物质文化遗产保护名录。

拥有如此自然美景与历史文化的星子县，同时也拥有鄱阳湖 220 公里湖岸线，名列鄱阳县之后，是鄱阳湖区第二个最长湖岸线的县。星子县背依匡庐，南北与永修、德安、九江三县交界，面临鄱湖，古称形胜要地。同治《星子县志》载："南国咽喉，西北锁钥，扬澜、左蠡浮其前，五老、九奇峰屏其后，控五岭，压三吴，汇岷江，潴彭泽，绝地南要，据上流，……山川雄奇，带砺险固，实为江右之门户。"北宋太平兴国三年（978），当地官员孔宜上奏："星子当江湖之会，癭贾所集，请建为军。"太宗下诏，将星子镇升格为县，隶属江州。太平兴国七年（981）设立志康军，以星子县为军治，管辖星子、都昌、建昌三县，明改西宁府，后又改南康府。据《南康府志》记载，北宋崇宁年间，知军孙乔年在城南以石筑堤，建起 115 丈的船埠，一时商船云集，贸易兴隆。后经几任历代知军、知县盛励精图治，南康古城日臻完善。颐宁四年，周敦颐在府署东侧，开挖"爱莲池"。淳熙七年，朱熹筑紫阳堤。现冰玉漳上还有四座宋代花岗石拱桥。

南康镇临湖而立，隔着鄱阳湖大葫芦的长脖颈与都昌的多宝乡老爷庙相望，算是扼守在鄱阳湖的咽喉之处，为历代星子县及南康军、路、府治的所在地，更是星子县的政治文化中心。作为府治镇，自然有着一定的城镇规模，至清治年间有 6 街 12 巷 2 坡 16 坊。但是，南康镇却似乎不是鄱阳湖周边最热闹最繁华最著名的集镇码头。

这是为什么呢？

南康镇处于吴城和湖口的中间点，鄱阳湖上过往船只，从吴城出发，到老爷庙要停船祭祀，过星子后不过几十里水路，就有屏峰湾可泊船过夜，再往下走不远又经姑塘，必须得停船接受检查，如此一来，不是特意去南康镇的船只。一般都会跳过南康，直接去下游了。再从整个鄱阳湖来看，南康镇算是在湖的中游尾下游头，此时的鄱阳湖上的船该装的货都装好了，该扎的木排也扎好了，你南康镇虽然是府治地，但背后也被庐山堵住了，出不了什么物产，到那儿没什么好装好运的了。尽管星子县出风景，但老百姓生计要紧，没多少闲工夫去看那只饱眼睛却不饱肚子的风景。所以清代知府廖文英也只抱怨"名流墨客",却怪不了老百姓。没有经济发展的集镇是做不大的,历史上府治所在地南康镇的繁华程度,甚至都不及其属下的盐市青山镇。

二、朱熹和白鹿洞书院

白鹿洞书院不是朱熹创办的,却是朱熹辉煌起来的。

白鹿洞书院的创办人是洛阳人李渤。李渤与其兄李涉早于唐贞元年间,就在此隐居读书。李渤养了一头白鹿,跟随出入,这里地势低凹,俯视似洞,人们便称之为"白鹿洞"。后来李渤担任了江州刺史,便在此广植花木,建亭、台、楼、阁。至南唐李氏朝廷,在此办"庐山国学",又称"白鹿国学",与当时的国都金陵秦淮河畔国子监齐名,还任命国子监九经教授李善道为首任白鹿洞的洞主,学者争相往之,白鹿洞书院始见规模,也不过是数十人、近百人不等。

朱熹来了,这位中国理学宗师到南康军任知军,率百官造访书院,见当时书院残垣断墙,杂草丛生。朱熹非常惋惜,责令官员,修复白鹿洞书院,并自任洞主,苦心经营。使白鹿洞书院获得了新生,逐步发展兴盛了起来。

343

有资料说朱熹为振兴白鹿洞书院做了八件大事:兴建房屋、筹措学田、聚集图书、延聘师长、招收生徒、设立课程、制订教规以及确定教学组织形式,但最值得称道的是三件事。

一是朱熹努力使书院获得了朝廷的支持,在政治上得到了保护。他多次上书朝廷,重申复兴白鹿洞书院对传播文化,教育士人,巩固统治的重要性,还指出建书院的目的是为了在佛道争雄的庐山为儒家争得一席地位。这是一个很具有战略性的理论。事实上,白鹿洞书院的发展一直和朝廷的支持有关,以至元明清三朝,都把白鹿洞书院作为推行程朱理学、尊祀朱熹以号召士林的重要学院。就是在明正德、嘉靖、隆庆、万历的一百多年间,书院曾一度被张居正废毁,但仍时有修葺,教学活动绵延不断。而自宋至清的700年间,白鹿洞书院一直是我国宋明理学的中心学府,与湖南长沙的岳麓书院、河南商丘的应天书院、河南父老登封的嵩阳书院共为全国四大书院,白鹿洞书院誉为"天下书院之首"。可以说,白鹿洞书院是以儒家独院一己之力,撑起了与众多佛庙道观构成的"儒佛道"三足鼎立的庐山文化局面。

朱熹为白鹿洞书院做的另一件最值称道的事是制订了书院的学规。这是在制度上给予了保证。朱熹亲自制订的《白鹿洞书院学规》,主要包括五教之目、学之序、修身之要、处事之要以及接物之要，其内容多采自儒家的经典书籍，如"父子有亲。君臣有义。夫妇有别。长幼有序。朋友有信。"五教之目，出自《中庸章句·第二十章》；"五伦"即五常：父子有亲、君臣有义、夫妇有别、长幼有序、朋友有信。在《礼记·昏义》和《孟子·滕文公上》中皆有论述；"博学之；审问之；慎思之；明辨之；笃行之。"为学之序，出自《中庸章句第二十章》；修身之要，"言忠信，行笃敬"出自《论语·卫灵公第十五》；接物之要的"己所不欲，勿施于人"出自《论语·颜渊第十二》等等，条条都有来历，其目的在于按儒家经典读书穷理，修己治人，蕴含着浓厚的儒家人文精神与孔学传统。所以明代大儒王阳明评价此学规"夫为学之方，白鹿之规尽矣"。《白鹿洞书院学规》不但深受一代代儒学人士的认可，也被历代朝廷所接受。宋淳祐六年（1246），宋理宗亲书《白鹿洞书院学规》以示太学，把《白鹿洞书院学规》变成为全国性的学校和书院的"教规"了，后来也是元明清各朝书院学规的范本，并影响到各级各类官学，成为700余年间整个传统中国教育办学的指导方针。甚至传至海外的日本、韩国及东南亚一带，白鹿洞书院享誉海外。想那后人把唯一不是孔子弟子的朱熹也列为"十二哲人"，供奉在孔庙接受后人祭祀，与朱熹在白鹿洞学规上，奉行了儒学精神和孔学传统，算是和孔学一脉相承，恐怕也是原因之一吧。

而最值得称道的应该是朱熹的开门办学的教学方针，不分门户，不拘学派，在学说上包容共存、兼收并蓄，在不同观点学人之间彼此尊重、期许相惜。这是教学上的保障。1181年，朱熹邀请来白鹿洞书院的心学大儒陆九渊登台讲学，陆九渊以《论语》"君子小人义利章发论"，深深吸引了白鹿洞书院诸多学子。事后朱熹请陆九渊将讲稿写成《白鹿洞书堂讲义》，为学生必读之物，并亲为题跋。如果说六年前的"鹅湖之会"，朱熹"理学"和陆九渊"心学"的理论大争辩，双方争议了三天，虽然各不服输，不欢而散，但它是中国哲学史上一次堪称典范的学术讨论会，首开书院会讲之先河；那么这次的"朱陆讲会"则是中国哲学家的品格大展示，朱熹身教胜于言教，以其大家风范，告诉了学子们对待学术思想交锋需持何种姿态。就犹如"鹅湖之会"所显现的思想火花照亮了理学发展的前途一样，"朱陆讲会"所蕴含着的学术精神和文化品格也照亮了中国教育发展的前途，更为白鹿洞书院确定了有学派，而无门派；有学者，而无学阀的学术研究的风气。

正是因为朱熹为白鹿洞书院的长远发展打下了稳固的基础，所以在朱熹离去之后，其弟子陈宓又知南康军，继续增建书院长建筑，还与朱熹弟子黄榦、李燔、胡泳等聚会讲学于白鹿洞书院。绍定六年（1233），江东提刑兼提举袁甫重修、增建白鹿书院，并先后聘请朱熹弟子张洽与偏向陆学又主张和会朱陆两家学说的汤巾，主持书院长讲席。于是，白鹿洞书院不仅成为中国古代高等教育的著名场所，更成了朱子聚集学术能量的磁石场，白鹿洞书院理学传播中心的地位得以确定，创造了白鹿洞书院的辉煌时代。元明清时期，除了明朝废天下书院的百多年外，白鹿洞书院始终受到朝廷和地方官员的关怀，书院进一步官学化，有所发展。但因多年的侵蚀、败落，经济的发展以及文化中心向城市转移等等原因，使白鹿洞书院再也无法回复到宋代那种鼎盛局面。逐渐失去了学术中心的地位。光绪二十七年（1901）清廷下令改天下书院为学堂，白鹿洞书院停办。

白鹿洞书院的名字是李渤的，但白鹿洞书院是朱熹的，这是中国文化史永不磨灭的记忆。

三、宋之盛与"髻山七隐"

星子县的历史文化名人，陶渊明当属第一，虽然他是古柴桑人，但因历史区划的变更，其故居旧迹多在星子县境内，为星子县构筑了一道最为绚丽的历史风景线。

早在陶渊明之前，星子县还有个隐士董奉。《神仙传》是东晋道教学者葛洪所著的一部汉族志怪小说集，其中载有董奉的故事，极具传奇色彩：董奉长期隐居在庐山南般若峰下，为人治病从不收钱，只要求患者病愈后在其住宅周围种植杏树。数年之后，这里成了一片杏林，后人称誉医道高明的成语"杏林春满"即由此而来。《神仙传》虽说是志怪小说，但《星子县志》肯定了董奉其人其事，庐山至今还有杏林源、董奉馆等遗迹。董奉是三国时代吴国候官（今福州市）人，但身为汉代，董奉算是来星子县也是来庐山最早的隐士。有明代诗人李时勉的《杏林》诗为证："山边种树绕林涧，几处曾看此独名。花近药栏春雨霁，明浮晋径午风清。岩前虎卧云常满，树底人来鸟不惊。遗迹尚有仙路杏，只应怀古独含情。"

宋之盛是完全意义上的星子县人，世居白石咀（今华林乡境内）。宋之盛虽然两次进京考进士，但都未考中，遂回乡授馆为业，却以民族气节为重。在清兵南下时，宋之盛痛心疾首，更名宋佚，隐居黄龙山青霞观讲学，后迁往丫髻山授徒讲学，先后从学有数百人。虽然家境日渐破落，但宋之盛愈砥砺操行，鸡鸣而起，静坐养气。顺治七年（1650），江西巡抚蔡士英礼聘宋之盛为白鹿洞书院山长，他坚拒不往。并发誓不入城、不做官、不拜谒清官吏。每逢国丧之日，宋之盛就穿起明朝衣冠，闭门谢客，以示缅怀。

　　宋之盛迁到丫髻山后，和他一起归隐的还有吴一圣、查天球、查小苏、余焯、夏伟、周长儒等六人，人称"髻山七隐"。吴一圣当过白鹿洞主，查小苏通晓天文、律历、勾股、医术，夏伟刊刻过《白鹿洞冠民》，都与宋明理学颇有渊源，亦有研究；而名气最大、成果也最丰的是宋之盛，他"以明道为宗，以识仁为要"，形成了一定的理论见解，被学者们誉为"髻山先生"。七人聚集髻山，讲学不辍，互相切磋，体学精勤，培植起了很大的名声。

　　与宋之盛同榜中举而入清后也隐居者，还有安福的刘渤、丰城的倪见、分宜的何山、新建的何一泗、高安的刘日杲、清江的萧宏绪等人。"髻山七隐"等隐士出现在清王朝建立之初，使元、明时期几近消失了的庐山隐士文化突然有了个小小的兴盛。

　　隐士者，既然"不事王侯，高尚其事"，那就潜心做学问。其时，江西出现了以魏禧为首的宁都易堂九子、以谢文洊为首的南丰程山学派、以宋之盛为首的星子髻山七隐组成的江西三大学派，又称之为"江右三山"。康熙四年（1665），应南丰谢文洊邀请，宋之盛会和僧人石舆徒步前往程山会见谢文洊，俩人会面，相见恨晚；宋之盛又邀宁都魏禧、彭士望等前来。三山著名学者在一起聚首，进行了后世人称的"程山会讲"。参加人数有 25 名之多，会讲就"仁"及"儒禅差别"等学术问题，宋之盛、魏禧、谢文洊等人进行了激烈的辩论，质疑问难，解答释义，但气氛却相当和谐融洽。魏禧将这次会讲比作鹅湖、鹿洞之会，极为称赞宋之盛能解答律历及星次以及尸祭丧礼等难题。宋之盛论魏禧与谢文洊两家差别时说："叔子（魏禧）欲以经世而正人心，先生欲以正人心而经世。二者不可偏废，究之人心，是有本有体，然后用有所根。"宋之盛与谢文洊两人相与敬服，学说相近，观点相契合处甚多，告别后，两人书信往来不绝。宋之盛去世后，谢文洊特地乘舟至星子来祭奠他，并为他整理文稿以刊行。

　　谢文洊的理学、魏禧的经术文章、宋之盛的气节，被后世推为清初"三山学派"之祖。

第九节
九江市（庐山区　浔阳区）

一、浔阳江头

在现行的九江市行政区划上，管辖着十县二区一个庐山风景名胜管理局，其永修、德安、都昌、星子、湖口加上庐山区共有六个县区属鄱阳湖沿岸地区，所以鄱阳湖水面一半多在九江市辖内，湖岸线长达 680 公里。但仅就九江市区来说，当年的老九江县早就划出市区之外了；现在的九江市区是由浔阳、庐山两个区组成。浔阳区属市城区，靠长江浔阳江段南岸边；庐山区属市郊区，北面濒临鄱阳湖。庐山区南北宽 29 公里，湖岸线不过就 30 多公里，南面是庐山，阻挡了出路，虽说有个姑塘是湖上的著名集镇，但从鄱阳湖水运去九江的货物，只能仍是沿湖水继续下行，从湖口出湖，再逆流走长江水路约 30 公里到达九江码头。

确切地来说，九江码头是鄱阳湖水运出湖后的第一个大码头，也是鄱阳湖水运的大部分货物聚散和流通的码头，然后再从九江码头分流出去，鄱阳湖水运在鄱阳湖的终结点不是出湖口的湖口县，而是九江城。

因历史的种种原因，似乎鄱阳湖的水运路线被人为地拉长了 30 公里，但也正是因为这 30 公里，鄱阳湖顺利完成了与长江的交接，成功地把大江大湖的水运连为一体了。

从白居易《琵琶行》中的唐代商人来浔阳江头做茶叶生意，到元代时意大利旅行家马可·波罗游历九江"是一个商业重镇"，再至清光绪十一年（1861）英帝国在九江城设立租界，九江逐步从中国传统集市形成了停泊船只转运人货的水陆码头，再成为连通中西对外交往的重要国际口岸，依托的是鄱阳湖与长江便利的水运交通。

和南昌一样，九江城的兴起，也和灌婴有关，并且在时间上只相隔了一年，即灌婴在南昌筑城的第二年（前201），为了戍守的需要，灌婴从南昌移师九江筑城，因溢水在此注入长江口而取名为"溢城"。《晋·张僧蓝浔阳记》载："溢城，灌婴所筑。"当年灌婴留下的一口水井，李白曾诗曰："浪动灌婴井，浔阳江上风"，是九江城内最早的历史文化遗存。

九江西汉称柴桑，西晋置浔阳，隋时改江洲，明代名九江，都可算是历史上很有名的地名，在中国古典四大名著中的《三国演义》和《水浒》里都有反映。《三国演义》中所描写的"诸葛亮舌战群儒""柴桑口卧龙吊孝"，《水浒》中"及时雨会神行太保 黑旋风斗浪里白跳""浔阳楼宋江吟反诗 梁山泊戴宗传假信""梁山泊好汉劫法场 白龙庙英雄小聚义"等故事，都是发生在九江。看看那书中描写的情景，劫法场救宋江时，脱得赤条条的黑大汉李逵，抢两把板斧，只顾砍人，不问军官百姓，也不知枉死了多少无辜的江洲人。不过这都是些文学虚构，当不得真的。

在九江历史上，实际上曾有过周瑜甘棠湖上操练水军，烟水亭是点将台；陶渊明隐匿柴桑，先居上京后迁南村，死后葬面阳山北；白居易贬官为江洲司马，浔阳江头邂逅琵琶女，写下了《琵琶行》；岳飞举家定居江洲，葬母亲和妻子于株岭；陈友谅自称汉王，以江洲为都，与朱元璋大战长江和鄱阳湖；太平军名将林启荣与清军鏖战于九江等等事件。也先后有无数文人雅士、达官显贵，来九江、去庐山，游历或定居，写诗作文，放歌九江山水。二千多年的九江历史，造就了九江沿浔阳江一带的琵琶亭、浔阳楼、锁江楼塔，沿庐山一带的能仁寺、东林寺、西林寺、铁佛寺等文化景观，历经千年，仍然光辉灿烂。而琵琶湖、白水湖、南门湖、甘棠湖、八里湖五座城中之湖，则是大自然馈赠给九江的五颗璀璨明珠，弥为珍贵。

在九江，能与陶渊明比肩的历史文化名人是慧远和尚。慧远本是想到广东境内的罗浮山去静修的，但当他从长江乘船登上浔阳江头，来到庐山脚下，却被美丽幽静的庐山所吸引，认为"庐山闲旷，可以息心"，便歇脚庐山西麓，不去广东了，在庐山脚下兴建东林寺，从此36年送客不出虎溪，潜心研究佛学，熔佛学思想和儒、道学于一炉，开辟了佛教中国化的路径，使得东林寺成为净土宗的发祥地，慧远大师也成为净土宗始祖。

东晋时期的陶侃，出生在浔阳县。这位出身寒微，早年孤贫，年轻时曾为浔阳"鱼梁吏"，后在天下动荡之时投军，为保卫晋室屡建功勋。升为太尉、八州都督、荆江二州刺史，封长沙公，官拜大将军。

二千多年的文明史，使得九江自晋代起，就成为长江中游的货物集散都市。鸦片战争后，九江被辟为通商口岸，英、日等国在此设租界，办洋行，成为进出口贸易的重要商埠，华洋商家杂处，南北货物汇集，在清王朝结束前后时期达到经济繁盛的顶峰。资料载：1912年，九江征收关税占全国关税的63%，创造了中国近代外贸史上的奇迹；1914年，九江茶叶出口量达33.5万担，超过了汉口和福州，一举夺取中国"三大茶市"之冠；九江是全国"四大米市"之一，更是景德镇瓷器集散流转的重要基地。

其时的九江市区，以西门口的环城路为分界，西边是英租界，东边是九江老城区。英租界以溢浦路为中心，串起两条横向马路，占地150亩，设立了领事馆、巡捕房、银行、税关、洋行、栈房、医院以及油轮公司、码头等各种机构和设施。东边九江老城区则以东西正街串连甘棠、市府、庚亮三大马路交叉而起的几十条大街小巷，分布着九江民族工商业的店铺、作坊和民居，最繁华也最著名的是府前大街和西门外正街。街道两侧的商店鳞次栉比，大部分建筑为三四层的楼房，多是楼面装饰华丽，招牌醒目，车马穿梭，宾客盈门。滨江路上则是瓷业商铺著多，敞开门面的商铺店大堂宽，三花墙边，白花花的瓷器从地面堆至天花板顶，光彩炫目。而在长江南岸边，沿着浔阳江从北头的九华门朝西一字排开，沿江有民渡码头、同济码头、三北码头、招商局码头、怡和码头、丰顺茶厂码头、三北码头、日清码头，批发著所码头等等十余座码头，全都是船舶拥挤、帆樯如木，货堆如山，人头攒动，号子声声，运输忙碌，呈现出九江"来纳商贾、樯楫云集、交易繁盛"的繁华景象。

自成为通商口岸后，当年白居易夜送客的浔阳江头，摇身一变，替换成九江码头了。从鄱阳湖走水路来的稻米、茶叶、瓷器、苎麻、食油、纸张、棉花等土杂货，有多半数都要到九江码头来集中交易、转运出口；而鄱阳湖流域地区生产生活所需要的进口棉布、面粉、香烟、食盐、煤油等日用百货，也都是从九江就近购买运进内湖。九江更是长江中游的重要港口，特别是在1873年成立的九江招商分局，与昌旗、太古、怡和、日清等四大外轮公司竞争，一跃而起，成为九江第一大轮船公司，带动了20多家九江民营轮船公司迅速发展起来，航运业逐渐成为九江经济的支柱产业。清同治二年（1863）设立华洋众商公估局。光绪三十一年（1889）设立户部银行九江分行。辛亥革命后，1913年成立交通银行九江办事处，1916年成立中国银行九江分行，1928年成立中央银行九江分行。接着，上海商业储蓄银行、中国农民银行、江西裕民银行相继在九江设立分行或办事处。九江由此成为长江中游的物流、人流、金融流的中心，经济形态也由内向型转向外向型。

九江根本性的经济蜕变，吸引了大量外地移民的涌进，九江下属各县、长江对岸的湖北黄梅、黄石、广济，安徽宿松以及其他省份的农民，都把九江视为出外谋生的福地，一批又一批地来到九江码头。1916年的九江县志记载，全县人口已达30余万，其中农业劳动人口仅占就业人口总数的34.6%，城市化程度已达到相当高度了。九江城彻底地变成了一座移民城市，形成了一种新兴的码头文化。

二、码头文化

鄱阳湖周边有很多的码头，如南昌、鄱阳、余干、都昌、湖口以及青山、姑塘等码头，最大的码头应该是永修的吴城码头吧。也形成了一定的码头文化。如南昌的码头多，帮派也多，民间称"在水曰档，在陆曰把"，把有把头，档有档主，操纵着码头上下的生意买卖，据说历史上还有以"穿烧红铁鞋"争夺码头地盘的习俗。吴城的码头大，文化积淀也多，光那排工号子就极有讲究，可分为扎排、捞排、倒梁、扛排、拉排、传缆、绞车等号子，一唱众和，起句高亢、激昂，和声则配合默契、低沉、有力，生活气息浓厚，节奏铿锵，音调粗犷，气势豪迈。各县镇的码头也都在地方文化的影响下，形成了各具特色的码头文化现象。

诚实言讲，鄱阳湖内湖各地的码头还只能算是封闭型的码头，它们形成的文化也只能算是农耕时期封闭式的码头文化。

码头文化的释义为：指中下层围绕河岸货运为中心的一群人的文化，以"利"字当头，而以"义"字为口号，带有浓厚的江湖气，形"义"实"利"的人往来往来成赢家。

这种"重情重义也重利"的所谓"五湖四海"的码头文化，其实还是封建社会的码头文化，鄱阳湖内湖的码头皆是如此，早年的九江码头亦是如此。《水浒传》中把宋江题反诗放在江州，从而让神行太保戴宗、黑旋风李逵、浪里白条张顺依次亮相，还促成了江洲劫法场后的梁山好汉白龙庙小聚义，实际上是提取了江洲的码头文化环境，使故事显得适时适地、合情合理罢了。

自1861年开始，九江码头成为通商口岸后，能与重庆、武汉、南京、天津等码头相提并论了，九江的码头文化也为之一变，成了开放性的码头文化。

早年的九江码头，门前一条长江，屋后一座鄱阳湖，船来舟往，来的都是客，那就拢船靠岸，搭起跳板，请进城来，和谁都是做生意。有买卖就会竞争，多争一分就少做一份，多让一分就多做一份，本大利大、薄利多销，和为贵、义为先，今日蚀了明日赚回来，明天赢了后天输一点，百样的生意百样的做法，事在人为，钱总归是有得赚的，钱也是赚不完的。也有争斗也有拼打，但毕竟是在中国人之间，争斗到不可开交时，就会有说合的中人出面，把矛盾一一化解了。但是现在不同了，外国人进九江来了，而且是气势汹汹，财大气也粗，抢地盘也抢生意，恃强凌弱，下手都是致命的招，完全是霸蛮的强盗路数，根本不讲究中国人做生意"有钱大家赚，有饭大家吃"的传统规则，更毫无"江湖义气"可言，从根本上危及了九江商人的生存和发展；和外国人争执起来连个说合的人也没有，官府惧怕洋人，无理也要让三分。外国人的气难受，更是有损国体人格，九江人一时掣肘绊脚，都不知如何是好了。九江人有句大俗话叫"不服揍"，意思是打死也不服气。"不服揍"的九江人在最初的惊愕之后，很快地就使出了浑身解数和洋人交起手来。你洋人本钱大不是，我们本钱虽然小但人多呀，把资金整合起来，联手和你斗，麻雀多了也会缠死老鹰的。你洋人机器制茶，茶叶需求量多，抢九江茶商的资源，九江茶商就四面出击，既采取合股方式提前到产地收购茶叶，又直接到茶地开办茶场，还到周边省开辟了广阔的原料市场。昌旗、太古、怡和、日清四大外轮公司联手压低运价，企图扼杀立足未稳的民族航运业，九江招商局就以开展服务创新，设立多种便民项目，吸引客源；利用人脉，广揽货源，保让货运率；又进行体制变革，改官督民办为商办，降低人员成本，提高工作效率，打出口进口双向组合拳，业务量节节攀升，终于打破了外轮在九江的一统天下。此后，又有鸿安、大达、胜昌、豫章等20多家民营轮船公司相继在九江开业。资料载，至1930年，在九江港作业的轮船多达2955艘，吞吐量跻身于全国港口十强。

在市场竞争和洋人的斗智斗勇中，九江商人也在悄悄地进行着自身的蜕变，如在产品质量、商业诚信、包装广告等等方面，他们都在逐步适应和提高。九江茶商以前曾有过在茶叶中羼以杂叶、自毁名声的做法，但在与洋商的竞争中，九江茶商认识到质量是诚信的保证，再也没有此类事情的发生了。中国商人讲究实际而轻外表，商品包装一向落后于外国。但在竞争中，九江商人也慢慢认识到包装的重要性，从而创造了许多具有中国民族特色的商品包装形式。利用景德镇瓷罐装茶叶，既美观好看，茶叶能保鲜保质，茶叶罐还可另成为一件精美的瓷器。在广告方面，洋人的攻势是无所不及的，从大幅广告标语到小张散页传单，还有洋鼓洋号吹吹打打招摇过市；九江商人迫不得已起来应对，也逐渐认识到了广告效应的好处了，那由胡琴唢呐笛子、锣鼓钹小锣组成的中国民乐队，与洋人的洋鼓洋号洋乐队在浔阳江头大街上唱对台戏的场景，是那年月九江城内商业竞争时最喧嚣的风景。

在适应市场经济的大变革中，改变最大的莫过于九江人了。

其时的九江人是个大概念，是包括原先九江本地原籍的老居民在内，由周边省县流动来九江就业并居住下来了的九江人。这些九江人以前大多是农民，是守着土地吃饭，以土地为生命的传统农业人口，但来九江后，他们就无土地可依，只能靠出卖体力吃饭，浔阳江头往来的客商都是他们的衣食父母。他们赖以存活的不再是每年夏秋两季田地里的出产，而是每日打工所挣的工钱，所以他们关注的不再是每年的风调雨顺，而是每天的阴晴雨雪，是祈盼着码头能有货物可搬，街上工厂里能有工作可做，他们的需求也更实在了，是拿了工钱买米买菜、交房租、买衣服，买生活需要的其他东西。他们有一种随时存在的危机感，哪一天下雨落雪没有工做就会饿饭，哪一天自己的工作被别人顶替了就会失业，所以他们也就随时警惕着，防范着，采取了一种成帮结派的方式来互相帮助。当年九江基本上是"青帮""红帮"两帮。就这样，一种新的生存方式由此产生了新的文化状态，谓之码头文化。这些人占了九江人的大多数。少数在九江有店面、有商铺、有工厂、有房产、有基业的九江人，他们也多是从外地来九江的，他们有的是带有资本来的，有的是在九江打拼赚下了资本的，他们虽然在九江从事着各个行业，却也和上面的大部分人一样，属九江移民，他们在经济上比大多数九江人往上站高了一个台阶，但却同样面临着残酷的商业竞争，所以他们同样是码头文化的体验参与者，他们的帮派活动也基本上是以行业来划分的。资料载：九江茶市就有"上海帮""安徽帮"和"广东帮"等帮派。九江有些街巷也基本上是以某行业为主，如经营竹篾店的"篾匠巷"、专卖瓦罐陶缸的"扬子巷"，瓷器店铺也基本集中在滨江路等等。

三、也说"九江佬"

在长江沿岸一直流传着一句"江湖话"：天上的九头鸟，地上的湖北佬，三个湖北佬，不及一个九江佬。

湖北是楚荆文化的中心，强悍是湖北人的代名词，九头鸟有九条命，是指湖北人的顽强，但却还不及九江人，九江人与湖北人来说是可以一抵三。这是不是太过于夸张了？却又有一句话可以佐证，那就是，九江人还被江湖人称为"九剥皮"。何谓"九剥皮"？其实是"九江人剥了皮还可以走三里路"的简说。想想看，九江人厉害吧！

九江码头文化的产生，形成了九江人包容、实际、精明、坚韧的个性特征。

包容是鄱阳湖、长江的本性，没有包容就没有江和湖，只有汇集小溪小流，容纳千川百流，长江才能绵长，鄱阳湖才能浩瀚。九江人是深谙其理的。码头就是用来靠船的，有了船码头才会活泛，管你是东去西来，还是南行北往，拢了九江的码头岸就是九江人的财神爷。尽管外国人来九江圈地划租界，让九江人蒙受"半殖民"的羞辱，但既成事实也是无可奈何，再说洋人的科技发达，洋火好点，洋油好用，机器船跑得快，洋布也鲜亮，洋面粉更是磨得精细雪白，洋人做生意也很有些手段，那就和洋人处一处吧，你好的东西我用着、也学着，我的东西卖给你，能赚你的钱当然要赚；你要挤对我，那我们就斗一斗。长江水急、鄱阳湖水阔，九江码头藏龙卧虎，有本事都拿出来显一显，在我的地盘我做主，你争我夺，也就水涨船高，不是把九江搞得更繁华了嘛，最后的赢家，嘿，还是九江码头！在生意上如此，在文化上也如此，孔孟之道是国学，以前考功名要用它，现在也还是国之本学，子孙们当然得好好学着；洋人带过来的数理化是科技新玩意儿，也该掌握，至少和洋人斗时也能知晓个原委，把孩子送进洋学堂读书也不错。在九江，教会办的小学有 18 所，中学有 6 所，大学有 1 所。佛教、道教，是中国人的老宗教，信者众多；现在又来了个洋教基督教，那供奉的菩萨是个钉在十字架上的耶稣，可怜兮兮的，谁愿信谁就信呗。佛诵经文道打醮，教民祈祷画十字，各做各的，互不干涉。九江在 1838 年就创办了传教公所，接着在九江城外建立了江南最大的双尖塔仿巴黎圣母院式样的天主堂，再后来在南昌站不住脚的天主教总部也迁来了九江。在医学、电讯、铁路等等方面，九江都是能开放纳新，领时代之先，走在江西省的前列。

353

九江人又是讲实际、极其精明的。这实际是实在、实用、实惠，但却是在明明白白自己不吃亏、能有利益情况下精明的实际。九江人伶牙俐齿，能说会道，能言善辩。九江话也很特别，和鄱阳湖周边赣语系的语言大不相同，融汇了北方话的韵味，形成一种只在九江市区和九江县以及瑞昌县部分乡镇才有的语言，其特点是柔而不嗲，绵而不软。要是和风细雨地说来，那是柔美清甜，暖心爽人；但要是雷霆万钧地叫起来，却又是尖细凌厉，刺耳伤人。所以人们都说九江人是"一句话能把人说死，一句话能把人说活"，全看用在什么地方什么时候。和九江人打交道，会让人很感动，九江人热情洋溢、真诚体贴，句句话儿好似都能说到你心里，没有一点做作和虚伪。事实也是如此，要是双方都是守信志诚，那也是完全可以当真的，九江人不会欺你。该给你的好处一分不少地给你，从此也把你当了好朋友。但如果你要想欺骗九江人，你就会发现，九江人翻脸和翻嘴皮子一样地快，刚刚的一脸笑颜马上就会变成一脸恐怖，那语调也陡然高了八度，会把你骂得狗血淋头，让你招架不住，落荒而逃。精明的九江人是骗不了的，你想骗九江人必定会被九江人骗。九江人够朋友，是因为朋友也够朋友；九江人不够朋友，那也是因为朋友不够朋友。九江人不想伤害别人，别人也不要想伤害九江人，九江人的敏感度、防范性都是超水平的。先想着保己、保本，是九江人最基本的生存信条。就是在码头上的帮派流氓打架时，也都是各自先找好逃跑的路线，然后才正式开战，打得赢就打，打不赢就跑，决不会吃现亏。九江人是不肯吃亏的，无论是哪方面吃了亏，对不起，九江人绝对不会忘记，总会找机会扳回来的。君子报仇，十年不晚；东方不亮西方亮。那张顺在岸上打不过李逵，不就是想办法把李逵骗到了水里，灌了李逵一肚子的浔阳江水吗？这就是典型九江人的作派。商业上的竞争反反复复，九江人总是会恩怨分明；就是在家里，也是情利清晰。有个九江人的笑话：九江女儿出嫁，娘一边用葫芦瓢舀装为女儿送嫁的爆米花，一边为女儿"哭嫁"："我的儿哪，娘生你十八年，一把屎呀、一葫芦瓢！一把尿哇、二葫芦瓢！养大了你呀，三葫芦瓢！娘舍不得你哪，四葫芦瓢……"再怎么忙乱，数目都是数得一清二楚的。只是这笑话得用九江话说起来才更好笑。

九江人的坚韧却是九江人的人生核心价值。九江人选定了目标，就必定是要实现的，针尖挑土，聚沙成塔，百折不挠，不达目的誓不罢休。万兆彩最早卖袜子，一箱四百打"同心"牌袜子，批发只赚得一个包装箱，但小生意也是生意，赚小钱也是赚钱，坚持十年，他的资产就翻了8倍，最后他创立的"万铭记"成了九江百货业的"四大金刚"之一。金浩如13岁流浪来九江，在生意场上闯荡28个年头，靠着精明练达、义薄云天，最终成为九江商界大鳄，出任九江商会第一任会长。九江人喜欢计划，做什么事情都要先思考想好、计划一番，说话的口头禅也是"我想做么事""你想做么事"，然后按照计划行事，排除万难，坚韧不拔，撞了南墙也不肯回头，直到成功。依靠着这股子坚韧劲儿，九江才会在1861年英帝国在九江城设立租界，到1911年清朝廷灭亡的短短50年的时间内，迅速发展壮大起来，繁华程度超过了省会南昌，成为长江中游的一颗耀眼明珠。

按照当时九江的经济发展形势，作为江西二线城市的九江，已经具备了相应的条件和实力，是应该向着一线城市发起冲击的，当时的九江人都有此期盼，但囿于官府的不作为，没有统一的规划和部署。九江各方有志之士却在不断地做着努力。资料载：江西省的第一条铁路、从南昌到九江的"南浔铁路"，竟然是曾出使日本、比利时的九江籍的京官李盛铎，有恨于"国地日割，国权日悄，国民日困"，率江西方籍京官111人奏请"自行筹款修建本省境内铁路"获准，创立江西铁路公司，靠着自筹款项，于1907年2月破土动工，而后因资金困难，仍然顽强地艰难运作，最后才在

1916 年修通。这时候，清朝廷都已经垮台 5 年了。

李盛铎等人倡导、修建南浔铁路，本意是为了更多地打开九江对外的旱路通道，有利于九江的经济发展，造福于家乡。但事实上九江的经济发展是依托鄱阳湖与长江上的水路运输，清朝廷的闭关锁国又使鄱阳湖水运成为中国唯一的对外通道而形成。但是，随着西风渐进，国门打开，对外口岸逐渐开放，特别是 1936 年粤汉铁路通车，使得鄱阳湖水运急速衰退，再加上以后的军阀混战、日寇入侵，以及以后的三年内战，一连串的战祸人灾，使得九江码头也失去了独特优势，也由盛转衰了起来。这其中，花费长达八年时间才修建成的一条只有 128 公里的"盲肠"南浔铁路，无形中却起到了致使长江、鄱阳湖水运衰退的最早"推手"作用，这也许是李盛铎等人始料未及的吧。这也不能责怪谁，更不能说错误，时势大趋，就是李盛铎这样出使过东、西洋的开明人士，也是不可预测与逆转的。

在老一辈九江人的心目中，九江的兴衰是和长江、鄱阳湖的水运兴衰紧密联系在一起的。

四、消失的姑塘镇

姑塘海关尚在，姑塘古镇却没有了。

姑塘海关遗址现属九江市庐山区，其位于庐山东麓、鄱湖之滨，距九江城区 13 公里。东濒鄱阳湖，与湖口隔湖相望，鞋山岛近在咫尺。葫芦状的鄱阳湖从这里至湖口之间，形成一条数十里狭长的入江水道，同时也是长江下游船只进入江西内河的孔道。离姑塘不远处有一块湖边独兀而立的巨石，像一只欲蹦跳起来的青蛙，人称蛤蟆石，却是九江市地势的最低处，因而形成了姑塘此处湖面最窄，但湖水却很深的特殊航道。

2014 年初夏，我与小弟弟俩夫妇四人开车去了姑塘古镇，实地察看了姑塘海关。

三幢欧式建筑二横一竖排列在鄱阳湖边，前面最大的一幢房屋是办税大厅，后面一幢是关长官邸，右侧是办公用房。房子筑得很牢固，建筑外墙是用糯米加上石灰筑成的，办公大厅是用方砖柱支起的悬吊房顶，并有出檐的拱撑；厅内宽敞无隔，下层临水边是用麻石条垒脚，大厅南侧开有 4 个大落地窗，这样既便于观察湖面，又有极好的采光效果。当时大厅全都铺上了木地板，大厅东头有个大柜台，海关人员在此收税。1998 年的特大洪水淹没了海关一楼建筑，水漫到了二楼窗台下，但房屋没有受到任何影响，至今完好无损。所有的房屋都是用青石板片做瓦盖顶，厚重严实，再大的湖风也吹不动。在关长住的房间里也铺有木地板，曾住过六任关长，当然都是洋人。海关左侧有监督税收的炮台一座，鄱阳湖面上进出船只都在射程之内，不过现在仅存基座。

姑塘海关只不过是姑塘古镇其中的一幢建筑物。最早的姑塘本是个湖边古镇，清雍正元年(1723)，清政府为"遗算于湖口"的偷漏税问题，在姑塘设立九江海关姑塘分关，算是扼住了鄱阳湖的咽喉之处，过往船只必须要在姑塘停留纳税。据史料记载，当时九江海关一年征收的税银在60万两左右。1901年，随着丧权辱国的《辛丑条约》签订，清政府将通商口岸的20个海关税收抵押赔款，姑塘海关落入英国人之手，每年大量的税银流进了洋人口袋。九江海关仅1931年的税银就增加到180万两。税关带动了姑塘的建设和繁荣，于是，姑塘码头樯桅如林，街市商贾云集，酒肆、青楼、茶馆遍布街巷，车水马龙，人声鼎沸。因白天驾船摇橹好似人作揖，夜晚码头上的船灯连绵数里，当时姑塘街流传有"昼有千人作揖，夜有万盏灯火"一说。20世纪初期，姑塘被称为姑塘市，在有着十里长街之称的闹市里，常住人口2万有余，流动人口亦有万余，商号千百家，人们将姑塘称作"小扬州"。

站在姑塘海关的高坡眺望，因是枯水季节，眼前是鄱阳湖水流得滞缓，形如一只绣花鞋的大姑山就在眼前的宽阔湖面上，似乎触手可及；左边岸滩上，有一座三层仿古宝塔和一座铁架发射塔，都是新建的，还扯着一条条庆贺竣工的彩条旗，不伦不类地在一起，让人极觉别扭；右边靠近蛤蟆石方向的湖上，是一片林立的现代挖沙船的长铁吊臂，这些祸害湖床的铁"黑手"，如今却成了这片湖域最醒目也最张扬的风景了，政府是屡禁而不止啊！在海关大楼的后山背处，有一座白龙寺，也是后来修建的，人气不足，香火也就不盛。湖上当然也有船在走，虽然不少，却是难以再现当年水运繁忙的景象。可姑塘镇呢？转身四顾，只有背后荒芜的姑山，沿湖岸枯露的干滩；"有3万人口，两边都有房子，有青石路，还有水边特有的建筑吊脚楼"，繁华程度甚至胜过浔阳城的姑塘古镇呢？现在几乎找不到一点痕迹，都消失殆尽了。那轻涌岸滩的湖浪，没有了姑塘街市沸腾人声的呼应，显得单调而寂寥；那高耸山头的海关洋楼，没有了姑塘镇鳞次栉比的房屋衬托，倍觉孤独与落寞；就是那湖上来往的船只，没有了姑塘镇存在，也就没有了拢船靠岸的必要，走过姑塘水面时，连船头都不朝姑塘偏一下，如无视般地擦身而去走了。现在来姑塘的人极少，偶然专程寻访而来的人也只能是匆匆而去，这地方只有一个守楼老人，其他什么也没有，赶快走吧，晚了怕是找不到吃饭地方，误了饭点。

一个鼎盛时期超过九江市,民国初的九江旅游图上的姑塘市即是指姑塘街的湖边繁华集镇，为什么仅仅 70 多年就消失得几乎没有一点痕迹？只留下一个曾经耀武扬威、欺压榨取中国人血汗钱的洋人霸道海关，这是历史对鄱阳湖的有意嘲弄，还是鄱阳湖对历史的无意提取？

事实上，姑塘镇的消失和鄱阳湖水运衰退有关。1931 年全国海关（常关）撤消，洋人在姑塘海关的历史才宣告结束；同时，铁路运输的发展，水运萧条，姑塘海关存在的价值微乎其微。海关撤销，但姑塘镇依然存在，虽然因不需前来缴税，过往拢岸靠姑塘的船只少了，姑塘的生意少了，店铺也逐渐少了，人口也慢慢地转移出去因而少了起来，但姑塘镇的房屋是搬不走的，作为湖岸边的集市，还是可以依赖鄱阳湖虽然稀少但却从未灭绝的水运而艰难生存的，就像湖边其他集镇一样，一个偌大的镇子的消失也应该是渐趋式的。给姑塘致命打击的是日本侵略者。1938 年 7 月，日军从姑塘登陆，日军的飞机和舰艇的炮火狂轰滥炸，把姑塘昔日的港口和街道变成了碎片，灰飞烟灭。这种毁灭性的轰炸，把姑塘推向了消失的绝境，从此，姑塘镇在鄱阳湖边消失了，仅留下一座洋人海关大楼。

没弄明白在毁灭性的轰炸中，为什么姑塘海关大楼却完好无损地保全了下来？猜想是不是当时海关悬挂了英国国旗，或者是日军早就侦察出这座海关建筑是英国人的，所以在轰炸时避开了此处。这些没有考证，不知真假。以后历经大半个世纪的风雨，原姑塘镇的街市房屋的痕迹逐渐消失，到最后不留一点痕迹时，这座始建于 1902 年的三幢楼却依然如故，基本没有损坏，其原因却是后来用于做了粮食仓库，有过保管和维修，所以得善全。

有一点是肯定的，日本人没有炸毁姑塘海关大楼，后来又因保管粮食，姑塘海关大楼保存完好，现在虽然是作为了九江市的爱国主义教育基地，但姑塘海关的存在却还是给鄱阳湖人留下了一个耻辱的印记。知耻而后勇，这该是姑塘海关留给后人的启迪吧。

在鄱阳湖周边的集镇中，吴城和姑塘都是毁于日军的炮火轰炸，而且都是遭受轰炸后，这两个镇子从此就一蹶不振，姑塘是彻底地毁灭了，吴城镇子太大，还留有些残部，但也是从此再也无法翻身。日本鬼子在鄱阳湖上干的这种毁坏家园、灭绝人族的行径，是人神共愤的。1945 年 4 月 16 日，装满了在我国掠夺的金银财宝和古玩的侵华日军运输船"神户丸号"，行驶到老爷庙水域时，被鄱阳湖水无声无息地吞没了，船上的 200 多日本兵没有一人能够逃生。这也许就是鄱阳湖的一个小小复仇吧。

苍天有眼，报应不爽！

第十节
湖口县

一、江湖灵秀之地

　　鄱阳湖水流至屏峰山时，于东岸来说，就已经是湖口县界了。从屏峰到湖口县城，是鄱阳湖在鄱阳湖区域的最后流程。悠悠的湖水在湖口县的屏峰、舜德、东庄、江桥、文桥、南北港等乡镇与湖对面西岸浔阳区的海会、码头、姑塘、戚家等乡镇的中间缓缓而行，在鞋山湖面形成最后的一个宽阔湖面，再朝下奔泻而去，不过个多时辰，就流到湖口县城双钟镇了。湖水从上石钟山与对岸上的梅家州的口子通过，就算是出了鄱阳湖，接着进入长江了。

　　湖口县是江西省的北面门户，成一个打开的折扇形，双钟镇是扇柄的联结处，西南边延绵鄱阳湖，湖岸线29公里；东北边濒临长江，江岸线23公里；那张开的扇面顶部直抵武山山脉，中间半圆扇形处散布着湖口县现时的15个乡镇。全县面积669.33平方公里，1988年统计人口为239895人，只能算是鄱阳湖周边的一个小县。

　　湖口县依湖沿江，忠实地守在鄱阳湖口，汉文帝十五年设为鄡阳镇，隶属鄡阳县；南朝·宋曾置湖口戍，唐武德五年置湖口镇，明代置湖口镇巡检司，清代又置长江水师湖口镇。二千多年来，倒是一直没有改过"湖口"二字。

　　湖口人以农耕为主，沿江湖乡村兼有渔作，双钟镇、流泗桥、屏峰湾等少数江湖岸线地才有商贸集市，日子过得不祸不福，可算是典型的鄱阳湖区"饭稻羹鱼""不待贾而足"的自给自足状态，所以一直被人以谐音戏谑"湖口县"为"糊口县"。

虽是小县，湖口县却是江湖汇集，山水灵秀之地，历史文化极其深厚。晋时，陶渊明在彭泽当县令，县衙就在湖口县小凰山下柳德昭村南；唐朝狄仁杰遭诬陷谪贬任彭泽县令时，上疏武则天因灾蠲免民租，又除夕纵囚，为爱民贤宦而光照史册。除苏东坡三次来湖口，写下名篇《石钟山记》外，郦道元、李渤、李白、颜真卿、白居易、王安石、黄庭坚、王守仁、王士禛、蒋仕铨等500余名历史文化名人来过湖口，登临石钟山，领略湖光山色，留下了诗文700余首（篇）。文天祥写过一首《湖口》诗："江湖一都会，宇宙几兴亡。走马芦林外，买鱼茅舍傍。南人撑快桨，北人坐桅樯。江水交岷水，东流日夜长。"倒是真实贴切。

湖口县历史上出过一个状元马适，双钟马家湾人，当地曾有谶语云："沙州圆，出状元。"宋建隆三年，沙州果然圆了，马适恰巧中了状元，招为翰林院学士，后因孝母致官归养，未见有建树。明朝嘉靖年间御史张科，城山牌楼村人，奉命巡视两浙，对抗击倭寇立下了汗马功劳。清代咸丰进士高心夔，城山乡高大屋人，是肃亲王所赏识的汉族三才子之一，他的诗歌自成一体，其诗句"曲碕萦绿波，荇丝缀云素。娟娟云际月，浅映湖上树。"被赞誉传诵一时。清末余庆鳌，屏峰余爱方村人，是我国第一代兵器专家，曾在张之洞创办的汉阳兵工厂任总办，生产出第一批"汉阳造"枪弹，人称"匠王"。清末吴庭芝，江桥乡二甲吴村人，任翰林院编修，曾奉派赴日本考察政治。杨庚笙，湖口县人，任"二次革命"讨袁军总司令部秘书长，起草《讨袁檄文》，各报转载，人争传颂。

湖口县民间的文化氛围却是有趣，湖口人生活中的一招一式、一饮一食都仿佛被赋予了艺术的色彩，演绎成龙舞灯彩、戏剧曲艺，形成特有的民间文化风俗，成为传承后世的非物质文化遗产，最著名的有湖口粑俗、湖口渔鼓、湖口草龙、湖口青阳腔等。湖口粑俗因在前面有过阐述，也不再赘言了。

湖口渔鼓与鄱阳渔鼓有些不同，只有一种用竹筒蒙鱼皮的渔鼓形式，但却在竹筒上用布带绑一铜钹，另一手不用简板，用大、食拇指夹一竹筷，演唱时边用中指、无名和小拇指三指拍打鱼皮，发出"朋朋"声响，边用竹筷轻敲打铜钹沿边，发出"当当"的脆声，还可交叉变化，在有节奏韵律混声中说唱。湖口渔鼓分为渔鼓调、渔歌调和民间小调三种，一曲多用，多曲联用，说唱结合，具有浓郁的鄱阳湖生活气息，适用于船头、堂屋、家门小巷等小场地演出。二十世纪七十年代，我在湖口五里公社做"知青"时，曾和一位姓万的女青年，携湖口渔鼓节目入选九江市曲艺代表队，赴南昌参加江西省曲艺调演，至今还保留着当年演出的一张剧照呢！所以我知道渔鼓竹筒蒙的鱼皮其实是河豚皮，从刚出水的河豚身上剥下，湿着蒙在竹筒口上，晾干后就紧绷绷的了，一拍脆响，但极其易破，拍打时要有技巧，三指绷直要轻拍在皮鼓的中心，一触即弹起，不可拍实，把声音盖闷了；也不可连带着竹筒沿边一起拍，那就没声音了。

湖口草龙是条神圣的谷龙，一般人编扎不了，要专门的扎草龙师傅才能制作。

草龙的制作，以稻草为主要材料，辅之以及竹木材料做支架。对稻草的要求颇高，要选用新鲜、节黄、无断须的稻草，又因龙的部位不同选用稻草。整个扎编，采用了编、插、织、嵌、镶、绕、缠、悬、挂、空、剔、缕、透等十多种工艺技巧，用稻草一根根地编出龙头、龙身、龙节、龙尾、鳞须来，且有粗有细、有疏有密，每个部位的用草数目都有严格的规定。尤为龙头工艺最为复杂精巧：先用整根稻草疏疏地竹木架上编出龙头轮廓，草衣淡灰，草秆透黄，使龙头于苍劲中透出一股子锐气来；龙嘴细细地用草秆编排，密得滴水不漏，再用双根草秆交叉折竖起上下两排龙牙，锃黄发亮，格外威严；龙眼巧妙地编成圆满锥体，拉可长，缩可短，顶尖处包一块玻璃片或瓷片，阳光一照，闪闪发光；龙角层层编出角鳞，分外醒目。又在龙头嘴里悬一盏撞花灯，用剔空草节编成，球里有球，龙头一摆，滴溜溜地转动；龙须用200根稻草垂挂，更显庄重威严。草龙一般7—11节，每节之中用草环串成，每节36环，用细草绳串联，伸缩自如。龙尾呈三角放射形，每个尖角缀上染红草球，动起来，草球晃晃悠悠，更添几份情趣。龙身再贴上用草节编成的龙鳞。一条长达28米，龙身直径0.38米的草龙，将耗用8万余根稻草。编扎整条龙花费的时间约需300个工时。编制好的草龙，浑然天成，不露人工痕迹，连草的接头也看不到一个。呈现出一派庄重威严、古朴典雅的神采。草龙另要与五谷灯即指稻、黍、稷、麦、豆五种植物灯彩，也有的还配有花、草、鱼、蛙、蝴蝶五种动物灯彩，以其鲜艳的色彩来烘托草龙。万物谷为首，草龙也因此成了龙灯中最神圣的龙了，在庙会出神时都要走在群龙的最前面，正月玩龙灯途中若与其他龙相会时，其他龙要侧身让路。草龙的游玩也逐渐形成了多彩多样的表演形式，一般用两副锣鼓，打起来惊天动地，喧闹异常，气氛十分热烈。

二十世纪八十年代初期，我在湖口县文化馆工作的时候，曾参加过湖口草龙的调查工作，还与人在报纸上发表过有关草龙的文章。但更令我赞叹的是家乡人的智慧。稻草是最普通不过的农作物的茎秆，收割完稻谷后，稻草的作用基本上只有两点，一是可用于做遮盖物，如草屋顶、草毡等，二是可做食草动物冬季的干饲料，鄱阳湖地区少有羊马，所以主要是给耕牛食用。好像稻草沤田肥效也不高，又不易腐烂，有过知青的经历让我知道在耕田时最怕犁到遗忘在水田中的烂稻草团，它要不是裹着一大堆烂泥使牛拖拉不动；要不就是让犁头突然打滑，犁头尖伤至前面的牛腿，还会让扶犁人失手摔倒在泥田里。湖口人却能化腐朽为神奇，利用精湛的编织技艺，把最不起眼的稻草编制成最具有工艺水平的草龙来，使草龙成为一种特有的草编工艺品，这不能不说是湖口人对鄱阳湖民间艺术的一个特殊贡献。湖口人随手从稻田里拾起的稻草，最后却登上了中国非物质文化遗产名录的艺术殿堂。

青阳腔是从长江逆水流传进鄱阳湖的。青阳腔发源于安徽青阳县，从青阳县到鄱阳湖不过百多公里。在古代，戏路走的是商路，肯定是明代有戏班子随着商船来鄱阳湖演出，这粒"一唱众和""其节以鼓、其调喧""不入管弦""滚调"的艺术种子一经落地在鄱阳湖地区的土壤上，有了鄱阳湖水的百般滋润，立即生根发芽了起来，以"错用乡语"的特点，使之吸收融汇了鄱阳湖区当地的民间戏曲、音乐、宗教以及民风习俗，从而焕然一新，在赣东北都昌、湖口等地叶绿花红，鲜艳地开放了，形成了当地人称之为的"高腔"。青阳腔先是在湖口以"围鼓坐唱"的形式流行，后走上了民间草台，盛行一时，曾以几代"秀兰班"唱红鄱阳湖畔、长江之滨，出现了梅成铖、张厚德、吴敦友、曹梅卿、曹耀春等一批著名的青阳腔老艺人。还有这样唱戏的：也没有琴弦乐队伴奏，只是凭演员自定腔调，一个人先唱起，一句唱词还未唱完，后面的几个字就由打鼓佬接上腔唱了，其他打锣鼓家什的人又接着打鼓佬和唱起来，声调既古朴粗犷，又高亢清亮，音韵优美和顺，其中蕴含着似乎熟悉却又难以细细分辨的湖口乡土气息，真正是一唱众和、一唱三叹了！

青阳腔其实源于弋阳腔，它跟昆曲一样，都是中国古老声腔，但昆曲主要是文人创作的，演的是文人创作的剧本，另外它有文人固定的曲谱。青阳腔从它诞生时起，就民间化了，是人民群众创作的东西，它没有固定的曲谱，根据当时老百姓的一些口语和喜欢的曲调不断地起变化。所以，如果说昆曲体现了文人创作的古代戏曲艺术，那么青阳腔以及弋阳腔等等声腔，它都是群众创作出来的古代戏曲艺术。

青阳腔的"一唱众和"的演唱形式，创造了众人参与的机会。唱戏是会让人上瘾的，会和的就想唱，会唱的就想演，于是一村集资、族中公摊，就搭起班子学起戏来。湖口人俗称青阳腔戏剧本子为"种子"，种子播下了，是一定要结果实的。这果实就是出台献演，让观众检验。一个村子的戏出台是村中喜事，更是周边村子的喜事，演的是戏班子，看的是亲朋好友，台上人演唱，台下人帮腔，演员观众互动，台上台下联动，所有的人浑身的血液就都会沸腾起来，一时间，鄱阳湖畔呈现一派"深夜三更半，村村有戏看，鸡叫天明亮，还有锣鼓响"的盛况。

青阳腔是由安徽省的青阳县与江西省的湖口县共同申报，于2006年正式列入首批国家级非物质文化遗产名录。青阳县是青阳腔的发源地，自是理所当然。而仅是流传地的湖口县能获此殊荣，却是得力于一个人。这个人叫刘春江，是原湖口县文化馆长，其慧眼识珠，三十多年不遗余力进行湖口青阳腔的抢救与搜集整理工作，才使湖口青阳腔大放光彩，自己也成了青阳腔专家。

可见，一个地方的文化遗产是需要有人"奉献"的。

二、话说双钟镇

顾名思义，双钟镇与钟有关。

此钟大矣，非是铜浇铁铸能摇响撞鸣的器皿钟，却是覆地罩山、镇江锁湖的山体钟，名曰石钟山。且又上下二座对峙，双峰并秀，北面临水，扼守鄱阳湖口连结长江；南面与月亮山紧邻，中间蜿蜒出一条小街，岁月更替，街上人口渐兴，衍生成了一座小镇，汉文帝十五年设为鄡阳镇，隶属鄡阳县，既是军事要地，又是商贾辐辏的处所，古志云"春堤涨，雨夜泊，然灯殊可眺玩。"可见当年之情景。后逐渐拓展，几番更名，南朝·宋曾于此置湖口戍，唐武德五年置湖口镇，明代置湖口镇巡检司，清代又置长江水师湖口镇，至1935年才正式命名为双钟镇，叫起来不过仅八十年的时间。

因了守在江湖水道口上，两座石钟山又形成了多处天然的泊船港湾，舟楫川流，商贾云集，双钟镇自古以来商业就比较活跃，帆船货运在汉初就有了一定的规模。湖口最先是在上石钟山不远处建射蛟浦港，明万历年改名为文昌洑；清康熙年间建设杨港，又名武曲港，港内水面宽阔，可容近千船只；咸丰年间再在上石钟山北麓修筑西门塘子，建成一处避风深水良港，涨水季节一次可停泊帆船500余只。从鄱阳湖、长江过往的船只来湖口港湾停船躲浪，船多人也多，要生活过日子，有需求有消费，于是小商小贩出现了，先是挎篮挑担临时性地在水边叫卖，生意逐渐好了，赚了些钱，就在岸上搭起草屋茅棚，你一家我一户地毗邻而居，开些小店小铺，成为小街的雏形。再后来，岸上生意大了，有外地客商搭船上门贩买贩卖，船家也有利可图，做起了货物转运。那是水运一统天下的年月，守在鄱阳湖口就像守着财神爷的钱袋口，通往长江就是通往了中国物流的主航道，鄱阳湖流水日夜不息，长江浪潮奔腾不绝，这石钟山脚下的小集镇也就日长夜大，渐有规模了。于是，官府来置镇设衙，明代分为两坊，清代划成五坊，民国初再改五镇，新中国成立后重设三个居委会；又自南唐保大中升（亦说升元二年）升湖口戍为湖口县起，双钟镇就成了湖口县的县府所在地，升格为湖口县城了。

一千多年的历史发展，县城双钟镇也不过是独街一条，长不过三里，有上街头、正街、下街头三段，其间虽说也分出些横街侧巷，有北门街、南门街、成德岭、茅屋街、信义巷、钱家巷等，却都是些盲肠短径，构不成纵横之势。邻县人笑话说：湖口县城的街，一场牛尿就屙到头了。据 1948 年的统计数字，镇居民 1191 户，人口 3816 人，而同年的镇区面积只有 0.68 平方公里，就是按照现时的人口密度也是相当高的。

双钟镇的地势像一弯半月，月亮山是弓拱起的圆弧，从西边上石钟背后沿东南徐徐弯至东门，而上下石钟山则为一条直线横亘在西北面的江湖岸，有西门、北门、回澜门三个城洞通向外面三个水码头；留给双钟镇的只有月亮山和下石钟山中间的一条狭长地带，西头止步于上石钟山脚下，东头出城门外却又被大岭山挡住，人们累年挖凿，也只在大岭腰部顶上开出一条山路，通往湖口乡下，却仍是口隘山陡。双钟镇的街道被堵塞至此，根本没有发展空间，这样的境况一直延续了一千多年。

却是有幸有了二座精美的石钟山，石钟山不大也不高，两山总面积只有十万平方米，海拔 67.7 米。只是临水而起，却也显得悬崖峻拔，突兀峥嵘。又满山的古樟掩映，红楼青瓦隐现，绿肥红瘦，满目葱郁。从长江水上远远望去，像是横卧在鄱阳湖口的两枚青丝螺，那矗立的玲珑宝塔正好是翘起的青螺尾巴。登上上下石钟山放眼眺望，前有长江白练如带，极目楚天皖地，沙洲茫茫，绿野无边。左有鄱阳湖水碧浪连天，绣鞋山独屹湖心砥柱中流，庐山五老峰端坐天边傲然苍穹。脚下鄱阳湖水清、长江水浊，虽同流却不合污，形成水分两色奇观。转身朝后看，月亮山簇青戴翠，半圆的臂膀拥搂起一座双钟镇，雾气缭绕、街市朦胧，疏影流光，绰约迷离，犹如月宫，又不似月宫中的清寒和孤冷，却是人声鼎沸、生机盎然，蓬蓬勃勃，满街的生动，满镇的鲜活。

这是人间的仙境，亦是仙境的人间！

双钟镇拥有了上下石钟山，也就同时拥有了自然和人文的双重资源，构成了双钟镇历史文化的独特景象。

最早为石钟山取名的人是一个智者，他为这二座小石山留下了名字，却没有留下取名的依据，从而引起了后世好事者不断的争议，从北魏至今，"声说""形说"吵个不休；北魏的郦道元，唐朝的李渤，清代的曾国藩、俞樾等众多文化名人都参与了，由此提高了石钟山的知名度。特别是苏东坡月夜泛舟查访，写下了千古名篇《石钟山记》，石钟山陡然灿烂生辉，使此前此后所有写此山的诗文全都暗淡失色了。

上下石钟山天险秀丽，玲珑幽美，风光奇特，自然景观和历史文化遗存都很多，有英雄石、矶头、怀苏亭、归去亭、太平楼、船厅、梅花厅等三十多处景点，以及唐魏徵手书石刻等字碑石刻。有两处特别值得一提，一是上石钟山北处有一巨石耸峙湖边，巍然屹立，民间传说明开国大将常遇春与陈友谅交战时，为救朱元璋，枪挑巨石，吓退敌军。此石即枪挑之石，石上尚留枪戳痕迹，人称英雄石。二是那战场上骁勇的清军水帅彭玉麟，生活中也是个情种，为纪念旧时恋人梅香，一生钟爱梅花，在下石钟山最高处建了一座梅花厅，又名六十本梅花寄舫，四周种有梅树60株；还在不远处的桃花洞内，写下三个不同的"梦"字，也不知何意，让后人猜测不断。1996年年底，石钟山被联合国教科文组织列入世界文化遗产名录。

双钟镇虽小，却历来是兵家必争的军事重镇。从镇名历史就可得知：湖口戍，巡检司，水师湖口镇。戍的本义是军队驻守；巡检司其功能性以军事为主；水师是水上作战的部队，都与军事有关。双钟镇扼守鄱阳湖口，石钟山与对面庐山区的梅家州共同构成"江湖锁钥"，掌握了双钟镇就可以掌握战争的主动权，控制了石钟山就是控制了江湖的制高点。早在东汉时期，周瑜就由湖口进入鄱阳湖，操练水师；东晋大将刘裕曾在湖口杀义军万余；明朱元璋与陈友谅的鄱阳湖之战；明宁王朱宸濠南昌作乱，王守仁布兵于湖口，督师进剿，擒拿叛首；清太平军与湘军水师的湖口之战等战事都发生在石钟山脚下。而近代史上，1913年，江西讨袁军总司令李烈钧在湖口起义，打响了"二次革命"第一枪；抗日战争中，日本战犯岗村宁次将其指挥部设在石钟山下，日军从山上矶头用麻袋装中国人丢入湖水中；解放战争时期，"百万雄师过长江"，千里战线是从湖口至江阴。却是后话了。

战争，使鄱阳湖水混浊变色、石钟山凋零失秀，更使双钟镇累受罹难、饱受摧残。战争，也使鄱阳湖水日益深沉、石钟山越发苍劲，更使双钟镇顽强坚定、百折不挠。

双钟镇人主要来自两方面：岸上和水上。

来自岸上的是湖口县农村各乡镇的人，因各种各样的原因离开了世代居住的村庄，或携家带口，或形只影单来到县城双钟镇谋生居住，成为湖口县乡下人眼中的街上人，以后虽然逐渐繁衍，但好像双钟镇并没有出现过什么世族大户。来自水上的主要是湖北黄冈的渔民，他们是循着鱼迹来到鄱阳湖口，发现这里江湖水域宽阔，鱼类众多，就不走了。他们并没有上岸，仍是住在船上，只不过船早晚湾在湖口，又在马家湾和茅屋街形成两个渔村。他们的人并不多，估摸着只不过占双钟镇人口的七八分之一吧，但他们却形成了帮派，最著名的是渔民张家帮、叶家帮。

如果说，双钟镇人千百年来忍受着年年江湖涨水，街道半淹，房屋浸水，也从来没有动过搬离的念头，只是出于谋生的需要，也可以理解是对家乡的热爱的话；那么大岭阻隔着双钟镇与湖口乡村和周边县市的联系，千百年来只是屡屡像削萝卜皮似的一点点地挖凿降坡，从来就没人想过早点一次性地开挖成平坦道路，这只能说是双钟镇人抱残守缺，没有彻底打破封闭，解脱自身禁锢的魄力。双钟镇人都是外来户，没有村落和宗族的束缚，管你天南地北，管你岸上水上，来到了双钟镇，就是双钟镇人，水上人打鱼卖，岸上人买鱼吃。岸上人做买卖，水上人运货物。货卖四方客，船行八面风。公平交易，和睦相处，以诚相待，善己善人。但却坚持个体单行，你摆你的杂货摊，我开我的小本店，自我为是，独善其身，不想也不愿意与人合资合伙合作经营。双钟镇人吃苦耐劳，精打细算、省吃俭用，早开门晚关门，夜半三更不歇，鸡叫天明又起，只要有钱赚，苦累脏全不怕。船帮人走风弄险，渔家人酷暑严寒，经常是有翻船死人的事情发生。又极节俭，舍不得吃舍不得穿，买斤青菜也会争个"秤红""秤溜"。真正聚了几个钱，或是小心翼翼地藏起来，或是到乡下老家村子里置块田买份地，却没想着拿出来投资生产，扩大经营；更少有人走出鄱阳湖口，到外面去闯荡世界开创天地；甚至连多年的破小店面也不敢改造装新一下，怕露了富遭人妒忌。这样造成的结果一是双钟镇有不少居民在解放初划成分时竟成了"地主"和"小土地出租"；二是在文化大革命中，有好几位旧名商户家被造反派砸开老墙洞时，从里面淌出了一大堆白花花的银圆。双钟镇人平时一个钱恨不能当成两个钱用，却舍得凑钱在东门和西门成立两个串堂，正月里玩龙打蚌壳，五月端午竞赛龙舟，八月中秋起班唱戏；只是为了看个热闹赚个快活。又在每年立春的时辰"接春"，家家户户舍得花钱买最长的鞭炮，在几分钟内把全镇放得一片轰隆，满街一地红纸屑。

有资料说，当年英国远征军司令额尔金来九江选租界地时，起先看中的是鄱阳湖口，但是在江西省官员的劝说下，后来才改为在九江设租界。此事不知真假。但把租界设在湖口，可以控扼江湖两水也是极有道理的，且与1920年孙中山在其著作《建国方略》中就提出在鄱阳湖口建设"鄱阳港"的设想，也是合拍的。只是不知是哪位江西官员也不知出于何种动机嘴皮子一翻，就让湖口县失去了一个难得的发展机会。

三、聚散屏峰湾

历史上，屏峰湾很有名，是鄱阳湖周边的一个著名的聚散集市。

这样一个历史著名的集市，却在现行官方的文献中很少谈到，就是在近几年为了响应《鄱阳湖生态经济区规划》，而编撰出版的各种有关鄱阳湖历史文化的书籍中也没有记载。我想大概原因应该是：屏峰湾既不是一个完整的集市，现在又无一点文物遗存，实在无法列入哪一个名目记载。

好像被无视的还有青山盐市，同样没有官方记载。

屏峰隶属于湖口县，所以唯有 1992 年出版的《湖口县志》有一小段记述，全文转载如下："屏峰在双钟镇西 38 公里，鄱阳湖东岸，距屏峰乡政府驻地茅基舍村西方南 3 公里。旧志载：'屏峰市，每年水涸时，人架板屋为市。'因其地处鄱阳湖畔，屏峰山东耸立湖滨，屏蔽风浪，为来往船只避风之所。清末民初，淮盐运销我省，此地为必经之路，盐船依山停泊帆樯林立，秋冬水涸，山麓板棚延长里许，商店、寓所几十家，农民集此出卖柴炭和农产品。1959 年以前，是湖口的柴炭码头，因大跃进时大炼钢铁，树木已砍光，无柴炭可出山，又因常遭洪水洗刷，水土流失严重，逐渐萧条，今已无市容，仅存一二栋房屋，间有内湖班轮停泊，（无码头，用小木划子接送旅客和货物)。"

我以前发表过的中篇小说《黑的帆 白的帆》中也曾描写过屏峰湾，也摘抄如下："屏峰山，耸立在鄱阳湖下游的南岸，山势陡峭，像一道巨大的屏障挡蔽着湖上风浪。山下湖边有一道倚山势凹进来的港湾，就叫屏峰湾，是一个著名的避风港。每到秋冬水涸，湖水退却，山麓下袒露出个宽宽敞敞的湖滩，岸边商贾逐夹道相持用木板芦席搭成板棚开店，绵延里余，成为集散小市。"

也查找到些资料：说屏峰湾集市早在明初已形成，一直到民国时期，都由湖口县屏峰乡余姓十八村九房人轮流掌管。余姓人每年要到县府领屏峰集市和营业执照，缴纳一定的税费。余姓 4 大房自己也规定了每房限建 3 栋板棚店，共 12 家，主要经营猪肉、茶、酒店等业务，外地来屏峰湾的船客商人，要在沙滩上搭店营业，必须向余姓交落地税，由余姓头首指定地方开店。外姓小店主要经营杂货、百货、布匹、水果、蔬菜、豆腐、小吃、柴炭、铁匠、裁缝、圆木、棕绳等，从而在屏峰湾形成一条长约 400 余米的街道、约有 50 余家店铺的小集市。

屏峰集市还主要经营柴炭，船上装的、各店铺旁边柴炭堆积如山，船舶商人收购柴炭价格较高。屏峰湾还是鄱阳湖九帮十八派中的第八帮"青柴黑炭草船帮"的创始地，这在前面已经有过讲述。另外，在"岸帮"介绍中的那些手工匠人，在当年的屏峰湾也都曾是常态存在。

综上所述，大致可以窥见屏峰湾当年的概貌吧。

在"序篇"中说过，我于2001年秋天又去过一趟屏峰湾，留下的只是满心惆怅：在屏峰湾令公庙门前的湖滩上，当年高矮起伏、交错杂乱板棚屋组成的临时街市，如同消退的湖水一样永远地消失了。在长满了近一人高的藜蒿草的摇摆中，再也找不出当年满街行走的船民渔家的一丝身影，没有了商铺里的高声吆喝，摊贩前的讨价还价，酒店中的划拳吵嚷；更没有了屏峰嘴前两座草台长达一月有余的对台戏，那优雅的戏声，铿锵的锣鼓，已被当年的湖水带走了，流向了老远老远的历史深处，再也泛不起一点回音了。《湖口县志》中所说的被大炼钢铁时砍光山林的屏峰山上，如今又是郁郁葱葱的树木和柴草了，有的山林上还落满了白色的湖鸟儿，远远地就听见一片欢快的鸣叫声，时起时飞，活跃异常。只是，在屏峰湾靠湖边的山峡里，再也没有堆满的砍下的柴草，更不见了木炭的踪影。

有一点意外，是我们在屏峰湾南边的拐角处一处大卧牛石旁，发现了一条倒覆的船，心中惊喜现在还有"验船"的，近前一看，却大失所望，这只是一条破旧的小木划子，想是屏峰湾新修的"令公庙"涨水时的摆渡工具，倒覆在这里是防落雨时浸了水会烂船。

是呀，时秋水枯，湖水离岸太远了，只在湖心中缩成一细条条地流淌着，自然是没有船只停靠岸，也不会有当年的帆樯林立，更就不会有挑着柴把子来湖边叫卖如同湖水一样清爽好看的柴妹子了。

如今的屏峰湾现在空落落得让人心疼，尽管湖滩长满连当地人也叫不出名字的紫红花，和一人高的青绿藜蒿草；尽管岸边有新建的令公庙，门前不伦不类高高飘扬着国旗和佛门的杏黄旗，但我的心还是空落落的。

就像湖水在永远朝前流动着一样，历史也是一直往前行进着，凭吊随着鄱阳湖水运衰退而消失的屏峰湾，这是历史的必然趋势，不应该心有空失，我只是遗憾。

我遗憾的是，鄱阳湖的历史不应该对屏峰湾无视。我想：在鄱阳湖水运上，屏峰湾的贡献至少有三点：一是屏峰湾是一种水涸而聚、水涨而散的聚散型湖边集市，集市虽然有着每年的季节临时性，但又有着年年都有、年年散了年年再聚的特点，形成一个相对固定的模式，就从时空上成为一个长久固定性了，这样的集市是鄱阳湖区所有集市中都没有的一个独特，历史应当关注并如实记录；二是屏峰湾集市是鄱阳湖柴炭草船帮的发源地,虽然只有民间传说支持,没有历史资料可以佐证,但鄱阳湖九帮十八派之说本身就是民间的划分,是民间的传说,从民风民俗方面来说,也应该得到承认。何况《湖口县志》也确定了屏峰湾是"农民集此出卖柴炭和农产品。1959年以前,是湖口的柴炭码头";其三,从社会民众认可度来说,屏峰湾是鄱阳湖上一个有名的避风港,湖滩上的临时集市也是湖边有名的集市。我当年环鄱阳湖采访时,几乎所有湖上跑船的老船工、放排的老排工、打鱼的渔家人,以及对鄱阳湖水运有研究的专家学者,谈到鄱阳湖的集镇都会提及屏峰湾,并再三强调是一个特殊的随湖水退涨而集散的集市。屏峰湾的地理位置也好,处于吴城镇与湖口的正中间,两头都是约一天的路程,所以大多的船只从吴城出发,到星子稍早了些,到姑塘又太晚了些,屏峰湾正好是歇夜的地点。这也是屏峰湾集市从明朝到清末有500多年时间持续存在并经久不衰的原因。

顺便说一句,屏峰湾前的湖面也是鄱阳湖最狭窄的口子,屏峰山嘴和湖对面的星子县的长岭,庐山区的海会镇的距离长约2.8公里。近年江西省想在鄱阳湖建的拦湖大闸的位置就是在这里,闹得沸沸扬扬的,但至今没有结果。

由此想到,屏峰湾集市消失的原因也和青山、姑塘两座古镇的消失有所不同,后两个镇子都是因水运而繁华起来的固定之镇,只是由于战火的毁灭和水运的衰退而消失。它们消失了就很难再起了。屏峰湾集市却不同,它本身就是一个临时性的集市,它的消失并不是消失,而只是歇业,暂歇些年头没有开办而已,只是这暂歇的年头稍长了一些,一晃就有半个多世纪了吧,但并不能说就从此不再开办了,说不定哪一天有了适时的契机,它一高兴,又开办了起来了也不可知。

想一想啊,要真的是在屏峰湾这里建拦湖大闸了,那屏峰湾的临时性的聚散集市,说不定又要开张了呢!

结束篇

江湖交汇

如果从源头上来说，鄱阳湖弯绕曲折、兼收并蓄，浩浩荡荡地流动了一千公里；如果仅从成湖来说，鄱阳湖却是盈溢腴美、丰容盛鬈、仪态万方地行走了173公里，现在终于来到了湖口了。

　　鄱阳湖要出湖了，不，应该说是她要出嫁了。

　　鄱阳湖要嫁给长江了。

　　鄱阳湖与长江的恋情久有时日了，早在6000年至7000年之前，彭蠡盆地潴水为湖后，鄱阳湖就恋上了长江大哥，所以才有在刘宋永初二年（421）毅然地将赣江入海右水道让给了长江的壮举，奠定了两大江湖婚姻感情的基础。作为新娘的鄱阳湖，澄澈的湖水是她清纯的脸，潋滟的波光是她明媚的眼，蜿蜒的湖岸线是她婀娜的身影。她带来了一湖船只，高高扬起的风帆是为她送亲的旗帜；船船满载的货物是她的嫁妆，有的礼品甚至来自于远洋海外的东、西方的异域外邦；她还带来了周边闽、浙、皖、湘四省遥远的祝福，带来了江西一省民众的深情厚谊，也带来浓郁亲切、博大精深的鄱阳湖文化；她娇羞柔美，款款而行，一路接受着环湖周边城乡集镇送亲人众的欢呼与赞美。长江大哥也不辜负鄱阳湖妹子的一往情深，特意挑选了有着两座美丽石钟山的地方等候着鄱阳湖，把风景优美的湖口县作为迎娶鄱阳湖的福地。在江湖交汇口，长江接着了鄱阳湖，那种新婚的害羞让这一对新人还有些儿难为情，可爱情却又使他们激情难捺。于是，在石钟山脚下，江湖并肩而行，湖水明淡些，江水暗浓些，界线分明，却又慢慢地在相汇相融，犹如新郎的手故意时不时地碰一碰新娘；新娘故意时不时地依靠在新郎的身上一样，长江与鄱阳湖这一对新人就在这时碰时靠，耳鬓厮磨，肌肤相亲，若即若离之中，并肩朝下游走了十余里，在鄱阳湖口形成了一条江水西来而浊、湖水南来而清的天然分界线，成为一条奇异的"江湖两色"自然景观。直到江湖水拐过了湖口下游的柘机嘴后，这一对新人再也忍耐不住了，终于深情地投入了对方的怀抱中，长江和鄱阳湖算是完全完整地混然一色、合流而一了。

鄱阳湖是输入长江最大水量的湖泊，每年流入长江的水量超过黄、淮、海三河水量的总和；又有着调泄蓄水的最大功能，在长江发大水的汛期，鄱阳湖承载着为长江泄洪的重要作用，长江水位高涨，超过鄱阳湖口水位时，就会倒灌进鄱阳湖，形成"长江水倒流"的另一个自然奇观。倒流的江水顶托着鄱阳湖水也会倒流，甚至会倒逼到吴城一带水面。民间传说陈友谅的夫人娄妃跳湖自尽尸体溯湖上漂三十里，其实就是长江水倒逼鄱阳湖的自然现象。

作为鄱阳湖区最后一个湖边县镇，湖口县担负着为鄱阳湖送亲的最后责任，从下石钟山起，湖口县在长江的疆界还有20多公里，一直到下游的流泗镇才和长江扬手告别，然后委托江西最东边的彭泽县进行最后的送行，直到安徽的望江县境内才停止。江西省对鄱阳湖可谓是依恋不舍、仁至义尽了。

因了特殊的地形地势，鄱阳湖纳全省五大水流，几近涉及江西全境，各地的水流都朝着鄱阳湖流来，也携带着江西全境各地的政治、经济、文化、民风、民俗涌向了鄱阳湖。由此可以说，鄱阳湖是江西文化的汇聚处，是江西文明的集大成者。这样的情况，别的省市都没有，唯有江西，唯有鄱阳湖。又由此想到江西一直在提倡"赣鄱文化"，却又在外一直影响不大，其原因是弄得有些复杂化了，赣江是赣江，鄱阳湖是鄱阳湖，让人感觉是有两种文化并行存在，真正要阐说这两种文化时，又互相交叉、混杂，有着说不清楚的模糊感觉。实际上，赣江最后是流入了鄱阳湖，赣江的文化最后也是汇集在鄱阳湖，倒不如直接把"鄱阳湖文化"作为江西文化提出来，会更集中、更直接、更明朗、更清晰，也更好解释、更会让人接受、更便于传播。这就有如中国在提倡南方文明时，提出的是"长江文明"一样，长江也是沿途千里收纳了无数的江湖水，但所有的其他江湖文化都归纳于长江文化，提长江文明就代表了长江流域的其他江湖的文明。

长江，这条中国最长的大江，有了鄱阳湖的加入，变得更加浑然大气，雄姿英发，簇拥着7000多年的长江文明史，载负着稻作文明的丰润物产，携带着锦绣江南田园风光的美好记忆，张扬着勤劳勇敢的两岸长江居民的人生大纛，一路浩浩荡荡、风华旖旎，奔流不息，直至上海的吴淞口，纵身投入大海，汇入了世界文明的洪流。

几千年来，鄱阳湖一直在担负着忠贞不渝的妻子和慈爱善良的母亲的双重职责。她要在丈夫需要时，提供给长江源源不断的水资源，又要在长江涨大水危难时为丈夫分忧解难，让出自家的地方让江水躲灾避难，哪怕淹没了家园毁坏了庄稼也在所不惜；还要保证她的儿女能有生存生活的好环境，给儿女们献上甘甜的乳汁和丰盈的物资。她殚精竭虑、不遗余力，日夜操劳，不知疲倦，在水满湖盈、风和日丽、一帆风顺、运输繁盛的日子里是如此，在湖水枯瘦、雾起霾弥、船行险滩、水运衰退时仍是如此。

鄱阳湖水运的衰退似乎是说来就来了。

咸丰三年（1853），因清军与太平军在扬州的瓜洲一带进行的残酷拉锯战，影响了江南对京城漕米的运输，朝廷不得不下旨江西两湖的漕米改折征收，折合成白银就地拨充军饷；又令苏南浙江的漕米改由海运，回到以前在上海雇用商船海运至天津的老做法，封闭了近半个世纪的海禁实际上就此重新开禁了。于是，鄱阳湖上的粮船帮有一大半降下了风帆。随着咸丰五年（1855）湖口大战的开始，历经十年，鄱阳湖陷入了残酷的战争灾难之中，湖上的水运全部停顿。直至英帝国在九江设立英租界后，多国列强的商人与九江的中国商人展开了热火朝天、激烈竞争的商务活动，带动了九江的经济发展，也带动了鄱阳湖水运的缓解复苏，历经半个多世纪的努力振兴，鄱阳湖的水运又达到了空前的繁喧。然而世界的变革更甚，洋务运动使中国海禁全面开放，随着1916年南浔铁路修通，九江和南昌有了现代化的快速通道；直接地削减了鄱阳湖大量的水运业务；1936年粤汉铁路通车，彻底打破了鄱阳湖唯一海运通道的垄断；紧随而来日寇发动了侵华战争，使鄱阳湖的水运从此一蹶不振，终于衰退了。到二十世纪九十年代高速公路的崛起，这才给了鄱阳湖最致命的打击，在鄱阳湖水运中最晚出现，不超过百年时间的小火轮也因此退出了鄱阳湖。那在我童年少年时期每天早上六点，准时把我从睡梦中鸣醒的九江安庆班小火轮的声声汽笛，是我记忆中家乡的深情呼唤啊！长江亦是如此，那在二十世纪七八十年代，曾载负过多少上海知青回家探亲的最亲切的交通工具——长江大轮，也随着知青梦的结束而在长江水面消隐了。相对而言，再后来高速铁路的迅捷发展，好像并没有对鄱阳湖产生多么大的影响。

373

除了战争是灾难是伤害外，是人类历史的倒退外，其他如中国全面改革开放，铁路、公路、高速、高铁的出现和发展，都是社会的进步，是时代的需要，是世界的大趋势，带给鄱阳湖区人民的利益也是实实在在，前所未有的。鄱阳湖区人只是在享受时代新潮时，对逝去的鄱阳湖水运盛世有着一份深切的怀念。

不过，鄱阳湖水运衰退只是衰退了，而不是没有。鄱阳湖还存在，鄱阳湖的水运也还存在。从抗日战争开始至今的七十多年岁月中，鄱阳湖始终以一种平和、淡定、宁静、悠然的心情接受着时代改造，也始终以一种顺时适变、随遇而安的方式来承受着世事的变更。鄱阳湖仍旧是不改初衷，照样是日纳千川、夜容万水，把涓涓细流汇集成浩渺大湖，碧波荡漾、清冽甘甜；照样是滋润两岸土地、哺育万千生物，托负千舟万舸、运载货物人众，从未停止过她流淌的脚步，也从未放弃过她作为泱泱大湖的功能，更能可贵的是，她从未失去她清新秀美、纯洁善良的本真。前几年的有关分析评价，认为目前鄱阳湖水质达 I 、Ⅱ类地表水标准的仍占 52.5%。据中央电视台 2015 年 7 月 28 日晚间的《新闻联播》报道，鄱阳湖的优良水质保持在 80% 以上。在物欲横流的当今时代，鄱阳湖做不到"出淤泥而不染"，却在竭尽自己一分力量在努力挣扎着。是的，是挣扎！挣扎着少被现化工业污染、保持水质清纯、为周边城市乡村提供清洁的饮用水源；挣扎着保有储水容量、不因长江拉空效应而被枯尽干死；挣扎着多保持一些生态湿地，让更多的鸟儿能在湖上找到过冬的乐园；挣扎着养育湖中的野生水产，让更多鱼类物种能有洄游繁殖的基地；挣扎着廉价运载石块、河沙、木材等笨重货物，让鄱阳湖的水运功能不至于完全消失；挣扎着用一湖碧水去映衬两岸的群山、田园、城镇、乡村，努力开辟鄱阳湖旅游业，为湖区人的生存与发展尽心尽力……

374

鄱阳湖，我们的母亲湖，她的爱心就如湖面上的浪花一样，鄱阳湖区有多少民众，她的心就有多少片浪花，依附在每一个儿女子孙身上，激荡跳跃，天高地厚，地久天长！

都说鄱阳湖老了，但在儿女眼中，母亲是不老的。鄱阳湖只是有些疲倦，她稍许地歇息一会儿，然后洗洗脸，拢一拢头发，再抬起眼来，就又会是容光皎洁、眉清目秀、婀娜多姿、风情万种，仍然还是一个款款行走在江西北部、长江边、庐山脚下的一个大美人，仍然是美丽浩瀚、波澜壮阔的中国第一大淡水湖。

从历史的宏观来讲，也许，现时正是鄱阳湖稍许歇息的阶段，我们在期待着她小憩后的再度崛起。也许，这样的时间并不会太长！

我们期待着。

鄱阳湖的落日熔金，把天地间映照得一派辉煌，鄱阳湖如反光镜般把这派辉煌推到了极致，天和地、人和物被这辉煌所笼罩、所震慑、所窒息，不能动，不能说，也不能思想了。

唯有庐山五老峰如同五位睿智的长者，在鄱阳湖边坐看日月旋转、地久天长，看到一切，洞察一切，也明白一切，但他们却不言不语，只是沉默着。

落日终于沉入了湖底，鄱阳湖上淡淡的雾气升起来了，犹如纱巾般往庐山缥缈浮动着，五老峰也渐渐迷离朦胧了起来。